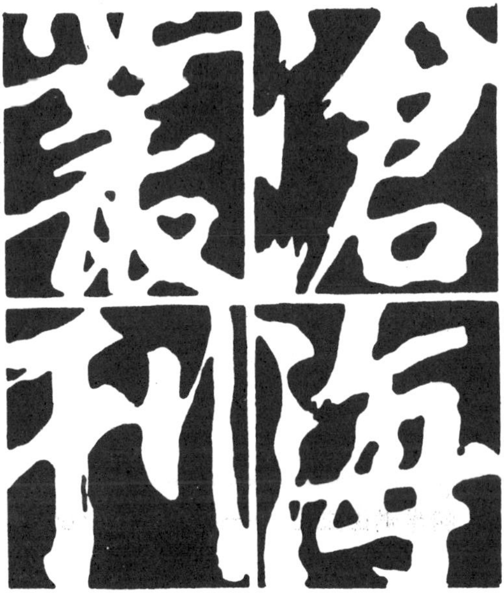

弘一大師論

陳慧劍 著 東大圖書公司 印行

國家圖書館出版品預行編目資料

弘一大師論／陳慧劍著. -- 初版. --
臺北市：東大發行：三民總經銷，
民85
面；　公分. --(滄海叢刊)
ISBN 957-19-2020-7（精裝）
ISBN 957-19-2021-5（平裝）

1.釋弘一 - 傳記

229.385　　　　85010487

國際網路位址　http://sanmin.com.tw

著作人　陳慧劍
發行人　劉仲文
著作財產權人　東大圖書股份有限公司
臺北市復興北路三八六號
發行所　東大圖書股份有限公司
地　址／臺北市復興北路三八六號
郵　撥／〇一〇七一七五——〇號
印刷所　東大圖書股份有限公司
總經銷　三民書局股份有限公司
門市部　復北店／臺北市復興北路三八六號
重南店／臺北市重慶南路一段六十一號
初　版　中華民國八十五年十月

編　號　E 78092

基本定價　柒元肆角

行政院新聞局登記證局版臺業字第〇一九七號

ISBN 957-19-2021-5（平裝）

▲弘一大師慈照

▲弘一大師初出家時，一九二〇年春杭州留影，時年四十一歲。

◀
弘一大師出家後，早晚修道時所供之佛像

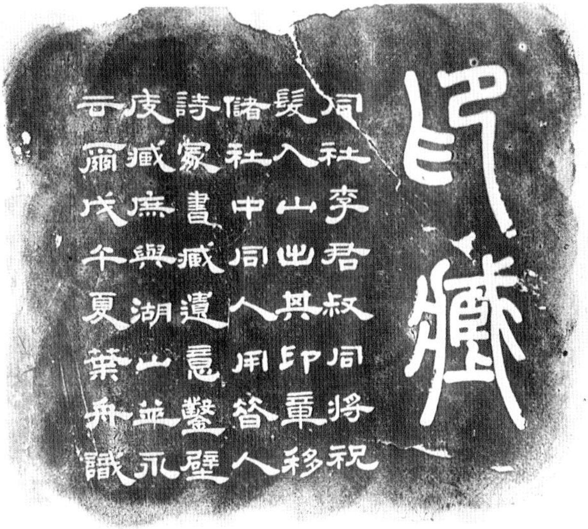

◀
弘一大師出家時將所藏金石作品贈與西泠印社，顏曰「印藏」，並由社友葉舟題詞：「同社李君叔同將祝髮入山，出其印章，移儲社中，同人用前人詩家書藏遺意，鑿壁庋藏，庶與湖山並永云爾。戊午（民七）夏葉舟識。」

▲弘一大師出家時寺院——杭州虎跑定慧寺一景。

▲弘一大師生前住於開元寺尊勝院之寮房。

◀弘一大師臨終遺囑執行人、侍者妙蓮法師與著者（陳慧劍）合影於一九九〇年十月、泉州大開元寺法堂樓上陽臺。

▲福建泉州大開元寺內「弘一法師紀念館」。

▲天津市弘一大師——李叔同故居。著者於一九九二年五月一日訪問這一棟滿清時代的進士府第，並與當時天津市「李叔同研究會」會長李載道先生合影。

▲同年五月一日在「弘一大師故居」、李叔同幼年所住的古式臥房中留影紀念。左起：李載道、陳慧劍、李莉娟(弘一大師俗家次子之女)。

▲天津市「弘一大師碑林」由李載道先生發起建立，門額由趙樸初題匾。

▲碑林內四面牆壁嵌製弘一大師生前法書碑計一百二十塊。著者與李載道（左）、李莉娟（右）在碑牆前留影。

▲著者在碑林內弘一大師銅像前留影。銅像後題詞，為中共文化部長賀敬之手筆。

▲著者訪問碑林時，與天津市文化局朋友及李莉娟等合影於碑林內一座白石造的橋前。

著者於一九九〇年十月十九日訪問杭州虎跑「李叔同紀念堂」，留下這幀門景。

著者一九九二年五月訪問天津時，與弘一大師俗家孫女李莉娟合影於大悲院內「弘一大師紀念堂」前。

著者於一九九四年十二月一日訪問廈門鼓浪嶼日光岩「弘一大師紀念堂」時留下全景。右立者為日光岩住持張居士。

一九九四年元月，著者訪問泉州，在清源山留下這張「弘一大師舍利塔」之全景。

弘一法師舍利塔
經本府于一九八三年一月公布為
第二批市级文物保护单位
泉州市人民政府
公元一九八四年六月　日立

舍利塔右側山邊，一九八四年六月泉州市政府為立「弘一大師舍利塔」大碑一方。

悲欣
交集
弘一法師
最後遺墨

在弘一大師塔前右側小石山壁上，刻有大師最後遺墨「悲欣交集」四字。

◀

一九九四年七月十三日臺北「弘一大師紀念會」於羅斯福路二段41號12樓正式成立，會內設置「弘一大師紀念堂」一間，堂內恭塑弘一大師銅坐像一尊，並搜集有關史料百餘種，弘一大師書畫數十幅，陳列以供閱覽。成立當日，恭請佛光山星雲大師蒞臨主持開光典禮，典禮開始，由星雲大師與主持人陳慧劍居士共同為銅像揭幕。

▶

典禮結束後，星雲大師與部份出出席人員合照。

◀

一九九五年三月，由陳慧劍居士主持的「中華民國弘一大師紀念學會」奉准成立，設於「弘一大師紀念堂」內。由本會會員選出之理監事二十位，合影於紀念堂。

▲一九九五年八月十一日起三天，由「紀念學會」主辦海峽兩岸「弘一大師德學研究會議」，邀請大陸七位學者及有關人員來臺出席會議。會場假長沙街「國軍英雄館」六樓，此為第一日上午議事進行時，會場內全景。

▲會議休息時，第一場主席了中長老與大陸七位來賓等合影。右起：李莉娟、孫繼南、李載道、了中長老、昭慧法師、錢仁康、戴嘉枋、劉朝治、李汶娟。

▲「弘一大師德學會議」結束後，全體出席人員合影於會議廳內。

▲大陸來賓於一九九五年八月十四日受北投農禪寺聖嚴法師邀宴，宴後合影留念。中坐者為聖嚴法師，右首是《弘一大師新譜》著者林子青老先生。

▲一九九五年八月十九日，大陸來賓受「華梵人文科技學院」創辦人曉雲老法師及院長馬遜博士之邀，訪問該院，並接待齋宴。餐後合影於「華梵堂」前。中立者為曉雲老法師。

▲大陸來賓於一九九五年八月廿日受「弘一大師紀念學會」邀請訪問本會，並於弘一大師銅像前合影留念。右起：李莉娟、李汶娟、孫繼南、錢仁康、李載道、徐星平、戴嘉枋。

▲大陸來賓由「紀念學會」主持人陳慧劍居士陪同訪問南投埔里靈巖山寺，受到該寺盛情接待與午齋。齋後與方丈妙蓮老法師合影。中坐者為妙蓮老法師。

▲大陸來賓於靈巖山寺右側大殿邊合影留念。

▲著者於一九九五年十一月十一日出席福建泉州「弘一大師研究會」召開之「弘一大師一一五歲誕辰紀念學術會議」，到有全國各地專家學者八十餘人，於同月十二日朝禮清源山弘一大師舍利塔，頂禮之後，在塔前合影。

▲著者（右二）與會中諸友合影於弘一大師舍利塔前。右三：泉州「弘一大師研究會」會長陳珍珍，右四：福建「海峽文藝出版社」編輯吳珊珊，右五：河南洛陽機械公司工程師劉繼漢居士。

自序

一九九一年十二月，我受邀出席「香港法住學會」所主辦「安身立命・國際學術會議」，在會中我宣讀的論文，便是本書第一篇〈弘一大師棄俗思想之研究〉，從這一篇論文開始，此後分別於一九九二年九月，於天津市「李叔同研究會」所主辦的「紀念李叔同（弘一大師）逝世五十周年學術會議」上提出〈弘一大師戒律思想溯源〉、一九九三年二月起由臺北《龍樹雜誌》第三七、三八、三九期，連載了〈弘一大師傳的寫作因緣及其歷程〉、一九九四年五月，由臺北《師子吼月刊》第三十三卷第六期發表了〈弘一大師與同盟會關係之探疑〉、一九九五年元月起，由臺中《菩提樹月刊》第四十三卷第二至第八期，連載了〈弘一大師身後「字、畫、印」的幾個相關問題〉、一九九五年八月十一日到十三日於臺北「弘一大師紀念學會」所主辦的「海峽兩岸弘一大師德學會議」上，宣讀了〈弘一大師華嚴思想脈絡之尋繹〉及〈弘一大師音容綜論〉兩篇、一九九五年十一月十日在福建泉州「弘一大師研究會」所主辦的「弘一大師一一五週年誕辰學術會議」上，宣讀了〈弘一大師不思議行考〉。此後，以六個月時間，完成了〈弘一大師名號考釋〉、〈弘一大師的生命終結哲學〉兩篇論文。以上總共十篇專論，是以弘一大師「思想、人格、戒律、法書、名號……」諸方面所作的深廣面學術研究。

在這前後五年時間裡，我以「弘一大師出家之後的思想為重心」，陸續完成此一論書，旨在使世人了解，從學術角度，從思想角度，從人格淨化角度，來認識弘一大師。此書與《弘一大師傳》迥乎不同。

我於一九六二年元月到一九六五年二月，以三年多時間，從文學的角度來寫《弘一大師傳》，這本書，執筆時三十七歲，到全書問世，是四十一歲，當時我學佛已進入第十六個年頭。此書出版之後，三十年來，經常有很多朋友、同道問我：「你為什麼要寫《弘一大師傳》？」我反復思之，以下列三端為範疇，答覆朋友：

一、弘一大師一生，充滿藝術的「美感」；即使是一展眉、一舉手，都展現出無言之美，最適合「文學語言」來表達；

二、弘一大師的人格，非常柔和而謙默，在這種看似「弱勢」的生命形式裡，卻隱含著一種強大的絕決力，所謂「弱為道之用」、老聃的名言，時常會顯現出來，因此令人非常驚奇！

三、弘一大師生命路線，轉折起伏點多於常人，在多彩多姿中，充滿著懸疑與想像，這正是文學表現的最佳條件。

在此三端之外，最令人歎服的，在這種藝術人生昇華到最高點，竟然彷彿一顆亮星，隱沒到無限的太空深處，他絕情、絕世、絕俗，成為歷史上的高僧，而又與佛家所謂「拈花微笑」「語言無處落筆」相輝映，這也正是「文學語言」表達的最佳典範。

通過「生活的、影像的、感性的」文學傳記來表達弘一大師的一生，使世人能親切地與弘一大師相左右。而現在，我寫《弘一大師論》，則是以客觀地、以史料為佐證，以嚴肅的態度來寫弘一大師「真」的一面。這個「真」字，是還歷史的真相，使弘一大師一生的「思想、人格、行為」透過嚴格的評估，而非文學的「模擬、象徵、想像、渲染」方式，給世人留下一幅「高山仰止」的聖者容貌。

本論之寫作時間領域，集中在弘一大師出家以後的生活、思想及其涉入佛道深度的研究。《弘一大師傳》代表的是弘一大師從俗到僧全程的「美」；而本論則代表的，從一切現有的史料中篩檢出弘一大師的「真」；真和美相溶之間有一「善」字。這個「善」字，非世俗之善，非善惡之善，而是淨化生命雜質之後的「純善」。這個「善」字，是非語言的、非文字的、非形象的。我們只能以「花枝春滿、天心月圓」來重複象徵罷了。

如果再有朋友問我：「你為什麼要寫《弘一大師論》？」我只有說，「寫《弘一大師傳》只能表達感性的一面，其中用文學無法兼顧的地方，便只有用《弘一大師論》來填補。」也許這兩本書，依然有所疏漏，但是由於一個人的一生史料往往會掛一漏萬，因此，作為一個第三者，出而執筆為之作傳，也會遇到無法解決的困擾；就例如，弘一大師在俗時的日籍夫人正確史料永不見於天日；還有弘一大師的書法，竟然被一位世俗的書評家熊秉明評其「中晚期墨寶，在『捺』的筆鋒上沒有舒展」，而認為這是一種「心理上的鬱結」，是沒有「悟道」的象徵。這種以淺俗的可笑的假設，匪夷所思的評論，來誤評弘一大師的生命現象，實在是「佛頭著糞」、「蜀犬吠日」。我不是書法家，也非藝術評論者；就我所知，弘一大師至中晚期的書法用筆，由於「鋒芒全消」，全是「禿筆」，是沒有鋒的，所以在寫「捺」的時候，筆的禿尖上捲，形成無鋒、微捲狀，用「禿筆」，弘一大師是有其深意的，而非因為內心「鬱結」；由於無鋒，所以寫「捺」的時候，也不是像一般書法家，可以肆意把筆鋒揮下去。我們不禁要問，難道一般書法家，「捺」的筆鋒，寫得很暢快、很爽的時候，就象徵這個人心中永遠沒有「鬱結」，他就是「聖者」才如此用筆嗎？這幾句與本論無關的話，只是說明一個人對「古聖先賢」之人格判斷，是不可以妄情為之的！對於弘一大師身後留下的墨寶，竟有這種怪人怪調，也非本論所能觸及的！

而今，本論能夠正式問世，我想，世人對弘一大師的出世思想及佛道上風光，將有一番更新的了解！

陳慧劍　一九九六年五月月圓日時年七十二歲

弘一大師論

目　次

圖片〔三十三幅〕
自　序
一、弘一大師棄俗思想之研究……一
二、弘一大師與同盟會關係之探疑……四九
三、弘一大師戒律思想溯源……六三
四、弘一大師華嚴思想脈絡之尋繹……九七
五、弘一大師的生命終結哲學……一六九
六、弘一大師不思議行考……二二五
七、弘一大師名號考釋……二四九

八、弘一大師音容綜論……………………………………三六九
九、弘一大師身後遺存「字、畫、印」的幾個相關問題 ……四〇一
十、論《弘一大師傳》的寫作因緣及其歷程………………四五五

弘一大師棄俗思想之研究

一、引 言

公元一九一八年八月十九日（農曆七月十三日）這一天，當時最負盛名的音樂家、書法家與近代戲劇先驅者——身兼浙江第一師範與南京高等師範教席的李叔同，在世俗社會猝不及防的情況下，突然在杭州大慈山（虎跑）定慧寺宣佈削髮出家，成為「弘一和尚」，不僅使他的天津及上海兩地的家人遭逢天崩地坼的悲傷，也使中國文化、藝術界人士（包括他的朋友、學生和昔年上海文壇的老友們），都感到不可思議地錯愕與震驚！

「李叔同為什麼出家？」

「李叔同捨人不做，為何要做僧？」

「李叔同可以做個藝術家而不做，偏去做和尚！」

可是，如果真知李叔同的人，當會了解這位「世間真人」❶之所以棄絕浮名俗利、揮鞭斷流、

❶「真人」，是豐子愷語。

捨一切親情與人情，並非偶然，也非孤注一擲地驚世駭俗；對他而言，正如眾流歸海，是水到渠成，十分自然的花落蓮成。

原因是，在他的生命過程中，經過「生之苦悶」與「人生所為何來」的深度反省，終於在這個時候，找到了他的生命歸依之地！

二、弘一大師身世略論，兼述他的青少年期對人生的感悟

李叔同，一八八〇年（農曆）九月十四日，出生於「世居天津、官商結合的文化家庭」；在家庭中，他是幼子，也是「孽子」。

他的父親，李世珍（筱樓），是一八六五年（同治四年）清朝的進士，此時他已四十四歲，可謂「大器晚成」。正如同中國歷代知識份子一樣，如果不為孔門立道統而闢佛，便會走向另一端，像王維、白居易、蘇東坡、袁宏道一樣，思想上傾向佛家的出世與僧徒相過從。李世珍，因為「入仕」很晚，所以「致仕」也就很早。他做了不到五年的官，便退居山林，經營他的「鹽錢」事業。尤其在晚年，佛法便在有意與無意之間，溶入了他的生活❷。

不幸的是：李世珍的子嗣卻極不理想，這在當時的社會，是非常令人懊惱的事。首先，他的長子——李文錦，在二十歲的時候早死，第二個孩子——李文熙，生而荏弱不堪，到九歲才會走

❷ 有關弘一大師出身，請詳參林子青《弘一大師新譜》、拙著《弘一大師傳》、朱經畬《弘一法師年譜》。

路；又為了怕這個孩子不幸早死，再收了一個王姓貧家之女，一個十九歲的紅顏，做側室，這是他第四位夫人。在六十八歲的時候，生下他第三個孩子——李文濤（李叔同）！王氏，這位名不見經傳的女子，雖然中年（四十五歲）早逝，也未必通曉經書，她，卻為中國近代佛教，寫下一頁輝煌的歷史，也為中國近代藝術之壇，添了幾多繁花錦簇。

李叔同，五歲喪父，雖然，生在一個詩書飽暖的家庭，但是他的家世與他的「孽子」地位有點扞格不入，雖然這種家庭，在中國官宦人家，已經司空見慣，可是李叔同「不與人同」，他於一八九九年（二十歲）的時候，帶走了他的早寡的母親與新婚妻子俞氏，到了上海。

這在他二十歲以前，有幾件事，可以追述到他為什麼要出家為僧的脈絡。

㈠胡宅梵在〈記弘一大師的童年〉一文中，說到一九三〇年（民國十九年）秋天，他在浙江慈谿金仙寺的時候，弘一大師蒞止，曾告以幼年生活狀況。胡宅梵記錄下那一席談話的內容：

「——筱樓公精陽明之學，旁及禪宗……公年至七十二，因患痢疾，自知不起，將臨終前病忽愈，乃屬人延請高僧，於臥室朗誦《金剛經》，靜聆其音，而不許一人入內，以擾以心。……公臨歿，毫無痛苦，安詳而逝，如入禪定。每日延僧一班或三班，誦經不絕。時師見僧之舉動……以後即屢偕其侄輩，效燄口施食之戲，而自處上座，為大和尚焉。……」❸

❸見夏丏尊編《弘一大師永懷錄》臺北龍樹版，頁二二三。

一九三一年，弘一大師有一聯句贈與學生劉質平，聯云：「今日方知心是佛，前身安見我非僧！」並且在上下款位置題云：「先吏部公通陽明學，兼修禪那，捨報之時，如入正定，蓋亦季世所希有矣。是聯為其遺作。……」❹

㈡朱經畬《弘一法師年譜》一八八七年（八歲）條，提到「天津有王孝廉其人，曾到普陀山出家，返津後，居無量庵，因為叔同大侄媳早寡，從王學〈大悲咒〉、〈往生咒〉，常傍聽，亦能成誦。……」❺

朱文同條又說：「……其後對世事更多理解，至十五歲時，有句云：『人生猶似西山日，富貴終如瓦上霜。……』對後來出家離俗，不無影響。……」❻

㈢同書一九三一年條——弘一大師由杭州來到紹興戒珠寺，十一月四日將行，蔡冠洛與徐悲鴻為大師畫像，並請允許為師纂《年譜》，弘一大師這樣回答：

「——平生無過人行，甚慚愧，有所記憶，他日當為仁等言之。至二十歲前，陳元芳居士已得其略。年七、八歲時，即有『無常、苦、空』之感，乳母每教誡之，以為非童年所宜。」❼

---

❹ 見北京文物出版社《弘一法師》圖版三五。

❺ 見天津古籍出版社《李叔同——弘一法師》，頁五。

❻ 見上書，頁五。

弘一大師俗侄李聖章之女，李孟娟在〈弘一法師的俗家〉一文中認為：對「王孝廉教弘一法師俗家大侄媳念〈往生咒〉〈大悲咒〉」，在當時禮教社會，無法理解❽。但是，當時的李家，老一輩信佛，卻並非其大侄媳一人。她提到她的曾祖父（弘一大師的父親李筱樓）第一位側室郭氏：「她一生沒有生兒育女，故不為我曾祖父看重，常年靠誦經念佛打發日月，她住兩明一暗的三間房子，外間屋就是佛堂，每日晨漱後的第一件事就是『念佛』……」❾

復次，弘一大師在青少年期，由於家庭因素薰染，固然可能成為日後出家的微弱助緣，但絕不能列為主要的因緣；因為，像中國舊社會，家中因祭喪而延僧念經、或家中有人與僧尼酬應與家人念佛，這是平常的事。像弘一大師這一富裕而人際關係複雜的文化家庭，很難產生一位對人生如此了斷的人物。

上文也曾提及，弘一大師的俗兄，一早亡，一生而羸弱，弘一大師的幼年，也並不健康。終其一生，為肺病所苦。

(1)他在一九一三年七月十六日致許幻園書〔之四〕：

---

❼ 見天津古籍出版社《李叔同——弘一法師》，頁四七。

❽ 見上書，頁一二七

❾ 見上書，頁一三九。

「——今日又嘔血，誦范肯堂（民初詩人）〈絕命詩〉：『落照原能媲旭輝，車聲人跡盡稀微；可憐步步為深黑，始信蒼茫有不歸。』通人亦作可憐語，可哂也！」❿

(2) 一九一七年致劉質平書〔之六〕云：

「不佞自知『世壽』不永，又從無始以來，罪業深重，故不得不趕緊修行……」⓫

(3) 一九二四年六月二十一日致（俗侄）李聖章書〔之四〕：

「——朽人近年以來，神經衰弱至劇，肺、胃、心臟，並有微恙……」⓬

(4) 一九三二年六月致劉質平書〔之五五〕云：

---

❿ 見北京三聯書店林子青編《弘一法師書信集》，頁三。

⓫ 見上書，頁九〇。

⓬ 見上書，頁一七三。

「近來老體仍衰弱，稍勞動即甚感疲倦。再遲十數日，夏〔丏尊〕必返白馬湖，當與彼商量，預備後事，並交付遺囑，亦作此生一結束矣！」⑬

(5)一九三九年致王拯邦居士函〔之二〕云：

「屢荷惠施『枇杷膏』，感謝無盡。……」⑭

(6)一九四〇年致性常法師書〔之二九〕云：

「余近來身體日益衰弱，肺病亦頗有進步（？），想不久即可生西。……」⑮

弘一大師的「肺疾」，從以上諸函中可以概見，並不是到三十歲以後才感染；而是來自家庭的病史，因為他的母親王太夫人也是〔可能〕死於肺疾（肺結核）⑯。在大家庭中，十九世紀末

⑬同前書，頁一一七。

⑭同前書，頁二七〇。

⑮同前書，頁四一八。

代，慢性病在親屬間互相傳染，是當時習焉不察的。正因為有這種「慢性侵蝕性」傳染病的纏磨，使得弘一大師對生命之脆弱、世事之無常，看得十分透徹，也十分平淡。所以他後來對「後事」也常常向他的朋友夏丏尊，他的僧俗弟子劉質平、豐子愷、李芳遠、性常法師、傳貫法師有所交代。但這並不暗示弘一大師人生觀的荏弱與無奈。其中從出家後到一九四〇年之間，肺病似很穩定，可是像「枇杷膏」之類的藥物從未斷過。可能，弘一大師的肺病，這段時間已經鈣化，才能使得他的壽命延到六十歲以後，最後，我相信還是由於這種「宿疾」而入化。

釋迦牟尼，在「王子時期」因為遊四門，看「生、老、病、死」四相，而頓悟生命之不實，道心也由此迸發，弘一大師何嘗不然？「病」，對弘一大師之棄俗修道，應是其中一種助緣。

三、弘一大師棄俗思想之形成與實踐

少年的環境媒介與生命脆弱的感悟，可能成為某一人格型態人物「出家」的因素，但並非必然；因為此一類型的人生遭遇不在少數。它必須有其更重要的多元性的助緣，逐漸形成一種極大的力量，才能捨棄倫理、世俗上的一切。

下面，從弘一大師二十歲以後到三十九歲之間，是形成了他的出家的重要史段：

㈠豐子愷在〈法味〉一文中說：

⑯ 據弘一大師病史研究，見臺北東大圖書公司陳慧劍著《弘一大師傳》，頁五九—六八。

「——他（弘一法師）關於母親，曾一皺眉，搖著頭說：『我的母親——生母很苦！』他非常愛他的母親。……他自己說：『我從〔一八九九年〕二十歲至二十六歲之間的五、六年，是平生最幸福的時候。此後就不斷的悲哀與憂愁，一直到出家……』」⑰

(二)朱經畬《弘一法師年譜》一九〇四年（二十五歲）條：

「是年，與穆藕初、馬相伯在上海組織『滬學會』……撰〈文野婚姻新戲〉，既竟，繫七絕四首，其第四首云：『誓度眾生成佛果，為現歌臺說法身；孟栴不作吾道絕，中原滾地皆胡塵。』」⑱

(三)朱經畬《弘一法師年譜》一九〇八年（二十九歲）條：

「在東京上野……叔同感懷家國，作〈初夢〉、〈簾衣〉，以寄故國。〈初夢〉云：『雞犬無聲天地死，風景不殊山河非；妙蓮花開大尺五，彌勒松高腰十圍；恩仇恩仇若相忘，翠羽

⑰見夏丏尊編《弘一大師永懷錄》臺北龍樹新版，頁三一八。

⑱見天津古籍出版社《李叔同——弘一法師》，頁九。

明珠繡裲襠；隔斷紅塵三萬里，先生自號水仙王！』」⑲

㈣同書一九一一年（三十二歲）條：

「——是年李家遭變，百萬資產，一倒於『義善源票號』，損失五十餘萬元，再倒於『源豐潤票號』，也有數十萬元。從而家道中落，叔同對此不甚在意……。」⑳

弘一大師在上海，從他母親去世，留學日本，到「家道中落」，在字裡行間，已透出對佛法因緣現露的痕跡，這一棄俗思想的浮現，是漸進的，身世、母喪、對佛法理念的認同皆是，但他對家境之突遭變故，從史料上看，並沒有一般人的沮喪。當時他已回國，出任天津工業專門學校教師。

〔一九一二年〕弘一大師（當時李叔同）到杭州之後，結交了一班新朋友，也有一批愛徒；杭州是人間的「佛國」，再與他在日本留學期間受到這一佛教國家的佛法氣氛的浸染（那六年留學生活不可能與佛教事物無緣），這多種因緣結合，對弘一大師這位天性中具有「悲憫素質」的

---

⑲ 同前書，頁一五。

⑳ 同前書，頁一五。

人物來說，都是一種「轉轍」的訊號。

他在杭州有幾封信給他的學生劉質平，劉在日本，因精神苦悶，弘一大師有如下的指示：

(1)一九一五年八月十九日致劉質平函〔之三〕：

「(指示中的第六點) 六、宜信仰宗教，求精神上安樂。〔據余一人所見，確係如此，未知君以為如何？〕」㉑

(2)一九一七年致劉質平函〔之五〕：

「——心倘不定，可以習靜坐法，入手雖難，然行之有恒，自可入門。〔君有崇信之宗教，信仰之尤善。佛、伊、耶，皆可。〕」㉒

到次年，弘一大師再度致函劉質平，他自己已經先一步投身佛教了。

(3)一九一八年二月九日致劉函〔之九〕：

㉑ 見北京三聯書店林子青編《弘一法師書信集》，頁八七。

㉒ 同前書，頁八九。

「——不佞近耽空寂，厭棄人事，早在今夏，遲在明年，將入山剃度為沙彌……」㉓

這封信之前，弘一大師在佛法信仰上，由夏丏尊作了一次間接的接引，而且在這之間，也插入了所謂「學道、理學」的小插曲。

(1)一九一六年致楊白民函〔之五〕云：

「前寄來琴書預約卷，《理學小傳》等皆收到。因入山故，未能答覆……。」㉔

(2)夏丏尊在〈弘一法師之出家〉一文中回憶：

「有一次（一九一五年），我從一本日本的雜誌上見到一篇關於『斷食』的文章，說『斷食』是身心『更新』的修養方法。自古宗教上的偉人，如釋迦、如耶穌，都曾斷過食。斷食能使人除舊換新，改去惡德……並且還列舉實行的方法及應注意的事項，又介紹了一本專講斷食的參考書。我對這篇文章很有興味，便和他談及，他就好奇地向我要了雜誌去看。

㉓ 同前書，頁九三。
㉔ 同前書，頁九七。

……至少在我自己是說過就算了。約莫過了一年，他竟獨自去實行斷食了。這是他出家前一年（一九一六年）陽曆年做的事。

「這時他只看些宋、元人的理學書和道家的書類，佛學尚未談到。……」㉕

也許夏丏尊先生還沒有深入了解他這位老友的內心，對佛法已經有了深刻的規模，對所謂宋明理學和道教的東西，相信只是參閱性質的瀏覽。

在朱經畬《弘一法師年譜》一九一六年（三十七歲）條，這樣說：

「九月（陽曆十月八日）叔同將入山坐禪。……題陳師曾畫荷花小幅，有〈序〉述其經過：『——時余將入山坐禪（這一年夏天暑假已斷過食），『慧業』云云，以美荷花，亦足以自劭。詞云：「一花一葉，孤芳致潔，昏波不染，成就慧業。」……』」㉖

此時，是公元一九一六年十月，弘一大師三十七歲，棄俗的行動即將開始，至於何時出家，則決定在一兩年內生活上有沒有意外變動。還有處理出家前後的家庭糾結。

㉕ 見夏丏尊編《弘一大師永懷錄》臺北龍樹版，頁二八、二九。

㉖ 見天津古籍出版社《李叔同——弘一法師》，頁二一。

高文顯則在〈弘一法師的生平〉中，留下這一段記錄：

「——李叔同先生的出家因緣，大家都是莫名其妙的。他的老師蔡元培，及國內名人，如吳稚暉、葉楚傖……以及他的朋友、學生，如夏丏尊、豐子愷，都是莫名其妙的。

「——去年（一九三六年）春間，因為《越風雜誌》的編輯黃萍蓀先生要出〈杭州專號〉，寫信來請弘一法師將他在『杭州出家的因緣』寫出來……我……到他的樓上由他親口敘述當時在杭州出家的經過，由我筆記……可是不幸因杭州淪陷……那篇經過法師刪改的舊稿，也不知流落何處。……

「法師說：他在杭州空閒的時候，每喜歡到錢塘門的景春園的樓上吃茶，而且常常和他的朋友夏丏尊先生同去。有一回，因為校裡面請一位名人來演講……於是便和丏尊先生到西湖吃茶去。他們坐談得無聊的時候，看見有一僧迎面走來。夏先生很稱讚他的風度，法師聽了之後，頻頻點頭，於是飄然動出世之想。據法師說，這是他出家的一個原因……。」㉗

豐子愷在〈懷李叔同先生〉一文中說：

㉗ 見夏丏尊編《弘一大師永懷錄》臺北龍樹版，頁三六。

「……但他『學道』的時間是很短的。〔一九一六年暑假〕斷食之後，不久他就學佛……」

豐子愷又說：「他自己對我說：『他的學佛，是受馬一浮㉘先生指示的！』」㉙

我們再看馬一浮在一九一六年某月（可能是十一、十二月）二十八日給弘一大師（李叔同）的信：

「——昨遊殊有勝緣。今晨入大慈山，入晚始歸。獲餐所饋上饌，微妙香潔，不啻淨土之供也。長水大師《起信論筆削記》，善申賢首之義，謹以奉覽。故人彭遜之，耽玩義易有年，今初發心修習禪觀，已為請於法輪長老，蒙假閒寮，將以明日移入。他日得與仁者並成法侶，亦一段因緣爾！——俶同先生足下。馬浮和南」。㉚

馬一浮這封信早於彭遜之在這一年元月三十日（農曆正月初八）出家那一天發出，最遲在元月三十日之前。因為信中已明白地要為弘一大師與彭遜之促成一段「法侶」之緣了。

㉘《馬一浮小傳》，見下註㉟。

㉙見臺北洪範書店楊牧編《豐子愷文選》第二集，頁一五五。

㉚見北京三聯書店林子青編《弘一法師書信集》，頁四七二。

不久，夏丏尊又在〈弘一法師之出家〉一文也提到這件事。他寫道：

「——據說，他自虎跑〔暑假〕斷食回來，曾去訪過馬一浮先生，說虎跑寺如何清淨，僧人招待如何殷勤！……陰曆新年（一九一七年），馬先生有一個朋友彭先生，求馬先生介紹一個幽靜的寓處，馬先生憶起弘一法師前幾天曾提起虎跑寺，就把這位彭先生陪送到虎跑寺去住，恰好弘一法師正在那裡，經馬先生介紹，就認識了這位彭先生。同住了不多幾天，到正月初八日，彭先生忽然發心出家了，由虎跑寺當家（法輪長老）為他剃度。弘一法師目擊當時的一切，大大感動。可是，還不就想出家，僅皈依三寶，拜老和尚了悟（當時虎跑方丈）法師為皈依師。『演音』的名，『弘一』的號，就是那時取定的。假期滿後(寒假)，仍回到學校裡來。……從此以後，他茹素了，有念珠了，看佛經，室中供佛像了。宋元理學書『偶然』仍看，道家書似已疏遠……」㉛

馬一浮的信與夏丏尊的記述，已互相呼應，時間相隔也不遠，這時已經是一九一七年寒假結束，學校開學之時。

弘一大師在一九一七年（春、夏）曾有致劉質平函（之六）云：

㉛ 見夏丏尊編《弘一大師永懷錄》臺北龍樹版，頁二八、二九。

「——自去臘（一九一六年〔民五〕冬）受馬一浮大士之薰陶，漸有所悟……」㉜

由此看來，馬一浮的信、夏丏尊的文、弘一大師致劉質平的信結合起來，便決定了弘一大師生命方向，何去何從了。於是，在校園中度過了一年的居士生活，弘一大師終於放下一切，在一九一八年農曆七月十三日到虎跑出家。

夏丏尊在〈弘一法師之出家〉一文，對當時情景，也有說明：

「——弘一法師的出家，可說和我有關；沒有我，也許不至於出家。關於這層，弘一法師自己也承認。有一次，……杭州知友們在銀洞巷虎跑寺下院替他餞行（他要到新城掩關），有白衣、有僧人。齋後，他在座間指了我，向大家道：『我的出家，大半由於這位夏居士的助緣，此恩永不能忘！』」㉝

文中又說：

㉜ 見北京三聯書店林子青編《弘一法師書信集》，頁九〇。

㉝ 見夏丏尊編《弘一大師永懷錄》臺北龍樹版，頁二一六。

「有一次，我對他說過這樣的一番狂言：『這樣做居士究竟不徹底；索性做了和尚，倒爽快！』我這話原是憤激之談，因為心裡難過得熬不住了，不覺脫口而出。……

「〔一九一八年〕暑假到了，他把一切書籍字畫衣服等等，分贈給朋友、學生、校工們，我所得的是他歷年所寫的字，他所有的摺扇及金錶等。自己帶到虎跑寺的，只是些布衣及幾件日常用品。……暑假後，我就想去看他，忽然我父親病了，到半個月以後才到虎跑寺去，相見時我吃了一驚，他已剃去短髮，頭皮光光，著起海青，赫然是和尚了！〔他〕笑說：『——昨天受剃度的！日子很好，恰巧是大勢至菩薩生日！』……」[34]

嚴格地說，弘一大師由幼年的家庭關係，接觸到佛法的影子，那只是「浮光掠影」；即使是二十六歲遭到母喪前後的哀傷，以及自己對生命脆弱的感悟，杭州的佛教濃重氣氛，甚至於虎跑斷食，都只能算是「助緣」。一個人的一生，決定他生命方向，甚至於影響到他能捨身殉道的因素，不是依賴這些「助緣」就可以決定的。尤其是「出家」這件事，「家有妻兒財產，身有世俗名聞利養」，況且，每一個出家人，也並非能人人捨俗，人人為道殉身，這裡面如果沒有「大智、大勇」的見地激發，弘一大師今天依然是「一位藝術家、音樂家、大書法家」的李叔同。身後依然是一片哀榮！

---

34 同上，頁三〇。

他之出家最後一把力，也是最重要的因緣——增上緣，在於馬一浮大師與他的建交！馬一浮本身沒有出家，卻透過他對佛理的深度感染傳給弘一大師——當年的李叔同，那位具有「殉身、殉道」性格，具有為信仰為三界眾生做舟筏的器度的李叔同。沒有馬一浮，弘一大師會不會出家，殊難預料。

四、弘一大師與馬一浮（一八八三——一九六七年）

馬一浮，是浙江紹興人，生於一八八三年，小於弘一大師三歲。他原名馬浮，又名「一佛」，號「湛翁、被褐」，晚年號「蠲叟、蠲戲老人」。這位中國的近代文化巨匠，十八歲鄉試中舉，二十歲負笈日本及德國。返國後與當時浙江省都督湯壽潛之女締婚，婚後數月，夫人猝逝，終生誓不再娶。平日布衣長髯，二十五歲後蟄居杭州，曾任「浙江文史館」館長。馬氏學通儒釋，徐復觀氏譽之與桂林梁漱溟、寶山張君勱、黃岡熊十力，並稱為「中國當代四大儒」。又精於書法，曾手書《阿彌陀經》與《禪宗語錄》及著儒學書多種㉟。

馬一浮雖未出家，實同「在家出家」，他之所以沒有出家，極可能因為身負「儒生」的殼，但對佛法的闡揚則不遺餘力。

弘一大師在一九一二年七月到杭州第一師範任教，時三十三歲，馬氏三十歲，已隱居杭州延

㉟ 見臺北傳記文學社《民國人物小傳》第五冊，頁二〇八、二〇九（馬一浮）。

定巷。根據僅存的馬氏致弘一大師書信及史料推斷：與弘一大師建交，可能在一九〇二—一九〇三年之間，當時弘一大師仍在上海文壇，已具聲譽。一九一二年弘一大師到杭州以後，是重復故誼。這兩位大師，在當時當地的文化界地位，一位是音樂家，一位是經學家，但兩人同是書法家，彼此都曾互酬法書，他們在杭州文化界，能成為性情之交，是必然的事。

馬氏對弘一大師的緣，從「出家」到「入寂」，都參與其事，可謂「緣生緣滅」，生死相契。弘一大師之與夏丏尊（小於弘一大師六歲），視之如兄如弟，視馬一浮，則如友如師。

馬一浮寫給弘一大師（李叔同）僅存四封信中的第一封，是在一九一七年閏二月。信上說：

「——壁上琴弊，曏者足下欲取而彈之，因命工修理，久之始就。曾告徐君，便欲遣童齎往，未辱其荅，恐左右或如金陵。比還杭州，願以暇日，枉過草庵，安絃審律，或猶可備君子之御耳。浮頓首。叔同先生足下。閏月十七日。」㊱

從這封信內容看來，他們之間的交往，絕不是初訂盟誼。這時弘一大師（一九一五年）已受「南京高師」的聘請，在南京、杭州兩地授徒。這兩位大師，除知識、性情之外，也竟然都是音樂上的「鍾俞」，看來馬一浮是琴中老手。真是惺惺相惜，相愛以德。

㊱ 見北京三聯書店林子青編《弘一法師書信集》，頁四七二。

弘一大師與馬一浮，是「道侶」，是「法侶」。是「靈山會」上的有緣人。下面是馬一浮與弘一大師「以沫相濡」的紀錄。

豐子愷在《陋巷》一文中寫道：

「——第一次我到這『陋巷』裡，是將近二十年前的事。那時我只十七、八歲（豐一九一四年秋入杭州第一師範，當年十七歲㊲），正在杭州的師範學校裡讀書。我的藝術科教師L（李）先生似乎嫌藝術的力道薄弱，過不來他的精神生活的癮，把圖畫、音樂的書籍、用具送給我們，自己到山裡去斷了十七天食（一九一六年、斷食應為二十天），回來又研究佛法，預備出家了。在出家前的某日，他帶了我到這『陋巷』裡去訪問M（馬）先生。我跟著L先生走進這陋巷中的一間老屋，就看見一位身材矮胖，而滿面鬚髯的中年男子（時馬一浮只三十六歲）從裡面走出來接應我們。……我坐在一隻椅子上聽他們談話。我其實全然聽不懂他們的話，只是片斷地聽到什麼《楞嚴》、《圓覺》等名詞，又有一個英語Philosophy出現在他們的談話中……聽到時怪有興味。……我慚愧，我裝腔作笑，又痛恨自己何以聽不懂他們的話。他們的話愈談愈長，M先生的笑聲愈來愈響，同時我的愧恨也愈積愈深……。」㊳

㊲ 見臺北蘭亭書店豐一吟編著《豐子愷傳》，頁二七。

這番話是描寫弘一大師與馬一浮在談佛學高深理論。弘一大師二位高足——豐子愷與劉質平都一再在文字之中引述弘一大師的話，「他的學佛，是受馬一浮先生的薰陶。」（見前文）

弘一大師與馬一浮之間的書信，除馬一浮留下四通，弘一大師致馬一浮的，都可能因為兩度戰亂加上「文革」而散失。現在也只有引用間接書信來印證他們之間的「法侶」之情。

㈠弘一大師在一九一八年十一月十四日（出家後）〈致許幻園函〉〔之六〉：

「在禾（嘉興）晤譚為慰。馬一浮大師於是間講《大乘起信論》，演音亦侍末席，暫不他適。……」[39]

這是弘一大師出家後不久，去聽馬一浮在嘉興講經。

㈡弘一大師在一九二一年十一月初六日〈致王心湛函〉〔之二〕：

「讚詞別寫奉慧覽，曩既諄請『湛翁』（馬一浮號）潤色，若置而不用，於義有所不可。朽人於《華嚴》，唯略習《清涼疏鈔》，未嘗卒業，『尊說希就正湛翁』如何？……」[40]

---

[38] 見臺北洪範書店楊牧編《豐子愷文選》第三冊，頁三四、三五。

[39] 見北京三聯書店林子青編《弘一法師書信集》，頁四。

這封信是弘一大師指導王心湛研究《華嚴》的，但是他推崇馬一浮，文字間，對馬一浮十分恭敬。

㈢師於一九二三至一九二六年之間〈致堵申甫函〉有：

⑴一九二三年九月一日（杭州、常寂光寺）〈致堵申甫函〉〔之二〕：

「拙書爾來意在『晉、唐』，無復六朝氣息。『〔馬〕一浮甚讚許。』」❹❶

⑵一九二四年五月二十日（杭州、玉泉寺）〈致堵申甫函〉〔之三〕：

「朽人擬於秋間返溫州，惟舟車之資猶未籌措，未審仁者能有資助否？——惠函乞寄『杭州城內延定巷六號馬一浮居士』轉交朽人。」❹❷

此函七天後，堵申甫接師函，將錢寄去，師覆函云：

---

❹⓿ 同上，頁二二〇。

❹❶ 同上，頁一四二。

❹❷ 同上，頁一四二。

「馬居士來（馬一浮到弘一大師掛單處），賚來尊簡，並惠施三十金，敬受，感謝無盡。」[43]

(3)同年十一月二十日（溫州城下寮）〈致堵申甫函〉〔之五〕：

「——馬（一浮）居士久無消息。今書佛號二葉，小橫幅十八葉，並佛書二冊，別掛號郵奉。乞受收。天寒手僵，草草不工，斯為紀念可耳。」[44]

(4)一九二六年（杭州、西湖招賢寺）〈致堵申甫函〉〔之八〕：

「昨晤『馬（一浮）居士』，說及墓誌銘事，欣然許諾，不勝忭躍。仁者近日有暇，希先至馬居士宅陳述謝忱……」[45]

這封信是弘一大師代堵申甫向馬一浮求寫堵母之墓誌。

---

[43] 同上，頁一四二。

[44] 同上，頁一四三。

[45] 同上，頁一四五。

(5)一九二七年正月二十四日（杭州、常寂光寺）〈致堵申甫函〉〔之十〕：

「若來寺中，告以朽人函請來談之意，即可導入禪室也。先一、二日乞訪『延定巷馬（一浮）居士』。別寫二紙，請轉交。有佛書信札等，悉乞帶來。」[46]

又一九二六年十一月初五日在杭州〈致李聖章函〉〔之十六〕中交代「〔師因去牯嶺〕以後通信，由杭州延定巷五號馬一浮轉交至妥。」[47]

(6)一九二七年除夕（溫州城下寮）〈致蔡丏因（冠洛）函〉〔之十〕：

「惠書並《疏鈔》一冊，前日收到。晤談擬五月來紹（興）之時，今未能破例也。『〔馬〕一浮居士』當代陳說。仁者往訪時，於名刺上自寫『弘一介紹』數字可耳。……」[48]

(7)一九二九年八月二十九日（上虞白馬湖）〈致豐子愷函〉〔之五〕：

---

46 同上，頁一四六。

47 同上，頁一七九。

48 同上，頁一五四。

「……前存尊處之『馬一浮居士圖章一包，乞於便中託人帶至杭州，交還馬居士。』……馬居士寓杭州聯橋與弼教坊之間，延定巷舊第五號（或第四、第六號）門牌內……」[49]

(8) 一九三二年六月十九日（溫州城下寮）〈致李圓淨函〉〔之二〕：

「此《護生畫集》封面，請子愷畫好，由朽人題此書名，至若題辭，乞『湛翁（馬一浮）』為之。詩文皆可。……仁者往訪『湛翁』，乞將畫稿帶去，說明其格式。彼寓延定巷……。朽人與湛翁之字，皆非俗人所能賞識……。」[50]

(9) 一九三三年八月二十三日（泉州）〈致夏丏尊函〉〔之四十二〕：

「承施目魚〔眼鏡〕（此是馬〔一浮〕居士定）……感謝無盡。……」[51]

---

[49] 同上，頁八〇。

[50] 同上，頁一八五。

[51] 同上，頁四七。

從以上九通函件，可知弘一大師對馬一浮大師之誼，比之夏丏尊並無軒輊，且對馬湛翁佛學上的倚重與推崇，說「亦師亦友」也不為過；如非透過馬一浮佛學義理上的接引因緣，與受比丘戒時，「贈以《靈峰毗尼事義集要》與《寶華傳戒正範》」，使弘師在「披翫周環」之餘，「悲欣交集」，「因發學戒之願」52！最後是否能成為律宗一代高僧，誠難論定。

馬一浮又在弘一大師圓寂之後，於一九五四年元月十日，杭州的「靈骨塔」落成之時，根據二埋（妙因法師）的記載，「那一天是鎮日小雨，子愷居士與錢君匋先生早二日從上海到杭，在杭邀請居士約二十人」，其中第一位就是「馬一浮先生」，然後是「堵申甫、黃鳴祥、宋雪彬……等都冒雨上山，繞塔、行禮、照相……」53

在「弘一法師靈骨塔落成」的照片上，除了以上諸人，還有弘一大師出家弟子寬願法師，當時是〔虎跑〕方丈。此外靈塔也由馬一浮先生指導，依照「永明延壽禪師」塔式建造，馬一浮當時是七十二歲，已滿頭白髮銀鬚。

五、弘一大師的人格背景

弘一大師究竟是「怎麼樣一個人」？

52 見上海大藏經會校印《四分律比丘戒相表記》，首頁〈序〉。

53 見新加坡薝蔔院《弘一大師逝世十五週年紀念冊》，頁八二〈靈骨塔落成〉一文。

現在從他的朋友、學生、佛教內私淑弟子的敘述，可以見到一個背影，而藉此了解他之所以棄俗出家的深宏心願。

㈠他的朋友夏丏尊〈弘一法師之出家〉一文回憶說：

「——我和弘一法師相識，是在杭州浙江兩級師範任教的時候。……在這七年中我們晨夕一堂，相處得很好，他比我長六歲，當時我們已是三十左右的人了，少年名士氣息，懺除將近，想在教育上做些實際工夫。……他教的是圖畫、音樂兩科。自他任教以後，就忽然被重視起來，幾乎把全校學生的注意力都牽引過去了。……這原因一半，當然是他對於這二科實力充足，一半也由於他的『感化力』大。只要提起他的名字，全校師生以及工役沒有不起敬的。他的力量，全由『誠敬』中發出，我只好佩服他，不能學他。……」[54]

㈡他的學生豐子愷在〈為青年說弘一法師〉中說：

「……他的人格，值得我們崇敬的有兩點：第一點，是『凡事認真』；第二點，是『多才多藝』。先講第一點：李先生一生的最大特點是『凡事認真』，他對於一件事，不做則已，

---

54 見夏丏尊編《弘一大師永懷錄》臺北龍樹版，頁二七。

要做就非做得徹底不可。……」[55]

又說：

「——他做教師，有人格做背景，好比佛菩薩的有後光……」[56]

他在〈懷李叔同先生〉一文中再度陳述：

「——弘一法師由翩翩公子一變而為留學生，再變而為教師，三變而為道人，四變而為和尚。每做一種人，都做得十分像樣；好比全能的優伶，起青衣像個青衣，起老生像個老生，……都是『認真』的緣故。……」[57]

㈢他的學生朱文叔在〈憶李叔同先生・弘一法師〉中說：

---

[55] 見新加坡薝蔔院《弘一大師逝世十五週年紀念冊》，頁八。

[56] 同上，頁一三。

[57] 見臺北洪範書店楊牧編《豐子愷文選》第二冊，頁一五六。

「——有時先生在那裡觀賞花木，亭亭靜立，也使我起一種『清標霜潔』的感覺。

「——目光是清湛的，無絲毫垢滓，更不含絲毫嗔怒之意。因為他『不多說話』，和他日常相見，每有極短暫的『相對無言』的時候。在這時候，只見他雙目微垂，覺得好像有無量悲憫之情，從他目光中流露出來。……

「至於容止器度，真是一清如水，惟其清，所以潔淨；澄澄澈澈，遠離一切污染……只要你一接近他，就覺得有一股清氣，浸潤著你，涵濡著你，使你自慚形穢，使你的鄙吝之萌，不復存於心……先生真像花中之蓮，木中之松。……」[58]

(四)著名散文作家葉紹鈞（聖陶）在〈兩法師〉文中說：

「弘一法師坐下來之後，便悠然地數看手裡的念珠。……可怪的是，在座一些人，或是他的舊友，或是他的學生，在難得的會晤頃，似應有些抒情的話同他談，然而不然，大家也只默然不多開口。……或者，他們以為這樣默對一二小時，已勝過十年的晤談了。晴秋的午前的時光，在恬然的靜默中經過，覺得有難言之美……。」[59]

---

[58] 見夏丏尊編《弘一大師永懷錄》臺北龍樹版，頁一八四、一八五。

[59] 同上，頁七八。

「——弘一法師與印光法師並肩而坐，正是絕好的對比，一個是水樣的秀美、飄逸；而一個是山樣的渾樸、凝重。」❻⓪

㈤他的皈依弟子高文顯在〈弘一法師的生平〉中說：

「其實我覺得弘一法師的影子，在任何人的腦海中，都不會淡下去；因他有絕大的力量，能使任何人都信仰、受他的感化。……」❻①

㈥文學家陳祥耀在〈紀念晚晴老人〉中說：

「——老人唯一使人永久紀念的，當是他的使人一見便不會磨滅的親切的印象。……周予同先生……曾親口說：『在他所會見的人物之中，老人是最富美感的一個。……』看見老人的和善的笑容，是接觸宇宙中一線寶貴的光輝！」❻②

---

❻⓪ 同上，頁八一。

❻① 同上，頁三二。

❻② 同上，頁一八九。

(七)宗性〈夏丏尊的朋友〉〈私淑弘一大師〉一文說：

「夏(丏尊)齋中懸師影一幀，神清氣和，藹然穆然，課餘每瞻視，便覺塵念一空……」63

(八)佛學家陳海量在〈香火因緣話晚晴〉中回憶：

「余自識師，未嘗見其疾言厲色，其自利利他之行，有契於《華嚴經》第三十五卷所云：『佛子！此菩薩四攝法中，〔愛語〕偏多；波羅蜜中，〔持戒〕偏多；餘非不可，但隨力隨分耳！』……」64

(九)佛學家、教育家蔣維喬在《弘一大師書簡集》序中說：

「……上海清涼寺請應慈老法師宣講《華嚴經》，余恆往列席，某日，有一山僧，翩然莅止，體貌清癯，風神朗逸，余心異之。……莫非弘一法師乎？」65

63 同上，頁一九六。
64 同上，頁一九九。

自從一九一二年，弘一大師到杭州任教，不管是同事、學生、朋友，素不相識者，一旦與大師有一面之緣，無不被他那種「悲憫、慈祥」的器度所感動，那真是一幅菩薩的光！

在臺北，是一九六三年某一天，前鎮江焦山定慧寺方丈東初法師說：「——民國十九年，他在廈門南普陀寺閩南佛學院做學生，有一天聽弘一法師講《地藏經》，會場一片悲憫氣氛，弘一法師的語默動靜，令聽者內心籠罩著無比的感動，令人終身難忘……」[66]

弘一大師的人格為何讓這麼多人感動、景仰，終身難忘？——這不在他的血肉之身的風度、儀表的清高絕俗，而在於他的性靈深處發散的眾生一體的慈光，使接近他的人，如沐春風，如子依母。這是人類良知的昇華與菩薩悲情的示現。他的不與人同、絕俗、聖賢氣質，成為千峰獨立的景象。

六、弘一大師何以選擇佛法作為生命皈依處？他為中國佛教以及人文界帶來何種影響？

一位偉大的藝術家與一位世外高僧，這是弘一法師與李叔同的生命臨界點。他為何在三十九歲的壯齡，捨藝術家而不做，而去削髮為僧；既為僧，而又選擇了嚴行戒律、視自己衣食榮辱如

---

[65] 同上，頁二〇六。

[66] 東初法師語，係一九六三年春在臺北與著者親證。

滶屣的苦行僧？

豐子愷評論他的老師之所以「出家」，用「三層樓」來比類。豐子愷說：

「我以為人的生活，可以分為三層：一是物質生活，二是精神生活，三是靈魂生活。靈魂生活，就是宗教生活。人生就是這樣的一個『三層樓』。懶得走（爬）樓梯的，就住在第一層；高興走樓梯的，就爬上二層樓去玩玩；……那『人生慾很強、腳力很大，對二層樓還不滿足，就再走樓梯，爬上三層樓去。這就是宗教徒了！』弘一法師的『人生慾』非常之強，他的做人，一定要做得徹底……於是爬上三層樓去，做和尚、修淨土、研戒律，這是當然的事。故我對於弘一法師由藝術昇華到宗教，一向認為當然！」㊼

他說：

「……李先生放棄教育家與藝術家而修佛法，好比〔黃鶯〕出於幽谷，遷於喬木；不是可惜的，正是可慶的！」㊽

㊼ 見新加坡薝蔔院《弘一大師逝世十五週年紀念冊》，頁四八、四九。

㊽ 同上，頁一四。

豐子愷這一「生命昇華理念」，是停留在「泛宗教」層面。如照這一說法，弘一大師可以去做天主教神父，也可以去做牧師，甚至做道士，都是一樣。但他為何選擇做「和尚」？他在另一篇〈悼夏丏尊先生〉一文中，提出了比較接近弘一大師「出家思想」的說法。

他說：

「——李先生不是『走投無路，遁入空門』的，是為了人生根本問題而做和尚。他是痛感於眾生的疾苦愚迷，要徹底解決人生根本問題，而『行大丈夫事』的！世間一切事業，沒有比做『真正的和尚』更偉大的了……」[69]

這一「人生根本問題」、「徹底解決人生問題」、「痛感於眾生的疾苦愚迷」，才真正符合弘一大師的寬大心靈領域，才是弘一大師『悲仰』的心靈所寄，也是弘一大師人格的突出面。「徹底了斷」與「無限大愛」是弘一大師的「出世觀」，也表現在他的點點滴滴生活之間。

方東美教授在他的《華嚴宗哲學》一書的〈序說〉裡說：

「——我們來看所謂高級的生物，可以拿他的生命去構成一個生命的領域；再由他生命的

---

[69] 見臺北洪範書店楊牧編《豐子愷文選》第一冊，頁一八九。

創造活動開拓出許多許多廣大的心靈境界。所以這個世界，顯然不是封閉的世界，而是一個從『有限到無窮』的開放世界……。」[70]

弘一大師的生命中要開發的，正是「由有限到無限」的心靈開放世界！

方東美又解釋「調伏方便界」這一「解脫道」。他說：

「什麼叫做『調伏方便界』呢？就是把下層污染的世界轉化成上層清淨的領域。在上層的領域中去安排生命，安排有意思的生命，有意義的生命。換言之，是有精神性的生命，有精神性的意義。然後由那個精神的意義的生命構成新世界，用《華嚴經》的名詞，叫做『正覺世間』（人間淨土）……。」[71]

由於弘一大師經由佛法先期薰染，對佛家精神世界，有這樣「徹底」的了解，他才在「藝術與佛法」之間，斷然選擇了「棄俗」之路；對世俗的身外之事物、親情與人情，大了大斷。

他棄俗之後，除了在戒律上作身心行持的準據，在佛家思想上，則致力於《華嚴經》的整理

[70] 見臺北黎明圖書公司方東美《華嚴宗哲學》，頁一一五。

[71] 同上，頁一一六。

及研究。

據現有史料，在「華嚴學」上，大師與之討論最多的，如「蔡丏因（冠洛）、李圓淨、黃幼希、王心湛、弘傘法師、高文顯、林贊華、豐子愷、夏丏尊、廣洽法師、內山完造」諸人，師單向信函即達數十通之多。師對《華嚴》經疏上研究、整理、校勘、宏揚，可分三方面：

(一)《華嚴》經、疏之研究及討論，多見於致蔡丏因等諸友生信函；

(二)《華嚴》經、疏之「禮誦」及流通：如指導蔡冠洛禮誦《華嚴》、倡導印行福建鼓山發現的珍本《華嚴疏論纂要》二十五大部，分送日本各大學及寺院請日本友人內山完造主其事：

(三)處寫有關《華嚴》經文分別流通海內外。例如：

(1)一九二四年，為黃涵之寫《華嚴經淨行品偈》；

(2)一九二六年五月在永嘉〔第一次〕寫《華嚴經、普賢行願品》；

(3)一九二六年七月在廬山牯嶺寫《華嚴經・十迴向品初回向章》；

(4)一九三〇年四月寫《華嚴集聯三百》，並附〈華嚴經讀誦研究入門次第〉；

(5)一九三一年二月寫《華嚴經・普賢行願品・觀自在菩薩章》；

(6)一九三三年五月為永嘉趙伯廄居士〔第二次〕寫《華嚴經、普賢行願品》；

(7)一九三七年八月為夢參法師寫《華嚴經淨行品》；

(8)一九四一年為性常法師掩關寫〔第三次〕《普賢行願品》。

這些墨寶，在今天海內外佛教人士手中仍有大量保存⑫。最能代表弘一大師深入《華嚴》的史料，是蔡冠洛根據弘一大師的部份信函，寫成〈廓爾亡言的弘一大師〉一文。

文中摘錄弘一大師關於《華嚴》研究與禮誦的指示：

〔之一〕

「書悉，讀《淨土十要》竟，專研《華嚴疏鈔》甚善。彭二林《華嚴念佛三昧論》，應先熟讀，論僅十數紙，詮義甚精……。兩書誦悉，《懸談》八冊，昨夕亦齎至，今郵奉《疏鈔》十一冊，又《往生論注》一冊，亦併假與仁者研尋。楊仁山居士謂修淨業者，須窮研三經一論，論即《往生論》也。鸞法師注，至為精妙，楊居士謂支那蓮宗著述，以是為巨擘矣。附奉上《行願品》一冊，敬贈與仁者讀誦，並希檢受。《華嚴懸談》，文學古拙，頗有未易瞭解處，宜參閱宋鮮演《華嚴談玄決擇》（共六卷，初卷佚失，今存五卷，收入續藏經中。），及元普瑞《華嚴懸談會玄記》（四十卷，常州刻經處刊行，共十冊。），反覆研味，乃能明瞭。」⑬

⑫ 一九六二、一九七八年，「弘一法師有關華嚴寫經法書」在菲律賓信願寺及著者策劃下精印萬冊以上，流通海內外。

〔之二〕

「仁者若欲窮研《華嚴》，於《清涼疏鈔》外，復應讀唐智儼《搜玄記》及賢首《探玄記》。《清涼疏鈔》多宗賢首遺軌，賢首復承智儼之學脈，師資綿續，先後一揆。三師撰述，並傳世間，各有所長，寧可偏廢，乃或故為軒輊，謂其青出於藍，尋繹斯言，蓋非通論。前賢創作者難，後賢依據成章，發揮光大，亦惟是纘其遺緒耳，豈果有異於前賢者耶。至若慧苑《刊定記》反戾師承，別闢徑路，賢宗諸德，並致攻難，然亦未妨虛懷翫索，異議互陳，並資顯發，豈必深惡而痛絕耶。春寒甚深，手僵墨凝，言豈盡意。」[74]

〔之三〕

「《華嚴經疏》科文十卷，未有刻本，日本《續經藏》第八套第一冊有此科文，他日希仁者至戒珠寺檢閱。疏鈔科三者，如鼎足不可闕一。楊居士刻經疏，每不刻科文，厭其繁瑣，蓋未嘗詳細研審也。鈔中雖略舉科目，然或存或略，意謂讀疏者，必對閱科文，故不一一

---

73 見夏丏尊編《弘一大師永懷錄》臺北龍樹版，頁一七六。

74 同上，頁一七七。

具出也。今屏去科文而讀疏鈔，必至茫無頭緒。北京徐居士刻經，悉依楊居士之成規，亦不刻科，所刻《南山律宗》三大部，為近百冊之巨著，亦悉刪其科文。朽人嘗致書苦勸，彼竟固執舊見，未肯變易，可痛慨也。」[75]

〔之四〕

「書悉，近與傘法師發願重加釐會（今之會本，為明嘉靖時妙明法師所會，彼時清涼排定之科文久佚，妙師臆為分配，故有未當處。）修補（妙明會本，後人有刪節，甚至上下文義不相銜接，龍藏仍其誤，今流通本又仍龍藏之誤，以上據徐居士考訂之說。）校點《華嚴疏鈔》，傘法師願任外護，並排版流布之事。朽人一身任『釐會』『修補』『校點』諸務，期以二十年卒業。先科文十卷，次懸談，次疏鈔正文。朽人老矣，當來恐須乞仁者賡續其業，乃可完成也。此事須秋暮自廬山返杭後再與傘師詳酌，若決定編印，尚須約仁者來杭面談一切。」[76]

---

75 同上，頁一七八。

76 同上，頁一七九。

〔之五〕

「仁者禮誦《華嚴》，於明年二月十五日，即釋迦牟尼佛涅槃日始課，最為適宜，……自是日始課者，紹隆佛種，擔荷大法義也，仁者勉旃。

茲郵奉日課一葉，並懸談八冊，希收受。日課中說明甚簡，茲略補記如下：禮敬之前，應先於佛前焚香供養，能供花尤善。偈贊所書者，為舉其一例。所誦之偈贊，可以隨時變易，以己意選擇，《華嚴經》中偈文，悉可用也。誦《華嚴經》用疏鈔本亦可，若欲別請正本，以杭州昭慶慧空經房之本最善。（句讀稍有舛誤脫落，但訛字甚少，若大字摺本，即俗稱梵本者，校對尤精。）三歸依亦應延聲唱誦，依此課程行持，約須一小時三十分，初行之時，未能熟悉者，至多亦不逾二小時。每日讀《華嚴經》一卷之外，並可以己意別選數品深契己機者，作為常課，常常讀誦（或日日誦，或分數日誦）。朽人讀《華嚴》日課一卷外，又奉《行願品別行》一卷為日課，依此發願，又別寫錄《淨行品、十行品、十迴向品》（初迴向及第一迴向章）作為常課，每三四日或四五日輪誦一遍，附記其法，以備參考。」[77]

從以上開示，可見弘一大師對《華嚴》用功之勤，用力之深！當時蔡丏因為「世尊在『因地』

[77] 同上，頁一七九、一八〇。

為了傷害一隻鷹，竟至受盡苦報——但為何又說念『彌陀佛』名號，就可『帶業往生』？理可得通，事卻有礙」，請求弘師開示。大師聽了，「只是微微一笑，並不回答什麼話」。後來他離開紹興往溫州去，（臨行前），送了他一幅預先寫好的橫披，前面是「南無阿彌陀佛」六個大篆字，篆字後面，是許多蠅頭小字，寫的是明朝蕅益大師的法語：

> 「佛為初機之人，必深談理性，欲其以理融事，不滯於事也。若為深位菩薩，必廣談事相，欲其以事攝事，不滯於理也。不滯於事，則一事通達一切理，名『事理無礙』；不滯於理，則一事通達一切事，名『事事無礙』！」[78]

這是弘一大師以「華嚴思想方法」對準蔡丏因的問題而下的針砭。蔡丏因也反省到「理是從事上產生出來的，必得事理圓融，才算無欠無餘，原因佛法並非『戲論』，只要動聽，便是圓滿。」弘一大師又引證古德的話說：

> 「我勸你咬釘嚼鐵，信得西方……但得見彌陀，何愁不開悟[79]？……著事而念能相繼，不

---

[78] 明・蕅益大師《靈峰宗論》卷八，頁四。

[79] 蕅益大師《靈峰宗論》法語。

虛入品之功；執理而心實未明，反受落空之禍！」[80]

蔡丏因說：

「……以後他常常和我通信，指示我讀佛書的次第——學佛的次第。因為這裡可以看出法師『超凡入聖』的途徑來……」[81]

弘一法師在佛理上，出家之前已圓融透徹，出家後自必能深入堂奧。

當一九三七年（民國二十六年）八月到年底，青島與廈門相繼受到日軍的佔領與轟炸的威脅，像「夏丏尊、蔡丏因、李芳遠、鄭健魂、穆犍蓮（藕初）、性常法師、廣義法師」，多人急函及親身勸請大師離開危險之地，大師以平淡之情，報以「莫嫌老圃秋容淡，猶有黃花晚節香！」並托〈詠菊〉一詩：「亭亭菊一枝，高標矗晚節；云何色殷紅，殉教應流血！」來拒絕美意。弘一大師臨危能避而不避，非凡俗所能為；徵之「文天祥、史可法、譚嗣同」這些血性男兒，則為天經地義，理所當然！

---

80 明・蓮池、袾宏大師法語。

81 見《弘一大師永懷錄》臺北龍樹版，頁一七六。

但是，當這位高僧入滅之前夕，分函夏丏尊、劉質平等友生，示以

君子之交，其淡如水；
執象而求，咫尺千里；
問余何適，廓爾亡言；
華枝春滿，天心月圓。[82]

這種置身大化、無罣無礙於生死之間，真只有大解脫者才能有這一番作略，即令歷代英雄豪傑，也望塵莫及！

在「無盡眾生與無限世界」相交融的世間系統裡，在「一切從此法界流，一切流入此法界」的「事理圓融無礙」的佛家解脫大道下，弘一大師為何選擇佛法為歸依之處，當可了然！

大乘佛法到明、清以後，在義理與實踐方面，都已成為強弩之末，雖偶有「宗師」出現，也難為苦海的闇夜燃起智慧明燈。而律宗自道宣（五九六—六七七）以降，南宋禪風大起之後，道風陵夷，僧格敗壞，弘一大師慨歎世間無真正之比丘，迨至明代蕅益、見月大師有心重建，已經

---

82 見北京三聯書店林子青編《弘一法師書信集》，頁七三〈致夏丏尊函〉第九七號、頁一四〇〈致劉質平函〉第一〇二號。

無能為力，弘一大師繼道宣之後，重振宗格，為佛門再濟清涼之風；弘一大師在近代佛教史上，已有定論，盡未來際，也將為中國僧門立一永恆之範式！

在北京，一九八二年有「弘一大師遺作展」揭幕之後，國內如「天津、杭州、泉州、惠安」各地「弘一法師、李叔同」的紀念堂、館，逐漸增益其規模，成為嚮往我中國文化、藝術之士，瞻仰流連，為師為範之地。一九九〇年十至十一月之間，弘一大師一百一十歲冥誕日，中國從南到北，從北京、天津、上海、泉州到臺北，佛教界、文化、音樂界，都為這位出世的高僧，入世的藝術先輩，舉辦「生平事蹟展覽，音樂遺作演奏」與「學術研討會」，天津市文化界於同時（十月二十三日）在河北區宙緯路七之一號，為法師「碑林」舉行揭幕典禮，來追念這位先賢；這位教人「士先器識而後文藝」、誡人以「應使文藝以人傳，不可人以文藝傳」[83]的世間瑰寶，不管在佛門，還是在中國未來文化的土壤內，他的崇高的風範與仰之彌高、鑽之彌高的人格，都將為中國知識份子作不惹塵埃的明鏡！

七、結　論

林子青〈律宗高僧弘一大師〉一文說：「弘一大師的佛學思想體系，是以《華嚴》為境，《四分律》為行，『導歸淨土』為果。」[84]這是對弘一大師一生行誼最簡明的評斷。

---

83 同上，頁二五七〈致許晦廬函〉。

大師之「由儒入佛」，發深心大願，可由一次夢中記誦《華嚴・賢首品》〈發心行相五頌〉，作為最精確的結論。

當一九三三年舊曆年後，從廈門萬壽岩移居到妙釋寺那天夜裡，得一奇夢，師將夢境歷歷錄之成文，贈與廣洽法師。跋云：

「歲次癸酉正月初入移居妙釋寺，是夜余夢身為少年，偕儒師行。聞後有人朗誦《華嚴》句偈，審知其為〈賢首品〉文，音節激楚，感人甚深，未能捨去，與儒師返。見十數人席地聚坐，中有一人，操理絲絃，一長鬚老人，即是歌者。座前置紙，大字一行，若寫《華嚴經》名。余乃知以歌而說法者，深敬仰之，遂欲入座。因問聽眾，可有隙地容余等否？彼謂兩端悉是虛席。余即脫履，方欲參座，而夢醒矣。迴憶《華嚴・賢首品》偈，似為〈發心行相五頌〉，因於是夜篝燈書之。願盡未來際，讀誦受持，如說修行焉。」[85]

〈賢首・發心行相〉五頌：

[84] 見天津古籍出版社《李叔同——弘一法師》，頁二四四。

[85] 見新加坡薝蔔院《弘一大師逝世十五週年紀念冊》，頁八九。

菩薩發意求菩提，非是無因無有緣；
於佛法僧生淨信，以是而生廣大心。
不欲五慾及王位，富饒自樂大名稱；
但欲求滅眾生苦，利益世間而發心。
常欲利樂諸眾生，莊嚴國土供養佛；
受持正法修諸智，證菩提故而發心。
深心信解常清淨，恭敬尊重一切佛，
於法及僧亦如是，至誠供養而發心。
深信於佛及佛法，亦信佛子所行道，
及信無上大菩提，菩薩以是初發心。[86]

這〈賢首五頌〉，正可說明弘一大師出家之發願所寄。也是弘一大師實踐「人成到佛成」這一過程的大事因緣！

一九九一年十月二十四日初稿

---

[86] 見《大正藏》第十冊，頁七二（中）。

弘一大師與同盟會關係之探疑

一、引　言

弘一大師（李叔同）在一九〇五年八月到日本留學，當年八月二十日孫中山先生也到東京與「革命同志」共組「同盟會」，從一九〇五年八月到一九〇七年三月，中山先生在東京從事革命運動，誓以「驅逐韃虜，恢復中華，建立民國，平均地權」作為此後奮鬥的目標。這一階段，弘一大師在東京上野美術專門學校專攻西畫，兼習音樂，至於他是否參加過「同盟會」，眾說紛紜，而在弘一大師遺留所有書信及文書中，卻看不到他參與同盟會的蛛絲馬跡，這一公案，成為今天研究弘一大師一生的學者及傳記作家最大的疑難。

現在，我們根據大師生前、身後有關史料及多種傳記來過濾、考察、研究，提出以下諸多疑點，來加以討論，俾得確定這一史實的真相。

二、有關「紀念性」史料部份

(一)《弘一大師永懷錄》（夏丏尊編）載錄參與「同盟會」部份文字：

1.僧睿（傳二）：

「曾聯合留東同學曾延年、李道衡、吳我尊輩，創組『春柳劇社』……一時名噪中外，同時加入『同盟會』……」❶

本文對「同盟會」之提出，語焉不詳。亦不知有何史料依據，這是大師身後文字第一篇提到同盟會的「史料」，後來加以引用者不乏其人。

2.許霏〈我憶法師〉：

「弘一大師在家時，曾經轟轟烈烈的幹過革命工作，為『同盟會』的老黨員，主持過《太平洋報》筆政，組『強學會』，對當時矛盾的封建社會加以口誅筆代……」❷

許霏（晦廬）這篇文字更是誇大其詞，而且弘一大師在《太平洋報》時期，是「畫報版」編

❶ 見臺北一九九一年龍樹新版，夏丏尊編《弘一大師永懷錄》，頁九。

❷ 同上，頁二二四。

輯，當時主筆政的是葉楚傖，組「強學會」也不是弘一大師，許文附會太多。

3.容起凡〈弘一大師出家的研究〉：

「——他又曾經在日本留學，目擊日本政治之進步及國勢的昌強，自然遭受刺激。他的加入『同盟會』從事革命，是那時一般留學生和知識份子憂國憤時的熱情的激盪和表露。……」❸

容起凡之文與前兩文一樣，都是「想像」的推演。

4.李芳遠〈哭亡師〉：

「孟憶菊云：『使李叔同繼續俳優，中國藝界豈讓梅蘭芳、尚小雲輩露角耶？』爾後加入『同盟會』，獻身革命。……」❹

李芳遠於一九三六年後，到一九四一年間，曾與弘一大師親見之因緣，也有書信往返。大師

❸ 同上，頁二九一。

❹ 同上，頁二九三。

圓寂之後，又編過《弘一大師文鈔》，寫過《弘一大師年譜》粗稿（未出版），他寫下的文字，本應有所據，豈奈仍無史料可供為證。

在一九四九年，這個歷史關鍵性的一年。因為中國文化結構遭遇亙古未有的衝擊與遷動，尤其對宗教與中國道德意識型態的認同出現差異。這是一種政治上的改變導致中國文化認同的變異；在這以前，有關弘一大師史料的彙集，最具體的，只有《弘一大師永懷錄》一種。而且，這本書提及「弘一大師參與同盟會」問題，多是大師週邊人物的推論，並無學術上的根據。更重要的是，在這本書中著文追懷弘一大師，並與大師的情誼較深切的，如「曾經先大師三年留學日本的經亨頤、先大師一年留學日本且為大師南洋公學時代好友的袁希濂、留學日本又是浙師同事的夏丏尊、學生豐子愷、劉質平，為大師身後作簡傳的好友姜丹書；甚至當大師出家後為大師侍者的傳貫、妙蓮法師❺諸人」，不管在文字上或懷念的追憶中，均未聞大師參與同盟會紀錄。

一九四九年以後，經過一番文革夢魘，自一九八〇年開始，中共政府實行對外開放政策，廢除「除四舊的歪風」，有關弘一大師的史料文獻，才陸續有人撰寫。

但是我們不可忽略的，即使於一九六三年（民國五十二年）為弘一大師寫《年譜》的林子青，在他的撰述中，也從未提及弘一大師參加同盟會的事❻。到一九六四年，由我個人執筆的《弘一

❺　一九九三年對弘一大師是否「入盟」事，曾徵詢大師生前多年侍者，今泉州開元寺方丈妙蓮老法師，承答以「從未聽大師說過」云云。

大師傳》在臺北出版，本書根據林著《年譜》與《永懷錄》資料加以推論，覺得「同盟會」在弘一大師留學日本的生活過程中，實在無物可供引述，因此也付之闕如。同理，一九六五年臺北聯亞出版的劉心皇先生《弘一法師新傳》也未提此事。

(二)到一九八〇年以後，在中國大陸與臺北出現的有關弘一大師文獻，有下列多種：

1. 一九八四年北京文物出版社編《弘一法師》（一百週歲誕辰紀念集）；
2. 一九八六年山西人民出版社印行了杜苕的《芳草碧連天》（弘一法師——李叔同）；
3. 一九八七年北京華夏出版社編《弘一法師遺墨》（附文多篇）；
4. 一九八八年天津古籍出版社編《李叔同——弘一法師》（文集）；
5. 一九八八年北京中國青年出版社出版徐星平著《弘一大師》（傳記）；
6. 一九九〇年北京三聯書店出版林子青編《弘一大師書信集》；
7. 一九九三年北京中國廣播電視出版社出版秦啟明編《弘一大師演講集》；
8. 一九九一年臺北龍樹雜誌社出版陳慧劍編《弘一大師永懷錄新篇》；
9. 一九九三年臺北東大圖書公司出版林子青《弘一大師新譜》。

以上是有關大師生平史料記錄重要的書，其不關重要者尚多，不再錄引。

---

❻ 一九九三年四月臺北東大版，林子青著《弘一大師新譜》〈自序〉提到「弘一大師入盟」這段公案，極力反對，並謂「係對大師歷史的歪曲」。見上書，頁八。

以上九種書中，有三種寫下大師參加同盟會的事。分述如下：

1.天津古籍出版社《李叔同》朱經畬〈李叔同年譜〉「一九〇五年」條：

「是年八月二十日，中國同盟會在日本成立，選孫中山先生為總理，以「驅逐韃虜，恢復中華，創立民國，平均地權」為宗旨。留日學生相繼參加有四百餘人。轉年，叔同亦加入同盟會。」❼

我們要瞭解，一九〇五年，在日本留學的中國青年，已達八千至一萬人；到一九〇七年，已近二萬人之多❽。當時參加同盟會的學生，實在只是「少數」。而且朱文對時間、地點、週邊關係人交代不同。我們懷疑他也是根據《永懷錄》僧睿等人轉引。

2.北京中國青年出版社徐星平著《弘一大師》，這本書描寫弘一大師參加「同盟會」事著筆地方最多。因為徐著文字多，我們總結下列諸點：

a.有一位四川榮縣籍青年吳永珊（玉章）留學日本（成城學校，同盟會於一九〇五年八月二

---

❼ 見一九八八年四月天津古籍出版社編《李叔同——弘一法師》，朱經畬〈李叔同年譜〉一九〇五年條，頁一一。

❽ 見一九八〇年北京出版的《吳玉章文集》有關「同盟會」回憶部份。

十日下午二時在東京赤坂區、靈南、坂本金彌寓所成立。）❾吳玉章於次年（一九〇六）四月入會。

b.弘一大師於一九〇五年八月到東京，趕不上這場入盟會議。到一九〇六年四月（？或更晚一點）由吳玉章介紹同盟會宗旨及狀況。

c.一九〇七年六月由吳玉章引見，謁孫中山先生，宣誓、填入會書入會。

（在時間上，徐文沒有明確交代。）

根據徐文，著者曾與設籍杭州的天津人——徐星平先生取得連繫，討論此事。

從徐先生覆信中結為五點：

a.根據一九三七年元月杭州《越風半月刊》（增刊號）發表的〈我在西湖出家的經過〉「案語」所云。（「案語」疑為當時編輯黃萍蓀所加，並非弘一大師自述。）

b.根據徐先生先輩（父親）口傳。

c.根據《杭州一師校刊》（？）熊尚厚等所寫〈李叔同〉、〈明遠樓前〉、〈我們的校長〉諸文，有弘一大師入同盟會的敘述。

d.根據一九八〇年（？）北京《人民音樂》期刊有文述及弘一大師「入同盟會的經過，包括填表、宣誓、畫押等之描寫」。

❾ 見一九五三年臺北中國國民黨黨史會編《革命文獻》第二輯，頁九（總一四九）。

e.至於入同盟會之日期，為徐先生之推論。⑩

經我個人檢閱杭州《越風》雜誌一文，該文是大師口述，高文顯居士筆錄，文內並未提及「同盟會」事。至於《人民音樂》期刊所述，因無法取得，且係一九八〇年以後出版，模擬成份太多。

關於徐星平先生根據上述資訊，寫《弘一大師》文集傳記，其取材、模擬，無可厚非。因為他有權這樣做，同時又是「文學作品」，關於弘一大師是否參加過「同盟會」，在「文學組合」裡，它的評價，只在讀者而已。

3.北京中國廣播電視出版社，秦啟明編《弘一大師演講集》附錄〈李叔同生平活動繫年〉所載：

「──（一九〇六年）冬季，（弘一大師）在東京加入孫中山領導的同盟會……旋擇文藝一隅，履行同盟會員義務：『驅逐韃虜，恢復中華……』會同曾延年發起成立『春柳社』，致力探究中國新劇表演藝術。……」⑪

---

⑩ 以上關於徐著《弘一大師》引述部份，見徐星平先生一九九三年五月八日與本文著者討論函原件。

⑪ 見一九九三年五月，北京中國廣播電視出版社，秦啟明編《弘一大師演講集》附錄〈李叔同生平活動繫年〉一文，頁三五六。又見一九九一年七月陝西人民出版社，秦啟明編《弘一大師書信集》附錄（同一文字）不錄。

秦啟明根據何種史料，確定弘一大師加入過同盟會，是矇昧不清的。我們再細檢一九九三年十二月福建人民出版社完成的《弘一大師全集》「書信」部份，這一千多封信中，無一言涉及同盟會及其有關人物。

在有關弘一大師一生文獻裡，有人說他參加了「中國同盟會」，但我們看到的只是「傳說」、「臆測」，卻查不出第一手資料。如果說他沒有參加過同盟會，也有人肯定地認同。如《新譜》作者林子青先生。這是兩難的格局。

三、有關一九〇五到一九〇七年同盟會的史料部份

為了回歸這一段歷史真相，我們沒有理由相信「傳說」。而重要的是，弘一大師一生，從生前與友人、生徒的談話，到身後留下的信札、文章，都沒有發現過這件公案的眉目。現在，我們還可以從「同盟會」史料裡，去清查、深究蛛絲馬跡。弘一大師雖然人歸安養，我們對他是否參加過同盟會，仍可以從根求證。「有與沒有」，現在「都是戲言」。

㈠同盟會成立初期經緯（一九〇五—一九〇七年）

按照孫中山先生的一生（一八六六—一九二五）革命過程，可分為四個時期：1.興中會、2.同盟會、3.中華革命黨、4.中國國民黨。

同盟會先期，是中山先生革命運動雛形組織——興中會。興中會，成立於一八九四年十一月

二十四日，地點是檀香山。中山先生時年二十九歲。

同盟會之成立，是興中會的革命目標「行動化、周延化、組織化」。它成立於一九〇五年八月二十日，地點是日本東京，它與中國僅一水之隔。中國政情正處於倒滿的高潮期，中國有大量熱血青年留學日本，對「革命」而言，易於號召人心，喚醒國魂。

但在「同盟會」正式成立之前，中山先生尚在歐洲（包括倫敦、巴黎、柏林、布魯塞爾）等地已醞釀這一組織，並接受「盟員入會」。等中山先生於這一年七月到達東京之後，在「七月三十日、八月十三日」兩天，前者是籌備會，後者是歡迎中山先生大會上，都有大批盟員入會。

㈡弘一大師（李叔同，又名李哀、李岸）於一九〇五年七月二十九日，因母喪移靈故籍天津舉行入葬前「新式喪禮」之後，於八月中旬（？）赴日本東京，先行學習日語，中間又參加了東京詩社——「隨鷗吟社」，聯吟賦詩的活動。陸續參加兩年。到一九〇六年九月二十九日始考入「上野美專」，專攻西洋美術與音樂、鋼琴。同時又在一九〇六年正月間，創辦了《音樂小雜誌》一種，寄到上海發行。

弘一大師到日本後，在一九〇五年八月到一九〇七年春，其中至一九〇六年秋還回過天津一次，其餘大部份時間，都放在「藝文活動」上。他的交友範圍，多是「音樂、戲劇、美術、詩文」圈內人，與從事政治活動（革命者）人物極少往還。這可從他有關生活紀錄的文字中可見端倪。

這一時期，孫中山先生為了組織同盟會，於一九〇五年七月二十五日（農曆六月二十三日），從巴黎乘船到達東京⑫。同盟會成立後，陸續吸收盟員總計近千人。到一九〇七年三月四日（正月二十日）因受清廷壓力被日本政府驅逐出境，到南洋各地從事革命活動⑬。

孫先生從一九〇五年七月底到一九〇七年三月初，在日本逗留了一年七個月。這一階段與弘一大師在東京初期活動、求學的時間相重疊。但個性淡泊、孤高的李岸（李叔同），在最初一年把精神放在「學習日語、演劇，參加詩社」上。我們要知道：排演戲劇（從選原著、編劇、舞臺設計、角色安排、場地之取得、演練），其先期活動是要消耗相當時間的。在這一時段，他參與出場的戲有——

a. 一九〇七年二月（場地留學生會館）首演「茶花女遺事」。

b. 一九〇七年六月（場地本鄉座）演出「黑奴籲天錄」。

c. 一九〇七年十一月（在常磐館）演出「生相憐」與「畫家和他的妹妹」。

我們估計，為了拯救國內水災而演戲所耗費的時間，應從一九〇六年十月起直到次年十一月「畫家和他的妹妹」演完，而結束了這一連串活動。

此後，便專心學畫，脫離「春柳社」。由這一階段活動來看，「弘一大師與同盟會」的關係，幾乎微乎其微。

---

⑫ 見一九七五年臺北「中央研究院近代史研究所」專刊第三十二種，張玉法著《清季的革命團體》，頁三〇六。

⑬ 同上，頁三五九。

㈢關於「吳玉章」部份，在徐星平著《弘一大師》一書中描寫，由吳玉章介紹當時的「李叔同或李哀、李岸」入盟，我們遍查有關「吳玉章」資料，不僅沒有提到李叔同其人，連四川籍的曾延平（李谷）、後來成為戲劇家的歐陽予倩，在他的「全集與回憶」裡也查不到。不但如此，他連「春柳社為救災演戲」事，也沒提半句⓮。

㈣我們再從一九五三年「中國國民黨黨史會」編的《革命文獻》有關「同盟會」（一九〇五—一九〇七年）入盟會員及有關敘述來考查。在那兩年九百六十餘位會員名冊中，查證有「直隸省（含天津）」入盟會員著名者：

a.李煜瀛—（石曾）——一九〇五年八月八日入盟；

b.張繼——一九〇六年七月三十日入盟。

此外，直隸全省入盟名冊中，並無「李叔同（或李哀、李岸）」其人。

至於與弘一大師生平有關的籍貫——浙江，則有：

a.章炳麟（太炎）——一九〇五年五月十六日（同盟會成立之前）入會；

b.蔡孑民（元培）——一九〇六年九月二十九日入會。

浙江省名冊內，亦無「李叔同（或李哀、李岸）」其人。在中國青年入盟者分布於十七個省

⓮有關吳玉章部份，已查證「中央研究院近史所」藏《吳玉章文集》及成都人民出版社《吳玉章回憶錄》二書，無法證實弘一大師加入同盟會。

區，所有入盟者名冊，均無在俗的弘一大師在內。甚至日本以外地區，如南洋各地入盟名冊亦無弘一大師⑮。

從以上原始資料顯示，遍尋無弘一大師入盟點滴。我們在這些資料中，只能證明它「沒有」，而無法找到「有」的證據。如果說，李叔同的入盟資料（如「誓詞」）被「丟棄或遺失」的話，這種或然率那有如此巧合？因此，我們在目前可以見得到的同盟會資料，只能說「弘一大師不見於同盟會名冊」（等於「沒有參加同盟會」），而不能說「他參加了」！

雖然，大師身後有些追念性文章與「文學傳記」，有人把他寫為同盟會的一員，來證明他的「愛國情操」；但「愛國者」並非人人要參加同盟會組織。在當時的東京，留學生超過萬人以上，入同盟會者，尚不足五分之一。

在今後的史料發掘上，如果仍能找到弘一大師加入同盟會的直接證據，那將是奇景。但直到目前，還是處於無法確認「弘一大師曾經參加過同盟會」。至於「傳說」，以及非學術性作品引用他人文字語言來證明「入盟」，我們只能說，這只是當事人對一代高僧生平事跡賦以高山仰止之熱情。但距「求真」還有一段距離。因此，有關大師身後文獻的評論人，對這一公案，還是「保留」為妙！

---

⑮ 見上書《革命文獻》第二輯所列「同盟會會員名冊」，頁一九（總一五九）—七七（總二一七）。

弘一大師之加入同盟會與否?應與弘一大師之人格、道德水平與佛道上的成就，無必然關連。

一九九四年二月二十三日。

弘一大師戒律思想溯源

一、引言

弘一大師（一八八〇—一九四二年），是民國初年音樂家、藝術家、書法家李叔同先生的至善人格的昇華；李叔同，是民國三十年代以後佛門弘一大師從初發心到現比丘相的化身。沒有李叔同，就沒有弘一大師。

弘一大師在佛門最高的成就，是「戒律」；「以戒為師」，是弘一大師盡其形壽、生死以之的奉行規則。

關於弘一大師一生的高德懿行，已有歷史為之傳述，本文不為列論。本文僅就大師在「律學」上的思想、行履以及師承，作一專題陳述。我們藉此來提供佛門以及社會倫理上一種共同的典範！

二、弘一大師弘律之因緣

所謂「出家乃大丈夫事，非將相所能為！」這正是弘一大師「古道顏色」的寫照。

弘一大師——李叔同在一九一八年於杭州第一師範教席任內，捨棄世間一切的名聞利養、絕決骨肉親情、友情與人情，不僅他的至親知友為之震驚、錯愕，難以置信；即使當時的知識界、藝術界以及南社友人，也無法接受李叔同之走入空門這一事實。

但是，李叔同仍然是出家了！他沒有牽涉到任何世俗因素而放下一切身外之物，完全是對佛家義理的傾服與認同，才獻上自己的生命，為「將相所不能為」之事。

他不僅以一位高級知識份子拋妻別子、粉碎世情而出家，且選擇了佛門艱苦卓絕的「苦行僧」之路！

為了追究這一深層原因，就不能不涉及弘一大師「出家」之願，不僅是為了要「解決自己生命」的問題，同時也要為一切有生命的物類作濟度、作引導；不僅他為了要莊嚴自己的生命，也是為了要莊嚴整個佛教生命！為了這一深遠的原因，於是斷然學律！

弘一大師「學律」的早期助緣，是他在杭州的好友、經學家馬一浮（一八八三——一九六七年）先生。馬一浮，對弘一大師之出家與學律，可說是一位重要的人物❶。

他曾回憶說：

❶馬一浮，本名馬浮，又字蠲叟。浙江紹興人，為一大經學家、佛學家。曾留學日本、德國。一九一二年後在杭州與弘一大師——當時的音樂家、書法學家李叔同成為至交，但小李叔同三歲，然李氏亦師亦友視之。李之出家因緣，都與馬一浮有絕大關係。參見本書第十九頁。

「余戊午年（一九一八）七月，出家落髮，其年九月受比丘戒。馬一浮居士，貽以《靈峰毗尼事義集要》，並《寶華傳戒正範》，披翫周環，悲欣交集，因發學戒之願！……」❷

《靈峰毗尼事義集要》，是明代佛教思想家——蕅益智旭大師（一五九九—一六三八年）的律學大著，《寶華律戒正範》，是明末見月律師為南京寶華山傳戒而寫的「標準典範」，後人一直以此書作為傳戒的標準本。

由於弘一大師在出家初期，細讀了這兩種戒學大著，深感戒律之於佛門行履太重要了。僧家如果不守戒、浮濫佛院戒律，必然導致佛法陵夷、僧格掃地。所以，他有感於本身之責任重大，才發學戒之大願。

同時，弘一大師身後《文鈔》編集人李芳遠，也憶述說：

「——馬一浮先生說：『教陵惟扶律』最善。（弘一）老人自己亦曾說過：『自南宋迄今七百餘年中，法門陵夷，僧寶殆絕，除了扶律，是不足以言振興了！』……」❸

---

❷ 見弘一大師著《四分律比丘戒相表記》序，首頁。又見李芳遠編《弘一大師文鈔》，頁二五。

❸ 見李芳遠編《弘一大師文鈔》，頁六〈緣起篇〉。

弘一大師對當前佛門戒律沉淪，深感「僧種難得」，所以他在〈律學要略〉中無限感慨的說：

「——我們生此末法時代，沙彌戒與比丘戒皆是不能得的，原因甚多甚多。今且舉出一種來說：就是沒有能授沙彌戒、比丘戒的人。若受沙彌戒，須二比丘授；比丘戒至少要五比丘授；倘若找不到比丘的話，不單比丘戒受不成，沙彌戒亦受不成。……」❹

弘一大師的意思是，並非中國沒有一個真正的比丘，而是提示目前中國的佛教內沒有幾個能有資格稱得上「比丘」的人了。所以要想找一個嚴持戒律的「清淨比丘」是很難得的，因此，出家人受戒也就有問題了。

弘一大師並非無情地揭發佛教出家人的瘡疤，而且，他自己也決定地認為自己沒有資格作為一個「全分」的比丘。

他在〈律學要略〉一文中又說：

「——就我自己而論，對於菩薩戒是有名無實，沙彌戒及比丘戒決定未得。即以五戒而言，亦不敢說完全，止可謂出家多分優婆塞而已，這是實話！」❺

---

❹ 見臺北龍樹版《弘一大師演講全集》，頁六一。

今人聖嚴法師也說：

「弘一大師是近世的高僧，並以學律持律聞名。但他自驗，他非但不夠比丘的資格，也不夠沙彌的資格，甚至還不夠一個五戒滿分的優婆塞（男居士）的資格。我們試想，一位持律謹嚴的高僧，竟還不敢以滿分的『五戒淨人』自詡，降至一般而下的人們，誰還敢以五戒清淨自居呢？至此必須明白，弘一大師的自驗，絕對不是因他破了根本大戒，而是說五戒的細微部份，無法顧慮得週全的意思。……」❻

談到戒律，在理論上，它佔有全部佛家大藏的極大份量。重要的律典，有所謂五部廣律，如《十誦律》六十卷、《四分律》六十卷、《僧祇律》四十卷、《五分律》（彌沙塞）三十卷、《有部律》五十卷。等到唐代道宣律師（五九六—六六七年）著「南山三大部」❼、宋、元照（一〇四八—一一一六年）律師以後解「南山律」的專家，有六十多人，彙集中國佛門律家及日本僧家著

---

❺ 同上，頁五八。

❻ 見臺北東初出版社聖嚴法師著《戒律學綱要》，頁五。

❼ 道宣律師住陝西終南山，所著律學三大名著為《四分律刪繁補闕行事鈔》、《四分律含註戒本疏》、《四分律隨機羯磨疏》。

作，達數千卷之多。「戒律」，是佛家一項嚴密而繁瑣的學問，不僅篇幅浩大，而且古今諸家對「戒體、戒相、戒行、戒法」見地不一，而落實到出家人生活行為的細節，如何做到一切清淨，這就必須古今一些律身嚴謹、對律理認識得徹透的高僧，來作為典範了。

弘一大師學律的初期，是走「新律家」的路線。所謂「新律」，是指唐代義淨三藏所譯的「有部律」（《根本說一切有部毗奈耶》）。《有部律》是由梵文漢譯中國律典中最後一部新典，有別於《四分律》等四部舊譯，所以稱為「新律」。

關於研究「新律」（有部律），大師說：

「庚申（一九二〇年）之夏，余居錢塘玉泉龕舍（玉泉寺），習《根本說一切有部律》……又閱義淨《南海寄皈內法傳》，載誦三啟《無常經》之義甚詳。」❽

這是大師出家後第二年，在杭州習「新律」（有部律）的早期紀錄。後來，他又在〈律學要略〉中說：

「關於《有部律》，我個人起初見之甚喜，研究多年。以後因朋友勸告即改研《南山律》。

❽ 見李芳遠編《弘一大師文鈔》，頁二六〈佛說無常經序〉。

其原因是《南山律》依《四分律》而成，又稍有變化，能適合吾國僧眾之根器。……」❾

影響弘一大師從「新律」改研「舊律」（四分律）的「朋友」，便是天津刻經處的徐蔚如居士（一八七八—一九三七年）。

關於《有部律》，大師在〈學有部律入門次第〉中解釋說：

「《有部律》者，與學《四分》、《十誦》等異。彼則章鈔繁雜，條理紛糅，斯乃專宗律文……余初學律，緜涉數載，忘前失後，難卒檢究。爾後撮要編錄，乃獲領悟。貫其條理，編錄之法，誠學律者之扃鐍矣……」❿

其實，弘一大師對《有部律》之鑽研，從一九二〇到一九三一年，前後達十年之久，才正式投入「舊律」之發願、研究與宏揚。

大師在〈余宏律之因緣〉一文回憶：

❾ 見臺北龍樹版《弘一大師演講全集》，頁五二。

❿ 見李芳遠編《弘一大師文鈔》，頁一二一〈學有部律入門次第〉一文。

「庚申（一九二〇年）之春……是年閱藏，得見義淨所譯《有部律》及《南海寄皈內法傳》，深為讚歎，謂較『舊律』（四分律等）為善。故《四分律戒相表記》……屢引義淨之說，以糾正《南山》（即《四分律》之新名）。其後自悟輕謗古德有所未可，遂塗抹之。……以後雖未敢謗毀《南山》，但於三大部仍未用心窮研，故即專習《有部律》，二年之中，編有《有部犯相摘記》一卷、《自行抄》一卷。

「——徐蔚如居士，創刻經處於天津，專刻『南山宗律書』……歷十餘年，乃漸完成。徐居士其時聞余宗《有部》而輕《南山》，嘗規勸之，以吾國千餘年來秉承《南山》一宗，今欲宏律，宜仍其舊貫，未可更張，余於是有兼學《南山》之意。爾後此意漸次增進，至辛未（一九三一年）二月十五日……乃於佛前發願，棄捨《有部》，專學《南山》，隨力宏揚，以贖昔年輕謗之罪。

「昔佛滅後九百年，北天竺有無著、天親、（彌勒）等兄弟三人，天親先學小乘而謗大乘，後聞兄長無著示誨、懺悔執小之罪……於是遂造五百部大乘論。余今亦爾，願盡力嵩學南山律宗，弘揚讚歎，以贖往失。此余由『新律家』而變為『舊律家』之因緣，亦即余發願弘《南山》之因緣也！」⓫

⓫ 見李芳遠編《弘一大師文鈔》，頁一二二、一二三。

弘一大師在這篇文章中，已清楚地將他為何「由《有部律》轉為學《南山律》的原因」說得很清楚了。

弘一大師之出家學律，而後由《有部律》轉宏《南山律》，這是日後他成為「南山律宗第十一世宗師」⑫的重要關鍵，同時也為《南山律》的傳承不絕，找到最後一位接棒人！

三、弘一大師與南山律學

甚麼叫《南山律》呢？弘一大師在他的律學大著《南山律在家備覽略編》例言中說：

「所云《南山律》者，唐、道宣律師居『終南山』，後世稱其撰述曰《南山律》。《南山》以《法華》、《涅槃》諸義而釋通《四分》，貫攝兩乘（大、小乘），囊包三藏，遺編雜集，攢聚成宗。……」⑬

⑫ 弘一大師被尊為「律宗第十一代祖」，近見《香港佛教》第三八五期，頁六，金兆年〈永恆的懷念〉一文。大師於一九四二年逝世之後，佛教界即有此追謚。律宗第一代至第十代宗師，分別是：〔自北魏，到北宋〕1.法正、2.法時、3.法聰、4.道覆、5.慧光、6.道雲、7.道洪、8.智首、9.道宣、10.元照。〔弘一大師是第十一世〕。

⑬ 見弘一大師著《南山律在家備覽略編》，頁一〈例言〉。

這是大師對《南山律》所作最簡單、最明確的解釋。

近人妙因法師在《律學》一書中說：

「《四分律》為唐、終南山、道宣律師開戒律所依之根本律典，亦為我國研究最多、宏揚最久之律，故為漢譯律藏中最重要的律典！」⓮

他又說：

「道宣律師在律宗創『明圓體』，是一項創造性的成就。」⓯

「南山律宗道宣律師主要的是創造性地發揚了律宗精神，使律學能符合中國人鑽研、修持佛法的要求。」⓰

「此宗妙義，……最扼要地說，根據弘一律師的歸納，是『創明圓體，包含精博』。」⓱

⓮ 見臺北天華版妙因法師著《律學》，頁二二三。

⓯ 同上，頁五九。

⓰ 同上，頁九一。

⓱ 同上，頁九二。

《南山律》的特殊之處，主要在有別於「小乘律」的地方，融入了大乘佛法思想，並且建立一中國式的律學思想體系。

所謂「創明圓體」，是指道宣在他的大著《四分律隨機羯磨疏》中將佛教東來之後漢譯律典，判為三宗：

即：

㈠實法宗（有宗）：指《薩婆多部》、《十誦律》，屬小乘教。

㈡假名宗（空宗）：指《曇無德部》、《四分律》，小乘教，雖通大乘思想，並非全屬大乘。

㈢圓教宗（中道）：依《法華》、《涅槃》經義，決了權乘，同歸實道，是究竟的大乘教，依小律儀，即成大行。以大決小，不待受大，故為圓教⑱。

這種獨創「大乘戒律思想」的精義，完全在《南山三大部》及宋代元照律師「解注」三大部的《資持記》、《行宗記》、《濟緣記》這三種大書裡，說得清清楚楚。

弘一大師出家後前十年研究《有部律》，到辛未、一九三一年以後再埋頭於《南山律》之鑽研、宏揚，並對古人之見地，有所發明與肯定，所以他更發下身體力行的大願，即知即行，知行合一。

他在《圈點南山行事鈔資持記跋》文內說：

⑱ 同上，頁九二。

「辛未（一九三一）二月居〔上虞〕法界寺，於佛前發學《南山律》誓願。是夏居五磊寺，自誓受菩薩戒，並發弘律誓願……壬申（一九三二）……十一月至南閩，講《含註戒本》，於〔廈門〕妙釋寺，講《隨機羯磨》，於萬壽岩……」⑲

從此，弘一大師「講律、宏律、研律、著律」的生活，於焉開展。

他的〈學南山律誓願文〉，是這樣布露的：

「時維辛未（一九三一）年二月十五日

本師釋迦牟尼如來涅槃日。弟子演音，敬於

佛前發弘誓願，願從今日，盡未來際，誓捨身命，擁護宏揚『南山律宗』，願以今生，盡此形壽，悉心竭誠，熟讀窮研《南山疏鈔》，及《靈芝記》。精進不退，誓求貫通，編述《表記》，流傳後代，冀以上報三寶深恩，……速證無上正覺。……」⑳

到一九三三年五月二十六日，又在泉州承天寺，偕同他的「南山律苑」十二位師生，在佛前焚化

⑲ 見李芳遠編《弘一大師文鈔》，頁三二。

⑳ 同上，頁一〇三。

另一篇〈南山律苑住眾學律發願文〉，以示終身服膺奉行的決心與宏願。

弘一大師後來的著作，像經過修訂多次的《四分律比丘戒相表記》、《南山律在家備覽略編》、《隨機羯磨隨講別錄》（等三十二種）合集，基本而重要的理論根據，都是來自道宣律師的《三大部》與元照靈芝的《三記》，然後再加上他個人的思想結晶。

尤其是《四分律比丘戒相表記》一書，是精簡古人繁瑣的律典而成的一部當代律學「經典性」不朽名作，最受佛教學術界以及學律人的重視！

有關《南山律》引用大乘經典思想，以改變小乘律的素質，在弘一大師《南山律在家備覽略編》中，引見的有《法華經》、《涅槃經》、《楞嚴經》、《華嚴經》、《梵網經》、《仁王護國經》、《善生（優婆塞戒）經》、《大集經》、《十輪經》、《賢愚經》、《勝鬘夫人經》、《太子瑞應本起經》、《淨土三經》、《出家功德經》、《大寶積經》、《大智度論》、《攝大乘論》……等大乘經論二十多種。其中引用《涅槃》最多。但《南山律》仍以《法華》思想為骨幹，在《在家備覽》一書引《法華》偈云：

「我此九部法，隨順眾生說，入大乘為本，以故說是經。聲聞若菩薩，聞我所說法，乃至於一偈，皆成佛無疑。十方佛土中，唯有一乘法，無二亦無三，除佛方便說，但以假名字，引導於眾生，說佛智慧故！」㉑

弘一大師之宏揚《南山律》，一方面基於「中印」之國情、民俗不同，古今、種族、生活習慣迥異，尤其是，在小乘律，多半重「自修自了」，不像大乘佛教之菩薩道精神，己度度人，己利利人，與天下蒼生為一體。出入地獄，誓渡眾生。

弘一大師之捨《有部》而宗《南山》自是大乘佛教宗師一種悲心至高的體現，佛教律宗之「為往聖繼絕學」，也該是弘一大師捨我其誰的使命感！

四、弘一大師與蕅益智旭大師戒律思想之比較

蕅益大師，是中國大乘佛教傳承到明末清初的最後瑰寶；他與憨山、紫柏、蓮池，共被尊為「明代四大師」，二十四歲「援儒入佛」，捨俗出家，不僅精嚴戒律，尤其著作等身，傳世有律學著作八種，而《閱藏知津》、《靈峰宗論》，更是研究佛學必讀的大著。他的全部著述達四十七種之多。

蕅益大師，自二十六歲發心恭閱「律藏」，分別在二十七歲、三十歲、三十二歲時，三度閱完浩繁萬端的律典，並在閱律過程中，完成《毗尼事義集要》一書，這也就是馬一浮在弘一大師初出家時，持以相贈、改變弘一大師出家度人方向的那部重要律書。

蕅益大師之持戒、律身，極為「苛嚴」，實非一般常人所能為。除日常生活上嚴守比丘二百

㉑ 見《大正藏》第九冊，頁八（上）、《南山律在家備覽略編》，頁六一。

五十戒之外，平日誦經、持咒，動輒萬遍，刺血寫經、燃臂香供佛，習以為常；何況在嚴持戒律之外，還博覽群書，深入經藏，筆下千軍萬馬，其思想導引古今。

尤其，一部《靈峰宗論》，最足代表他的懿德高行。

他在〈己巳（一六二九）除夕（三十一歲那年）白三寶文〉中，表明了「戒律」在佛法中的重要性。他說：

「——菩薩戒比丘智旭，第三閱律藏畢，敬燃臂香三炷，供本師釋迦牟尼、三劫三千諸佛、一切毗奈耶（戒律）為首……伏念諸佛滅後，以戒為師……」㉒

雖然，蕅益在出家的過程裡，從二十四歲出家，二十五歲受比丘戒，二十六歲受「菩薩戒」，已算是「菩薩戒比丘」了，可是經過了「戒律」生活的考驗，檢點自己的細微戒行，實在是有愧比丘的美名，於是他自責地，從「比丘」降為「沙彌」，再從「沙彌」降為一個僅夠「三皈」的學佛人了。

在〈大悲行道場願文〉中，他自省：

㉒ 見《靈峰宗論》卷一之一，頁一三。

「——簡點一生有六大罪，而小過蓋無數焉。⑴明知向上一路，而不能親到佛祖真受用處；⑵明知圓頓教觀，而不能登五品以淨六根；⑶明知大小毗尼（戒律），而不能清淨性遮諸業；⑷明知殺業是刀兵劫因，而殺機尚未永忘；⑸明知偷盜是飢饉劫因，而偷心尚未全斷；⑹明知淫欲是疫病劫因，而淫機尚自熾盛。……」㉓

他又在〈與了因及一切緇素〉文中記道：

「——癸酉（一六三二）年中元拈鬮，退作『菩薩沙彌』。蓋以為今比丘則有餘，為古沙彌則不足；寧捨有餘企不足也！……」㉔

蕅益大師為了檢驗自己嚴守佛戒的品質，不僅處處作文字紀錄反省，又根據《占察善惡業報經》所載的方法，在佛前「拈鬮」，以決定自己的戒行是否符合「比丘或沙彌」的身份。在上文中就是透過「拈鬮」決定，從「菩薩比丘」退作「菩薩沙彌」了。

另在〈祖壇結大悲壇懺文〉中再度痛陳：

㉓ 同上，卷一之四，頁四。

㉔ 同上，卷五之三，頁八。

「——智旭出家以來，掛『菩薩比丘』虛名，不能如法行持，所有性遮諸罪，若憶不憶，無量無邊，今悉懺悔，願盡消除。智旭於四十六歲，自反多愧，退作但『三皈』人，勤禮千佛萬佛，及占察行法。……於今年正月元旦，錫以清淨輪相，稍自慰安。……」㉕

蕅益大師在四十六歲時，因感自己沙彌資格也不夠，決定退作一個「剛受三皈依」的初學人，但終於在四十七歲正月元旦，透過「拈鬮」，見到自己〔戒行〕清淨的輪相，但不久，他又認為自己「夙習根深，不能自拔，出壇後，又起種種身口意業」㉖，而痛責不已。

在行持進退上，蕅益大師也多次告誡友朋「人之大患在好為人師」，所以他多次申言，以避免陷入「名聞利養」的「師表」漩渦。

他在〈示用晦二則〉告誡他的後輩道：

「——心直正，志遠大，誓勇猛，將出家，（要）先發三願：㈠未證無生法忍（四果以上），不收徒眾；㈡不登高座（講經）；㈢寧凍餓死，不誦經禮懺及化緣以資身口。……」㉗

㉕ 同上，卷一之四，頁七。

㉖ 同上，卷一之四，頁八。

㉗ 同上，卷二之五，頁一六。

這第三點，他指的是寧願餓死、凍死，也不願去化緣或為死人念經、拜懺——做佛事來糊口。

他又在〈辛卯（一六五一）年除夕茶話〉中說：

「朽旭生平，不曾為一人護度，亦不曾為一人改名。……恪遵佛戒，痛革妄情，除得一分習氣，是一分修行。……」㉘

蕅益大師除了申言「不受徒、不登高座說、不化緣，也不隨俗為別人改名字」，這有違自己持戒原則。

又在〈大病中啟建淨社願文〉中說：

「——智旭（一六五四——五十六歲）從今以去，誓不登座說法……誓不背佛平坐……誓不登壇受戒……誓不應在家人請齋……。」㉙

在上引文除了「不登壇說法」而外，又增加「誓不背佛平坐，誓不登壇（為他人）授戒，誓不應

㉘ 同上，卷四之一，頁二〇。

㉙ 同上，卷一之四，頁一四。

在家人請齋」等等律己作為。其實這些「自律語」，都是他對自己一再告誡、警惕的話。

另一面，蕅益大師除了「律身」之外，甚至「佛法」以外的沒有善惡（無記）傾向的言行及一般世俗文藝事，也要求自己嚴格戒絕。

在〈示戒心〉一文中，他就告誡說：

「——勿令此心墮在無記、不善境界，勿貪世間文字詩詞而礙正法。……」[30]

其實，這正是他平日自我要求的，而後再藉以律人。

蕅益大師自三十一歲（出家七年之後）決心學律，除了早期（出家次年）參禪有悟[31]，不久便轉入「淨土」，誓證念佛三昧，學律持律，灰身滅智，但不廢以大量文字宏揚正法，終於成為一代佛教思想家與修持有見地的菩薩位！

弘一大師，在戒律思想與戒行作略上，有許多與蕅益大師相似，但同中有異；他們都是「戒律專家」，並以發揚「大乘律」為己任，以挽救佛門殘破的末世景象。

他們都是治身極為嚴格的實行家。

---

[30] 同上，卷二之五，頁一三。

[31] 見菲律賓福泉寺版，弘一大師著《蕅益大師年譜》，頁六〈二十五歲條〉。

蕅益大師長於思考，有大量經典性著作傳世，終身以淨土為皈極，並兼博各宗，堪稱典型的大師。

弘一大師長於藝術，以極為罕有的獨創墨寶作宏揚佛法的工具，又以佛曲傳世；出家後，每至一地，便投入古版佛經的整理、標注，為古人修殘補闕，平日默無一言，身教超越言教，在近代佛教為萬眾所共仰。

至於，弘一大師與蕅益大師相似處，臚列於次：

㈠弘一大師從出家後不久，為了深入經藏、宏開律典，從一九二〇年到一九三五年這十多年中，陸續經由各種管道（如日本名古屋其中堂書店、上海內山書店等）自日本買進佛典萬冊以上，在閱藏之餘，每日大量諷誦重要經文，早期刺血寫經，並以佛書佛語贈人；而自身則「非佛書不書，非佛語不語」，可見其對自律之嚴格與苛刻。

他在〈余宏律之因緣〉一文中透露：

「庚申（一九二〇）之春，自日本請得古版《南山》、《靈芝》三大部，計八十餘冊。辛酉（一九二一）之春，始編成《戒相表記》……以後屢經修正，手抄數次！」[32]

---

[32] 見李芳遠編《弘一大師文鈔》，頁一二二。

這是弘一大師初次從日本購買佛典的紀錄。《四分律比丘戒相表記》之撰述，從一九二一年春天起稿，直到一九二七年才完成初版之定稿。

(二)李芳遠在《弘一大師文鈔》中記述：

「——（弘一）老人在初出家的十餘年，因對教理的研索，幾無微不至；最致力於《有部》小乘律，而對《南山》舊律咸生歧視……終於一日，幻境既化，目力漸清而大徹大悟了。於是老人發心『重新出家』，鑽研《南山》，盡力宏揚，以贖往失。……」㉝

李芳遠十三歲在鼓浪嶼拜識弘一大師，大師不以稚子出言無狀為忤，在與李芳遠信中，一再譴責自己深墮「名聞利養」，要痛加改悔，要取消「一切法師、大師」的稱號。

(三)關於「持戒」的分際，大師在〈律學要略〉上說：

「——三皈、五戒、八戒，皆通在家、出家。諸位聽到這話，或當懷疑。今我以例言之，如明、靈峰蕅益大師，他初亦受比丘戒，後但退作三皈人。如是言之，只有「三皈」亦可算出家人。」㉞

㉝ 見李芳遠編《弘一大師文鈔》，頁八〈緣起篇〉。

大師對「受戒」的觀念，在〈律學要略〉一文中又說：

「——就五戒言，若不能全持，或一、或二、或三，皆可隨意；寧可不受，萬不可受而不持。……五戒中最容易持的是：不邪淫、不飲酒；諸位可先受這兩條最為穩當。

「我有句老實話對諸位說，菩薩戒不是容易得的，沙彌戒及比丘戒是不能得的……倘能得三皈五戒那就是很好的了！……」㉟

弘一大師對中國佛教在近代濫傳戒法的情形很痛心，他認為「現在受戒的人雖多，只是掛個名而已，切切實實能持戒的人卻很少。」

在「戒律」傳承的思想上，與蕅益大師完全一致。

㈣弘一大師在做人尺寸上也與蕅益大師的態度相副合。他在一九三九年四月〈致郁智朗〉〔之四〕信中說：

「——朽人自初出家後，屢在佛前發誓願，願盡此形壽，決不收剃度徒眾，不任寺中監院

㉞見臺北龍樹版《弘一大師演講全集》，頁五五。

㉟同上，頁五七。

或住持，二十餘年以來，未嘗有違此誓願。……」[36]

這封信是由於上海郁智朗寫信給當時掛單在福建永春山中普濟寺的弘一大師，要求大師為他剃度出家，而遭到婉拒。

(五)大師一九四二年正月在〈致李芳遠〉〔之四十〕信上「附言」裡談到別人供養錢財的處理方式。

「——此次至泉州，朽人自己未受一文錢；他人有供養錢財者，皆轉贈寺中或買紙。往返之旅費，由傳貫師任之。……」[37]

弘一大師在世時，通常不接受一般人供養錢財，如有供養推之不卻，便轉贈寺中常住、或轉供他人。如有個人需要，便向特定的幾個舊時朋友、學生或至好，請予護持。

蕅益大師與弘一大師兩位佛教史上的高僧，在行持上，同宗「淨土」，在思想上，同歸「大乘律學」，在生活上，都是「律己極嚴、持戒清淨」；蕅益大師博通諸宗、著作宏富；弘一大師

[36] 見北京三聯版《弘一法師書信集》，頁二四六。
[37] 同上，頁二九九。

專精《華嚴》，法書遍及海內外；這兩位大師相距二百二十五年，但在思想、心靈，以及對佛法的以身為範、悲心護持，都是一脈相連，因此，在佛門便有「弘一大師是蕅益大師」乘願再來的悲戀與認定。

五、弘一大師宏律、持律的見地與行履

根據弘一大師有關律學著作來研判，所獲的結論：

㈠處於佛門風氣陵夷的末世，佛教仍待出家人嚴持戒律才能振興；出家人不僅要嚴持戒律，持一分算一分，同時要鑽研律學，宏揚律學，才能真正明瞭戒律便是佛法的生命。

㈡在佛門戒壇，應回歸本位，不要好高騖遠，不可濫傳戒法；比丘（比丘尼）受戒，或居士們受戒，不必貪多，更要明瞭每一戒條的精神，能持幾戒便受幾戒；不管是出家戒、在家戒，還是沙彌戒、菩薩戒，都應隨分受。

㈢現在社會，雖然真正的比丘找不到了，但是戒還是要受的。即使「不能得戒」，為了維護佛門道統，在無法得戒而要受戒的情況下，這也是一項莊嚴生命的行為，與為他生結佛緣的一項崇高儀式。

弘一大師宏揚戒律的觀念，應不出此一範疇。

至於大師在戒律上的要求與履行，從出家不久，便依戒律所制作為自己「動靜語默、出入進

退」的依據。

以授受金錢、衣物供養為例，在一九二〇年五月，他〈致丁福保〉〔之二〕信中透露說：

「承施禪衣之資，至可感謝。但音今無所需，『佛制』不可貪蓄，謹附寄還，併謝厚意。……」❸❽

丁福保供養僧衣之資給弘一大師，距大師出家不到兩年，但因佛制，大師將丁寄來買僧衣的錢退回去了。但在一般出家眾，是不可能的。

在一九二五年二月，大師給俗侄李聖章的信，也有類似的公案。師說：

「——並承施金三十圓，感謝無盡。是中擬以八圓為添換衣被等費；以二十二圓為行旅之資及旅中所需也。……」❸❾

李晉章供施的錢，大師是收受了，但是將每一塊的用途，交代得清清楚楚。

❸❽ 同上，頁二一七。

❸❾ 同上，頁一七七。

師於一九三二年五月給性願法師函，也是關於金錢供養的處理的。師覆信說：

「承施十金，卻之不恭，謹以受收。惟來函所云：『備作郵箋之需云云』，後學現不需用郵箋，擬以移作他用，想為慈意所許諾也！……」40

性願法師供的十塊錢，所謂「備作郵箋之需」，只是謙詞，當然不限於作何用途。但既然如此說，而嚴持戒律的弘一大師就依佛制來處理了。他坦陳現在不用郵箋，但是準備「移作他用」，來徵求性願法師的答允。

關於友朋供施的金錢之處理，甚至包括他的終身護法「夏丏尊、劉質平、豐子愷」等在內，弘一大師都要把每一分錢的用途、項目交代得一清二楚，這裡絕無一分一毫隱私在內。

至於對物力的節省、朋友的信實、物類生命的護持，也都有歷史記載。

一九三六年正月，大師在廈門南普陀佛教養正院講〈青年佛徒應注意的四項〉（是關於「惜福」的）裡說：

「——諸位請看我的腳上穿的一雙黃鞋子，還是民國九年（一九二〇）在杭州時代，一位

---

40 同上，頁三三九。

打念佛七的出家人送給我的；……我的棉被面子，還是出家以前所用的；又有一把洋傘，也是民國初年買的。這些東西，即使有破爛的地方，請人用針線縫縫，仍舊同新的一樣了。簡直可盡形壽受用著呢！」[41]

從本文自敘，可見大師對物力的愛惜、節省、心地之美，是如何地令人感愧！

一九四〇年春，弘一大師住在永春普濟寺茅蓬，有函給寺中監院妙慧師，是關於「護生」的事。信上說：

「——茲擬做『大漉水囊』一件，送上竹圈一個，即以白布縫於此上。此竹圈係林〔奉若〕居士物，乞代告知，即以此物贈余，為感。送上洋一元，乞代購白布，以能漉水，而小蟲不得出為宜。……」[42]

弘一大師隱居永春山中，為什麼要做「濾水囊」呢？是因為佛制「比丘不飲蟲水」。如水中有蟲，必須過濾，以防傷害微小的生命。

---

[41] 見臺北龍樹版《弘一大師演講全集》，頁八八。

[42] 見北京三聯版《弘一法師書信集》，頁四三四。

同一年冬天，大師住在泉州石獅鎮檀林鄉福林寺。黃福海有〈弘一法師與我〉一文來記述大師軼事。

「一個小和尚遞來書件一大捲，說是法師送給我的。我急忙地撕去封皮，打開看……奇怪，除書件外，還附了許多大小寬直不等的白紙條。小和尚說：『——這是你從前送去許多紙張，裁了書寫後，所剩下來的零碎紙條，法師將它附還給你！』……」[43]

黃福海請弘一大師寫字，送了些紙，寫好字幅還剩有零紙，仍命寺中小僧送還給求書人。豐子愷在〈法味〉一文中也有相同的記述。凡是有求大師寫字的人，寫完後，如果求字人沒有事先交代明白關於餘紙如何處理的細節，大師必定寄還或命人送還。

在大師圓寂時，黃福海居士在石獅聽到這個噩耗，便趕到泉州溫陵養老院，想去瞻仰一下大師遺容，他在同一篇文中寫道：

「——晚晴室的外門鎖著，我從室的東邊玻璃窗，望見窗內向西『吉祥臥』（人向西側臥）的法師遺體。我燃香插於窗外土中，便就地向窗內行三頂禮，以送法師的永別。時妙蓮法

---

[43] 見臺北龍樹版《弘一大師永懷錄》，頁二五四。

師（大師遺囑執行人）拿來一個字卷給我，說：『——這是法師在病中為你寫的一幅座右銘。法師在病……病終前一天交給我，囑我在他歸西後，等你來時轉給你……』」[44]

這是弘一大師在臨終前一天，將別人付託所寫的法書，交代妙蓮法師要做的事。這種事，如果在任何臨終之前的病人身上，是不是會不誤別人所託，真是難說。

弘一大師在戒律的身體力行上，雖纖芥微末的小事，也絲毫不苟；即使命已臨終，一息將滅，還要為做一個真正的人，一個比丘僧而不負天下蒼生。

弘一大師的一言一行，動靜語默，無不示人以聖賢景象。而他之自身，則視為無欠無餘，理所當然。

這些事，在今天的社會，今天的三教九流，可能都看作雞毛蒜皮、微不足道的事；爽一次約，騙一騙人，殺一兩個生物，乃至欠債不還，有甚麼了不起！

但是，弘一大師畢竟不與人同！

六、弘一大師戒律思想對後世的影響

在二百五十條比丘戒的範疇裡，有兩條戒曾在一九九〇年元月十一到十五日所舉行的臺北中

---

44 同上，頁二五七。

華佛學研究所主辦的「國際佛教學術會議」上，引起學者討論。主要論文提出人——澳洲雪梨大學曹仕邦博士，針對弘一大師戒律問題，加以質疑，他認為弘一大師並沒有嚴持「畜錢寶戒」❹❺（即「持錢財戒」），當時已有學者對曹仕邦博士的質疑提出解釋——意謂佛教到中國後，在中國的社會、國情、寺院制度下，歷代高僧都沒有持守這一戒，與會人士並認為這一條戒律在中國既無法適應，便應該「捨掉」，或保留。但這都不究竟。其實弘一大師早於一九三五年十一月在泉州承天寺律儀法會上所發表的〈律學要略〉講詞裡，提出解釋。他說：

「關於沙彌戒，……此乃正戒，共十條，其中九條同八戒。另加『手不捉錢寶』條。不知此不捉錢寶，是『易持』之戒，律中有『方便』辦法，叫做『說淨』。經過『說淨』的儀式後，亦可照常自己捉持。……」❹❻

「手不捉錢寶」是沙彌與比丘共戒。但從大師講詞可知他絕沒有破這條戒，因為在律典上規定，這條戒是可以「捨」的，是可以透過「說淨」儀式消掉的，因此弘一大師對這條戒「執持」的處理是如法的。

---

❹❺ 見弘一大師著《四分律比丘戒相表記》，頁三五。

❹❻ 見臺北龍樹版《弘一大師演講全集》，頁六〇。

所謂「說淨」，近人聖嚴法師曾為之解釋說：

「——關於不持生像金銀寶物戒——『說淨法』，是另請一位俗人（居士）為『淨主』，凡是〔比丘〕收受了銀錢貨幣，便說：『這是為那位俗人（居士）代收』的。這〔錢、鈔票〕是那位淨主的所有，而不是我〔比丘〕自己的。這樣一說，便可收下了。

「這『說淨法』，從表面看，好像是莫須有，其實確有遵行的價值。因為出家人在本質上是絕對不〔可收〕受銀錢的。這是一種不得已的方便。〔比丘們〕不可因為有了『說淨』，便貪得無厭。『說淨法』可以警策出家人，不要接受太多的銀錢〔供養〕！」[47]

在戒律上，比丘不得捉持銀錢，主要是針對眾生無始以來的「貪念」。但因為文明的進化、社會的複雜，比丘們「身不帶錢」便什麼事都無法做，才有了「說淨」的方便。

弘一大師是戒律學專家，對這一戒條的精神，豈有不知之理？

其次，是「非時食戒」。也有人提出「弘一大師是否日中一食」。他們以為「日中一食」——每天在正午前吃一餐，才是戒律所規定。但現在一般出家人都是三餐照常，與世俗人一樣。但有極少數，是「過午不食」的，是吃「早、午」兩餐。其實，吃「早、午」兩餐，是合乎「佛制」

---

[47] 見臺北東初版，聖嚴法師著《戒律學綱要》，頁一四二。

的。戒律上的「非時食戒」，重要的原因是，⑴原始佛教時期，僧家只在清晨出門托缽，吃過早、午兩餐，晚餐實有不便；⑵為了修道，不吃晚餐可以增加精進時間；⑶減少因晚餐帶來的生理上的分泌旺盛，消減欲念；⑷早餐是天人食時，日中是佛菩薩受供時，晚餐是餓鬼食時。為了同情餓鬼因飢餓而受的痛苦——因此而不受食——制「非時食戒」。

不過，在目前的佛教學術界，尤其研究佛學的高級知識份子，對「戒律學」尤其對歷史上高僧的行履，在細微的地方弄不清楚，所以才有不明究裡的疑問。而今能在學術研究場合對學者加以解釋這些疑問，可以使他們對弘一大師有更深的了解與崇敬。另一方面也使弘一大師的戒律思想與行履，有更清晰的莊嚴面目，面對歷史、面對人群。

聖嚴法師，在他的《戒律學綱要》一書，曾數度引述弘一大師的行誼與戒律思想，來說明現實的佛教界僧尼對戒律行持的尺度。

他說：

「嚴格地說，在中國現代的環境下，比丘及比丘尼的『如律得戒』，而又能夠如律持戒的，那是很不容易的事。憑心而言，我自己也是未曾真得比丘戒的一個比丘，甚至我也不是一個『如法』的沙彌；僅是現出家相的『優婆塞』（居士）而已！」㊽

㊽ 同上，頁一七九。

聖嚴法師的表白，完全與蕅益、弘一大師同出一轍。我們也不能不說，這是歷代高僧的燈燈相照。有了蕅益大師的思想之啟迪，有了弘一大師思想的痛切，才發之於聖嚴法師的篇章，才傳述到後人的心靈之中；才能將佛門的戒律，當作自家的事。

佛門的戒律，看起來與現實社會一無關連，但實際上，實在有著絕大的牽動；即以近代佛門戒律廢弛，宏律、持律的高僧之寥落來說，也足引申到社會倫理的掃地，人與人間的關係疏離到難以挽救。人心之動亂，即造成社會的動亂；佛門之律儀，也象徵到國家、社會的律儀。

佛門僧尼能嚴持戒律，社會每階層的份子能遵守法治，這一社會之動亂，將無從生起。弘一大師在生前以身教影響他的朋友、弟子、學生和千千萬萬讀過他的一言一行的人；身後他的光環將永遠照耀著人間，他的慈光會給每一個人的心靈上一服清涼劑。

歷史在慢慢地無聲地推演，我們不是正在接受著弘一大師人格的指引與薰陶嗎？弘一大師離開人間已經五十多年了，但是他依然站在我們的身邊，不僅是一位高僧，也是一位菩薩！

七、餘　論

蕅益大師《山居六十二偈》〔之六二〕，也曾被弘一大師引而自勉。詩云：

日輪挽作鏡，海水挹作盆；
照我忠義膽，浴我法臣魂；
九死心不悔，塵劫願猶存；
為檄虛空界，何人共此輪？㊾

這種以全生命託予信仰的堅貞，對菩薩道的實踐之理境，是何等令人動容！

這首詩不僅代表著蕅益大師的誓願，也代表著弘一大師浩然陽剛的氣度！

歷史上千千萬萬眾生，都隨風而逝，隨著業力波浪而浮而沉，唯有帶動著真理脈搏的人，不管是高僧也好、聖哲也好，乃至慷慨悲歌，為國為民犧牲身命的烈士，身雖死而精神永遠不朽。

弘一大師的生命之光，將常駐永恆。

一九九二年七月八日初稿

㊾ 見《靈峰宗論》卷十之二，頁七，八。

弘一大師華嚴思想脈絡之尋繹

甲、引言

弘一大師，在佛教歷史上，從談經論道角度言，誠非博通三藏的「法師」；從佛教義理創發言，也不是「論師」與思想家。但從他的高潔人格與實踐佛陀遺教一面來說，是一位歷史上的「高僧」，與佛道上的實行家，則應無疑義。雖然，弘一大師的光華，在「行」上遠超於「解」，卻不能由於他之嚴持佛門戒律與韜光養晦、不事聲華，便忽視他在深入佛門大經大論間的沈默。例如，他對《華嚴經》的高深造詣與導引學人研究《華嚴經》方法與途徑，均非一般時流可比。

弘一大師自三十九歲出家到圓寂，二十多年間，以《華嚴經》偈贈人，寫下千偈萬偈，僅僅「不為自己求安樂，但願眾生得離苦」一聯，留在世間已有數百幅之多。弘一大師對三種《華嚴經》偈熟爛於心，幾乎可以「拈之即來」，形容他對這部大經的博解精造的功力；尤其從他指導蔡丏因研究《華嚴》的殷殷垂示與評析古代華嚴諸家疏論的玄微良窳，都足證他對《華嚴》的深入，足可與古德先賢相映；由於精通《華嚴》一經，兼及其他經論的義理，已是餘事。

當年白湖金仙寺亦幻法師曾以「華嚴為境」，來評定弘一大師思想的取向，我深有同感。因此，有必要為弘一大師一生對《華嚴》「事入理入」的境界，整理成專文公諸於世，而不限於宗教上的歌功頌德，這是我選述本文的主要意義。

乙、《華嚴經》結集的時空因緣

《華嚴》一經，是浩瀚佛典中，比諸其他經籍遠為「龐雜、多元、汗漫」的思想性大經。這不僅是因為它的文字份量龐大，在不同時代的翻譯，又有其語意、篇幅、解釋上的出入，尤其它的結集，時間與空間難以確定，而結構如此紛繁，讀來都令人眼花撩亂。當它傳入中國之後，又發展為「華嚴」一宗，因此在這裡我們暫以唐譯《八十華嚴》為基準，來簡約地解析這部經的出世因緣。

現在我們從「時間、空間、程序、思想導向」四方面取向分析。

一、從經典時間看華嚴

如果從《華嚴經》〈世主妙嚴品〉第一之一：「如是我聞，一時佛在摩竭提國、阿蘭若法菩提場中，始成正覺❶……爾時如來道場眾海，悉已雲集……復次普賢菩薩摩訶薩，入不思議解脫門方便海，……爾時華藏莊嚴世界海，以佛神力，……爾時世尊，知菩薩心之所念，即於面門眾

❶《大正》第十冊，頁一（中）。

齒之間，放佛剎微塵數光明……爾時世尊……於普光明殿，坐蓮華藏師子之座❷……爾時文殊師利菩薩……」直到本經第十九卷〈昇夜摩天宮品〉：「爾時如來威神力故，十方一切世界，一一四天下，南閻浮提及須彌頂上，皆見如來，處於眾會，彼諸菩薩，悉以佛神力故，而演說法。……」❸

如果依照經文決定本經的「說出時間」，就是釋迦於三十五歲雪山悟道、證佛果之後，第一次說法，便是《華嚴經》誕生的初稿。於是中國的天台宗大師便將佛陀說教分五個時段，即所謂：

1.華嚴時：佛成道後，三七日（二十一天）說出（但依華嚴宗的說法，是二七日〔十四天說出〕）。地點是「摩竭陀國」。

2.鹿苑時：佛說《華嚴經》後十二年內說出《四阿含經》及初期小乘佛典，地點是「鹿野苑」。

3.方等時：佛說「四阿含」後八年，說出《維摩》《勝鬘》諸初期大乘經，進入純義理範疇。

4.般若時：佛說「方等經」二十二年之後，說「般若」系統諸經。

5.法華、涅槃時：佛說「般若經」二十二年後，以八年時間說《法華經》。最後，佛於入滅前一日一夜間，說《涅槃經》。

如依照天台家判斷佛陀一生說法，從「初成正覺」到「入寂」，一共說法五十五年。換句話

❷《大正》第十冊，頁五七（下）。

❸《大正》第十冊，頁九九（上）。

說，釋迦三十五歲成道，加上傳道五十五年，剛好入滅時是八十歲。

上述所謂「五時」所說的經典，都只是代表性，而並非釋迦一生只說出這幾部大經而已。

對於古代判教家像這樣為釋迦一生所說的法作五時段劃分，是否確當，頗值得懷疑。即以《華嚴經》來說，便不符歷史的發展邏輯。尤其，在晉譯《華嚴》之前，已有多種華嚴之散本的零星譯出。

例如：

1. 東漢・支婁迦讖譯《佛說兜沙經》：即唐譯《華嚴》〈如來名號品〉及〈光明覺品〉的部份。
2. 東漢・支謙譯《佛說菩薩本業經》：即唐譯〈淨行品、十住品〉合編。
3. 西晉・聶道真譯《諸菩薩求佛本業經》：亦為〈淨行品〉的異譯與〈升須彌頂品〉少部份。
4. 西晉・竺法護譯《菩薩十住行道品經》：即唐譯〈十住品〉。
5. 東晉・祇多密譯《佛說菩薩十住經》：為上譯〈十住品〉之異譯。
6. 西晉・竺法護譯《漸備一切智德經》：即華嚴〈十地品〉。
7. 西秦・聖堅譯《羅摩伽經》：為〈入法界品〉的簡譯。
8. 姚秦・鳩摩羅什譯《十住經》：為唐譯〈十地品〉。
9. 唐・尸羅達譯《佛說十地品》：為唐譯〈十地品〉個別之異譯，但稍早於實叉難陀所譯《八十華嚴》。

我們綜觀這種分散所成的單譯小型經典，如果在印度初期大乘時代成立，它必然是早於《華嚴》結集的成果。如果說這些小經，在《華嚴》之後成立，那麼所謂「華嚴時」，在佛陀初成正覺時二七日內所說的《華嚴經》便不能成立。可是我們古代大德卻是如此確認，《華嚴經》確是佛陀初證佛果時所說的。

下面，我們要從歷史發展觀點，來說明《華嚴》產生的時間。

二、從歷史時間看華嚴

所謂從「歷史時間看華嚴」，就是說，我們應從歷史多元的發展，來看這部大經成典，在釋迦離俗後五十年間，應如何決定它在說經過程中的位置。現在我們從四方面加以說明《華嚴經》初現的時間定位。

㈠從文明發展軌跡角度看

人類文明的發展，不管文化、藝術、宗教、科學，從那一面來探討它的發展過程，都是由下列幾個大原則決定：即⑴由粗簡到精繁，⑵由單一到多元，⑶由根幹到枝葉茂密，⑷由個點到全面。因此，佛陀的說法，也不應違背這一原則，即他初成正覺，說的應是最簡略、最質樸、且無高深大義、無多元層次的佛典。以《華嚴經》的多元、繁複、名相之紛呈，最少應在「般若時」之後。因此「華嚴時」應置於「般若時」之後，即佛證正覺之後的二十二年之間，也就是說這部大經應出於佛陀六十歲前後。《阿含經》則應列於佛陀初轉法輪時段。

㈡從經文編集與其內容複雜看

如果我們以《四阿含》與《華嚴》對比，你便會發現，《阿含》極其簡約明暢，沒有極多的修飾文字，沒有用這樣的篇幅來描寫一個主題；而且，它的內容顯然是由較早期不同大乘的單一經典，經過編集，再加以貫連而後整理，才成為現在的《華嚴》。而且，它所使用的「外來語」，各宗派的「慣用詞」，以及繁複的堆積所成的佛功德頌詞，都不是佛陀初、中期所能產生的這樣花果豐碩的大經。

㈢從經文內佛、菩薩、印度多種神祇聚集看

《華嚴經》，是所有佛典中「佛、菩薩、天神、山川水陸、音樂耕稼」種種神祇名目最多的一部經典。例如：〈世主妙嚴品〉這一品內所收錄的種種「神名」，便有「金剛神、多身神、足行神、道場神（守護神）、城市神（城隍）、主地神（土地公）、山神、林神、藥神、稼神、河神、海神、水神、火神、風神、雲神、四方神、夜神、晝神、阿修羅王（戰神）、迦樓羅王（鳥神）、緊那羅王（疑神或歌神）、摩睺羅迦王（蛇神）、夜叉王（兇鬼）、龍王、鳩槃荼王（啖精鬼）、乾闥婆王（樂神）、日天子（太陽神）、月天子（月神）、三十三天天王（天王名多達數百個）……」而且每種神又有不同的身份。至於宇宙海裡每一佛世界的佛名、菩薩名，在全經裡，多得不計其數。其中有關「天龍八部」，原本是印度早期的神祇，而且這裡「山、川、土地、社稷、日、月、山、河、龍、風、水、火……」諸神，在中國春秋時代已經有了。《華嚴經》所錄用的這麼多神祇，都不是釋迦剛從雪山悟道時說法時所能廣泛引用的。而且經內「神眾」之多，到達這樣繁雜，而祂們竟都是「菩薩」的化身。這說明了這本經已完全擺脫了佛法初期的簡約說理的風格，而滲入了印度多神的密教初期了。由此觀之，這一時代，已邁入佛陀滅後七百年（公元二世紀）間的情境了。

㈣從淨土、密法之浮現角度看

從《華嚴經》內容看是如此多元、複雜，我們更可在經中發現多處「淨土及密法」語彙。例如：

⑴關於淨土語彙

《華嚴經》從十二卷〈毗盧遮那品〉開始，隨處可見「念佛三昧、一心念佛、合掌念佛，若有眾生，專心憶念，則現其前，阿彌陀……」等等詞彙。看起來《華嚴經》好像一部淨土思想大經❹。

⑵關於密宗語彙

經上說：

---

❹有關「淨土思想」經文，詳見《華嚴》多處品卷，可以覆案。

「——又入如來秘密處，所謂『身秘密、語秘密、心秘密、時非時思想秘密、受菩薩記秘密、攝眾生秘密、種種乘秘密、一切眾生根行差別秘密、業所作秘密、得菩提秘密』，如是等皆如實知。」❺

又：『——何況普賢菩薩，秘密身境界、秘密語境界、秘密意境界，而於其中，能入能見。……』❻

又：「——四者大悲智河，大慈自在，普救眾生，方便攝取，無有休息，修行秘密功德之門，究竟入於十力大海，如四大河，從無熱池，既流出已，究竟無盡。……」❼

經由這幾段經文透示，好像普賢菩薩就是「密宗行人」。至於其有關密宗語詞，不再多引。

淨土思想，出現於中期大乘佛教，而密宗則是大乘佛法在晚期為了求生存、吸收印度原始宗教許多神祇及咒術而成佛教八宗之一。因此，《華嚴經》竟有中晚期大乘佛思想羼入其中，可見並非佛陀中年以前所說的教法。

不僅《華嚴經》不可能在佛成道後三七日講出這部六十萬多字的大經，而且佛陀也不可能在

❺《大正》第十冊，頁二〇六（中）。

❻《大正》第十冊，頁二一二（上）。

❼《大正》第十冊，頁二二三（上）。

入滅前「一日一夜」就說完三十五萬字的《涅槃經》。又何況，佛陀在入滅前幾日感染上誤受信徒供養的「毒菰」而致劇烈腸炎，並因此而棄世。

除非佛以「神通力」說這部《華嚴經》，否則，在世間言，所謂「五時判教」，應該從歷史觀點改寫的。

三、從經典地緣看華嚴

整個《華嚴經》就其本身所記述的說經地點，即一般佛學者所熟知的「七處九會」。也就是說，這部經，在七個場所，分九次講述圓滿。即：

第一會：〈世主妙嚴品〉起六品，佛在摩竭提國、阿蘭若法「菩提場」中（初成正覺之時）——這是「第一處」。

第二會：〈如來名號品〉起六品，在同一國「法菩提場中」、「普光明殿」說出。這是「第二處」。

第三會：〈昇須彌山頂品〉起六品，在很多菩薩、承佛神力說法之際。世尊「不離一切菩提樹下，而上昇須彌，面向帝釋……爾時世尊，即受所請，入『妙勝殿』……」所謂帝釋，就是「忉利天王」，他所住的宮殿，即所謂「忉利天宮」。這是「第三處」。

第四會：〈昇夜摩天宮品〉起四品，夜摩天王，遙見佛來。即以神力，於其殿內，化做寶蓮華藏師子之座，迎接如來。這是「夜摩天宮」說法。這是「第四處」。

第五會：〈昇兜率天宮品〉起三品，此時世尊，復以神力，不離於菩提樹下，及須彌頂（忉利天宮）夜摩天宮，而往詣「兜率陀天」……。這是「第五處」。

第六會：〈十地品〉一品，世尊在「他化自在天宮」摩尼寶藏殿與大菩薩俱。……這是「第六處」。

第七會：〈十定品〉起十一品，佛「又回到」摩竭提國、阿蘭若法菩提場中、初成正覺時的「普光明殿」，以神力加持菩薩們說法。這次說法，與第二會同地點。

第八會：〈離世間品〉一品，也同樣在「普光明殿」。與第二、第七兩會相同。

第九會：〈入法界品〉一品，佛在室羅筏國、逝多林、給孤獨園內「大莊嚴重閣」，與普賢、文殊菩薩等五百位相聚，這次是為菩薩們第九次說法處，為「第七處」。

在《八十華嚴》中，是「七處九會」，但《六十華嚴》則為「七處八會」，場地同是七個；說法次數，《六十華嚴》的〈十地品〉都在「他化自在天」，所以少一會。《八十華嚴》總共三十九品，而《六十華嚴》只有三十四品。

我們如以「世間」觀點看《華嚴經》的出處，就會不可思議。因為佛不但在人間說法，而又在「天宮」說法。而且，這部經，真正的「說法人」，多半不是釋迦牟尼，而是他以佛力加持後的菩薩、天王、諸神們所說。尤其是普賢菩薩，是這部經的引言人，兼真正的主角。

如果從世間的觀點看這部華嚴大經，扣除它的理論建構之外，有三分之一的篇幅是由佛法範圍之內的神話烘托而成。如以經典地緣看《華嚴》的產生，這些講經說法處，只在我們心靈信仰之中，而並非實際人間。

四、從歷史地緣看華嚴

這一節，我們根據日本學者高峰了州及我國印順法師兩位對《華嚴》結集過程的研究、歸納成四點，來說明這部經的發生地緣，兼及結集完成的概略時間。

(一)龍樹菩薩「龍宮」取經之疑

龍樹（一名龍猛），是南印度人，他的出生時代，有多種傳說，從釋迦滅後二百年到八百年間都有。但根據日本學者評定應為公元三世紀初，及釋迦入滅後六九八年、公元二一三年❽。這一年代之評定，仍難精確。但龍樹出生於佛陀入滅後七百年間，已獲得史家一致認同。龍樹，是佛教史上除佛陀之外，一個最重要的人物。所謂「八宗共祖」，這證明他是一位開創大乘佛教的思想家，他的重要論典多達數十種。而他的「龍宮取經（《華嚴》）」流傳世間已一千七百多年之久。

現在我們就這一問題，做一簡要敘述。

(1)從《龍樹傳》說

---

❽依日本學者研究，釋迦牟尼生於公元前五六五年，寂於公元前四八六年。〔大正藏〕《佛教年表》即以此為準。以釋迦滅年為佛曆紀元。

鳩摩羅什（三四四—四一三年）所譯《龍樹菩薩傳》說：「龍樹菩薩者，南天竺梵志種也。天聰奇悟，事不再告。……是時……即自誓曰：『我若得脫，當詣沙門，受出家法。』既出，入山，詣一佛塔，出家受戒，九十日中，誦三藏盡。更求異經，都無得處。遂入雪山，山中有塔，塔中有一老比丘，以（摩訶衍經典）與之。……外道弟子白之言……謂弟子：受新戒，著新衣。獨在靜處水精房中，（大龍菩薩）見其如是，惜而愍之。即接之大海，於宮殿中，開七寶藏，發七寶華函，以（諸方等深奧經典）無量妙法授之。龍樹受讀九十日中，通解甚多。……龍（大龍菩薩）還送出於南天竺，大弘佛法，摧伏外道。……」❾

我們檢閱傳文，只有「以諸方等深奧經典」無量妙法與之，並沒有說明「諸方等經典」就是《華嚴》。

(2)吉藏《淨名玄論》說

到初唐吉藏（五四九—六二三年）在他的《淨名玄論》卷二，才提到龍樹菩薩「龍宮得經」之事，他釋《華嚴》云：「——至長安，見僧曇法師從于闐還。於彼處，見《龍樹傳》云：『華嚴凡有三本，大本有三千大千世界微塵偈，一四天下微塵品；中本有四十九萬八千八百偈、一千二百品。此二本並在龍宮，龍樹不誦出也。惟誦下本十萬偈，三十六品。此土唯有三萬六千偈、三十四品，故知《華嚴》名數在數分矣！』」他又引述元魏菩提流支云：「佛滅度後六百年，龍

---

❾《大正》第五十冊，頁一八四（上、中、下）。

樹從海宮捧出也。」❿

吉藏是傳說「龍樹自龍宮得經」較早期有記錄的，尤其他引菩提流支說，但不知引自何典。

(3)法藏（賢首，六四三—七一二年）《華嚴經傳記》說

晚於吉藏的華嚴三祖賢首・法藏所著《華嚴經傳記》〈論釋第五〉是這樣記錄「龍宮取經」的：

「婆羅頗密多三藏云：西國相傳，龍樹從龍宮將經出已，遂造《大不思議論》，亦十萬頌。」⓫婆羅頗密多，與法藏同一時代。可知在西域或印度流傳此說已久。

(4)僧詳（生卒不詳，應為初唐人）《法華傳記》說

唐代僧詳是天台宗法師，但他引證了《攝大乘論》譯者天竺真諦三藏（四九九—五六九年）的「轉述」所謂《西域傳記》的傳說。

文中寫道：「四方相傳，大雪山中有寶塔，收《法華》梵筴。具如真諦三藏云：『《西域傳記》說：佛圓寂後，五百年來，有一比丘，深解大乘……六百年初，南天國中，有一梵士種，洞達〔四韋陀〕（即「四吠陀」）、五明大義、十八異經，名馳五天，獨步諸國，名曰〔龍樹〕；捨邪歸正，出家具戒，九十日中，議誦三藏，既求深法，無有得處，遂入雪山塔中，比丘以此梵本

---

❿《大正》第三十八冊，頁八六三（中）。

⓫《大正》第五十一冊，頁一五六（中）。

授與龍樹，受誦愛樂，頗知實義，周遊諸國，廣求餘經，於閻浮提遍求，不能具得，獨在靜室、水精房中，思維此事。大海龍王，見而愍之，接（入）八大海，於宮殿中，發七寶函，以《華嚴》《法華》諸摩訶衍雲經，《太雲、華手、般舟》諸方等深奧經，無量妙法授之。龍樹受誦九十日，其心深入，體悟實利……龍王言：如我宮中所有經典，諸處此比，不可數知，各各塵數，不妨不礙……龍樹言：願得深經，收還閻浮提，大弘佛教，摧伏外道。龍王言：我宮有《華嚴不思議解脫經》三本……上中二本，至非閻浮提之人力所受持，不可傳之。《法華深經》略本，在閻浮提，廣本並秘在我宮中。即授下本《華嚴》並諸經一箱，龍樹既得一箱，深入無生，龍樹逆出於南天竺，大弘佛教，摧伏外道，摩訶衍，作三部大論，千部別論，……』⓬

以上是唐代僧詳引述真諦三藏轉述《西域傳記》所傳「龍樹於龍宮得經」的敘述。上面由吉藏、法藏、僧詳所傳的「龍宮得經」之文，都來自天竺高僧「菩提流支、婆羅頗蜜多、真諦」所引述來自印度的流傳神話。吉藏所引菩提流支的出處，或許是《龍樹傳》（梵本？），真諦的出處則是《西域傳記》，或《西域志》之類的古本，今天看不到。

但是如認定《華嚴經》來自「龍宮」，是不可能的。因「神話」大多由歷史的轉述及其誤差而形成。吉藏所引菩提流支說《龍樹傳》記述「大龍菩薩」，應該也就是真諦說《西域傳》內的「大龍」，應同一人，或一龍。這件歷史神話，根據我們從神話形成的遠因分析，也許：

⓬《大正》第五十一冊，頁五〇（上）。

大龍、或大龍菩薩，就是印度南方臨海附近地區，大乘佛法倡盛初中期、佛滅七百年稍後一位收藏佛典的比丘，他的名字就是「大龍」。而他的宮殿，就是在臨海一帶一座當時佛教塔廟或伽藍，不過他的名稱則因「大龍比丘」而經由傳變為「龍宮」。但經過印度數百年間由真實史料變成神話之故，便更加突顯出龍樹在這裡獲得《華嚴經》（所謂十萬偈）的傳奇性、重要性及其珍貴價值。但是，《華嚴經》在龍樹獲得之後，是不是今天的三十九品，或三十四品的「八十、六十《華嚴》」的結集本呢？還有待研究。

㈡善財童子福城參訪之旅

我們從《華嚴》〈入法界品第三十九之三〉看：「爾時文殊師利菩薩，勸諸比丘，發阿耨多羅三藐三菩提心已，漸次南行，經歷人間，到『福城』東，往『莊嚴幢娑羅林』中，往昔諸佛曾所止住，教化眾生。『大塔廟處』，亦是世尊，於往昔時，修菩薩行，此處常為天龍……人與非人之所供養。……」⓭接著善財童子出現，文殊師利指示善財童子，開始「五十三參」之旅：第一個要去參訪的便是「德雲（或功德雲）比丘」。經文說：「善男子！於此男方，有一國土，名為勝樂，其國有山，名曰『妙峰』，於彼山中，有一比丘，名曰德雲，汝可往問：『菩薩云何學菩薩行？修菩薩行？乃至云何菩薩於普賢行，疾得圓滿』……」⓮

⓭《大正》第十冊，頁三三一（下）、三三二（上）。

⓮《大正》第十冊，頁三三四（上）。

此後，善財便由福城出發，向南行，其中除了「天王、夜神」等非人間人物而外，屬於此間的人物，每一個「比丘、比丘尼、伏婆夷、長者、外道、童女……」都指示他向南行，去參訪善知識。

「福城」，在佛教歷史上究竟是什麼樣的地方，又與大乘佛教、《華嚴經》有什麼關係？我們必須瞭解它在《華嚴經》結集完整成書上的關鍵性，便會知道它的重要。「福城」（也稱覺城），是善財的「出生地」，也是他向南參訪善知識的出發點。如果沒有「福城」這基點向南完成了他的五十三參，《華嚴經・入法界品》便無法成立，同時「四十華嚴」（即《普賢行願品》）也不會出現在世間，遑論《六十華嚴》與《八十華嚴》也無法成為今天的佛門大經。〈入法界品〉佔《華嚴》幾乎三分之一篇幅，而《八十華嚴》中達二十一卷之多。

福城，本在玄奘《大唐西域記》中的烏荼國(Udra)境內。根據日本學者高峰了州的《華嚴思想史》記載是當今中印度東南方近「尼泊爾」一帶。但是我們細檢今天的尼泊爾地圖，它距離印度洋尚有五百餘公里之遠。這與《大唐西域記》上所說：「——國東南境臨大海濱，有折利呾羅城，周二十餘里，入海商人，遠方旅客，往來中止之路也。……」⑮不符。可見這個烏荼國距印度洋（今孟加拉灣）是不會太遠的。不像今天尼泊爾是內陸山地國家。⑯

---

⑮《大正》第五十一冊，頁九二八（下）。

⑯關於高峰了州稱「烏荼國」在中印度尼泊爾地方，見臺北慧嶽法師譯《華嚴思想史》，頁八。

高峰又引《西域記》所載「馱那羯磔迦國」就是〈入法界品〉裡的福城莊嚴幢娑羅林塔所在地，也許是現今「阿摩羅伐底(Amaravati)塔」，以證明這一品在南印度編成。這與印順法師舉證有所差異⑰。

按：臺北新文豐版，季羨林《大唐西域記校注》「烏荼國」條稱：烏荼、梵文 Oḍra，Uḍra Oḍhrula，經考據即今南印度孟加拉灣西側之奧里薩邦(Orissa)內的北部，即今該邦首府庫塔克(Cuttack)附近地區及以北地區。而烏荼當時的首府，經高桑駒吉考證為今庫塔克南方二十多公里的港市、布巴涅斯瓦爾(Bhubaneswar)以南七公里的陀武里村(Dhauli)，因為這裡還有阿育王「摩崖銘刻」遺跡。

⑰ 高峰了州認為《大唐西域記》中的「馱那羯磔迦國」就是《華嚴經・入法界品》中的「福城」所在地，據季羨林《大唐西域記校注》〈註一〉指出：「馱那羯磔迦國(Dhanakataka)，在今印度孟加拉灣西南沿海，距奧里薩邦首府庫塔克約五百公里的西南海岸一帶，此國今為Andhar邦，其海岸線達七百公里，距僧伽羅國（今斯利蘭卡）較近。其境內有克里希那河(Krishna)貫穿其間。其首府海德拉巴（Hyderabad)，距近海大城維佳雅瓦達(Vijayawada)，約二百公里。高峰以『經中福城之東娑羅樹林塔』，也許即今『阿摩羅知(Amaravati)塔』，以證明〈入法界品〉在這裡編成。但據鮑司威爾(J. A. C. Boswell)的報告，認為玄奘時代『馱那羯磔迦國』比定為今克里希那河近海北岸的柏茲瓦達(Bezwada)，他指出柏茲瓦達東方山上的石窟為玄奘所記『弗婆勢羅僧伽藍』的遺址……，但在一八八一年實地調查附近出土文物及遺址時，發現都是婆羅門教，而非佛教的。此地為『馱那羯磔迦國大城』很難成立。」另一說為克里希那河南岸的阿馬拉瓦底(Amaravati)，是古馱那羯磔迦國都城，也就是高峰了州所言的「阿摩羅知塔」所在地。應屬可靠。阿馬拉瓦底以西一英

印順法師在《初期大乘佛教之起源與開展》一書〈華嚴法門章〉第五節所說的「福城」，梵語原是Dhanyakara-nagara，《十誦律》音譯為「婆提城」，《有部律》譯為「跋提城」，這個地方，概約是今天南印度濱孟加拉灣西側奧里薩邦(Orissa)庫塔克東北方齊浦市(Jaipur)東北約五十公里處的Bhadrak，這個字與福城早期音譯「跋提」相合，這裡就是善財五十三參起點的福城。

《大唐西域記》裡〈烏荼國〉條這樣記載：「烏荼國，周七千餘里（這是神話式誇大），國大都城，周二十餘里……人貌魁梧，容色釐黗，言詞風調，異中印度，好學不倦，多信佛法。伽藍百餘所，僧徒萬餘人，並皆學習大乘法教，王祠五十所，異道雜居。諸窣堵波（佛塔）凡十餘所，並是如來（昔年）說法處，無憂王之所建也——國西南境大山中，有『補澀波祇釐僧伽藍』，其石窣堵波（石製佛塔），極多靈異，此西北山伽藍中，有窣堵波，所異同前。此二窣堵波者，鬼神所建，靈奇若斯！」⑱

印順法師認為古之烏荼國，即今之南印度，孟加拉灣西側濱海一邦的奧里薩，仍留有遺跡的靈塔，就是真諦三藏所引《西域志》（此作為晉道安撰，已佚）所說龍樹昔年受龍王賜經、得塔里亦有一遺址，即《西域記》所謂「城東據山，弗婆勢羅僧伽藍，城西據山有阿伐羅勢羅僧伽藍，此國先王為佛建焉。」但此遺址，與〈入法界品〉善財從「福城」南行起點亦不合。見該書頁八四〇、八四一、八四二。

---

⑱《大正》第五十一冊，頁九二八（中）。

的地方。因為在印度古代，近大海處，在婆羅門教的神話中，有一種主管雨水的神，名叫「婆樓那」(Varuna)，而它就是海中的龍王，而烏荼的福城與大海相距不遠，所以龍樹得經得塔處，應為「補澀波祇鼈」大塔這個地方，也就是〈入法界品〉「福城以東、莊嚴幢娑羅林中的一大塔廟處」。同時，烏荼的義譯是「水」的意思，烏荼這個國家，接近印度洋，被稱Uḍra或Uḍaka，都與水有關。而海水，是龍王婆樓那活動的空間。於是龍樹就在這裡得到《華嚴經》十萬偈⑲。問題在，龍樹真的是在龍王手中得到《華嚴經》嗎?那麼如果我們否定神話，再來推演，也許是龍樹從福城這座祭祀龍王的塔裡——補澀波祇鼈大塔裡，發現這裡竟然收藏這麼多的大乘經卷，而非真正在龍王手中。再說，如果在祭祀龍王的塔廟中能藏有這麼多卷的《華嚴經》，又似乎很難令

⑲ 以上有關印順法師語，皆見《初期大乘佛教之起源與開展》，頁一一一二—一一一七。印順法師所言東南印度孟加拉灣西側「奧里薩邦」其地應與「龍樹菩薩龍宮取經」位置相合。但「烏荼國」，據季羨林《大唐西域記校注》(頁八一三) 一書所考據之國都地址，仍有些差距。「烏荼」應在今之奧里薩邦之北部庫塔克附近沿海地區。當玄奘取經時南巡該國之都城，應為今之布巴涅斯瓦爾 (Bhabaneswar) 南七英里的陀武里村 (Dhauli)，該村亦近海，今仍有阿育王遺址。與今日首府庫塔克相距，亦僅二十公里之譜。但與印順法師考訂為今『庫塔克』東北約六十公里近海的Bhadraka (距齊浦Jaipur約二十公里) 即佛世的跋提城、經中的「福城」，兩者位置，印順法師似以今之「庫塔克」，為古之「烏荼國」大都城的位置。相差有二、三十公里。

人信服為什麼佛經不珍藏在佛塔裡，而落入祭龍的大塔裡呢？——原因是——當時佛塔也是可以供養天龍八部神祇的。而這時候，接受婆羅門教神話的中期大乘佛教，已有部份被吸收到佛家的經卷中來了。這就是我個人粗淺的推斷。

㈢經文出現中國地名之惑

當我們看到《華嚴・諸菩薩住處品》裡竟然出現「清涼山、震旦國、疏勒」這些地名，我們不禁會為之迷惘。

難道，佛陀住世時，佛教還沒有傳入中國，中國與印度還恍如隔世，佛經就能記錄下中國的地名，菩薩們也會在這些地方安住了嗎？

〈菩薩住處品〉說：「爾時心王菩薩摩訶薩，於眾會中，告諸菩薩言：佛子！……東北方有處，名『清涼山』，往昔以來，諸菩薩眾，於中止住，現有菩薩，名『文殊師利』，與其眷屬，諸菩薩眾，一萬人俱，常在其中，而演說法……」⑳

我們想不到以經文時間程序考慮，到〈入法界品〉（經文第三十九品）還為善財童子開示參訪計畫的文殊師利，卻在這裡提前住到（中國）的清涼山（五台山）去了。

又說：「西北方……震旦國(China)，有一住處，名那羅延窟，從昔以來，諸菩薩眾，於中止住。……」㉑

⑳《大正》第十冊，頁二四一（中）。

在這裡，已將震旦（支那音譯）列入菩薩住處，那羅延窟，意為「金剛力士居所」，可能指中國西部高原一帶地區，可見此經成時，中印兩地，在地理上已有充分的了解，也將中國內部一些地方，列為「菩薩居處」。

又說：「——疏勒國，有一住處，名牛頭山，從昔以來，諸菩薩眾，於中止住。」㉒這裡「疏勒國」，《六十華嚴》譯為「邊夷」。但高峰了州認為應是「于闐」才對，印順法師也同意是「于闐」，也就是《大唐西域記》中的「瞿薩旦那國」。因為「牛頭山」，就是《西域記》中「王城西南二十餘里的『瞿餞伽山』（今名牛角山）。」在佛教從大乘佛教初興，公元二世紀喀什米爾、北印度起，中國新疆西部這一片中亞地區從疏勒、喀什、葉城，到南疆的和闐、于闐一帶，都是大乘佛法流行地區㉓。

從上面三項地緣上的現象，我們推論下面幾項結論：即第一、善財童子以福城為參訪起點向南行，即南印度由加爾各答到接近錫蘭的馬德拉斯一帶臨海地區，就是當時大乘佛教流行地區，也為後來玄奘法師《大唐西域記》所證明。至於龍樹菩薩往「龍宮取經」，不管是「神話的龍宮」

㉑《大正》第十冊，頁二四一（下）。

㉒《大正》第十冊，頁二四一（下）。

㉓高峰了州認為：「《華嚴》出於『斫句迦』（古沮渠），今之新疆西南邊境之葉城（Karghalik）」。印順法師則認為，出於包括「北印、喀什米爾，與今之新疆西南之蒲犁、葉城、和闐一帶」。並以「中亞」統之。

還是「隱喻的龍宮」，都證明這裡藏有大量早期大乘佛法初步成稿的篇章；其次、是「中國地名」的出現，則證明印度佛教對所謂「震旦、清涼山、疏勒」等地緣已有所了解。換句話說，本經〈菩薩住處品〉成篇時，應該是在中印佛教、從漢明帝夜夢金人，於永平七年（公元六四年）派秦景到西域求佛法若干年以後的事。至於「清涼山」的出現，時間會更晚，因初來中國的印度僧侶不可能這樣快就了解中國地理位置。再加以疏勒（于闐），是西域大乘佛教——印度大乘佛法從一世紀到三世紀，由南向北移，到達這一帶發展，更說明，經文提示的——《華嚴經》全本之誕生，與南疆于闐（應為今之和闐）有絕大的關係。其三、透過經文的研判與龍樹菩薩的生命過程（公元二一三—？）考慮；龍樹時代並沒有獲得今天像《六十華嚴》或《八十華嚴》甚至《四十華嚴》這樣完整的經，而是分散的「偈頌形式」的大量散篇；到整理成典時，應該是在今天印度北境到喀什米爾、中國的新疆和闐、于闐——地區。換句話說：《華嚴經》是在古之中亞、今中國之新疆省和闐一帶完成。時間應該晚於龍樹，要到公元三世紀末，或四世紀初年，也就是中國東漢後主延熙十四年（公元二五〇年）到東晉穆帝永和六年（公元三五〇年）這一百年間。

等到佛馱跋陀羅（三五九—四二九年）來華，東晉、宋武帝初六年（公元四二〇年）六月，在建康道場寺譯出《六十華嚴》，距離《華嚴》結集完成，大約七、八十年。在這之後，像《兜沙》、《十住》、《菩薩本業》、《漸備一切智德》……這樣較《六十華嚴》早出的散本，都在公元一世紀，已在印度出現，或者更早。而由支婁迦讖等印度高僧在公元二世紀末（一七八—一八九年）

在中國譯出。

由此可見《華嚴》是佛經中一種只早於密教《大日經》等，在顯教中較為晚出的經典，至於詳細「結集」過程，由於史料完全湮沒，而今又無法求證。至於大乘經典，是否佛說，這應從佛家初期義理發展路線來考慮，而非決定這些佛經，是不是釋迦在世時親口所說、弟子親筆所記？而是這些經典沒有脫離佛陀在世的遺教綱領，合於佛陀口宣的正法，也就可稱之為「佛說」了。這是我們今天對大乘經典，以及《華嚴經》產生的基本看法。

丙、《華嚴經》的理論建構及其組織

《華嚴》是一部綜合「初期佛法（四諦十二因緣），中期空觀、唯識、淨土、及初期密法的大經」，「它同時將佛家從佛陀入滅以後所建立的『出世理論』組織成為一完整的體系」，它的「華藏世界」與各方面的實踐理念，都透過整理，或為具體條文說明為何能達到「成佛的途徑」與拯救世間眾生的手段。

現在分為下列諸項來說明其理論建構：

一、佛依報與正報的莊嚴景象

在《華嚴》全經裡：「世主妙嚴、如來現相、普賢三昧、世界成就、華藏世界、毗盧遮那、如來名號」這七品完全是描寫佛、菩薩、甚至天界的種種莊嚴、種種功德、種種神通、種種智慧、種種光明、種種聲音、種種三昧、種種世界、種種不可思議……」用這麼多篇幅來寫「佛」的種種，即可預知全經容納之理論範疇之龐大與紛繁。

至於本經文字最短、相信也是全經成文最晚的〈壽量品〉與〈菩薩住處品〉，也同樣是寫佛菩薩世界「時間」的差異與菩薩們以「印度」為中心，走向四面八方、山林、海岸、平原、城市，說明「菩薩們」已有一定的塔廟說法之處，也說明佛法傳播界域向各方擴大延伸到邊遠的其他國度。

二、修行四十二階位之建立

在大乘佛教言，一個人從初度建立信仰之後，到證成佛道，需要「五十二個階位」，這五十二階位，便是「十信、十住、十行、十迴向、十地」，加上「等覺與妙覺」的最後菩薩、佛的兩個階位㉔。

㉔ 佛家修道「五十二階位」，即：

1.十信：信心、念心、精進心、慧心、定心、不退心、護法心、迴向心、戒心、願心。

2.十住：發心住、治地住、修行住、生貴住、方便具足住、正心住、不退住、童真住、法王子住、灌頂住。

3.十行：歡喜行、饒益行、無瞋恨行、無盡行、離痴亂行、善現行、無著行、尊重行、難得行、善法行、真實行。

4.十迴向：救護一切眾生相迴向、不壞迴向、等一切物迴向、至一切處迴向、無盡功德藏迴向、隨順平等

《華嚴經》以〈十住品〉、〈十行品〉、〈十迴向品〉、〈十地品〉來含納「四十個階位」。另以「十定品、十通品、十忍品、阿僧祇品、佛不思議品、十身相海品、隨好光明品、普賢行品、如來出現品」這九品、來說明「等覺與妙覺」階位境界。

至於大乘佛法的「十信」一項，《華嚴》沒有專立一品。但它在〈賢首品〉卻以「偈頌」來說明「信」是修學佛道的第一要件。在這一品裡，文殊菩薩以「偈語」問賢首菩薩，於是引出賢首品「發心行相」五頌裡「於佛法僧生淨信」為引言，接著，頌出「信」的功德之強大。

頌文說：

信為道元功德母，長養一切諸善法；
斷除疑網出愛流，開示涅槃無上道。
信無垢濁心清淨，滅除憍慢恭敬本；
亦為法藏第一財，為清淨手受眾行。

善根迴向、隨順等觀一切眾生迴向、真如相迴向、無縛解脫迴向、十法界無量迴向。

5. 十地：歡喜地、離垢地、發光地、燄慧地，極難勝地、現前地、遠行地、不動地、善慧地、法雲地。
6. 等覺。
7. 妙覺。

信能施惠心無吝，信能歡喜入佛法；
信能增長智功德，信能必到如來地。
信令諸根淨明利，信力堅固無能壞；
信能永滅煩惱本，信能專向佛功德。
信於境界無所著，遠離諸難得無難；
信能超出眾魔路，示現無上解脫道。
信為功德不壞種，信能生長菩提樹；
信能增益最勝智，信能示現一切佛。㉕

以下還有「信樂最勝甚難得」、「若常信奉於諸佛，則能持戒修學處」；總結起來，也有「十信位」。若與「信心、念心、精進心、慧心、定心、護法心、迴向心、戒心、願心」這五十二位中的「十信位」相比，《華嚴十信》除了沒有定名，其內涵也足以代替《仁王經》的「十信」了。

三、《華嚴經》中的助道階位

除了上述「四十二階位」之外，《華嚴》中還有很多品，是屬於「助道」或「資糧」的篇章，例如：「四聖諦品、光明覺品、菩薩問明品、淨行品、升須彌頂品、須彌偈讚品、梵行品、初發

㉕《大正》第十冊，頁七二（上、中、下）。

心功德品、明法品、升夜摩天品、夜摩偈頌品、十無盡藏品、升兜率天品、兜率偈讚品」共十四品。統合地說，這十四品，都是「四十二階位」輔助資料，來加強這四十二階位的說服力量，最後進入「佛位」。佛經裡的偈頌，大多數是用於重複再加強「長行」的說服力，也許當初期佛法時代，也可以透過背誦，使經義流傳下來。而《華嚴經》最初所謂「從龍宮」請出來，便是「十萬偈」。再來，便是《六十華嚴》三萬六千偈、《八十華嚴》四萬五千偈，以此來計算篇幅。可是今天的《華嚴》仍是「長行」（理論性散文、描寫性散文）夾雜看四、五、七言偈頌呈現的。也許梵文原典，都是偈頌體，當東晉・佛馱跋陀羅、唐・實叉難陀翻譯時，才用中國人習慣的散文體夾著古詩形式的偈頌來譯出的。

四、離世間品與善財五十三參

〈離世間品〉，是《華嚴經》中篇幅次於二十一萬字的〈入法界品〉份量，次多的一品（七萬多字）。這一品是以普賢菩薩為主導，由普慧菩薩發問，而啟動的普賢菩薩以「十」為組織模式的千條以上說法。例如：菩薩有「十種行、十種差別智、十種平等、十種變化、十種不可思議、十種不動心、十種無等住、十種不壞信、十種境界、十種身、十種成就佛法……」向與會的菩薩們展示無礙辯才，最後以九百句頌文來作結束。本經，普賢菩薩是一個貫串全脈的人物，而〈離世間品〉則為他向菩薩們宣示「投向佛道」的種種條件與成果，以及種種功德。

《華嚴》最後一品，是〈入法界品〉，是文殊菩薩引導善財童子向南方長途旅行參訪善知識的記錄；而每位善知識，對善財童子說法，都是以「如何學菩薩行、修菩薩道」附以種種方法、譬喻、激勵、解釋，以及說明菩薩所示所行，菩薩悲天憫人的功德。

善財童子參訪的總人數是五十四位，而參訪的次數，實際「五十三次」。即所謂「五十三」參。

其中：

㈠比丘五位：德雲比丘、海雲比丘、善住比丘、海幢比丘、善見比丘。

㈡比丘尼一位：師子頻申比丘尼。

㈢優婆塞（含長者、居士、船師、大士）十二位：彌伽大士、解脫長者、明智居士、法寶髻長者、青眼長者、鬻香長者、婆施羅船師、無上勝長者、鞞瑟胝羅居士、堅固解脫長者、妙月長者、無勝軍長者。

㈣優婆夷六位：佛女摩耶夫人、休捨優婆夷、具足優婆夷、不動優婆夷、賢勝優婆夷、婆須蜜多女。

㈤童子、童女七位：慈行童女、自在主童子、眾藝童子、(德生童子、有德童女)、釋女瞿波、天主光（天女）。

㈥童子師一位：遍友童子師（即小學老師）。

㈦國王二位：無厭足王、大光王。

(八)仙人一位：毗目瞿沙。
(九)婆羅門二位：勝熱婆羅門、最寂靜婆羅門。
(一〇)外道一位：遍行外道。
(二)天、地、夜、諸神十一位：大天神、安住地神、婆珊婆演底夜神、普德淨光夜神、喜目觀察夜神、普救妙德夜神、寂靜音海夜神、守護一切城增長夜神、開敷一切樹華夜神、大願精進力救護一切眾生夜神、妙德圓滿園神。
(三)菩薩五位：觀自在菩薩、正趣（大勢至）菩薩、文殊菩薩、彌勒菩薩、普賢菩薩。

以上共計參訪人數五十四位，參訪五十三次。德生、有德合為一次，文殊童子（或菩薩）在本品中，僅作指引，作一人次。

這五十三參，在中國文化範疇，或佛家文化領域內，都代表著一個奮發向上、謙誠、不畏辛勞、不達目的誓不終止的精神。善財童子由福城向南參訪，其中「有人、有神、有菩薩、有男有女、有小孩、有外道……」一律平等，視為師友，去虔敬問道，正可為一切眾生上求佛道的表率。至於本品中的高深義理，已無法在本文中作深度的分析。

《八十與六十華嚴》中的〈入法界品〉，只是文字之多寡與譯筆稍有差異，但《四十華嚴》，全名為《入不思議解脫境界普賢行願品》，其內容除「五十三參」大略相同，譯文有異之外，最後一卷才是普賢菩薩告訴善財應修「十大行願」作為本經的結束。這十大行願是：

(1)禮敬諸佛，(2)稱讚如來，(3)廣修供養，(4)懺悔業障，(5)隨喜功德，(6)請轉法輪，(7)請佛住世，(8)常隨佛學，(9)恆順眾生，(10)普皆迴向。㉖

這十大願，佛門今天稱之為「十大願王」，是普賢菩薩不僅叮嚀當場菩薩們和善財童子的，也是叮嚀此後一切學佛的人們的忠言。而經文結尾，普賢菩薩又在頌詞中，提醒大家，最後說：

我今迴向諸善根，為得普賢殊勝行；
願我臨欲命終時，盡除一切諸障礙；
面見彼佛阿彌陀，即得往生安樂剎；
我既往生彼國已，現前成就此大願。㉗

我們從《四十華嚴》最後一卷可知，一部《華嚴》包羅著佛家多方宗派的理論與實踐指導，可是它卻隱含著串連全經、不著痕跡的淨土思想在內，頗為令人驚異。正由於如此，弘一大師對於「華嚴思想」的認同與終身服膺，他的深心處所願所思，從這裡也就可以看清眉目了。

㉖《大正》第十冊，頁八四四（中）。

㉗《大正》第十冊，頁八四八（上）。

丁、華嚴五祖的著述及其思想成果

《華嚴經》六十卷本，於公元四二〇年由佛馱跋陀羅於建康道場寺譯出之後，從「地論學派」的菩提流支，到「攝論派」的真諦三藏，作「局部的研究」，到杜順大師出世，從此便展開《華嚴》一宗的傳承，這由於《華嚴經》除了組織一個有系統的自身體系之外，並包羅了從四阿含以後的各家思想，而建立佛家龐大的義理空間，彷彿一座「小型宇宙海」，「含藏萬法」，展現在人們生命之中。

中國大乘佛教的「華嚴宗」便從杜順大師開始，我們在下面分述「華嚴五位宗師」的著述概要，及其透過《華嚴經》的體悟而得到的思想成果。

一、初祖杜順大師（五五七—六四〇年）：隋之前南朝陳國人，法名法順，由於他俗家姓杜，所以便改稱為杜順。杜順，陝西萬年人，十八歲從僧珍和尚出家，此後六十六年僧家生活，以「華嚴為境」，以「禪觀」為行，以「普賢行願」為日課，晚年棲隱終南驪山，由於他禪功深厚，屢傳異行，也由此，他從三昧中悟出「華嚴世界」，同時也留下兩篇不到五千字的傳世傑作，而後世更以他為「文殊菩薩」化身。

㈠〈華嚴法界觀門〉：一千餘字，直到他的四傳法裔澄觀大師，才從《法界玄鏡注釋》一書，保留下來，而未在歷史上淹沒。

㈡〈華嚴五教止觀〉：四千餘字，傳說是他三傳弟子法藏所著，由於當世史料不足，仍以這位大師著作為準。

這兩篇短短的作品，從杜順大師一生來會意，有下面的粗略評估。

杜順大師從他深微的三昧境中，悟出「法界」三觀。即——

㈠真空觀：即非血肉生命無常的「我空」，也非諸法不實的「法空」，而是《金剛經》所謂「色即空、空即色，色不異空、空不異色」的法性眞常之空。對「心物兩界」，應作如是觀。

㈡理事無礙觀：即精神與物象相攝相融，理中有事，事中有理，事無礙於理，理含納於事，對心物兩界，應作如是觀。

㈢周遍含融觀：即事與理彼此無礙，不是分為兩截或多面的東西，它可納為「一元」，一即一切，一入一切，一攝一切；一切即一，一切入一，一切攝一。「一切從此法界流，一切流入此法界」。對宇宙的一切活動，應作如是觀。

杜順從以上三觀，得出結論，宇宙一切乃建立於「法界緣起」，有異於阿含的「業感緣起」與法相的「賴耶緣起」。從而將一切事物再劃為「四重法界」。即：

㈠事法界：心色領域，因活動形態不同有各別的差異；

㈡理法界：心色領域，因有其各別差異，但它們的體性無異；

㈢理事無礙法界：理與事、心與色、精神與物質，是可以相互切入，彼此含融而共成一體的；

(四)事事無礙法界：一切不同的事物，它們不分形態大小、色澤、硬柔、一多、強弱，它們基本上是來自一個「帝網」般的組織，因此是可以相互交疊的。

杜順的基本思想，直到圭峰宗密，才建立完善，成為中國華嚴思想的源頭。

二、二祖智儼大師（六〇二—六六七年）：甘肅天水人，十二歲入杜順之門，十四歲出家，此後經法琳（五七二—六四〇年）、智正（五五九—六三九年）二位法師研習《華嚴》，又得慧光（四六八—五三七年）《華嚴經疏》的指引，於二十七歲之年，完成《華嚴搜玄記》這部大著。

智儼大師的著作二十多種，日後有書目的只有十六種，其中有關《華嚴》的有1.《華嚴搜玄記》，2.《華嚴疏》，3.《華嚴玄明要訣》，4.《華嚴十玄章》，5.《華嚴六相章》，6.《入法界品鈔》（已佚），7.《章門雜孔目》，8.《華嚴要義問答》，以上共八種。

智儼在華嚴宗發展初期，承杜順理念，為華嚴建立了「一乘十玄門」。所謂「一乘」，就是「一佛乘」，以華嚴思想為指標，至高通向佛道的唯一法船。而「十玄門」則是經由深入華嚴教海、華嚴三昧去進入佛道的玄妙之門。呂澂曾在他的《中國佛學思想概論》㉘一書認定：「『十玄』的主要典據，是《華嚴經》的〈賢首品〉。這一品說到『菩薩行』的功德殊勝，實際是『三昧境界』，並舉出佛的『海印三昧』和普賢的『華嚴三昧』，由此華嚴宗的『觀法』，也就歸於這兩種

㉘ 呂澂原著《中國佛學思想源流略講》，在一九八〇年前，臺灣地區受政治情況影響，無法再版，易名《中國佛學思想概論》，由臺北天華出版公司印行。

三昧。從這中間見到的緣起境界，都是『同時具足』的（相當第一玄門），而又『主體圓明』（相當於第十玄門），而各現象之間的關係，又不限於數量的多少、大小、廣狹，乃至性質的異同，都含有『相即相入』的意味，這最合適的譬喻，就是『因陀羅網』（帝網）。賢首有時也曾用十方鏡子交互反映來說明它們無窮無盡的關係。如此看法，可說是空理通於一切做根據的……。」㉙

呂澂這段話，是包括智儼的「十玄」與他的弟子賢首（法藏）的「十玄」在內。

呂澂的十玄門，是：

1.同時具足相應門。2.因陀羅網境界門。3.秘密隱顯具成門。4.微細相容安立門。5.十世隔法異成門。6.諸藏純雜具德門。7.一多相容不同門。8.諸法相即自在門。9.唯心迴轉自成門。10.託事顯法生解門。

繼之為三祖的，是法藏（賢首）大師，他對「十玄門」又有新的調整。

三、三祖法藏（賢首）大師（六四三—七一二年）：他的先祖是康居（今新疆天山北麓）人，他祖父遷居長安，他也生在中國。法藏於十六歲住陝西扶風法門寺，並在寺中阿育王塔之前燃一指供佛。二十歲在雲華寺因聽智儼大師講《華嚴經》，同時入智儼之門，成為他的弟子。法藏二十八歲出家，從此展開他一生為佛法奉獻的工作。他的著作達三十七種，有關華嚴的有二十一種。其中最重要的有下列諸篇：

㉙ 呂澂《中國佛學思想概論》，頁三九九。

(一)《華嚴探玄記》二十卷。

(二)《華嚴一乘教義分齊章》三卷

(三)《華嚴旨歸》一卷。

(四)《華嚴三昧觀》一卷。

(五)《華嚴傳》五卷。

(六)《妄盡還源觀》一篇。

(七)《華嚴金師子章》一篇。

(八)《華嚴遊心法界記》一卷。

法藏的思想，固然來自杜順、智儼一脈相承，他除了修改了「十玄門」之外，並另外建立了「華嚴五教、六相」的華嚴理論。茲分列如次：

(一)法藏十玄門

1.同時具足相應門。2.廣狹自在無礙門。3.一多相容不同門。4.諸法相即自在門。5.隱密顯了俱成門。6.微細相容安立門。7.因陀羅網法界門。8.託事顯法生解門。9.十世隔法異成門。10.主伴圓明具德門。

(二)華嚴五教

(1)小教：指佛法初期以《阿含》為主體思想，自了空寂之小乘教法。

(2)始教：指大乘佛法初起，思想建構未臻完備，經典以「唯識、般若系」為主，仍未消融「有空」對立之局面，此期為大乘始教。

(3)終教：指大乘佛教發展過程中，《楞伽系》經典，建立「真如緣起」，已脫離自了、偏空、偏有理念，但未脫二元之影像，此期為大乘終教。

(4)頓教：指大乘佛教發展中以《寶積》、《維摩》等系經典，突顯「印心」之旨，此後開出中國禪之發展，此為大乘頓教。

(5)圓教：在大乘佛教發展中，以《華嚴》、《法華》系經典為主，開立唯一佛乘思想，消融一切二元對立，建立「一切即一」圓融不二至上法門，故稱之為「圓教」。

法藏大師在「十玄、五教」之外，再立所謂「六相」，就是對法界任何事物，每一個體都有六種相（形態），而每一相，都統歸一元。所謂六相：

(1)總相：宇宙間心色之法，無可分割，為一總體；

(2)別相：宇宙間一切，有個別相，猶如人有「耳、眼、鼻、舌、身、手、足」諸根，他物亦復如此；

(3)同相：宇宙萬有形相有差別，而物性則相同；

(4)異相：宇宙萬法殊形萬方，形、聲、色、類不同，於同中有異；

(5)成相：宇宙萬法，因緣成就，小至一粟，大至星球，緣合則聚；

(6)壞相：宇宙萬法，因緣離散，但各成空相，各有其著點，從相言已成壞滅之局。

這六相，便是法藏從華嚴思想體悟中建立的宇宙六相。而這六相，也不離「一切即一，一即一切」的總體。

四、四祖澄觀大師（七三八－八三九年）：浙江會稽人，十一歲出家，習《南山律》。因出家時初居五台山大華嚴寺，到唐德宗時講經於內殿，以「妙法清涼帝心」進於德宗，遂賜名「清涼國師」。此後佛教便以「清涼國師」尊之。澄觀大師承前賢餘緒，在《華嚴》一宗思想上加以統合整理，後成著作二十六種。其中《華嚴》九種，而最著者有：

(一)《華嚴經疏》二十卷。

(二)《華嚴經隨疏演義鈔》四十卷。（以上二者合稱《清涼大疏》）

(三)《華嚴綱要》三卷。

(四)《四十華嚴疏》十卷。

其中尤其《華嚴經疏》由於科判精緻，為佛門疏論經典之作。學華嚴者，不可忽略。澄觀大師綜合前賢思想，對「十玄門」再加以辨析、發揮，開啟「華嚴世界」的光輝。

五、五祖宗密大師（七八〇－八四〇年）：四川西充人，二十八歲出家於四川遂州大雲寺，後來因駐錫終南山「圭峰」，世稱「圭峰宗密」。

華嚴宗到圭峰宗密，其間雖有不乏「華嚴學者」能夠稱師作祖者，也就到此為止。

宗密大師的著作有三十一種，屬於「華嚴」者有七種，其中重要的作品，有——

㈠《華嚴綸貫》五卷。

㈡《註法界觀門》一卷、科一卷。

㈢《華嚴原人論》一卷。

㈣《普賢行願品別行疏隨疏鈔》四卷。（此著由澄觀著《別行疏》、密宗著《隨疏鈔》合成）。

這四種書，最具影響力者，是《華嚴原人論》。

宗密之為佛學大師，除華嚴之外，應是他的《圓覺大疏》與《禪源諸詮集》（僅存「都序」四卷）最為重要。他是一位佛學通家，對唐代禪宗思想也有一定的地位。

華嚴家，還有些次級大師，如唐代李通玄（六三五—七三〇年）、慧苑（六七三—七四三年）、宋代長水子璿（九六五—一〇三八年）、高麗籍的義天（一〇〇九—一一〇一年），都是其中的代表人物。

戊、弘一大師研習《華嚴》過程及其深願

從以上多方評估，結集在公元三世紀前後，從北印度、喀什米爾與中國南疆之葉城（斫句迦）、和闐（古「于闐」）這三角地區完成全篇的《華嚴經》，雖然在這以前數百年，已有零篇陸續成書問世，而且被譯為漢文到中國來，但直到全典編纂完成，並因當時許多「無名高僧」把這部大典，

以一貫脈絡串連全經，以「毘盧遮那佛」（法身佛）為全經的生命最高理境，再由「普賢、文殊」二位菩薩為中心人物連綴，使本經從不同的單元，成為一脈相貫；尤其它的思想衍繹為含納整個佛教義理網絡，有系統、有層次，兼而藝術化的完整大典，再由中國高僧開發為華嚴一宗，這都是中國歷代高僧及佛教思想家重視本經的原因。

弘一大師是一位二十世紀初期的中國文化人，雖然棄俗走入佛門，正因為他是一位學養俱優的文化菁英、藝術家，在佛門之內，除了投身於戒律生活與修道歲月，而對於佛家的大經大論，則是無法忽視，而棄之不顧。弘一大師之專注《華嚴》，這正是他在佛學思想上的選擇。因為《華嚴》，正與他的戒律、淨土法門，有血脈不可分離的關係。下面我們就從他研習《華嚴》歷程，開始討論。現在分下述四點說明：

一、弘一大師早期研習《華嚴》軌跡初探

一部六十萬字、八十卷的《華嚴經》，如果要仔細地研讀起來，決不是三朝五日可以融會貫通，更何況還有很多古人的注疏、義解等必讀之作。因此，僅對《華嚴》作全面地了解、深入，非三年五載不可。職是，我們從弘一大師於一九一八年八月十九日（農曆七月十三日）出家後，於同年九月在杭州靈隱寺受具足戒，由於好友馬一浮贈以律學要典《傳戒正範》與《毘尼事義集要》二書，閱讀之後，便發心學律，以挽救佛門頹風。同年十月，到嘉興與佛學家范古農（寄東）晤面，住在嘉興佛學會（設於「精嚴寺」），由於范古農的建議，放棄了出家後斷絕世間一切藝事，

專心學佛之旨，開方便門，以「佛書與人結緣」自此始。因為他在寺中為常住整理〔大藏經〕，我們研判由此便接觸到佛家像《華嚴》、《法華》、《楞嚴》、《般若》這些重要經典。兩個月後返回杭州，即一九一九年春天，住在杭州玉泉寺，隨緣閉關念佛、閱藏。到一九一九年六月間，去距杭州不遠的新城貝山本擬閉關，因不能久居，到九月間轉往衢州（今浙江衢縣）城北三十里的蓮花寺，到一九二一年二月再回杭州，三月轉赴溫州，住慶福寺。一九二三年九月再度去衢州蓮花寺，次年移住東鄉三藏寺及城內祥符寺。一九二四年四月十九日離開，再回溫州。他在衢州駐錫兩度共一年，然後又返回溫州。雖然他在雲水生活中，但每到一地，都為寺中整理經籍，念佛閱藏。從一九一八年（民國七年），到一九二四年，這五年間，我們可以想見，以弘一大師之不務外緣，而且當時以佛書與人，也不似閩南時期那麼頻繁，在這五年當中，他寫的佛經，也從沒有一種是《華嚴》範圍內的經文。這一段時間，他的生活重心，是律學。《四分律比丘戒相表記》的初稿，在一九二四年六月，已在溫州慶福寺完成㉚。

關於《華嚴》方面，范古農在〈述懷〉一文中，曾透露過一點消息；他說：「九年春，講《十二門論》畢，與會友游（杭州）清漣寺，眾請師（弘一大師）開示念佛，師以擷《普賢行願品疏鈔》相託，余返里（嘉興）擷之於課餘，至暑假即赴杭會講演……」㉛范古農這一段話的意思是，

㉚ 林子青《弘一大師新譜》，頁二一七（臺北東大版）。
㉛ 臺北龍樹版《弘一大師永懷錄》，頁一四八。

在「民國九年（一九二〇年）他應邀到『杭州佛學會』講《十二門論》完了，與會友到清漣寺拜訪弘一大師，當時弘一大師拜託他再到杭州時，請他選錄《普賢行願品疏鈔》作講題，因此他在暑假再到杭州，在佛學會講《行願品疏鈔》精選部分。」

我們從弘一大師請范古農講《普賢行願品疏鈔》這種冷題，可以想見，弘一大師對《華嚴入法界品》異譯的《普賢行願品》及其注疏，已經看過了。等到一九二四年（民國十三年）四月，他寫了《華嚴經》〈淨行品偈〉贈與上海黃涵之居士；並在〈後記〉寫道：「上海黃涵之居士，以影印扶桑本〔續藏經〕，施三衢（衢州）佛學會，卷帙之富，仞房盈閣……余以夙幸，叨預勸請之末，為寫〈華嚴淨行品偈〉一卷，併節錄《清涼疏》文，以奉居士，而報德焉……」[32]

弘一大師於一九二三年九月第二度來衢州，次年四月離開，在這七個月中，他勸請曾於民初出任紹興道尹（行政專員）的黃智海（涵之）贈送一部〔續藏經〕給衢州佛學會（會址在城內祥符寺），所以寫了〈華嚴淨行品偈〉以報，附帶又節錄了華嚴四祖清涼（澄觀）大師《華嚴大疏》的幾句文字於手寫墨寶之末[33]。

從弘一大師為黃涵之寫〈淨行品偈〉可知，弘一大師此時對《華嚴》之全部思想結構，已有了一定程度的深入，所以才寫了這一品頌文贈人。

---

[32] 林子青《弘一大師新譜》，頁二一三。

[33] 黃涵之贈送給衢州佛學會的〔續藏經〕，後來因故改贈上海立達學園。

此後，大師在浙江一帶雲水生活，一直到一九三二年（民國二十一年）去閩南之後，在浙江各地度過八年閉關、閱藏、念佛、研律歲月，對於《華嚴經》有關古人疏論都已了然於懷。而《華嚴經》裡偈語萬言，幾乎都可以背誦於心。

二、弘一大師遍覽《華嚴》的初步成果

一位「寫經家」為社會人士或佛門寫經，是經過「篩選」的，而不是隨手抄一段經文就好。寫經者必須對某一種經文義理有所了解，所寫的經文又要使受者，能在思想水平上予以接受，而法喜充滿。這在弘一大師尤其是如此。弘一大師寫經或者寫經偈贈人，除非預先寫好，備贈非特定的有緣人，否則，都是寫「極有深意」的經偈相贈師友學生，俾使對方見之有所啟發與感悟。平日則以預先寫好的字幅贈人，內容也是選擇一些「文字都可理解，而非艱深的」經偈或格言。就像「不為自己求安樂，但願眾生得離苦」這些經句。

我仔細從弘一大師書信及著述中，檢閱他讀過而又加以精闢論證的《華嚴》各家疏註義解諸篇，發現有下列多種：

㈠原典類

《六十華嚴》、《八十華嚴》、《四十華嚴》以及佛馱跋陀羅等以前分散譯出的《兜沙、菩薩本業、十住、十地、漸備一切、羅摩伽》諸散本經。

㈡疏鈔義解類

(1)《華嚴法界觀門》、《華嚴五教止觀》。(以上杜順存於賢首等注文中之開宗作品)。

(2)《華嚴搜玄記》、《華嚴章門雜孔目》、《華嚴十玄章》、《入法界品鈔》。(以上智儼)

(3)《華嚴探玄記》、《華嚴教義分齊章》、《華嚴旨歸》、《華嚴三昧觀》、《華嚴綱目》、《華嚴傳》、《華嚴金師子章》、《華嚴問答》、《華嚴策林》、《華嚴游心法界記》。(以上法藏)

(4)《華嚴經疏》、《華嚴隨疏演義鈔》、《華嚴法界玄鏡》、《華嚴綱要》、《四十華嚴經疏》、《華嚴行願品別燈疏》、《華嚴一乘十玄門》及「疏科」。(以上澄觀)

(5)《華嚴綸貫》、《注法界觀門》、《行願品隨疏義記》、《行願品別行疏隨疏鈔》(宋‧遵式《科文》一卷)、《華嚴原人論》。(以上宗密)

(三)五祖以外疏義

(1)《華嚴遊意》(隋‧吉藏)、《華嚴經合論》(唐‧李通玄)、《華嚴音義》(唐‧慧苑、附於《一切經音義》中)、《華嚴感應緣起傳》(唐‧惠英)。

(2)《華嚴懸談會玄記》(此書宋‧道亭、元‧普瑞名下均有)、《華嚴談玄決擇》(宋‧鮮演)。

(3)《華嚴大意》(明‧善堅)、《華嚴念佛三昧論》(清‧彭際清)、《賢首五教儀》(清‧慈雲)。

(四)藏經中未見者

(1)《華嚴吞海集》。

(2)《普賢行願品梵文考》。

以上二種可能是清代以後或日人著作。

(3)《華嚴經疏論纂要》（清・道霈集）

這部大書達數十冊，係弘一大師在鼓山湧泉寺發現，特為之發起重印「二十五部」，分送日本各大學、寺院及國內名山，期獲得永遠保存㉞。

三、弘一大師恭寫《華嚴》的深願

弘一大師在閉門念佛、閱藏、研律之間，每天上午七至十一時，仍以「讀誦《華嚴》一卷至三卷」並以「佛書」與人結緣。

弘一大師從出家那一年到一九四二年入滅，寫出佛經約五十種，其中有很多是重複寫出贈人，像《行願品偈》、《無常經》、《五大施經》、《心經》、《淨行品》、《藥師經》、《地藏經》、《阿彌陀經》，都寫過兩遍以上。

大師從一九二四（民十三）年，初寫〈淨行品偈〉，贈送黃涵之。俟後陸續寫出《華嚴經》偈及長行，有下列七項：

(一)《華嚴經・淨行品》（民十三為上海黃涵之寫、民二十六為湛山寺夢參法師再寫）。

㉞ 弘一大師於一九二九年四月，偕蘇慧純居士由廈門回溫州，途經福州鼓山湧泉寺，見寺中藏有大藏未收之《華嚴經疏論纂要》嘆為希有，到上海後，乃倡印二十五大部，託出版家內山完造贈送日本各大學、寺院，另贈國內大寺院。事見林子青《弘一大師新譜》，頁二六四、二六五。

(二)《華嚴經・十迴向品初迴向章》(民十五，在廬山為紹興蔡丏因寫)。

(三)《普賢行願品》(民十五在溫州慶福寺寫、民二十一為趙伯廄寫，民三十為性常法師寫)。

(四)《華嚴・觀自在菩薩章》(民二十，迴向亡母)。

(五)《華嚴集聯》(民二十・應劉質平請寫)。

(六)《華嚴・普賢行願品偈》(民二十九為如影法師寫，民三十一為劉質平寫)。

(七)散寫《華嚴》經偈語、經文、如「不為自己求安樂，但願眾生得離苦」、「大慈念一切，無礙如虛空」、「永離塵穢，畢竟清淨」、「滿足一切大願力，速成無上佛菩提」、「猶如大地，能作眾生依處」，這些經偈、散句，分別從三種《華嚴》選配成文，寫出不下二萬幅之譜。今天我們看到弘一大師遺留在世間的書法，其中除經本、佛號、少數格言、古德詩句之外，幾全是《華嚴》偈頌。

弘一大師寫出《華嚴經》散句、頌偈，是有深願的，也絕不是如同世間的書法家一樣，以文雅互勉之類的書聯贈人。弘一大師之書寫《華嚴經》句，是以「普賢」之願為己願，以「華嚴」之境為己境，他期於凡我有情，皆能悟入「華嚴」之慧，共同上求佛道，在佛道未成之前，都能做一個像「善財童子」那樣的「華嚴人」，「不為自己求安樂」，「但願眾生得離苦」；在未成佛之前，固然要向上迴向佛道，更要向下迴向苦難眾生，絕非「從佛法裡一逃了之」。弘一大師以「佛書」贈人，其深心在這裡，恐非深解大師悲願之世人，所能了知。

我們在這一章，從大師對《華嚴經》及其有關著述廣泛而深入的薰習與沈潛，從閱讀到書寫，幾達千萬言以上，何況他對華嚴各家著述通盤的比較與了解，也都在他與友生通信中，表達得最為深刻。這在下面幾章將會述及。

《華嚴經》不僅因為它的篇幅龐大，而中國華嚴專家對華嚴思想架構之建立與義理的演繹，則更為繁複。弘一大師以其高絕的智慧，在日積月累中，深入華嚴的堂奧，他不但對華嚴所展示的整個修學佛法體系，默識於懷，尤其對《華嚴經》的「普賢行願」，引為終身奉行的標的。《華嚴》大經，在它所顯現的大乘佛法龐大建構裡，復又貫通著一條「念佛」思想的靈泉，更與他以「淨土為果」的實踐理念，相輔相應。我們必須重視這條貫通整個《華嚴經》裡一條「念佛三昧」的脈搏，弘一大師研習《華嚴》並未成為一位「華嚴思想家」，他只是以「華嚴為境」的念佛三昧實行家。

下一章，我們將從《華嚴經》的念佛脈絡，來印證弘一大師的佛學思想根源。

己、弘一大師「華嚴為境」的思想根源

一部《華嚴經》含納佛家各種宗派的思想，而淨土思想，在這一龐大的體系裡，尤其占據著突出的位置。弘一大師在他的佛道生命裡除了深究「淨土諸經」。其實他對「唯識」、「起信」、「般若」諸典，也都有相當修養，這都可以從他對《華嚴教海》的涵泳裡獲得印證，因為一旦讀通《華

嚴》，而與華嚴思想脈搏相關的佛典也就會觸類旁通。但弘一大師則是認真地兼習與華嚴有關佛籍。

現在我們在《華嚴》全般結構裡，來探尋念佛思想的源頭，以下分為十點來列述：

一、《華嚴經》第一品——〈世主妙嚴品〉到〈如來名號品〉，基本上都是「莊嚴」佛世界的。也就是透過種種美妙的形容詞來烘托佛家形而上世界的景象。這一景象本是不可以文字語言來形容，但《華嚴經》仍以大量文字來描寫這一生命最上層結構之美妙、神奇與不可思議。到〈毗盧遮那品〉，普賢菩薩承佛陀之啟示，在「妙色那羅延執金剛神」承佛威力之後，起而對佛如來的依正二報加以讚頌，接下來，普賢菩薩陸續對「佛子們」作了很多開示。在這一品，當普賢菩薩作第五度開示時，他說：「——諸佛子！汝等應知，彼大莊嚴劫中……爾時，大威光童子，見彼如來，成等正覺，現神通力，得『念佛三昧』，名無邊海藏門……」[35]這是《八十華嚴》第一度提到「念佛三昧」，可是《六十華嚴》在〈世間淨眼品〉即三十四品中之第一品歷數許多「天王」時，例如：「——其名曰：善喜天王，海樂天王，勝德天王，百光明天王，善眼天王……如是一切皆悉成就『念佛三昧』……。」[36]《六十華嚴》經文中「念佛三昧」出現多達三十次以上，超越《八十華嚴》甚多。

---

[35] 《大正》第十冊，頁五六（中）。

[36] 《大正》第九冊，頁三九六（下）。

二、在〈賢首品〉頌文裡提到的是「怎樣念佛」。經文說：「若能如法供養佛，則能念佛心不動，若能念佛心不動，則能常睹無量佛；若常睹見無量佛，則見如來體常住。……」[37]這一節的念佛方法，與《楞嚴大勢至圓通章》有幾分相似。這裡所謂「無量」，是泛指一切佛，並非專指「無量壽佛」。

三、在同品又說：「——又放光明名見佛，此光覺悟將沒了，令隨憶念見如來，命終得生其淨土。見有臨終勸念佛，又示尊像令瞻敬，俾於佛所深歸仰，是故得成此光明。……」[38]本節說到「令隨憶念見如來，命終得生其淨國，見有臨終勸念佛，又示尊像令瞻敬……」這四句，與《阿彌陀經》所說「臨終十念法」一樣，這樣「命終」便可得生其「淨國」。這個淨國，是指任何佛的淨土。但念佛思想是一致的。在這裡還沒有直指「阿彌陀佛」。

四、〈十無盡藏品〉說：「佛子！何等為菩薩摩訶薩『念藏』？此菩薩，捨離痴惑，得具足念，憶念過去，一生二生，乃至……不可說不可說劫，『念一佛名號，乃至不可說不可說佛名號』；念一佛出世說受記……念一切佛出世……。佛子！何等為菩薩摩訶薩『持藏』？此菩薩：持一佛名號，乃至不可說不可說佛名號……持一佛受記。……佛子！何等為菩薩摩訶薩『辯藏』？此菩薩，有深智慧，了知實相……說一佛名號，乃至不可說不可說佛名號……。」[39]在這一品中，這

[37]《大正》第十冊，頁七二（下）、七三（上）。

[38]《大正》第九冊，頁七六（中）。

三小節都說「菩薩們」在過去多生多劫，「念一佛，多佛名號，持一佛、多佛名號，說一佛、多佛名號。」所謂「念佛、持佛、說佛」，都是「入念佛三昧」的強大增上因緣。

五、〈升兜率天宮品〉說：「百萬億無熱天，合掌念佛，情無厭足……百萬億善見天，念供養佛，心無懈歇……」❹⓪這裡指出即使是天道的人物，也要像世間信佛人一樣「合掌念佛，情無厭足」。

六、〈十迴向品〉說：「——佛子！此菩薩摩訶薩，以法施為首，乃至聽聞一句一偈，受持演說，願得憶念……去來現在，一切諸佛，既憶念已，修菩薩行，又願以此『念佛善根』，為一眾生，於一世界，盡未來際，修菩薩行。」❹①這一段是文殊師利告訴佛弟子們，菩薩要以法施為首，以清淨心迴向無邊世界，憶念諸佛，並以此「念佛善根」，即使為一個眾生，也要在一個世界上，盡未來劫，修菩薩道。乃至盡法界虛空界，也是一樣。

七、〈十地品〉二十六之一說：「——佛子！菩薩摩訶薩，住此初地……常行大施，無有窮盡，布施、愛語、利行、同事，如是一切諸所作業，皆『不離念佛，不離念法，不離念僧。……』」❹②在這一節，是泛稱「念佛」而不是專指修「念佛三昧」，然它指的是「念佛」法門，應

---

❸⑨《大正》第十冊，頁一一四（上、中、下）。
❹⓪《大正》第十冊，頁一一七（上）。
❹①《大正》第十冊，頁一七一（上）。

無置疑。

八、同品第六地（現前地章），也說：「佛子！菩薩住此地，皆不離『念佛』，乃至不離念具足一切種。……」❸換句話說，一個人修佛道，即使證到「第六現前地」，仍不可心離念佛。因為「念佛三昧」是貫通「十地」的，一個人即使證了「菩薩位」，也要勿忘念佛。

九、〈無量壽品〉說到：「——爾時心王菩薩摩訶薩，於眾會中，告諸菩薩言：佛子！此娑婆世界，釋迦牟尼佛剎一劫，於『極樂世界阿彌陀佛剎』，為一日一夜；極樂世界一劫，於袈裟幢世界金剛堅佛剎，為一日一夜。……」❹《華嚴經》到〈壽量品〉，才第一次突顯「阿彌陀佛」與釋迦佛陀時間上的差異，也暗示「阿彌陀佛」將是「念佛三昧」的主尊。

十、〈佛不思議法品〉，文殊師利告訴菩薩們：「佛子！諸佛世尊，於一切世界，一切時，有十種佛事。何等為十？一者：『若有眾生，專心憶念（佛或菩薩），則現其前。』」❺這與〈大勢至圓通章〉「憶佛念佛，現前當來，必定見佛」，語法完全相合。

十一、同品之二，說到有「十種廣大佛事」，佛弟子們要去做的。其中「第七廣大佛事」：

❷《大正》第十冊，頁一八三（下）。
❸《大正》第十冊，頁一九五（上）。
❹《大正》第十冊，頁二四一（上）。
❺《大正》第十冊，頁二四三（下）。

「——昔於一切無數世界，種種眾生，心樂海中，『勸令念佛』，常勤觀察，種諸善根，修菩薩行。……」㊻在這一節裡，要「佛子們」「勸令（眾生）念佛」。下面「第九廣大佛事」又說：「——或為宣說諸佛境界，令其發心，而修諸行，而作佛事……或為『宣說念佛三昧』，令其發心，常樂見佛，而作佛事。……」㊼這裡雖沒有特指要念「阿彌陀佛」，但「勸令念佛，宣說念佛三昧」，都是「阿彌陀佛」的行願。

十二、〈入法界品〉之三，文殊師利告訴善財童子，去參訪「德雲比丘」。德雲比丘就告訴善財：「——善男子！……所謂智光普照『念佛門』，常見一切諸佛國土種種宮殿，悉嚴淨故。令一切眾生『念佛門』，隨諸眾生心之所樂，皆令見佛，得清淨故。令安住力『念佛門』……令安住法『念佛門』……入不可見處『念佛門』……住於諸劫『念佛門』……住一切時『念佛門』……住虛空『念佛門』。……」㊽這一節總共二十一個「念佛門」。但《六十華嚴》將「念佛門」譯為「念佛三昧」，而且有「二十二個念佛三昧」，比《八十華嚴》多一個。這是「德雲比丘」指示善財童子有這麼多「念佛門」（念佛三昧）是可以修習的。

十三、同品之四，解脫長者告訴善財童子：「善男子！我見如是等十方各十佛剎微塵數如來。

㊻《大正》第十冊，頁二四七（中）。

㊼《大正》第十冊，頁二四八（上）。

㊽《大正》第十冊，頁三三四（中、下）。

彼諸如來，不來至此，我不往彼。我若欲見『安樂世界阿彌陀佛』，隨意即見。……」㊾在這裡「阿彌陀佛」已成為眾生修習「淨土法門」的接引導師。

十四、「入法界品」之二十一，談到善財童子一心想見普賢菩薩，便在「金剛藏菩提場、毘盧遮那如來師子座前，一切寶蓮華藏座上，發起十一種心」，由於他的善根力，一切如來加被力，普賢菩薩同善根力的原故，見到十種瑞相，其中第十種瑞相，就是「見一切佛剎清淨，一切眾生心常念佛。」㊿到本品將結束時，普賢菩薩說頌文時，其中有句：

或見如來無量壽，與諸菩薩授尊記；
而成無上大導師，次補住於安樂剎。㉛

在上述頌文所說的「無量壽」，就是指「阿彌陀佛」。所謂「安樂剎」，即「極樂世界」。普賢菩薩告訴菩薩們：「你們細聽，我現在要說一說佛功德海裡一滴海水的功德相。」如果「能見無量壽佛，補住極樂世界」，就是其中一項大功德。

㊾《大正》第十冊，頁三三九（下）。
㊿《大正》第十冊，頁四四〇（上）。
㉛《大正》第十冊，頁四四三（中）。

這在《八十華嚴》〈入法界品〉裡對「普賢十大行願」，和「對阿彌陀佛淨土」的迴向，還沒有刻意的交代。我們要知道，《華嚴經》結集完成，應該先由《六十華嚴》，再次是《八十華嚴》，最後出現於世間的是《四十華嚴》，也就是全稱為《入不思議解脫境界普賢行願品》。……這部經文，是最晚出的《華嚴》，它簡稱為「普賢行願品」，達二十五萬字之多，除了全經敘述善財童子五十三參，與《六十、八十華嚴》大致相合之外，但最後一卷，卻是兩部「大華嚴」所沒有的。這一卷，就是今天佛門當作功課誦讀習稱的「普賢行願品」，它代替了「全經」的精華。其中在卷首，更強調「普賢十願」。這十願是：

(1)禮敬諸佛。(2)稱讚如來。(3)廣修供養。(4)懺悔業障。(5)隨喜功德。(6)請轉法輪。(7)請佛住世。(8)常隨佛學。(9)恆順眾生。(10)普皆迴向。[52]

在「普皆迴向」這一願的解釋經文裡，一再強調「往生極樂世界」。經文說：「此善男子！臨命終時，最後剎那，一切諸根，悉皆散壞：唯此願王，不相捨離，於一切時，引導其前，一剎那中，即得往生『極樂世界，到已，即見阿彌陀佛』。……是故汝等，聞此願王，莫生疑念……於一念中，所有行願，皆得成就……能於煩惱大海中，拔濟眾生，令其出離、皆得往生『阿彌陀

[52] 《大正》第十冊，頁八四四（中）（《四十華嚴》末卷）。

佛極樂世界』……」[53]

這本經之異於《六十、八十華嚴》〈入法界品〉者在此。其實，這一卷，完全講的是「普賢十願」。而在最後頌文中，則特別強調，要在「臨命終時，往生阿彌陀佛淨土」，所以後來淨土行人，便將這卷經文，引入「淨土五經」之列。

頌文說：

我今迴向諸善根，為得普賢殊勝行；
願我臨欲命終時，盡除一切諸障礙；
面見彼佛阿彌陀，即得往生安樂剎；
我既往生彼國已，現前成就此大願；
一切圓滿盡無餘，利樂一切眾生界；
彼佛眾會咸清淨，我時於勝蓮華生；
親睹如來無量光，現前授我菩提記。[54]

---

[53] 《大正》第十冊，頁八四六（下）。

[54] 《大正》第十冊，頁八四八（上）。

看到這段頌文，才知道，原來普賢菩薩也是讚歎「往生西方極樂世界，蓮花化身」的。

三種《華嚴》，以《四十華嚴》最為突出「淨土思想」。但整個《華嚴經》結構雖建立了佛家修道的完整層次及助道要件，再加上一個典型的求道人善財童子以身為範，我們從大格局上，看到的是這部容納佛門全部思想結構的大經，但它的另一層在說理之外，還有一層強調「信、願、行」的念佛網絡，我們不能忽視。

我想，當弘一大師熟讀《華嚴》各家著述之時，其實現佛道的理念背景，便是這部肯定淨土法門的大經了。弘一大師以「華嚴為境」，來作為他力行「念佛法門」思想空間，在這裡便是正確的說明。

庚、弘一大師華嚴思想的見地與實踐

弘一大師在佛學領域中，以「華嚴為境」，以「戒律為行」，以「念佛為果」，他的日常生活便融會在這三個層面，而貫連成一個整體人格典範。他在《華嚴》方面，正如他對「戒律與淨土」一樣，都是一個恭敬虔誠的實踐者。《華嚴》不僅是他的思想背景，也是他的生命最高指導原則。

他自出家以後，以身為範，嚴行戒律，研究戒律，他用於研究律學時間，應大於研究華嚴時間。如就他在華嚴方面的研究成果而言，仍然值得吾人珍視。現在根據他在《華嚴》方面所獲得的思想資糧，分作三方面加以論述。

一、弘一大師指導後學研究《華嚴》的準則與見地

弘一大師一生，每做一件事，都是全力貫徹到底，他對《華嚴》方面的考查亦然，在這裡，我們引用他身後有關文字與師友生徒的信函來說明。

㈠據范寄東（古農）〈述懷〉一文說：「——師初出家，在虎跑寺，見其懺『地藏課』甚嚴，瓣香靈峰蕅益，奉《宗論》為圭臬。又知法門唯淨土為最方便，教義唯《華嚴》為最完備；而《華嚴》『普賢十大願王』又有導歸極樂之功，與淨土法門有密切之關係。其弘律宗南山，南山之於教亦依賢首。故綜師之佛學——〔於律、於教（華嚴）、於淨〕，一以貫之。」[55]這節文字所說的「南山」，指中國律宗第九代宗師「道宣律師」（七八〇—八四一年），「賢首」指華嚴三祖法藏。事實上，從《六十華嚴》佛馱跋陀羅譯出以後，到唐代中葉便有許多高僧介入研究，而研究華嚴的高僧「道覆（生卒不詳）、慧光（四六八—五三七年）、道憑、曇衍、道雲、曇隱、靈裕、法上、三祖法藏、五祖宗密……」也都兼攻律學，而律宗十一位宗師之中，其中「道覆、慧光、道雲」三位分別是律宗「四祖、五祖、六祖」，他們都以《華嚴》作為自己生命上層理念所托。

㈡弘一大師與後輩討論《華嚴》問題最多的是紹興蔡丏因（冠洛）。

⑴民國十二年（一九二三）冬天，師於溫州覆函蔡丏因說：

「——書悉。讀《淨土十要》竟，專研《華嚴疏鈔》（澄觀）甚善。彭二林《華嚴念佛三昧

---

[55] 臺北龍樹版《弘一大師永懷錄》，頁一四八、一四九。

論》，應先熟讀。……」[56]這是弘一大師致晚輩書信中，第一次指示研習《華嚴》的程序。

(2)到次年十二月六日，又致函蔡丐因：「——《華嚴疏鈔》唯有仁者能讀誦，故以奉贈。……《疏鈔》第十〈迴向章〉及〈十地品〉『初地』前半共一冊，乞寄下。《疏鈔》中近須檢閱者，凡五冊。1.〈淨行品〉（一冊），2.〈十行品〉（二冊），3.〈十迴向品初迴向章〉（一冊），4.〈十迴向章〉（一冊）。此五冊遲數月後再郵奉尊齋。……《懸談》在杭州，《疏鈔》存上海，不久可以寄來。……」[57]此函是意指弘一大師請蔡丐因將自己贈送給他的部分《疏鈔》中的〈迴向章〉、〈十地品〉再寄回給自己閱讀。另外存於大師處的五冊，過幾個月後，再寄給蔡丐因（當時蔡任教紹興中學）。剩餘的書，不久可寄。

另外，弘一大師又向蔡丐因說明，他有關存書，像《華嚴懸談》、《華嚴疏鈔》，都存在上海，也許在夏丏尊那裡，要用時再請上海方面友人寄給他。因為弘一大師一直是過著雲遊生活。至於《華嚴疏鈔》，是華嚴四祖——澄觀（清涼）研究華嚴的巨著，多達六十卷，對後人研究華嚴者，至為重要。

(3)上一函寄出五天——即一九二四年十二月十一日，弘一大師又致函蔡丐因，指導他禮誦《華嚴》的原則。信中說：「——仁者禮誦《華嚴》，於明年（民十四、一九二五年）二月十五日（釋

---

[56]《弘一大師全集》第八冊，頁一五三。（福建人民出版社印行，下同。）

[57]《弘一大師全集》第八冊，頁一五四。

迦入滅日）始課，最為適宜。……茲郵奉『日課』一葉，並《懸談》八冊。——敬禮之前，應先於佛前焚香供養（能供花大善）……，所誦之偈贊，可以隨時變易，以己意選擇。《華嚴經》中偈文，悉可用也。誦《華嚴經》，用『疏鈔本』亦可，若欲別請正本，以杭州昭慶、慧空經房之本最善。……初行之時，未熟悉者，至多亦不逾二小時。每日讀《華嚴》一卷之外，並可以己意別選數品深契己機者，作為常課，常常讀誦。『朽人讀《華嚴》日課一卷以外，又奉《行願品別行》一卷為日課。依此發願，又別寫〈淨行品〉、〈十行品〉、〈十迴向品〉（初迴向及第十迴向章），作為常課。每三四日或四五日，輪誦一遍。……』[58]從這一段指導蔡丏因研誦《華嚴》的叮嚀，可以想見，弘一大師本身，對《華嚴》每天讀誦最少三品以上。

(4)一九二五年正月十四日（國曆二月六日）在溫州第九度致函蔡丏因：「《華嚴懸談》，文字古拙，頗有未易瞭解處，宜參看宋・鮮演《華嚴談玄決擇》（六卷、初卷佚失，今存五卷，收〈續藏中〉），及元・普瑞《華嚴懸談會玄記》（四十卷，常州刻經處刊行，共十冊），反覆研味，乃能明瞭。仁者欲窮研《華嚴》，於《清涼疏鈔》外，復應讀唐・智儼（二祖）《搜玄記》（共五卷，每卷分本末。第四卷之中，已佚失。此殘本收入〈續藏經〉中）及賢首（三祖）《探玄記》（二十卷・金陵刻經處刊行，共三十冊，徐蔚如釐會）。《清涼疏鈔》多宗賢首遺軌，賢首復承智儼之學脈，師資綿續，先後一揆。……至若慧苑（六七三—七四三年）《刊定記》（共十五卷。第六、第

[58]《弘一大師全集》第八冊，頁一五四。

七卷佚失，此殘本今收入〔續藏經〕中），反戾師承，別闢徑路，賢宗諸德，并致攻難，然亦未妨虛懷玩索，異議互陳，並資顯發，豈必深惡而痛絕耶？……」[59]

從這封信，可見弘一大師對《華嚴》諸家著述內容之透闢及版本之良窳，缺失之評價，尤其對華嚴不同之古代學者之包容胸懷，都非經年累月薰習，不能有此見地。

弘一大師自一九二三年（民十二冬）與蔡丏因書函往返，到一九三八年十二月二十日（農曆十月廿九日）共計一百一十通，其中涉及《華嚴》思想方面達三十七通之多。

弘一大師圓寂後，蔡丏因以〈戒珠苑一夕談〉悼念他的私淑老師，回憶說：「師論及修持言：念佛虔誦《華嚴經》，而《行願品》為全經宗趣。因曰：古德謂『《行願》為略本《華嚴》、《華嚴》為廣本《行願》』，洵不虛也。」[60]弘一大師對《華嚴》如沒有深厚的功力，如何能講出這些專家的話？

㈢一九二五年二月十九日與孫選青討論函：「——研究經論者，先學《起信論》最為妥善。……第一步，預先熟讀論文，至背誦十分通利為止。既已背誦十分通利，乃可研習文義。若能請人講解，尤為穩妥。仁者與蔡居士（丏因）友善，可以乞彼荷任是事。——應先講『科、會、指要表解』，後講《賢首義記》[61]，每次宣講少許。講畢，須細心詳閱。（此論義理精奧，前半尤難

---

[59] 《弘一大師全集》第八冊，頁一五五。

[60] 臺北龍樹版《弘一大師永懷錄》，頁九五。

解。）疏文雖不必背誦，然亦須記其大意。至於科文，最為切要，能背誦為善。……」孫選青是弘一大師在浙江師範的學生，此時也在紹興師範任教，由於弘一大師的關係與蔡丏因締交。弘一大師指示他可就近向蔡丏因討教《華嚴》。弘一大師在這封信後一半，又交代說：「——以上所述者，為近來各地諸居士及朽人等，一一親身經驗，認為最妥善、最便捷之法，希仁者依而行之。」同時又再度叮囑：「背誦經論獲益甚大，不可視為兒童之業。朽人能背誦者，已有十數種。」[62]

弘一大師對後學指示讀經方法，極為精微細緻，因不涉及本題，不另補述。

㈣一九三八年十月一日（舊八月八日）與李圓淨「第十一函」討論《華嚴》，因為述及《華嚴》近代多種版本良窳，無法全引，僅錄致李圓淨第二十四函（此函未著年月，疑一九四〇年前後），其中論及《地藏》三經時，涉及《華嚴》。信中說：「《華嚴・入法界品》四種譯本（晉譯六十卷內，唐譯八十卷內。）西秦別譯，此品名《佛說羅摩伽經》。唐・貞元別譯，此品名《普賢行願品》，皆載地藏之名。……」[63]

從此函觀之，弘一大師對很多經典之散本，都有清晰的貫通。李圓淨與弘一大師往返函件二十四通，多為討論佛學與護生問題。當豐子愷印行第一版《護生畫集》時，其中〈護生痛言〉，便

---

[61] 此著未見賢首書目，可能為《一乘教義分齊章》之別名。

[62] 《弘一大師全集》第八冊，頁一七六。

[63] 《弘一大師全集》第八冊，頁二〇五。

是李圓淨的手筆。

㈤一九三八年除夕前二日（一九三九年二月十六日）致舊友黃幼希（上海商務印書館編輯）函。黃精於《華嚴》，與弘一大師討論《華嚴》時，師覆信中，談及多種《華嚴》版本及科註缺失問題，其中包括：

(1)《華嚴玄談》古會本。

(2)《華嚴會玄記》等多種版本（以上兩種皆為《玄談》同一原著，歷代版本精粗缺失不同）。

(3)《行願品別行鈔》。

(4)圭峰《義記》（似為《一乘教義分齊章記》），以上三書之版本錯失問題[64]。

除此而外，弘一大師分別與陳無我、胡宅梵、施慈航、楊勝南、弘傘法師、性願法師、廣洽法師、性常法師、林贊華、高文顯等多位友生就《華嚴》的版本、經義，作討論、研究、發揚、指示。

㈥弘一大師對《華嚴》之研究、讀誦在世界上唯一的專文，是不到三千字的〈華嚴經讀誦研習入門次第〉。

(1)關於讀誦方面：

a. 應讀唐譯《華嚴普賢行願品》末卷。

---

[64]《弘一大師全集》第八冊，頁二五六。

b.兼讀唐譯《華嚴淨行品》。

以上二種應訂為每天「日課」。

c.兼讀唐譯《華嚴》〈菩薩問明品〉、〈賢首品〉、〈初發心品〉、〈十行品〉、〈十迴向品、初迴向章〉、〈十忍品〉、〈如來出現品〉。

d.如有餘力，兼讀晉譯《六十華嚴》。

(2)關於研習方面：

a.能簡略研習者：先閱《華嚴感應緣起傳》。

b.欲廣研他種者：應閱《華嚴玄談》（同《懸談》第七、八兩章）。

c.能詳研全經大旨者：應閱《華嚴吞海集》（金陵版），兼閱唐譯全經一遍。

d.欲知《普賢行願》末卷大旨：應閱《普賢行願品》第四十卷〈疏節錄〉（附《華嚴綱要》之後），兼及《華嚴綱要》關於此品之經文。

e.能深研《華嚴》全旨者：應先檢《大藏輯要》（如今之《二十五種藏經目錄》）關於「華嚴部」書目，隨力研究。最後閱《華嚴合論》[65]。

以上是弘一大師對各不同根器欲研究華嚴之人，所作最簡要的指示。

在這一節，我們結合有關弘一大師與友生信函及遺著，不但從這些史料裡可見他在《華嚴》

---

[65] 《弘一大師全集》第八冊，頁二五九。

範疇裡的深厚修養，也可從他指導後學之諄諄誘導與細緻的慈心，都令人感動。

二、弘一大師在華嚴領域的思想導向

弘一大師的佛學思想，既然能游仞於「華嚴法界」，他自然對《華嚴》思想的建構與內層脈絡有甚深的了解，因而，這就決定了在「嚴持戒律，虔修念佛法門」之外，《華嚴》就是他「上成佛道，下度眾生」的無限空間，也是他對生命追求究竟的最高指導方向。

方東美教授在他的《華嚴哲學》這部大著裡，曾將「西方哲學與佛學」作對比研究，又把「佛學上的華嚴，與早期的阿含，中期的唯識，初期的般若」系思想，作對比研究，他認為，這些西方的一元、二元、多元、唯心、唯物，柏拉圖、康德、黑格爾、叔本華、印度的「梵我一如」、中國純「天道」，都不能解決生命的最上層結構問題。甚至《阿含》的偏自了，《法相》的偏有，《初期般若》的「畢竟空」，都不是佛道的「究竟」；他甚至認為《維摩經》中都存有「二分法」的意味，既有二分法，就不能徹底解決生命問題。

因此，方東美根據《華嚴》大旨，提出「上迴向與下迴向」這一「理事無礙」，從佛境到眾生都是互攝互入的生命理念。一個人如果成了佛，只耽沉在佛的「莊嚴世界」，而無視於眾生的死活，不去救他們，這樣，世間便永遠不會有佛。

所以，方東美用了很多篇幅來說明《華嚴》一即一切，一切即一、佛與眾生是一個生命的兩面。當一個人入佛以後，不但要向上迴向「佛道」，也要向下迴向「眾生」。他在《華嚴哲學》〈空觀在佛教哲學發展之歷程及其究竟奧祕〉一章，解釋了「上迴向與下迴向」的意義。

㈠上迴向

「——《維摩經》的超脫、解放只有一條路，就是『上迴向』。假若人人都依照《維摩經》的那一條路子走的話，大家都在那裡朝著『聖默然』的境界[66]，透過一切智慧的光輝往前行走，而與『菩提』取得最高的會合，最多的默契。這樣子一來，在這個世界上面，就只有理想世界而沒有現實世界。於是凡夫的目的是要先成為『小菩薩』（案：指阿羅漢）；小菩薩的目的是要成為『大菩薩』（案：指七地以上）；大菩薩的目的是要成佛（案：即正等正覺，或妙覺）；成佛即目的，是要出離一切世界。這就是走『上迴向』的一條鞭道路。」[67]

方東美的意思，即一個人，為了出世，了生死，要「上成佛道」，就不再來這個污穢世界，永脫塵凡。

㈡下迴向

方東美說：「——大乘佛教一直到《法華經》、《涅槃經》甚至到法相唯識宗裡面的《解深密經》，所講述有關成就一位大菩薩的法則時便說，當這位大菩薩的精神生命到達了法雲地（案：

---

[66] 《大正》第十四冊，頁五五一（下）。《維摩經》〈不二法門品〉：「『於是文殊師利問維摩詰：我等各自說已，仁者當說，何等是菩薩入不二法門？』時維摩詰默然無言。」方東美以「聖默然」相印。

[67] 方東美《華嚴哲學》下冊，頁三一七。（臺北黎明版，下同。）

即華嚴十地），再跨前一步就可以與佛平等相敘，契入涅槃。但是他卻不屑為之。也就是說有涅槃在那個地方，可是他卻絕不契入涅槃。為什麼他不契入涅槃呢？因為在他的生命領域中還有一個mission（使命）。」

他接著說：「關於這個mission（使命）是什麼呢？它不是『上迴向』；因為上迴向是為了出離一切黑暗、苦難、煩惱、痛苦，而到達他生、他世的極樂天國去享受福報。可是此地的mission卻要回過頭來，因為這時在他的生命中已經具有高度的修養，他不再害怕會沾染罪惡，而是已經完全脫離黑暗、災難、煩惱、痛苦，於是他便要『迴向到下層世界的現實界，拯救那些還沈溺於其中的有情物類與眾生，自然會顯出無限的大悲心。這樣的下迴向，就是迴向人間，迴向現實世界。』」

方東美說：「一位菩薩或成佛的人，他雖可獲得最高的精神享受，但是卻並不享受，還要再回頭投到物質世界的各種層次，投到心靈世界的各種層次，來拯救下層裡面的一切物質世界、一切心靈世界裡面深受災難的人，或是受災難的物類，這就叫做『下迴向』！」[68]

方東美先生對「上、下迴向」的解釋，便是除了要「向上」誓成佛果之外，還要在修道途中，盡形壽救度一切眾生；在成佛之後，還要「回到世間，與苦難眾生為伍，去入地獄、入火宅、入亂世、去救渡一切有情。」

---

68 方東美《華嚴哲學》下冊，頁三二〇。

弘一大師在他出家後，不管從他一言一行，或起心動念，尤其留在世間的文物書法，都是秉持「華嚴」精神，不僅向上迴向，尤重向下迴向。他把華嚴思想的精華，歸納到「普賢行願」作為實踐的準則，也當作他生命海域的導向。他誠然並非「華嚴家」，可是他的全生命都是放在眾生的苦難之上。現在，我們引述下面幾個例證來解釋他的「下迴向」思想。

㈠弘一大師出家最後十年間，在閩南寫過《華嚴經》〈十迴向品・初迴向章〉的頌文：「不為自己求安樂，但願眾生得離苦」❻❾，前後多達數百幅與人結緣，即使在臨終之前四天，還寫了一百多幅分送給泉州中學學生。為什麼這一聯頌文這麼重要呢？就因為它代表了「下迴向」與眾生同苦難的悲心。

自從弘一大師寫下這幅聯句之後五十多年，世界各地，凡學佛人幾乎無人不耳熟能詳、口誦心唯。這兩句頌文，也足可提醒世人，尤其是學佛之人，不但要關懷自己生命，更要關懷他人生命。

㈡弘一大師還有另一次於一九三七年元旦，他五十八歲，在廈門南普陀寺講《隨機羯磨》時，寫下一幅聯句。文曰：

願盡未來，普代法界一切眾生，備受大苦；

---

❻❾《大正》第十冊，頁一二七（上）。

誓捨身命，弘護南山四分律教，久住神州。[70]

(三)一九四〇年弘一大師在永春給菲律賓性願法師函曾說：「——後學居閩南十數載，與慈座友誼最篤。今將西逝，須俟『回入娑婆』，再為晤談，甚望今後普濟道風日正，律義宏闡，後學『回入』後，仍可來普濟居住，與諸緇素道侶相聚也。……」[71]

這封信裡，弘一大師彷彿在說一個「童話故事」。其實，他對李圓淨等信中也提到他「往生之後，馬上回來」，不止這一封信。他是認真的、嚴肅的告訴他的友朋，他「去了就會回來」，這就是「下迴向」。

有關於弘一大師身後留下的遺墨應有四萬幅之數，其中《華嚴經》句最少有二萬幅以上分散各地，而經句中以〈下迴向〉文字的聯句、單幅，其內容以「眾生心為心」、「迴向一切有情者」，最少也有數千幅之譜。由弘一大師留下的遺墨中，可見他雖默默從事律學研究，生活淡泊，但是這些遺留在世間的文物，都是他慈悲心靈的表現！

三、弘一大師之於華嚴思想的服膺

弘一大師的「華嚴思想」，從以上各節綜合觀之，可見他是以「普賢菩薩」為全經一貫脈絡，

[70] 《弘一大師全集》第九冊，頁二六〇。《新譜》，頁三六九。

[71] 《弘一大師全集》第八冊，頁二八〇。

再以〈普賢行願品〉為他的生命導向最後終結之點。在這一思想背景之下，從出家之後，第一個奉行不渝的，便是早齋之後，恭誦〈普賢行願品〉（指《四十華嚴》末卷），另行選誦全經中重要「品、章」，像〈賢首品〉、〈淨行品〉、〈初迴向章〉、〈觀自在章〉……等其中一至三品，終年不斷。也因此，他在《華嚴經》重要的某品某卷某章，都會背誦如流。而且當他於一九三二年到閩南各地駐錫之後，在那十年間，從廈門到泉州一帶地區，有多次講述《華嚴經》大義的記錄。

現在分述如次：

㈠一九三三年（民二十二）七月十一日，在泉州開元寺，講《讀誦華嚴經文之靈感》一日。

㈡同年八月十一日起三天，在同地講《普賢行願品大意》❼❷。

㈢一九三五年（民二十四）四月二十二日至五月一日，在惠安、淨峰寺，為亡母冥誕，講《華嚴經普賢品》計十天。

㈣同年八月五日至十二日，在淨峰寺，為紀念亡父講《普賢行願品偈頌》七天❼❸。

㈤一九三八年（民二十七）元月一日至十日，在晉江草庵講《華嚴經普賢行願品》十天。

㈥同年二月一日至十日，在泉州承天寺講《華嚴經普賢行願品》十天❼❹。

---

❼❷《弘一大師全集》第十冊，頁二二（下）。

❼❸《弘一大師全集》第十冊，頁二三（下）。

❼❹《弘一大師全集》第十冊，頁二三（上）。

(七)同年三月一日至三日，在泉州清塵堂講《華嚴大意》三天。

(八)同年三月十日，在惠安念佛會，講《華嚴五教大意》一天❼❺。

(九)一九三九年（民二十八）二月十九日，在泉州朵蓮寺，第二度講《讀誦華嚴經之靈感事跡》一天❼❻。

弘一大師，如果是一位知識上的「三藏法師」，他講的「經」不算多；但他是一位性格沈潛的「律師」與「修道者」，在閩南這十年間，除了《華嚴》之外，有關「律學」與一般通俗的佛學演講，也有數十次之多。其餘的時間，都在「靜修、讀經、念佛、寫佛書佛語」上。尤其到六十歲以後，更是韜光養晦，不再作「法師、大師」，寧願做一個淡泊的苦行僧。

綜觀以上文字，我們可以理解，弘一大師也有他的《華嚴》思想重要指向，這一指向，便是他以《華嚴經》作為義理背景，然後以「普賢的願力」作為這一大經的主軸，向他的生命上層推進，最後則從「上迴向」，轉為「下迴向」，與普賢菩薩同其悲仰！

但弘一大師在那一時代，每歎自身年邁，已如夕陽落山時之絢爛，而來日無多。他向佛門師友、學生叮嚀的，就是自己一旦能面見彌陀，便會即刻再回娑婆，與眾生同其苦難、共其悲歡！

---

❼❺ 同上書第十冊，頁二三（下）。

❼❻ 同上書第十冊，頁二三（上）。

辛、餘　論

弘一大師之沈潛於《華嚴》之海，是非常有藝術美感的。因為《華嚴》世界充滿「美」的想像，充滿了千萬支彩筆所無以言宣的境界。例如，經文〈賢首品〉所呈現的「念佛三昧、華嚴三昧、海印三昧」境界。

弘一大師在臨終前三天，寫給夏丏尊、劉質平、李芳遠的信中所示的偈語：

君子之交，其淡如水；
執象以求，咫尺千里；
問余何適，廓爾亡言；
華枝春滿，天心月圓。

這首偈語，當弘一大師身後，有許多種不同版本的解析。偈語前六句，是可以明白的。問題是「華枝春滿，天心月圓」，究竟是象徵甚麼？隱喻甚麼？

為甚麼弘一大師沒有說到「親見阿彌陀佛，沒有親見觀音、勢至菩薩接引」，未與淨土行人臨終瑞相相應，反而以這兩句「禪意」氤氳的話，示現他的生命現象呢？

我個人的解釋是：

「華枝春滿」，宋代無名尼那首「悟道詩」可以代替。即——

> 終日尋春不見春，芒鞋踏破隴頭雲；
> 歸來笑撚梅花嗅，春在枝頭已十分！

這正是充滿禪意而與「華嚴世界」相應的「華嚴三昧」，亦即「花嚴三昧」。

「天心月圓」，可以寒山子五言無題詩來象徵。詩云：

> 吾心似秋月，碧潭清皎潔；
> 無物堪比倫，教我如何說？

「吾心似秋月」，自是指「中秋的圓月」，而「天心月圓」是不是與「吾心似秋月」同其光潔、晶瑩呢？這首詩與弘一大師的偈語，是可與《華嚴》的「海印三昧」相應的。因為「天心月圓」與「海印三昧」，都是「物來即照，物去不留」的隱喻。

而「華嚴三昧、海印三昧」與「念佛三昧」是不一不二啊？

一三昧，便是三三昧。所有三昧都是平等平等的。

我們可不能瞎子摸象來揣測弘一大師臨終生命偈語。他老人家是把「念佛三昧」透過「華枝春滿，天心月圓」來暗示我們，我們領悟了沒有？

一九九五年七月十五日清稿

弘一大師的生命終結哲學

甲、引言

弘一大師，三十九歲盛年入佛，時人莫不為之婉惜。

這是為的什麼？為的要做歷史上的佛教高僧？還是要做一位律學大師？——其實，這在弘一大師而言，都是如幻如化；都非他的本意。

他之棄俗為僧，與其說是看破紅塵，了卻世情煩惱，不如說是他對「生命意義」另一番的認知。是對「生死問題」從根解決的投入。是再造新的生命之履踐。因此，從這一角度，來解析大師對「生死」問題的態度與了斷，才能有所發見。

乙、弘一大師「生死觀」的萌發源頭

「生死問題」，是宇宙間所有生命的共同難題。人，有生必有死，是一種現象。佛家說它是一種「無常」，但是，這種現象背後的意義是什麼，沒有人知道。因此，當文明初始，人類對它產生莫名的恐懼、疑難、幻想之際，於是，「宗教」隨之而後產生。佛家思想比之於其他宗教理念不同之處，處理生死問題，有一個源頭活水。它不似其他宗教，到此為止。它對「生死」這一迷團，是以「無始無終」來作為一種「生生不息」的動力。在這種哲學理念之下，人類，對「生」之沒有源頭，「死」之無力與疑慮，皆隨之得以消解。

在佛學範疇之內，其中的「念佛哲學」，則對「生命何去何從」，更展現一種猶在眼前的風貌。佛家對「生死」的判釋，它的終結不在於血肉之身的存廢，更不是寄託於無可奈何的舊式宿命觀念，而是超越了現實「生死現象」，從生命之流的無限，來解決它的現象問題。佛家，尤其是「念佛法門」對生死處理，不是隨俗，而是經由現象，再昇化為「一種超越、藝術、哲學」情境。使「生命」不必通過「生死障礙」，到達一種與萬化合而為一的無限疆域。

從世俗的角度言，弘一大師的生命模式，與一般人並無二致。不過，從他幼年的「家庭病史」、青年時代的寡母早逝，再加以他之對事物現象高度敏感的人格特徵❶，終於使它「有緣」與佛家思想接觸之後，便捨去世間一切牽絆，走上「尋求解決生命疑難」之路，進入佛門，來一觀生死究竟，是何面目。

一個高級文化人、藝術家，走入佛門，不去參禪，不去修觀，也不去追究阿賴耶識的本末究

❶ 請參閱本論第一篇〈弘一大師棄俗思想之研究〉一文。弘一大師生而對人際關係、音樂書畫、生死關係有高度敏感，也具有大了大斷的魄力，因此能隨時放下一切，對佛家理念感受度尤高。

竟問題，卻像一般老公、老婆，去念佛「尋死」，真是出乎人們意外。但是我們尋找歷史的足跡，這一類異人還不少。

弘一大師之走入佛門，行宗淨土，專究「念佛三昧」，也許是中國禪宗沒落的現象，可是，我們也不能就把「念佛」當作浮泛的知解。如果，弘一大師視「念佛」為一種逃避死亡的蹊徑，這可就不是弘一大師的內在天地。他必然了解，「念佛」一門，定可解決生命面對的「死亡」難題。弘一大師做甚麼事，都是幽光內斂、不動聲色；對一切知識的了解、與行為上的劍及履及，也是一樣。

弘一大師，在入佛初期，除了在佛典上，去沈潛深入，理清「念佛法門」的深義，同時也與這一方面的高僧、專家，來探討、學習這一方面理論，同時付諸實踐。

這是一個對「生死問題」加以釐清的開端。

丙、弘一大師「生死觀」的理論基礎

我們簡而言之，弘一大師之入佛，修學的是「淨土」，而「淨土」的入門途徑，則是「念佛」。「念佛」的理論根源，一般人都以「淨土五經」❷為準據，其實，這一局限、遠遠超過人們的想像；而且實踐源頭，從「原始佛教」便已開始。

❷ 淨土五經：為《無量壽經》、《觀無量壽經》、《阿彌陀佛》、《普賢行願品》、《楞嚴經・大勢至菩薩圓通章》。

我們從歷史發展角度來評斷：念佛法門的重要典籍《無量壽經》（俗稱《大阿彌陀經》）、《阿彌陀經》（俗稱《小阿彌陀經》）、《觀無量壽經》（俗稱《十六觀經》），由康僧鎧、畺良耶舍、鳩摩羅什，分別譯出，並由東晉慧遠，建立了中國淨土宗之後，已經是功圓果滿；此後已沒有枝葉上的多元發展。在此之前，則源遠流長。「念佛法門」，由「四阿含」開始，已開啟這一方面的曙光。

「四阿含」的「念佛」，初指對「本師釋迦」的紀念不忘。並由「念佛」引申到「念法」（記念佛說的法）、「念僧」（記念隨佛學法的「我道之侶」），逐步由「三念」，到「四念、五念、六念」增為「十念」。

一、三念法

像原始教典《佛般泥洹經》（大正・一・一六二a）：「——當問知戒比丘，『念佛、念法、念比丘僧』。」《雜阿含》三十三（大正・二・二三七c）：「汝已長夜修習『念佛、念法、念僧』，若命終時，此身若火燒，若棄塚間……而心意識久遠長夜，正信所薰，戒施聞慧所薰，神識上昇，向『安樂』處，未來生天。……」《別譯阿含》十六（大正・二・四九〇b）：「應念佛法僧，及已所受戒，多獲歡喜心，便知苦邊際。」

二、四念法

《長含》四〈遊行經〉（大正・一・二六a）：「諸族姓子，常有四念。何等〔為〕四？一曰『念佛生處，歡喜欲見，憶念不忘，生戀慕心；』二曰『念佛初得道處，歡喜欲見，憶念不忘，生戀慕心；』三曰『念佛轉法輪處，歡喜欲見，憶念不忘，生戀慕心；』四曰『念佛般泥洹處，歡喜欲見，憶念不忘，生戀慕心；』……」

又《佛般泥洹經》上（大正・一・一七八c）：「當有四喜，宜善念行。一曰『念佛意喜不離；』二曰『念法意喜不離；』三曰『念眾意喜不離；』四曰『念戒意喜不離；』，念此四喜，必令具足。」

三、五念法

像《齋經》（大正・一・九一一bc）：「佛告維耶，受齋之日，當習五念。何謂五：『一當念佛：佛為如來，為至真……』『二當念法：佛所說法，三十七品，具足不毀，思念勿忘……』『三當念眾：恭敬親附，依受慧教，佛弟子眾，……天上天下，尊者福田。……』『四當念戒：身受佛戒，一心奉持，不虧不犯，不動不忘，……如鏡之磨，垢除盛明……』『五當念天：第一四天王，第二忉利天……我以有信、有戒、有聞、有施、有智，至身死時，精神上天……』」

這「五念」比「三念」多了「念戒、念天」。

四、六念法

「六念」分布於早期佛典頻率最多。例如：《長含》二〈遊行經〉（大正・一・一二a）：「佛告比丘，復有六不退法，令法增長，無有損耗，一者『念佛』，二者『念法』，三者『念僧』，四者『念戒』，五者『念施』，六者『念天』。修此六念，則法增長。……」《長含》九〈十上經〉（大正・一・五四a），稱此「六不退法」為「六修法」。同上經卷十〈三聚經〉（大正・一・五九c）稱此六念為「六思念」。《大集法門經》卷下（大正・一・二三一c）與上述諸經同。《難提釋經》（大正・二・五〇五c），則將此六念文字，略有增益，如：「──已當復有六念。何等六：一念佛，二念法，三念比丘僧，四念戒，五念施與，六念天。」

這六念法，較「五念」增一「念施」。施，就是「布施」。

五、十念法

在《增一阿含》卷一（大正・二・五五〇b）中，將「六念」又增為「十念」。經云：「時佛在中告比丘，當修一法專一心；思惟一法無放逸，云何一法謂『念佛』，『法念、僧念及戒念』，『施念去相次念天』，『息念安般及身念』，『死念除亂謂十念』。」這「十念」也就是同經卷三四（大正・二・七四〇a）所謂「念佛、念法、念比丘僧、念戒、念施、念天、念休息、念安般（即數呼吸）、念身、念死。」下面同經卷四二、四三（大正・二・七八〇c）再度加以修正：「──爾時世尊告比丘，有十念。……所謂『念佛、念法、念比丘僧、念戒、念施、念天、念止觀、念安般、念身、念死。』同經卷四三則將念「止觀」再改為念「休息」。

以上「十念法」，前六念除外，「念止觀」，即「修止觀」、「觀臍下、觀眉心」之止觀。「念安般」，即「數息觀」。「念身」，即「不淨觀」。「念死」，即「念無常」。

這「十念法」，已隱隱超越「戀慕」之「念」，而到了「修三摩地」的情境。雖然，「念身、念死」，是一種勘破「生死法」。在這裡，《增一阿含》已明白地說：「當修一法專一心，思惟一法無放逸」；這個「念」字，已變成了「專一無雜」的「念力」，變成了修習三昧的能源。

《長含》第五（大正・一・三五a）：「優婆塞一心『念佛』，然後命終，為毘沙門天王作子，得須陀洹（初果），不墮惡道。」在《增一阿含》卷一（大正・二・五五二c），更明白地指出：「爾時世尊告諸比丘，當修行一法，當廣布一法，便成神通，去眾亂想，逮沙門果，自致涅槃。云何為一法？所謂『念佛』。……」同經第二〈廣演品〉第三（大正・二・五五四a）：「若有比丘正身正意，結跏趺坐，繫念在前，無有他想，專精『念佛』，觀如來形，未曾離目……獲沙門果，自致涅槃。……」又同經第十四〈高幢品〉（大正・二・六一五a）：「設有比丘、比丘尼……若有畏怖衣毛豎者，爾時當念我身，此是如來……，出現於世，設有恐怖，衣毛豎者，便自消滅。」

到《增一阿含》裡面，「十念法」已成為一種「修持法門」。而「十念法」，又以「念佛」為最重要的修行法門，且要透過「去眾亂想」、「思惟一法」，而成就「三昧」，而「自致涅槃」。

在原始佛教時代，《四阿含》雖沒有把「念佛」指定專念那「一佛」，也沒有明確地說明「念佛」的思想體系，但在這裡卻已指出大乘佛教時代「念佛法門、淨土理論」的思想根源。

到大乘發展初期，「念佛」固已成為佛家修道的專一法門，而「一佛」也由對釋迦的單一的戀慕不忘，走向專念「淨土之佛」——西方阿彌陀佛，東方阿閦佛……等十方佛土了。

「念佛」之成為「專一法門」，像《五門禪經要用法》（大正・十五・三二五c），就說：「坐禪之要法，有五門。一者安般（數息）、二者不淨（修不淨觀）、三者慈心（慈心觀）、四者觀緣（即因緣無常觀）、五者念佛。」這裡的「念佛」，多指「觀佛相好」，即「觀像念佛」。在方法上，《禪秘要法經》卷中（大正・十五・二五五a）說：「念佛者，當先端坐，叉手閉眼，舉舌向齶，一心繫念，心心相注，使不分散，心既定已，先當觀像。……」因此，在原始佛教典籍中所建立的「念佛方法」，除「記念釋迦一人」，到「觀像念佛」，其中也含有「觀想」念佛在內，還沒有提出「持名念佛」。

「持名念佛」要到「淨土三經」結集成典之後，才披露「持名」作為「修習念佛三昧」的方法；同時也作為「往生西方極樂世界」的重要依恃。像《阿彌陀經》有：「善男子、善女人，聞說阿彌陀佛，執持名號，若一日……若七日，一心不亂，其人臨命終時，阿彌陀佛，與諸聖眾，現在其前。……」《阿彌陀經》，是淨土之主經，其中「執持名號」，即意指用「口念、心念」來念一佛之名號。另外，《般舟三昧經》〈行品〉說：「佛言：菩薩於此間國土，念阿彌陀佛，專念故得見之。……阿彌陀佛言：欲來生者，當念我名，莫有休息，則得來生。……」此中「欲來生者，念我名號」，也是指的「持名念佛」。

「念佛法門」，由原始佛教的「三念」到「十念」中的「念佛」，到佛滅後四百年（公元前一百五十年）左右開始發展的大乘佛教，其根源，是從「對釋迦世尊之悲戀、懷念」而逐漸衍生出今天的佛學龐大體系。「念佛法門」亦無例外。大乘初期，由「專念釋迦一人」之「念佛」，演變為「念佛三昧」之修行法門，再由專念一佛，轉化為專念釋迦化身之「阿彌陀佛」。在初期大乘的經典裡，出現許多有關「阿彌陀佛」因地、受記、以及片段敘事的經典裡，從二十四願到五十三願，來突顯阿彌陀佛的「願力世界」——須摩提〔安樂〕、〔極樂〕世界。而《般舟三昧經》❸，

❸《般舟三昧經》有三譯，另二譯：①《大方等大集經》〈賢護分〉、②《拔陂菩薩經》。這三種不同版本，《般舟三昧經》由西域大月支沙門支婁迦讖（生卒不詳）於東漢光和二年（公元一七九年）譯出，是僅晚於公元六七年印度沙門迦葉摩騰、竺法蘭合譯之《四十二章經》，公元六八年竺法蘭（生卒不詳）譯出之《佛本行經》，公元七〇年竺法蘭譯之《十住斷結經》。此後過了八十一年，到東漢桓帝元嘉元年（公元一五一年）才由安息高僧安世高（生卒不詳）譯出《五十校計經》、《七處三觀經》。次年安世高又譯出《普法義經》。公元一五六年，安世高再譯《人本欲生經》。一六五年，安世高又譯《安般守意經》、《陰持入經》、《阿毘曇五法經》。一六七年，安世高又譯《大道地經》，此後到一七九年，支婁迦讖分別譯出《般若道行經》、《般舟三昧經》、《大寶積經》一二〇卷。從上述西域三位高僧觀之，支婁迦讖是「中國佛教」第三位來華譯經大師。在公元二世紀，是印度大乘佛教發展的初期，此時密宗還沒有出現，因此，愈是最早譯出的經典，它的結集期也較早。《般舟三昧經》可代表淨土思想最早的經典；也是「中國大乘佛法」八宗發展最早的一宗。至於異譯本《大方等大集經・賢護分》到隋代開皇十五年（公元六九五年）才由印度高僧闍那崛多（五

則是有關修行念佛三昧及彌陀淨土最早結集的原典。

淨土主經，像《阿彌陀經》、《無量壽經》、《觀無量壽經》的異譯本不少❹。到今天除以上三經之外，還有《華嚴普賢行願品》、《楞嚴大勢至菩薩圓通章》，加入而列為「淨土五經」。其實，像最早結集的《般舟三昧經》、較晚出的《鼓干音聲陀羅尼經》，也應列為「主經」範疇。

有關彌陀淨土的「輔經」，像講「因地」的《慧印三昧經》、《無量門微密持經》、《賴吒和羅問德光太子經》、《決定總持經》、《賢劫經》、《悲華經》，講「受記」的《觀世音菩薩授記經》，講「念佛往生西方淨土的」，像《華嚴經》、《法華經》、《大寶積經・無量壽如來會》、《如幻三摩地無量印法門經》、《文殊般若經》、《隨願十方往生經》、《發覺淨心經》、《稱揚諸佛功德經》、《藥師經》、《占察善惡業報經》、《烏瑟膩沙最勝總持經》等等「主要淨土經卷」有二十五種，至於隋

二六—六〇〇年）譯出。《拔陂菩薩經》則稍晚於《般舟三昧經》譯出，但譯者已湮沒。

❹ 淨土三經：①《阿彌陀經》由姚秦鳩摩羅譯出。異譯本，有《稱讚淨土佛攝受經》，係唐玄奘譯。《阿彌陀經》義譯為《無量壽經》或《無量壽佛經》，簡稱《小經》。②《無量壽經》，為曹魏・康僧鎧譯，異本有四：即東漢支婁迦讖譯之《佛說無量清淨平等覺經》、《大寶積經・無量壽如來會》二種、吳支謙譯《佛說阿彌陀三耶三佛薩樓佛檀過度人道經》、宋法賢譯《佛說大乘無量壽莊嚴經》、宋・王日休校正的《佛說大阿彌陀經》。《無量壽經》又簡稱為《大阿彌陀經》。康僧鎧譯——是今流行用本。③《觀無量壽經》為劉宋・畺良耶舍譯，無異本。但本稱《觀無量壽佛經》，又稱《無量壽觀經》，簡稱《觀經》或《十六觀經》。

唐以後譯出有關密教經典談到彌陀如來的功德，還相當多❺。

至於提到「阿彌陀佛、無量壽佛、安樂、安養、極樂、須摩提、樂有，以及修念佛法門」，有結構性的片段經文，在「經藏」〔律、論二藏及密典尚未計〕中，略有下列諸典：

(1)《生經》卷五〈佛說譬喻經五十五〉〔大正・三・一〇七a〕。

(2)《最上根本大樂金剛不空三昧大教王經》卷七〔大正・八・八二三b〕。

(3)《觀想般若波羅蜜多菩薩經》〔大正・八・八五四b〕。

(4)《妙法蓮華經》卷三〔大正・九・二五c、五四c……多處〕。

(5)《正法華經》卷九〔大正・九・一二六a〕。

(6)《添品法華經》卷三〔大正・九・一六〇a〕、卷六〔大正・九・一八九b〕。以上三經為同經異譯。

(7)《阿惟越致經》卷下〔大正・九・二二三b〕。

(8)《法華三昧經》〔大正・九・二八九b〕。

(9)《濟諸方等學經》〔大正・九・三七六a〕。

(10)《大方廣總持經》〔大正・九・三八〇b〕。

---

❺ 根據密教的說法，「大日如來」即由「阿彌陀佛」轉化而來。《大日經》則代替淨土五經而加以「密教化」。在「密藏」部，有關衍生的阿彌陀思想之經文極多，不另述。

(11)《須賴經》〔大正・十二・五二a〕。

(12)《太子刷護經》〔大正・十二・一五四c、一五五c〕。

(13)《太子和休經》〔大正・十二・一五六a〕。

(14)北涼曇無讖譯《大般涅槃經》卷一〈壽命品〉〔大正・十二・三七一b〕。

(15)宋慧嚴等譯《大般涅槃經》卷一〈序品〉〔大正・十二・六一一a〕。

(16)《方等般泥洹經》（下）〔大正・十二・九二五c〕。

(17)《菩薩處胎經》卷三〔大正・十二・一〇二八a、一〇五一a〕。

(18)《大集經》卷二十、二十一〔大正・十三・一四〇c（此經述彌陀文字甚多）〕。

(19)同上經〈日藏分・念佛三昧品〉第十〔大正・十三・二八四b〕。

(20)《寶星陀羅尼經》卷六〔大正・十三・五六三a〕。

(21)《菩薩念佛三昧經》卷三〔大正・十三・七九三a、八一一c〕。

(22)《僧伽吒經》卷一〔大正・十三・九六三c〕。

(23)《寶網經》〔大正・十四・八六c〕。

(24)十種《佛名經》〔大正・十四・一一四—四〇〇諸頁〕。

(25)鳩摩羅什譯《維摩詰所說經》（中）〈觀眾生品〉〔大正・十四・五四八b〕。

(26)玄奘譯《說無垢稱經》四〈觀有情品七〉〔大正・十四・五七四b〕。

以上二經為一經之異譯。

(27)《三曼陀跋陀羅菩薩經》〈請勸品〉〔大正・十四・六六八a〕。

(28)《佛說老女人經》〔大正・十四・九一二b、九一三b〕。此經與《老母經》為一經異譯。

(29)《月燈三昧經》卷五〔大正・十五・五七四a〕。

另如《楞伽經》、《央掘摩羅經》、《法滅盡經》、《灌頂經》、《無量壽佛名利益大事因緣經》……均有淨土文字敘述。

此外，單述「念佛、念佛三昧」之經典，像《大涅槃經》、《首楞嚴三昧經》、《坐禪三昧經》、《思益梵天所問經》、《大樹緊那羅所問經》、《觀佛三昧海經》、《如幻三昧經》、《千佛因緣經》……俯拾皆是。

根據日本學者、淨土學專家望月信亨統計，「事實上，藏經中讚說彌陀淨土之處很多……，今於藏經中，大、小乘經，通計有九百四十餘部，比例相當於『全藏』四分之一弱，若除開小乘經中不說『他方淨土』，只就大乘經，約有六百數十部，比例相當於三分之一強。如此這樣一代諸經中，廣大讚說『彌陀』，可以看出印度及西域地方對彌陀淨土之信仰，有廣大之傳播。」❻

由原始佛教「念佛思想」，發展到大乘初期之「念佛三昧」；由一佛淨土，發展到多佛淨土，由多佛淨土，歸向到「彌陀淨土」；在「彌陀淨土」中之「念佛法門」所衍生出的「觀像、觀想、

❻ 見日人望月信亨著、印海法師譯《淨土教起源及其開展》，頁九六。

實相」的念佛，到簡化為「持名念佛」，這種「念佛思想」之發展，是有其一定軌跡可尋，而且也具有一種龐大的理論基礎的。「念佛法門」，絕非佛教思想中的「易行道」。

弘一大師，在出家之後，就以這一遍及經藏每一角落之「念佛法門」，成為「生死觀」的實踐方向。他藉由這一理念，也將「生死問題」不僅看作佛家要解決的千古疑難，他同時也將這一問題，轉化為「藝術」情況來處理。

丁、弘一大師對「生死問題」消融後之態度與實踐哲學

「死亡」這件事，在佛門本是個「戲論」。仕歷史上，有許多高僧、奇僧、名不見經傳之僧，在「死前」一段時間，常常「預定死亡的時間」，而且把自己的「死亡」安排得彷佛一段話劇，從現實社會觀之，實在覺得匪夷所思。

在佛門，「生與死」，不過是一場「空色」的轉換。弘一大師入佛之後，走的竟是俗人所謂「追求死亡」去念佛的「淨土宗」之旅，有時也會令一些有識之士，覺得李叔同有點那個。不過，佛家的「死亡」哲學與一般知識份子所評估的並不一樣，而且由一息尚存之前的期求長生不老、到臨終撒手大化而去，死得永不瞑目，是兩個情境。一般人臨死都不願放棄那一口氣，死後更要贏得個堂皇富麗的葬身之所，這些人為「死亡」付出的代價，可謂用心良苦！

佛家思想內，本無「死亡」問題，如果從知識角度來討論，很多佛門的奇人死了，他們那種

死法，就是今天「生死學」上所謂的「高品質死亡」。此一死亡，差可用「入滅」來代替吧！

弘一大師入佛，透過「念佛」來消解人生這一大難題，也許，當初他也像世人一樣，看死亡猶如天文學上的黑洞，但是，當他浸染了佛家思想之後，面對「死亡」問題，便「埋頭」念佛，來消化自己的庸俗，也同時叮嚀別人，來看待這一問題。下面我們分兩方面來討論弘一大師如何透過念佛，來異化「死亡」問題。

一、生死事大，一心念佛

弘一大師不僅於入佛之後，一心追求「死亡」，而且對於死亡有關理論也涉獵不少，結果，衍生出他的理念與行為結合得密不可分。我想，當他出家之前，對佛學稍有認識之時，就決定選擇「念佛三昧」作為「異化死亡」而終身履行的道路，所以，在出家第二年夏天，就寫信給住在上海的老朋友楊白民（一八七二—一九二四年），他之「出家」不是鬧著玩的，而是每天都要面對那個沒頭沒腦的東西。信上說：

「——近來日課甚忙，每日禮佛、念佛、拜經、閱經、誦經、誦咒，綜計每日餘暇，不足一小時。出家人『生死事大』，未敢放逸安居也！」❼

❼ 見《弘一大師全集》（以下簡稱《全集》），頁八七（下）。

這一段文字，在學佛人言，是「家務事」，它的意義，只在說明弘一大師一腳踏入佛門，出家為僧，就以「念佛」為實踐中心，以「生死事大」來自勵，去面對「生命無常」的訊息。

到一九二〇年農曆四月，他又給楊白民寫了一封信，再度說明自己誓志「念佛」、「求生西方」的決心。

「——音不久將入新城閉關，一心念佛，……自今以後，若非精進修持，不惟上負佛恩，亦負君等之厚德。故擬謝絕人事，一意求生西方，當來迴入娑婆，示現塵勞，方便利生，不廢俗事。……」❽

這封信上，除表示「一心念佛」之素志以外，竟然說「一意求生西方，當來迴入娑婆」，恐怕使一般人不解。一個棄「死亡」如敝屣之佛徒，既然「一意求生西方」，一了百了，不再到人間自找煩麻，又為何「當來迴入娑婆」呢？這不是自我矛盾嗎！原因是，在大乘佛教思想裡，一個人信了佛到成了佛，僅僅「成佛」去迴避世間的痛苦，是不夠的。一個人成佛，因為「了生死」，解決自己的疑難，而成佛之後，仍然要回到「娑婆」世界來救人的。當他在世間努力修行佛道，求

❽ 見《全集》，頁八九（上）。楊白民留學日本，為上海愛國女校校長，與弘一大師為南社社友，後又接之入佛。

生西方淨土，叫做「上迴向」；到淨土之後，趕快回到人間，去拯救沒有上船的同類，稱為「下迴向」❾。

弘一大師在生時，與朋友通信，通常會提到自己要如何努力念佛、求生西方淨土，一方面也經常說明他不是逃避世間，因為他還要回到這「穢土」與大家共患難的。

到十五年之後，即一九四〇年，他又致函李圓淨與菲律賓性願法師，分別提出自身「下迴向」的意願。他給李圓淨（一九〇〇—一九五〇年）函說：「朽人近年以來，精力衰頹，編輯《護生畫集》之事，僅可量力漸次為之。若欲圓滿成就其業，必須『早生極樂』，見證佛果，『迴入娑婆』，乃能為之，『去去就來』，迴入娑婆，指顧間之事耳！」❿

同一年，他在永春普濟寺後山茅蓬掛單時，有函給菲律賓性願法師（一八八九—一九六二年），信中說：「後學居閩南十數載，與慈座友誼最篤。今將『西逝』，須俟『迴入娑婆』，再為晤談。甚望今後普濟道風日盛，律義宏闡。後學迴入〔娑婆〕後，仍可來普濟居住，與諸緇素道侶相聚

---

❾ 所謂「上迴向」，即「迴向自身，往生淨土成佛」；「下迴向」，即「見佛以後，再回娑婆，救度眾生」，或「寧入地獄，拯救眾生」。參見本論第四篇〈弘一大師華嚴思想脈絡之尋繹〉〈庚、弘一大師華嚴思想的見地與實踐章〉第二節「弘一大師在華嚴領域的思想導向」。

❿ 見《全集》第八冊，頁三〇三（下）。李圓淨，本名榮祥，與弘一大師、豐子愷合編《護生畫集》，彼有〈護生痛言〉附於書後，極為感人。並有《佛法導論》等著作傳世。

也。……」⓫

這兩封信距離弘一大師圓寂還有兩年，便一再強調「一到西方淨土」之後，馬上再回來，彷佛到某一風景區旅行一樣。這兩封信內容，充滿著「童話」式的構想。可是，弘一大師卻很認真。由於它的「童話」性質，因此，「死亡」便成為一種「遊戲」。

此外，弘一大師也引導他的信仰者，曾經討論過，在力行「念佛」時，又該如何深入這方面的理論核心。於是，一九二三年古曆正月，他給王心湛（一八八二—一九五〇年）信中，談到「普陀光法師，為當代第一善知識，專修淨土之說，允宜信受奉行，萬勿猶疑。……」⓬接著，到一九二四年古曆二月四日，弘一大師從溫州又給王心湛一封泛論「淨土」的信，信後附文，是告訴王心湛，修「淨土念佛法門」應該從何處著手。其文曰：「《淨土十要》，宜先閱《念佛直指》、《淨土法語》、《淨土或問》、《淨土十疑論》，後閱《西方合論》，又閱《十無生論》，宜參觀《親聞記》。最後閱《彌陀要解》，參觀《便蒙鈔》。」⓭從這附言上，可以斷定，弘一大師對「淨土」的主從

⓫ 見《全集》第八冊，頁二八三（上）。性願法師為閩南高僧，於抗戰初期（民國二十六年）赴菲律賓開展佛教，建大乘信願寺。他比弘一大師小九歲，而弘一大師視之如師亦友。

⓬ 見《全集》第八冊，頁一四七（上）。王心湛，本名王心三，浙江紹興人。參加清末徐錫麟革命團體。晚年學佛，法名「真如」。

⓭ 見《全集》第八冊，頁一四七（下）。

經論，以及中國歷代淨土宗大師及「念佛專家」的著作，早已了然於心。

弘一大師從一九一八年古曆七月十三日出家，到一九三二年定單閩南廈門、泉州一帶寺院，一身如寄，在「念佛、寫經、閱藏」之餘，與友朋間的通信，除答覆與佛法有關之事，其餘一概不談。下面兩封信，是指導後學，有關「念佛」的態度。其一，是一九三二年三月十四日從慈谿寫給皈依弟子胡宅梵（一九〇二—一九八〇年）的。信上說：「——仁者所云：『念佛時』身毛聳豎，悲欣交集，及厭棄塵勞，專樂佛法等，皆是宿世善根發現，的確無疑。……可驗仁者多生以來，所植善根，甚深甚深。……惟願自今以後，腳踏實地，不求玄妙，不求速效，穩穩妥妥，『如愚夫愚婦』之用功形式做去，越是利根人，越須用笨拙之功夫，如是，臨終決生西方，成就菩提大願！」⓮這一封信是一方面提示胡宅梵，對虔誠「念佛」時的心理反應，是「前世法緣」示現，在「念佛方法」上，則應「如愚夫愚婦」，所謂「不求玄妙，老實念佛」。

其次，對蔡丐因（一八九〇—一九五五年）的指示。蔡丐因在〈廓爾亡言的弘一大師〉追念文中，曾說：「——這下面，是〔弘公〕積極教我念佛的幾段法語：『我勸你咬釘嚼鐵，信得過西方，及切切發願持戒修福，以資助之。無禪有淨土，萬修萬人去，但得見彌陀，何愁不開悟？此千古定案，汝不須疑。——著事而念能相繼，不虛人品之功；執理而心實未明，反受落空之禍。』……」⓯

⓮見《全集》第八冊，頁二一五（下）。胡宅梵本名維銓，浙江慈谿人，為弘一大師皈依弟子，法名「勝月」。

這幾句話的意思是，「如果一個人老老實實念佛，在日常生活上去實踐，能連續不斷，便不會白浪費時間而能位登上品；如果你堅持『念佛』為什麼會入於念佛三昧，又能往生淨土的懷疑態度，而內心並不了解念佛的究竟義理，結果反而會變得一無所有。……」在佛道上，光講理論，等於說食數寶，不及向前邁一大步。因「學佛與佛學」，即是「事與理」上的分野。

二、千古疑難，絕處逢生

古云：「千古艱難唯一死」。可見，往古今來，「死」之可畏。「人死不能復生」，「死後不知魂歸何處？」至於「臨終前之痛苦、絕望、一切付諸東流」，猶在其次。這是生命面對「現實」的難題。而佛家即面對這一難題，創造出一系列解決問題的理論體系。被中國儒生目之為「等死哲學」的淨土宗，則是最直捷的解決之道。

中國近代淨土宗高僧印光大師（一八六一——一九四〇年），一生以「念佛」為唯一修學法門，「生前，自〔一八九三年〕到普陀〔山〕起，床前懸一『死』字，一門深入，持名念佛，心無旁騖。」⓰世人多避談「死」字，而佛家雖認「生死事大」，但對「死」事卻視如「兒戲」。

⓯ 見夏丏尊編、臺北龍樹版《弘一大師永懷錄》，頁一七六。蔡丏因，本名冠洛，浙江嘉興人，亦為浙江兩級師範學生，曾任紹興等中學教師，上海世界書局總編輯，為弘一大師私淑弟子。

⓰ 印光大師，陝西郃陽人，二十一歲出家，專修淨土。宗教皆通，為民國四大高僧之一。民國四大高僧，按年齡分：虛雲和尚、印光大師、弘一大師、太虛大師。

弘一大師，自幼多病，即有「苦空無常」之感，於出家之後，與友朋言談文字之間，總是不忘交代「身後事」。尤其他專一於「念佛法門」，便以「往生」為他「生命重建」之另一途徑。在「生死學」尚未成為新興知識之三十年代以前，已突顯了他在這一方面如何地美化了這一人間悲劇。

弘一大師對「念佛法門」是深具信心的，透過「念佛」來化解「生死」的困惑，他於一九三五年閏四月二十二日〈致鄧寒香〉（生卒不詳）信中，這樣地分析：「徹悟禪師（一七四一——一八一〇年）云：『但斷見惑，如斷四十里流，況思惑耶？』故豎出三界，甚難甚難。若『持名念佛』，橫出三界，校之豎出者，不亦省力乎？……若一心念佛，獲證三昧，我執自爾消除、較彼禪教中人，專恃己力、豎出三界者，其難易，奚啻天淵耶？」⓱在這裡，所謂「橫超」，便是以「簡易方法」，橫越「生死」，比之於「禪法、教觀」之豎超，透過「念佛」來化解「見思二惑」，方便得多。弘一大師自一九一八年出家，便透過各種因緣，駐錫於各地寺院，便以「念佛」一法，溶入生活之中。

下面，是他與夏丏尊（一八八六——一九四六年）、胡宅梵、豐子愷（一八九八——一九七五年）諸友生的信，談到他對這方面的感受與期待。

一、一九二一年八月廿七日：「——余以是歲春殘，始來永寧（溫州），掩室謝客，一心念

⓱ 見《全集》第八冊，頁一八一（上）。

佛，將以二載，圓成其願，仁者邇來精進何似？衰老寖至，幸宜早自努力，義海淵微，未易窮討，念佛一法，最契時機。……」❽其中言及「將以二載，圓成其願」，這個願是什麼願呢？就是意指「念佛三昧」，因為「超越生死」，必須要經由「念佛三昧」來遂行。

二、一九二九年舊曆三月晦日（三十日）：「——余近來精神衰頹，目力昏花……近來余甚感娑婆之苦，欲早命終，往生西方耳！」❾此函對「死亡」表達了強烈的意願，這是弘一大師現有史料中，主動地提示，這一年，他暫寄溫州，時年五十歲。

三、一九三二年八月十九日：「朽人於八月十一日患傷寒，發熱甚劇，殆不省人事，……故於此娑婆世界，已不再生貪戀之想，惟冀早生西方耳！……乞惠臨法界寺，與住持預商『臨終助念』及身後之事，至為感也。」⓴在這封信中，提及「早生西方」，是由於他在浙江上虞法界寺罹患「傷寒」之疾，有感而發。也是第一次交代好友，並預立遺囑，待他身後為之「料理後事」。

---

❽ 這封信，是寫給夏丏尊的。見《全集》第八冊，頁一二〇（下）。夏丏尊，日本留學，與弘一大師共事於杭州第一師範七年，情如手足，出家後與夏通信，今存有一〇〇封。夏受弘一大師感召，後來信佛素食。夏為民國初年至三十年代著名散文家，譯有《愛的教育》等書，曾任上海開明書局編譯所長、暨南大學教授。

❾ 這封信仍是寫給夏丏尊的。見《全集》第八冊，頁一二一（上）。

⓴ 這封信，是弘一大師對夏丏尊第三度寫信表達「往生」之願，同時交代「後事」。見《全集》第八冊，頁一二九（上）。

四、一九三七年六月十三日致慈谿胡宅梵函：「朽人近來朽衰日甚，約於中秋（自青島）返廈門，掩室念佛，求早生西方。……」㉑

五、一九三八年九月三十日致桂林豐子愷函：「——朽人年來老態日增，不久即往生極樂矣。故於今春在泉州及惠安盡力宏揚佛法……猶如夕陽，殷紅絢彩，隨即西沉，吾生亦爾。世壽將盡，聊作最後之紀念耳。」在這封信中，弘一大師寄跡福建漳州，色身並無痛苦，可是似乎已預言自己生命，「猶如夕陽，隨即西沉」㉒。

六、一九三九年舊十月，他又致豐子愷信：「——今年朽人世壽六十，承繪『護生』畫集，至用感謝。但人命無常，世壽有限，朽人不久謝世，亦未可知。」㉓

七、一九三八年十二月十四日致廈門高文顯（一九一二—一九九一年）函：「——今年所以特往閩南各地，隨分隨力弘揚佛法者，因余在閩南居住，今已十年，深蒙閩南諸緇素善友愛護。邇來老態漸增，不久即『往生極樂』。故於此數月之內，勉力宏法。……」㉔在這封信所顯示的

㉑ 見《全集》第八冊，頁二二〇（下）。

㉒ 這封信見《全集》第八冊，頁一九一（上）。豐子愷，本名「豐仁」，浙江崇德（石門）人。是弘一大師任教杭州第一師範之學生，為一散文、漫畫名家，終身服膺弘一大師。並為弘一大師恭繪《護生畫集》六冊，紀念其師。

㉓ 見《全集》第八冊，頁一九二（下）。

當時身體狀況並無不妥，但已一再預示「不久」即往生極樂。時年五十九歲。

八、一九四〇年六月二十六日，又致高文顯函：「朽人邇來衰老益甚，於此娑婆世界，未能久住。當來往生安養，必與仁者歡聚耳！」㉕寫這封信時，高文顯已遠去菲律賓，在信中，弘一大師似乎非常欣慰地表示「當來往生安養，必與仁者歡聚耳」，可見弘一大師對「死亡」一事，沒有恐懼，沒有悲哀，相反地卻企望與高文顯在「西方」相聚，這早已越出了世俗之外。

九、一九三九年四月廿七日致上海郁智朗（生卒不詳）函：「——近年小疾頻發，精神頹唐，以前學律諸師，久已分散。不久或即『往生西方』，當來在彼世界，可與仁者常相歡聚耳！」㉖此函意大致與高文顯函相似，而先發於高文顯。到次年八月四日又致郁函，提及「朽人或不久往生」云云。

十、一九三九年七月二十六日致永春縣城王夢惺（一九〇六——一九七八年）函：「朽人老態

㉔ 信見《全集》第八冊，頁二二九（下）。高文顯，福建南安人，一九三五年間畢業於廈門大學，弘一大師於一九三二年駐錫廈門南普陀寺時，皈依弘一大師，法名「勝進」。於抗戰初期（一九三八年）南渡菲律賓，後於一九七〇年代，赴英國留學，獲得博士學位。一九九一年逝世於新加坡。

㉕ 見《全集》第八冊，頁二三二（下）。

㉖ 見《全集》第八冊，頁二四六（上）。郁智朗，浙江寧波人。抗戰時間，有意從弘一大師出家未果。曾與弘一大師多次信函討論此事。

日增……不久仍閉門靜養，謝絕緣務，誦經念佛，冀早生極樂耳！」㉗除上述諸人而外，在一九四〇年以前，弘一大師寫給「因弘法師、性願法師、性常法師、傳貫法師、如影法師、李聖章、李芳遠」等多人言及自己「念佛早生西方」的意願。在文字中看起來完全不像「人之將死」時的淒苦與無奈。弘一大師所表達的「死亡」一事，迥乎異於世俗之人。他把「死亡」完全當作一件「衣服」來「除舊換新」。

在以上諸函中，所表示的，不惟是一了百了的「死亡」問題，從一個儒家角度來評估，看來弘一大師對生命極端消沉與等待死亡；但作為一個佛家人物，他所表白的，這種「死亡」必須要經由「念佛」來完成。這一「死亡」完全是主動地、欣慰的，是一種「脫胎換骨」的投入。「死亡」絕不是永遠的終結。老實地說，動物的生命，不管如何長久，在宇宙間，也是短暫的；在「人類」而言，除非「長生不老」，便難以解決這一疑團；因此，佛家便從根著手，把「終結」的羅網剪開，才會另有一番天地。弘一大師深解其中之至理，而付諸實踐，所以他不避諱「死亡問題」，在人際關係上，他經由這些語言，使別人也能像他一樣，超越這一道關隘，使生命面臨一種嶄新的局面。

戊、弘一大師在「生死觀」上的平等情懷

㉗ 見《全集》第八冊，頁二五八（上）。王夢惺為弘一大師駐錫永春時之護法居士，當時任職永春圖書館長。

佛家的「戒律」，第一是「戒殺生」。「戒殺」只是自我制約的消極行為。「護生——保護生命安全、不被殺戮」，才是更積極的生命關懷。人類文明進化到二十世紀末端，「護生——保護動物運動」，才在世界每一個國家興起。而且「保護動物組織」，也在許多國家紛紛成立。可是，我們要知道，在中國文明史上，以保護動物、保護生命平等價值的藝術作品，到一九二八年，才由佛教高僧、弘一大師策劃下，完成中國有史以來第一本《護生畫集》。㉘

當二十世紀三十年代，「不殺生」，只是在佛教圈內才有的眾生平等觀念。在社會上，在儒家門前，不殺人已經了不起了，對殺一隻老虎、吃一碗狗肉，煨一鍋兔子肉，有何禁忌？至於在世界各國，佛教以外，每一個國家的宗教倫理上，除了人以外，那一樣生命不能殺呢？

《護生畫集》，是由當年四十九歲的弘一大師發動這一項經由漫畫來推動的「保護生命運動」，漫畫，是由他的學生豐子愷畫的，這一冊《畫集》在豐子愷言，是為弘一大師五十歲生辰而畫，而此後，豐氏在弘一大師六十歲時，又繪出第二冊《畫集》來慶賀他的老師壽辰。當弘一大師於六十三歲入滅之後，豐子愷為紀念老師的恩澤，並在一九七五年，他七十八歲於上海逝世之前，已陸續完成了第三、四、五、六集《護生畫集》，分別為弘一大師「七十、八十、九十、一百歲」之誕辰作為永遠之悼念。這一套六冊《護生畫集》，在這六十五年來，雖然歷經變動，已分別在

㉘《護生畫集》第一集，由弘一大師發起並撰選詩文，豐子愷作畫，李圓淨寫〈護生痛言〉，馬一浮作序。由上海佛學書局，約於民國十八年春出版。

「上海、新加坡、臺北」各地，印行了很多次。尤其，對社會的「護生運動」，激起了非常深遠的影響。

這套《護生畫集》，固然是基於佛家眾生平等理念而引動的悲情；但是生命間的價值平等，則是超越了宗教的。當年弘一大師為了《護生畫集》之繪製，他請上海的佛學者李圓淨寫〈護生痛言〉一萬二千言，來說明創作此書的旨要與理念。並由弘一大師親自「寫字、選錄詩文」為「第一、二兩集」配圖。到弘一大師入滅之後，再由朱幼蘭、葉恭綽、虞愚三位書家、名士來執筆。

現在，我們細思，當年弘一大師為何偏要經由「漫畫」來作為「保護生命」的工具，而不走前人專用文字來宣揚「戒殺」呢?因為弘一大師本身是一位藝術家，他深知「藝術」——經由「漫畫」這一工具，才能真正的「三根普被」，才會使「小孩子、老太婆、農民、白丁……」見之感動，也才會使它不至於埋藏在圖書館永不出頭。

弘一大師遵循佛家最高理念，完成這一套通俗的「護生漫畫」，而他則在畫中留下膾炙人口的「護生詩」。除了「護生詩」之外，他為了保護生命、尊重生命，又做了許多令人感動的、驚異的事跡，我們分別引錄在下面，以作永恆的紀念。

一、關於「護生詩」的選錄

弘一大師，在第一冊畫集中，選了配圖詩文五十首；第二冊畫集，選了六十首。這都是豐子愷為了配合弘一大師「生辰」而規劃的。這兩冊畫集裡，有許多古人護生名言與語錄，都被弘一大師所引用，因而流傳今世。

(1)唐・白居易護生詩：「誰道群生性命微，一般骨肉一般皮；勸君莫打枝頭鳥，子在巢中望母歸。」㉙

(2)前朝・願雲禪師戒殺詩：「千百年來盌裡羹，冤深如海恨難平；欲知世上刀兵劫，但聽屠門夜半聲。」㉚

(3)明・葉唐夫護生詩：「家住夕陽江上邨，一灣流水繞柴門；種來松樹高於屋，借與春禽養子孫。」㉛

(4)弘一大師自集戒殺詩：「何事春郊殺氣騰，疏狂游子獵飛禽；勸君莫射南來雁，恐有家書寄遠人。」㉜

(5)清・呂霜護生詩：「一年社日都忘了，忽見庭前燕子飛；禽鳥也知勤作室，啣泥帶得落花歸。」㉝

㉙見《護生畫集》第一集，頁一三。
㉚見《護生畫集》第一集，頁二一。
㉛見《護生畫集》第一集，頁三〇。
㉜見《護生畫集》第二集，頁一一。
㉝見《護生畫集》第二集，頁一三。

(6)唐・陸甫皇護生詩：「萬峰迴遶一峰深，到此常修苦行心；自掃雪中歸鹿跡，天明恐有獵人尋。」㉞

這些護生詩都非常膾炙人口；它不僅僅示現弘一大師悲天憫人的情懷，也開拓了二十世紀三十年代以後、人類共同保護動物運動的一片天空。

二、關於對小生命的珍愛

弘一大師不僅透過書畫藝術來表達「護持生命」的悲情，同時也身體力行，為那些渺不足道的生命作「生時的衛護與死亡的悼念」。

(1)根據豐子愷在〈憶李叔同先生〉一文中說到：「──有一次〔大約在一九二五到三〇年間〕他到我家，我請他籐椅子裡坐。他把籐椅子輕輕搖動，然後慢慢地坐下去。起先我不敢問。後來看他每次都如此，我就啟問。法師回答我說：『這椅子裡頭、兩根籐之間，也許有小蟲伏著，突然坐下去，要把它們壓死，所以先搖一下，慢慢地坐下去，好讓它們走避。……』讀者聽到這話，也許要笑，但這是做人積極認真的表示。」㉟弘一大師之為人，就是這樣。他對人、對物；對大人物，對小人物；都彷彿像對待自己親人一樣。

(2)一九三四年三月七日（農曆正月二十二日），他從福建晉江給浙江紹興蔡丏因的覆信中（附

㉞ 見《護生畫集》第二集，頁二七。

㉟ 見天津古籍出版社《李叔同──弘一法師》，頁二六四。

言）說到：「余所居鄉間草庵，養蜂四匣。昨日因誤食山中毒花，一匣中死者百數十。今夕余與諸師行『施食法』，超度此亡蜜蜂等。附白。」㊱在佛門動員寺僧做「超度法會」，都是應施主家的付託為他們家的先輩或死者而行的。我們沒有聽說佛教的法師為任何小生物的死亡，去鄭重其事地還要召集「諸師」來超度一番。像類似的事，弘一大師做過不祇一次。

(3) 一九三六年（民國二十五年冬天），弘一大師在他從日本買來的古版《大藏經》中，發現了一隻被夾扁了的蒼蠅。高文顯於〈弘一大師在萬石岩〉這篇文章中記述道：「有一回(他)在那古版的經中，發現了一隻被夾扁了的蒼蠅，他就用方形的玻璃紙，套在一長方丈形的紙板上，像製造顯微鏡的樣子，把蒼蠅安在正中，畫上紅色的方格，在旁邊題上『瑞穗國古蒼蠅』，還蓋上『弘一』二字的小印章，然後才珍重地送給我保存。後來更由廣治上人請呂碧城女士題了許多字，……」㊲高文顯又寫道：「他住在南普陀這一段時間，常常到廈門大學前面的海邊散步。他撿到很多潔白的貝殼及漂亮的海石，積了一大包送給我。還有細小的東西，如折斷了的蝴蝶翅膀，他都覺得很珍重，告訴我說天然圖案的美麗……」㊳

㊱ 見《全集》第八冊，頁一六六（下）。

㊲ 見臺北龍樹版，陳慧劍編《弘一大師永懷錄新篇》，頁二三二。

㊳ 同前書，頁二三二。

在當時還在廈門大學攻讀生物的高文顯而言，是一個二十歲剛滿的學生，從一個年輕知識份子的眼裡，弘一大師之「製作瑞穗國（日本）古蒼蠅的標本」，是一種就同收集蝴蝶翅膀一樣，是對藝術的愛好與珍惜。其實，更深一層，是弘一大師對生命的尊重與憐惜。這又何異於佛家對比丘身後「舍利子」的珍視呢？

(4)弘一大師在一九四二年八月二十九日下午五時（臨終前四天），交代侍者妙蓮法師（一九一二—）五件事，其中前四件，是有關「助念、火化」的細節。第五件，是這樣交代的：

「待七日後再封龕門，然後火化，遺骸分為兩分，一送承天寺普同塔，一送開元寺普同塔。在未裝龕前，不須移動，仍隨安臥床上；如已裝入龕，即須移去承天寺。——去時，將常用之小盌四個帶去，填龕四腳，盛滿以水，以免螞蟻嗅味走上，致焚化時損害螞蟻生命，應須謹慎。再則，既送化身窯後，汝須逐日將填龕腳小盌之水加滿，為恐水乾去，又引起螞蟻嗅味上來故……」[39]交代完了，便整天不開口，獨自默念「南無阿彌陀佛」。

弘一大師到臨終前四天，他的身體已經衰弱得不能下榻，在一般人而言，此時已靜靜等待死亡之來臨，已經絕望、痛苦得只剩一息游絲；而弘一大師則清清楚楚而細微地交代妙蓮法師，不要為了他的死亡而波及到無辜的螞蟻。因為，如果螞蟻爬上他的遺體，一經火化，必然會燒死了

[39] 見妙蓮法師《自傳手稿》，頁一八。妙蓮法師，上海人。一九三七年到閩南從弘一大師學律，三年後，兼為侍者。弘一大師臨終時，受命為遺囑執行人。自一九八〇年後，任泉州大開元寺方丈迄今。

很多無知的小生命。弘一大師在這時一再地叮嚀，又是何等的感人啊！

弘一大師，對生命的關懷與愛，從人到物，不祇這四端。弘一大師對佛法透過語言行動的表達，極為細膩與精微，尤其他那一顆藝術化的心靈；在他而言，修行佛法，無非是一種生命淨化的軌道。在他而言，生命之從生到死，無一而不是藝術。因為他對「死亡」，也是懷著「欣喜」的心情去迎接的。

己、弘一大師對於生命最後關隘的超越

從「比較」的觀點言，弘一大師一生，有「風流倜儻」的少年時代，有「名聞海內」的青壯年時代，最後，則是「超凡脫俗」的出家時代。即使如此，仍不足以突顯出弘一大師一生為什麼受世人景仰、敬愛的真正原因。從著者個人觀點評估，一位音樂家、一位書法家，甚至一位歷史上的高僧，都不是弘一大師生命光華迸發的重心所在；弘一大師真正令世人高山仰止而驚奇歎服的，不是他的世間藝術、不是他留在世間令人難忘的歌聲，甚至於不是因為他是一位嚴持戒律、深入華嚴思想的佛門大德；弘一大師之令人歎為觀止、令人不可以言語文字來思考的生命現象，卻是他對「死亡」的超越。尤其是臨終那一階段所留下的語言文字。如果沒有臨終那一首偈語與「悲欣交集」這四個字留言，我相信，世人對弘一大師的看法便會有不同的評價。雖然，他身後依然是一位中國音樂教育的先驅，一位文明戲的開創人、一位書法大家、一位佛門大比丘，如果

沒有他在一九四二年十月十三日（農曆九月四日）下午八時以前寄給幾位朋友的「死亡箴言」，沒有交代給妙蓮法師「悲欣交集」四個字，也許他的生命之光環面也就不一樣了！

弘一大師在一九三八年九月三十日，寄給豐子愷的信中就暗示了他的生命已將面臨最後一段旅程。他信上說：「朽人年來老態日增，不久即往生極樂。故於今春在泉州及惠安盡力宏揚佛法，近在漳州亦爾。誠自慚知識不及，亦藉是以報答諸善友之厚誼耳。『猶如夕陽，殷紅彩絢，隨即西沉』，吾生亦爾。世壽將盡，聊作最後之紀念耳……」[40]弘一大師的生命，最後那一刻，正如「夕陽之殷紅彩絢，隨即西沉」，但在未沉之前那一短暫的時間，真正充滿天地之間的，是一切世間藝術無法比擬的「死亡美」。

自弘一大師飄然而去之後，不知有多少人為文想像他留下那幾句玄機無限的語言，可是到今天並沒有一個人真正寫出弘一大師「超越死亡界域」真義。

為了要讓世人真正了解弘一大師處理「死亡」的方式與哲學意義，在這裡不得不借重語言文字，對弘一大師入滅之前若干年直到臨終，孤鴻一瞥，作漸進式的敘述。

一、第一次遺囑

「死亡」，對於一切生命，無疑是一道重大關隘。尤是生而為「人」。中國人最怕談「死」，即使命在旦夕，也諱藥忌醫。在三十年代以前，談到預立「遺囑」，也是「諱莫如深」。我們縱觀弘

[40] 見《全集》第八冊，頁一九一（上）。

一大師一生，尤以走入佛門之後，對「死亡」便視之如敝屣；每當他罹患重大疾病之時，便會將身後事，向有關的友朋交代得清清楚楚，以免遺累後人。

弘一大師第一次罹患重病，是在出家之後，一九三二年八月十一日掛單浙江上虞白馬湖法界寺時，得了傷寒病，高熱不退，孤身一人，沒有醫藥，雖經自己服用成藥，經過五天之後，高熱漸退，當時他深感生命無常，為防一旦死神君臨，便分別向好友夏丏尊與學生劉質平作了交代。

一九三二年（民國二十一年）八月十九日，他給夏丏尊的信上說：「——朽人於八月十一日患傷寒，發熱甚劇，殆不省人事。入夜，兼痢疾，延至十四日乃稍愈。……如此之重病，朽人已多年未患，今以五十之年而患此病，又深感病中起立做事之困難（無有看病之人），故於此娑婆世界，已不再生貪戀之想，惟冀早生西方耳。陽曆九月十日以後，仁者或可返里，其時天氣已漸涼爽，乞惠臨法界寺，與住持預商『臨終助念』及身後之事，至為感也。此次病劇之時，深悔未曾預立遺囑，故猶未能一意求生西方，惟希病愈，良用自慚耳！——八月十九日晨、演音」㊶

在這封信寫過之後，等到九月夏丏尊回到白馬湖的「平屋」㊷家裡，將「遺書」擬就放在身

㊶ 見《全集》第八冊，頁一二九（上）。

㊷ 在一九三〇年代，民初杭州第一師範校長經亨頤，到上虞春暉中學主持校務，延聘如「朱自清、夏丏尊、豐子愷……」諸名家擔任教席，夏丏尊故鄉本在上虞，今返鄉任教，又因春暉中學在白馬湖不遠，因此，夏氏於民國十年在白馬湖濱建一庭宅，稱為「平屋」。到民國二十年，這十年中，夏丏尊在這裡彙集《平屋

邊。夏丏尊在〈弘一大師的遺書〉一文內便記下此事。「——師要逝世時寫『遺書』給我。有一天，我和他戲談，問他說：『萬一你有不諱，臨終咧，入龕咧，荼毗咧，我全是外行，怎麼辦？』他笑著說：『——我已寫好了一封遺書在這裡，到必要時會交給你。你如果在別地，我會囑你家裡發電報叫你回來，你看了遺書，一切照辦就是了。』後來他離開白馬湖雲遊四方，那封早已寫好的遺書，一定會帶在身邊，不知今猶在否？」㊸夏先生這篇文章是在弘一大師寂後而寫，並且記述了最後一次「遺書」。而上一封信，弘一大師寫信的時間，應是使用「陽曆」。當時夏丏尊在上海，白馬湖則是他任春暉中學教師時所建的住宅——「平屋」。他到上海工作之後，家暫時仍舊在這裡。

與上一封信同時，他給學生劉質平（一八九六——一九七八年）的信，直書「遺囑」，時間是一九三二年六月（農曆）下旬，應是陽曆八月初。在時間上，似乎比生病的日期早十多天。我懷疑時間為後人誤寫。

弘一大師寄給劉質平的「遺囑」，是這樣寫的：「劉質平居士披閱：余命終後，凡追悼會、建塔，及其他紀念之事，皆不可做。因此種事，與余無益，反失福也！……」下面的文字，是交

雜文》一書，由上海開明書局出版。臺灣版，由天人出版社於一九六五年（民五十四年）在臺北翻印。《平屋雜文》，是三十年代以後，最受歡迎的文學作品。

㊸ 見臺北龍樹版《弘一大師永懷錄》，頁一四六。

代印行《四分律比丘戒相表記》的事，末後署「弘一書」[44]。由「遺囑」內容與上一封給夏丏尊的信來對讀，這「遺囑」應該寫在生病之後，與給夏信是同一時段。到這一年七月（農曆），即陽曆八月中旬以後，亦即病後，又給劉質平一封信中提到「前過談，為慰。近來老體仍衰弱。稍勞動，即甚感疲倦。再遲十數日，夏（丏尊）居士必返白馬湖。當與彼商量，預備後事，並交付遺囑，可作此生一結束矣！」[45]由這一封信看來，在弘一大師大病初愈時，劉質平曾由上海到白馬湖來看過老師。這封信應寫在病後十多天，亦即期盼夏丏尊能在九月十日以後返里，交代身後諸事。夏丏尊的信必然先寫，然後才是寄給劉質平的「遺囑」。給劉質平的遺囑及信，末尾都沒有交代時間。在《全集》的〈書信卷〉上時間應是編集者擬加的。

「死亡」，本是依於萬物消長的自然法則，沒有什麼好怕。但是「生而為人」，對於突然會消失於天地之間，總是會面臨一種墮入生命斷滅的深淵，是一種無法形容的空幻。但弘一大師這兩封信中，對於面臨接近死亡的時候，第一次，他已作好準備。他沒有淒惶，沒有絕望。他以佛家義理為歸向，準備處理自從生到人間以來，面臨於經驗以外的問題。

二、第二次遺囑

弘一大師「第二次遺囑」，是經口述記錄，交代侍者傳貫法師（？—一九九二年）。這一次遺

---

[44] 見《全集》第八冊，頁一〇八（上）。

[45] 見《全集》第八冊，頁一〇八（下）。

囑是緣於一九三四年農曆十一月底，當時他在福建「惠安淨峰寺」，生了一場「爆發性潰瘍」，多日高燒不退，近於昏迷，下肢與手臂紅腫、大片潰爛，流血流膿，病重時，皮膚肌肉化為腐膿，連同筋脈血管，全部爛潰見骨，創處成十多公分甚至二十公分長之大片創口，病情極為嚴重，重時幾近死亡。這種外創性潰爛，在對日抗戰時期，流行於福建、江西農村及山野地區，有許多農夫耕作時，腿部包著一塊舊布，掩蓋創口，帶病耕作，如揭開包布，則見一大片浮腫見骨的潰爛面，令人目不忍睹。這種病據當地人傳言，是由山林間一種小黑蟲咬後傳染，因為被咬奇癢而痛，經手抓後未經敷藥消炎，便導致劇發高燒，達攝氏四十度以上。在當地鄉村完全沒有醫療機構，對感染性潰瘍，多半經由中醫敷藥，如地方中醫也束手無策，就只好在大片血肉潰爛之後，高熱多日後漸退，任之成為慢性潰瘍，一爛多年㊻。

弘一大師生病不久，便搬到晉江草庵養病。他經過這場感染之惡疾，彷彿一場噩夢，後來到廈門由外科醫生黃丙丁治癒。但患病過程，也長達半年以後才完全康復。

當一九三六年農曆五月病稍癒，他給劉質平的信上，記述這次發病經過。他信上說：「余近

㊻ 弘一大師此次罹患之疾，為抗戰期間閩贛地區常見。著者於一九四三年春，服役於江西金谿縣僻鄉「剡坑」山區，亦爆發此種惡疾，綿延一年之久，在爆發嚴重時發高燒多日不退。大腿關節，爛如碗大，深有一寸，膿血與腐肉自骨間脫落，血管爛為腐肉，直見白骨，幾乎命危旦夕，醫療束手。直到一九四四年夏，始由同僚提供中藥丹方治療，俟後左腿跛行又達一年之久。而今疤痕如裂口仍在。

於鼓浪嶼閉關……附奉上拙書一葉，為今年舊（曆）元旦晨朝起床，坐床邊所寫。其時大病稍有起色，正九死一生之時……此次大病，為生平所未經歷，亦所罕聞。自去年（一九三五，民二十四）舊十一月底，發大熱兼外症，一時併作。十二月中旬，熱漸止，外症不愈。延至正月初十，乃扶杖勉強下床步行（以前不能下床）。中旬，到廈門就醫。醫者為留日醫學博士黃丙丁君（泉州人）……彼久聞余名，頗思晤談。今請彼醫，至為歡悅，十分盡心。至舊四月底（舊曆有閏三月），共百餘日，外症乃漸痊癒。據通例，須醫藥電療注射，籌費約五、六百金，彼分文不收，深可感也。」㊼

這一次重病，除劉質平外，弘一大師也分別於病稍痊之後，向至好夏丏尊、菲律賓性願法師、新加坡廣洽法師（一九〇一—一九九五年）在信中述及，而且將創口癒後所結的「落痂」一大片，寄給學人廣洽法師紀念㊽。

弘一大師給夏丏尊的信，是寫於一九三六年（民國二十五年）正月初八日（三月一日）。信上說：「一月半前，因往鄉間（即晉江草庵）講經，居於黑暗室中，感受污濁之空氣，遂發大熱，神志昏迷，後起皮膚外症極重。此次大病，為生平所未經過，雖極痛苦，幸以佛法自慰，精神上尚能安也。……」㊾到這一年舊曆二月中旬，又給夏丏尊信中，言及病情：「宿病已由日本醫學

㊼ 見《全集》第八冊，頁一一三（下）。

㊽ 見《全集》第八冊，頁二九一（下）。

博士黃丙丁君診治，十分穩妥，不久即可痊癒，希釋懷念。」[50]同時，弘一大師於一九三六年二月在「給念西、豐德法師信」中，對病情敘述比較具體。他說：「此次大病，實由宿業所致。初起時，內外症併發。內發大熱，外發極速之疔毒。僅一日許，下臂已潰壞十之五六，盡是濃血（與承天寺山門前乞丐之手足無異）。然又發展至上臂，漸次潰壞，勢殆不可止。不數日，腳面上又生極大之衝天疔。足腿盡腫，勢更凶惡。觀者皆為寒心。因此二症，若有一種，即可喪失性命，何況併發，又何況兼發大熱，神志昏迷。故其中數日已有危險（即入昏迷狀況）之狀。朽人亦放下一切，專意求生西方。……乃於是時，忽有友人等發心為朽人誦經懺悔，至誠禮懺……誦經數日……竟能起死回生，化險為夷。臂上已不發展，腳上瘡口已破，由旁邊足指縫流濃水一大碗餘。至今飲食如常，臂上雖未痊癒，腳瘡僅有少許腫處，可以勉強步行，實為大幸。二三日後，往廈門請外科醫生療治臂患，令其速愈。……」[51]

弘一大師在生病過程中，從一九三五年十二月下旬（農曆十一月底）到一九三六年三月（農曆二月間），歷經三個多月，病重期雖經由急性潰爛到退燒，勉強步行，才準備到廈門去請黃丙丁醫生治療，真正恢復健康，也就是給劉質平信中說到「在舊四月底」，外症才漸痊癒。這場病

49 見《全集》第八冊，頁一三二（上）。

50 見《全集》第八冊，頁一三三（上）。

51 見《全集》第八冊，頁三一〇（下）。

整個拖延六個月之久。

這次患病的第二個月，即一九三五年（民二十四年）舊曆十二月，病情十分嚴重時，便為侍者傳貫法師，留下「遺囑」。內容是：「命終前，請在布帳外助念佛號，但亦不必常常念。命終後，勿動身體，鎖門歷八小時。萬不可擦身體及洗面。即以隨身所著之衣，外裹破夾被，捲好，送往樓後之山凹中，歷三日，有虎食則善。否則三日後即火化（焚化後再通知友人，萬不可早通知）。余之命終前後，諸事極為簡單，必須依行。……」[52]

當弘一大師這次病癒，已是一九三六年夏天，從這一年，到一九四〇年間，一是一九三七年（民二十六）農曆四月初五日離開廈門受邀到青島湛山寺講律，當年七月七日，日軍發動蘆溝橋事變，有許多晚輩來信勸大師早日離開青島，免受戰火困頓；一是一九三八年五月七日廈門淪陷之前，弟子們都勸他離開戰地，免遭劫難，都為弘一大師嚴拒。

前者，弘一大師在湛山寺曾為自己寮房寫「殉教」橫額一幅，並加〈題記〉：「曩居南閩淨峰，不避鄉匪之難；今居東齊湛山，復值倭寇之警。為護佛門而捨身命，大義所在，何可辭耶？——於時歲次丁丑舊七月十三日（國曆八月十七日），出家首末二十載。沙門演音，年五十有八。」[53]同時他在致蔡丐因（冠洛）信中直言：「厚情至為感謝。朽人已決定中秋節他往，今若

---

[52] 見《全集》第八冊，頁三〇九（上）。

[53] 見臺北東大版，林子青著《弘一大師新譜》，頁三八四。

因難離去，將受極大之譏嫌。故青島雖有大戰爭，亦不願退避也。」到七月二十一日，因蔡來信，再度覆函：「惠書誦悉。青島或可無戰事，惟商民甚苦耳。朽人此次居湛山，前已約定至中秋節止（中秋以前不能食言他往，人將譏為畏葸）。……若有戰事，火車不通，惟有仍居青島耳。」[54]

蔡冠洛在〈廓爾亡言的弘一大師〉一文回憶說：「二十六年北方戰事爆發，他在青島湛山寺。報上的消息，青島已成軍事上的爭點了。形勢十分緊急，有錢的人都紛紛南下，輪船至於買不到票子。我就急急寫信去請他提早南來，說上海有安靜的地方可以卓錫。但他的來信卻說……『不願退避』……這種堅毅的態度，完全表出他的人格了。」[55]

後者——同一年弘一大師於九月二十七日經上海安返廈門，但是廈門因為是中國南方海港都市，也面臨日軍攻擊危機，弘一大師的態度上與在青島一樣，在晚輩勸請避難的情況之下，婉言拒絕。這在僧睿（壽山法師）〈弘一大師傳略〉一文中說：「丁丑（民國二十六年）春，應倓虛法師（一八七五—一九六三年）請遠涉青島……秋，返廈駐萬石（岩），時廈戰雲緊張，各方勸師內避，師為護法故，不去。題其室曰『殉教』[56]。弘一大師同年十月二十三日致函李芳遠（一九二三—一九八一年）說：「朽人已於九月二十七日歸廈門，近日廈門雖風聲稍緊，但朽人

---

[54] 見《全集》第八冊，頁一七一（下）。

[55] 見臺北龍樹版《弘一大師永懷錄》，頁五五。

[56] 見臺北龍樹版《弘一大師永懷錄》，頁一一。

為護法故，不避砲彈，誓與廈市共存亡。古詩云：『莫嫌老圃秋容淡，猶有黃花晚節香』，乃斯意也。吾人一生之中，晚節最為重要，願與仁者共勉之。……」[57]

復次，同年十一月一日致夏丏尊函稱：「廈門近日情形，仁者當已知之。他方有諄勸余遷居避難者，皆已辭謝，決定居住廈門，為諸寺院護法，共其存亡。必俟廈門平靜，乃能往他處也。……」[58]此外他也有內容相似的信，寄給關心他安危的晚輩，如豐子愷……諸人。當這一陣戰爭將爆發的消息，經過一陣時間逐漸鬆弛之後，弘一大師於次年（一九三八年）五月三日（舊曆四月四日）——廈門陷前四天受邀到漳州去掛單。這件事在李芳遠〈送別晚晴老人〉一文中有所說明：「初冬法師又回廈門太平岩來了。我曾數度上書勸他到內地來，然他為護法故，不避砲彈，為成就護法之夙願故，自題房居曰『殉教室』……次年夏，廈市淪陷，我急得忍不住，四出查訪，均無消息。因法師性如閒雲野鶴，孤往獨來，向不肯預告於人。最後才接得來書云：『朽人於廈市難事前四天，已到漳州弘法，故能幸免於難。……舊四月十八日。』」[59]此時距離弘一大師在一九三七年舊曆九月二十七日回到廈門，已達六個月零七天。

[57] 見《全集》第八冊、頁二三六（下）。李芳遠於民國二十五年在廈門鼓浪嶼與弘一大師相識，時年十三歲。以後與弘一大師相熟，直到大師入滅。曾編有《弘一大師文鈔》等書。

[58] 見《全集》第八冊，頁一三五（下）。

[59] 見臺北龍樹版《弘一大師永懷錄》，頁六九。又《全集》第八冊，頁二三八（下）。

到一九四一年冬天，弘一大師有一首〈紅菊花偈〉並跋，贈給他的侍者傳貫法師，文云：「辛巳初冬，積陰凝寒。貫師贈余紅菊花一枝，為說此偈：『亭亭菊一枝，高標矗晚節。云何色殷紅？殉教應流血！』」[60]事隔三年，再度表明，他面對佛法興亡自我捨身之大勇。弘一大師經過七七戰事初期，在青島、廈門兩度面臨戰火劫難之際，在多方友生勸請他離開烽火瀰漫之地，他不為所動。對一位在俗時期本是一介書生、出家後又是孑然無罣的出家比丘之人格而言，竟然是大異其道。我們真難以想像，如文天祥、譚嗣同之從容就義，陸皓東、林覺民之慷慨捐軀，這種烈士情懷，也會重現到弘一大師的生命裡。但是我們如果從佛家「我不入地獄，誰入地獄」之犧牲小我的大了大斷，這就會明白，佛門的菁英，在某一重要關頭，對生死也會視為鴻毛。這是弘一大師另一面的人格風範。

三、第三次遺囑

弘一大師前兩次「遺囑」，不管是筆之於書，出之於口，我們可以看出都是「假設性」文書，並未暗示從此一了百了。但第三次「遺囑」，則完全不同。當第三次遺囑，還沒有發表之前一年，便有生徒接到他類似不久人世之預告。其一、是寫給劉質平的信，時間是一九四一年舊曆七月十三日，掛單處是晉江福林寺。信上淡淡地說：「——朽人近兩年來，身體雖健，精神日衰，不久當往生極樂國。以後能再續寫拙書否？未可定也。……」[61]這封信距弘一大師入滅日，尚有一年

---

[60] 見臺北東大，林子青《弘一大師新譜》，頁四三六。

一個月二十一天。弘一大師在生時幾乎每個月都以「墨寶」寄贈劉質平保存。從這封信中暗示，「以後能不能再寄字給你，已說不定了」。可是信中既說到「身體雖健」而「精神日衰」，殊不可解。弘一大師這一年是六十二歲。

又在同年舊曆十月八日給李芳遠回一封信，信上說：「──朽人近來病態日甚，不久當即往生極樂。猶如西山落日，殷紅絢彩，瞬即西沉。尚待圓滿之事，深願仁者繼成之。……」62這封信與一九三八年舊曆九月三十日給豐子愷信所云「朽人年來，老態日增……猶如夕陽，殷紅絢彩，隨即西沉。……」略似。63

以上兩函，雖是「假設」性質，但預示已不久於人世。此時弘一大師已由永春而晉江，晉江而泉州。到一九四二年三月二十七日，受到泉州名紳葉青眼之請，入住「溫陵養老院」晚晴室。

一九四二年舊曆五月一日，自溫陵養老院有一封信給皈依者龔天發（勝信，生平不詳）：「〔你〕與朽人同住一載，『今將別離』，屬寫警策之訓，竊謂居士曾受不邪淫、不飲酒二戒，今後當盡力護持。若犯此戒，非余之弟子也。余將西歸矣，書此以為最後之訓。」64這封信距離入

61 見《全集》第八冊，頁一一七（下）。

62 見《全集》第八冊，頁二四二（上）。

63 同前註。

64 見《全集》第八冊，頁二六四。龔天發，為弘一大師皈依弟子，法名「勝信」。弘一大師住世最後一年，曾

滅，只有四個月零三天。所謂「今將別離」、「余將西歸矣」，都不是「假設」與「預示」了。而真正地確定，不久，一定要離開人間世界了。

弘一大師最後一封遺書，是今天佛門及文化界有關人士大家共知的事。這「臨終偈語」自弘一大師入滅以後，已被知識份子不知討論過多少次。

他寄給夏丏尊的「遺言」是：「丏尊居士久席：朽人已於〔九〕月〔初四〕日遷化。曾賦二偈，附錄於後：『君子之交，其淡如水，執象而求，咫尺千里。問余何適，廓爾亡言。華枝春滿，天心月圓。』謹達不宣。」附言：「前所記月日，係依農曆。又白。」[65]於這一年同時（舊曆九月，溫陵養老院）也有內容完全相同的信，寄給劉質平[66]。同時同地，弘一大師寄給上海佛學書局經理沈彬翰（生平不詳）的信內容稍有不同。信上這樣說：「前奉惠書，忻悉一一。朽人已於農曆〔九〕月〔四〕日謝世。前所發願編輯的《南山律在家備覽》，未能成就，至用歉然。……惟曾別輯《盜戒釋相概略問答》一卷，雖簡略無足觀，然亦可為最後之紀念也。」[67]

現在，我們要確定的是，弘一大師這一首「臨終偈語」，是為夏丏尊與劉質平而寫的。夏丏

侍弘一大師於泉州溫陵養老院。其人當時年齡甚輕，弘一大師稱其為「童子」。生平不詳。

[65] 見《全集》第八冊，頁一四一（下）。

[66] 見《全集》第八冊，頁一一八（下）。

[67] 見《全集》第八冊，頁二六四（下）。

尊是弘一大師締交三十年的摯友；劉質平是弘一大師視師如父的弟子，所以在這首偈語開頭便是——「君子之交，其淡如水。」這兩句原典出於《莊子》，我在前文已交代過。本來，人與人之友情，並非完全的建立在物質生活應酬之上；也非建立於朝夕不離與甜言蜜語上。「君子之交」，只是一個「義」字，所謂「義薄雲天」。弘一大師與他們兩位往來，自一九三二年常住閩南之後，這十年間，只有書信往返，沒有朝夕相處，然而道義卻永在。

「執象以求，咫尺千里。」這兩句則延續前兩句的原義，說友朋之義，不必決定於形體的親疏，與物質的交換。如果這樣，就不是真正的道義之友了。所謂「執象」以立友朋之道，便如同「咫尺千里」。不過這兩句偈中另有暗示的是——「執象以求」，不僅在友情上並非定則，而且在人生一切現象上，「執象以求」，都會犯了「咫尺千里」之錯誤。

「問余何適，廓爾亡言。」這兩句，才說到自己的生命去處。意即「你要問我：我到那裡去了？告訴你吧！朋友！你要我說，也彷彿像在太空裡摸索流星一樣，是無法用語言來說明白的。」這兩句，是弘一大師面對「死亡」的重要玄機。接下來——「華枝春滿，天心月圓。」最後兩句，是真正地、含蓄地，引喻自己生命的去向了。但是這兩句偈，都依然是不著名言的。一落言語，便成大錯。我們試看宋代無名尼有詩：「整日尋春不見春，芒鞋踏破嶺頭雲；歸來笑撚梅花嗅，春在枝頭已十分。」「春在枝頭已十分」便是「華枝春滿」的隱射。但是「春在枝頭已十分」還是喻意的。再看寒山詩：「我心似秋月，碧潭清皎潔，無物堪比倫，叫我如何說？」「我心似秋月，無物堪比倫」，便是「天心月圓」之轉喻。但這句偈依然無法直接說到真正所指的形象，只是神似而已。

這後四句偈，瀰漫著一股「禪意」的氤氳，而它的暗示，則是真正的生命超脫，這是佛家大悟後境界，不是我們今天知識份子與之所致，以「所知」見地來盲目分析的。正因為這首偈語的「玄秘」性質，所以從此以後，不知有多少人，為弘一大師的法身去瞎子摸象。

當夏丏尊在一九四二年十月三十一日（舊曆九月二十二日），接到弘一大師這封「遺書」的時候，弘一大師已經蛻化色身、端坐在「華枝春滿、天心月圓」的法座上了。此時弘一大師入滅已經十八天之久。當時是因為中國處於抗戰最酷烈的中期，一封信，經閩南到上海，最少也要走個十多天。根據弘一大師從當年十月一日（舊曆八月二十二日）還給了一封信來交代「老夏——我雙十節後要閉關著作，以後於尊處亦未能通信……你以後要和諸善知識親近……」看來，這封遺書，最早寫於農曆八月二十五日以後，到九月四日以前、這十二天之內。

夏丏尊在「十月三十一日（星期六）下午，到上海開明書局去辦事，才坐下，管庶務的余先生笑嘻嘻地交給他一封信」。那位余先生說：「弘一法師又有掛號來了！」[68]夏丏尊拆開信一看，當他讀到「朽人已於九月初四日遷化……」便大吃一驚！怎麼幾天前才寄了信來，如今好好地怎麼會「遷化」呢？「怪的是『遷化』的消息，怎麼會由『遷化』者自己報道呢？」信上的日期，

---

[68] 見臺北龍樹版《弘一大師永懷錄》，頁一四五。

「九月四日中『九、初四』三字，是用紅筆寫的，似乎不是他的親筆，是另外一個人填上去的。……」[69]夏丏尊把前後相隔不到二十天接到的信，在茫然無措之下，經過對比其中的含義與時間交錯，就說道：「從現在看來，他已儼然對我作了暗示了。預知時至，這兩封信都可作為鐵證，不過後一封信是取著遺書的形式罷了。……」我們看到這裡，要了解的所謂「預知時至」，是佛家的語言。就是一位道行深厚的高僧或居士，在臨終前一年到一個月之間，常會將身後事作一交代。並暗示「死亡」的概括性日期，通常在「一天」左右。當然也有確定地暗示在「某一天某時」遷化。我們不要忽視「預示時至」，有什麼值得大驚小怪。問題是，一個人在大病中，在沒有任何徵兆之下，要斷定自己於某天、某一個時間內死亡，是絕對不可能的。即使一個人有重病，但理智清醒，也不相信那一天他會死，他總認為自己不會死，或者有奇蹟出現。這就是一個俗人與修道者面臨死亡之際，所不同的地方。

這一次遺書，捧在夏丏尊手裡，呆看了很久，不可思議。這一次是真正地、確定地這是一件「遺書」了。

不僅此也。弘一大師在臨終前兩天，還有「悲欣交集」四個字，交給侍者妙蓮法師。當弘一大師身後，引起生者更多的不解。一個人死了，在最後悲劇上演之際，怎會冒出一個「欣」字來呢？有誰家死了人，死者臨終還會大喜大樂一番呢？也太不盡人情了嘛。我們看妙蓮法師怎麼說？

---

[69] 同上書，頁一四六。

根據妙蓮法師記述：

㈠舊曆八月十五、十六日（以下時間皆以舊曆計）兩天，弘一大師還應養老院董事長葉青眼居士之請，在該院向院民及佛界居士們講《八大人覺經》及《淨土法要》，並由開元寺總監廣義法師譯「閩南語」。事實上，當時弘一大師並無病狀。可是聽者卻覺得弘一大師在「語言之間」已暗帶傷感、流露於表情。

㈡八月二十三日（此時距臨終僅只有十天），又為新加坡普覺寺開山和尚轉道老法師寫長聯一副。文曰：「老圃秋殘、猶有黃花標晚節；澄潭影現、仰觀皓月鎮中天。」從這一天起，開始好像微感不適，但卻應晉江中學學生之請，寫了《華嚴經》偈語「不為自己求安樂，但願眾生得離苦」小中堂達一百多幅。到傍晚時，弘一大師自言：「身體〔有點〕發熱」，八月二十五日再度為學生寫字。

㈢八月二十六日減食，寫字。

㈣八月二十七日全日斷食、飲水，拒絕醫藥。

㈤八月二十八日下午五時，妙蓮法師到室內錄記「遺囑」。並親筆在信封上交代：「余於命終前，臨終時、既命終後，皆託妙蓮法師一人負責，他人皆不能干預……」並署名「弘一」。並又叮嚀身後「謝絕一切弔問」。

㈥八月二十九日下午五時，又囑咐妙蓮法師五事：內容包括：

(1)準備助念佛號之物；

(2)助念內容、回向。並特別交代「若見予眼中流淚，此乃『悲欣交集』所感，非是他故，不可誤會」；

(3)關妥門窗；

(4)入龕前後只穿舊衣短褲，送承天寺火化；

(5)入龕後，帶四隻小盌墊於床腳，入龕後送承天寺火化；

(6)八月三十日，全日不語。獨自於室內默念佛號；

(7)九月初一，為黃福海寫「紀念冊」二本。下午寫「悲欣交集」四字，交給妙蓮法師，為最後遺墨[70]；

(8)九月初二日上午命妙蓮法師寫〈迴向文〉；

(9)九月初三日妙蓮法師恭請服藥，弘一大師說：「不如念南無阿彌陀佛利益大，我當乘願再來度眾生——我去去就來！」最後交代妙蓮法師「有關溫陵養老院董事應如何運作等等事宜」。

(10)九月初四日（一九四二年十月十三日）護法居士王拯邦請大師服藥、服牛乳。弘一大師引用《十誦律》戒文，婉拒。到晚間七時四十五分，呼吸稍感急促，妙蓮法師侍候身邊，開

---

[70] 見妙蓮法師《自傳手稿》，頁一四—一九。

始低聲助念「南無阿彌陀佛」——到八時正，弘一大師便在沒有任何顯著病況下，安詳而逝。弘一大師入滅之後，於同月十一日晚七時，在承天寺火化，骨灰放在開元寺妙蓮法師寮房之中，一百天後，從骨灰中揀得舍利子一千八百餘粒71。

至於寄給夏丏尊、劉質平的「遺書」，根據同年舊曆八月二十二日弘一大師又致函夏丏尊，未言及臨終事來推斷，此一遺書，應在八月二十五到九月一日之間寫就，入滅後五天內，由妙蓮法師填好日期寄出。

現在，我們要討論的是——弘一大師在八月二十九日下午五時，已親口交代「他臨終時眼中如流淚，是『悲欣交集』所感」；到九月初一日下午親寫「悲欣交集」，交給妙蓮法師72。這「悲欣交集」，究竟象徵著什麼？一個人死前留下這四個字，畢竟是迴異於世俗的事，因為此後佛界與弘一大師身後文化界友生都有許多不同的解釋。以大空〈痛念弘一大師之慈悲〉一文所釋，歸納起來：「弘一大師是根據明‧蕅益大師《跋地藏菩薩占察善惡業報經》「一展讀之，悲欣交集」來推比，「悲」字指的是眾生業重、沉淪無期……「欣」字，示眾生可依此經禮懺消罪，專志念佛，往生極樂……。於是弘一大師亦依「地藏懺法」，追法蕅益大師行誼。因此，弘一大師的「悲

71 同前註。

72 「悲欣交集」之臨終遺言，現仍存妙蓮法師手中。泉州北門外風景區、弘一大師舍利塔前，已由市政府刻碑，以紅字立於塔右，前方巨石上。

欣交集」，義指「大師之『悲』者，悲眾生之沉溺，悲娑婆之苦，悲法門戒乘俱衰，悲有情難化，悲佛恩廣大……『欣』，欲求極樂，欣得往生；欣見彌陀，圓成佛道；欣見淨土，度化十方。」[73]大空解釋弘一大師臨終「悲欣交集」，從空泛性角度解釋，方向並無錯誤。但以弘一大師並非如蕅益大師於「平日」在文字間一抒己願時，所激發的「悲欣」，而是面臨「人生最後」那一剎那所流露，而且特別提示的「悲欣交集」，因此，斯時斯義，卻並非同一層次。按「悲欣交集」，義即「悲喜交加」，「又悲又喜」。經歷史觀點言，此詞是從漢魏以後即有的「民俗用語」。如東晉盧諶〈答魏子悌詩〉：「悲欣使情惕」[74]。蕅益大師〈庚寅自恣二偈〉序：「臥北天目，萬慮俱灰，有同志數人，以毘尼相印。夫毘尼，久為腐貨，仍過而問焉，不啻冷灰爆豆矣。安居竟，重拈〈自恣芳規〉，『悲欣交集』，慨然有作。」[75]清初文康〈兒女英雄傳〉有句：「一時兩道啼痕，一時笑臉，悲喜交集。」[76]從上述三段詩文，可見此之「悲欣同發」，是在某種情緒上、在某一痛苦階段突遇轉機之意。而在人的生命終點，顯然與弘一大師臨終所示迥然不同。

弘一大師人生最後寫「悲欣交集」，此一「悲欣」是超層次的、非情緒的、超凡俗的親證，

---

[73] 見臺北龍樹版《弘一大師永懷錄》，頁二七六—二七七。

[74] 見《晉書》四四卷。

[75] 見蕅益大師《靈峰宗論》卷十之四，頁一。總一—七三五。

[76] 見《兒女英雄傳》第二十二回。

也可說是一種境界。就如大空所謂的「一心圓明，深入念佛三昧」，才迸發出最後的自性流露，說它是面見彌陀也好，說它是「預知時至」也好。

我在這裡舉三個例，來說明此一「悲欣」的比喻：

㈠比如一對母子由於戰火失散多年，母子相念，肝腸寸斷，忽有一日，在十字街頭，突然無意中相逢，此情此景，連夢中也難見，其悲其欣，何以形容？

㈡一位生而盲目之人，過的是永遠暗無天日之生活，世界對他而言，無異是一團地獄，除了聲音之外，一無所有。有一日，忽有神醫，將他眼睛以醫術，開刀復明，眼前突現一片天光，世界是百花怒放，此情此景，其悲其欣，又何以形容？

㈢一位海員，在海上遭到颱風，所駛之船遇險，一船之人皆被狂風吹落大海，死在海底魚腹，惟有他一人，抱著一片船板，在海上漂流多日，眼見即將餓死、渴死、累死，忽然天空遠方浮出一片陸地，其情其景，其悲其欣，又何以形容？

我們來看弘一大師在此時的「悲欣交集」，所顯示的，猶如一乳鳥在巢穴中破殼而出，飛翔於無限天空。他一生都在「無明」中掙扎，猶如乳鳥在殼，欲打開枷鎖而不得，但最後那一剎，此一「無明之殼」被他突破，終於重見天日。而這一經驗，便是修行佛道最後的理想——證得法身。

我用這麼多文字來說明弘一大師「悲欣交集」所暗示的，但是文字語言，仍然無法表達這一情境的真相。佛門有句：「言語道斷，心行處滅」，沒有親身體驗，又如何能說得清楚？因為本文仍是方便法門。弘一大師生命中的經驗，只有同等人物才能知曉。

庚、餘　言

生命的長河，無休止地在無明黑洞之中向前漂流。在人的生命過程裡，分為「生、老、病、死」四階，佛家稱之為「四苦」。我們分析言之，「生苦」，生者無知，當時不知苦諦，只有母親，才知「生」之苦味。天下有半數人，都有做母親的命運。「老苦」，是漸進的，雖然，從頭髮、皺紋、體力狀況、心理狀態、能證明自己「老」了，但卻非「劇痛」。人，不到病危，不到死前，是永不絕望的。人人都以為會長命千秋。因此，真正的苦是「病」苦，「病」，尤是一種沒來由、弄不清會不會要命的「病」，使你「苦徹心肺」，而且由於你的「病」，導致你的母親、你的妻子、你的孩子，也同時墮入「深淵」。最後談「死苦」，死，真是一種千古絕症，沒有人躲得了。將到臨死關頭，不祗是當事人有口難言，淚從心中流，你的家人，也都會陷入死亡的邊緣。何況，死是「突變」的。死，會使你的身後，突然變天。因此，佛家便推出一種「超越死亡」的奇方。便是經由修道方法來化解這一生命大結。

當然，這一疑難，並非每一學佛者都能解套，何況，這種解套工作，也是要多生多劫的因緣，才能花開蒂落，或者說，可以「花枝春滿」，可以「天心月圓」。

弘一大師已從這個「結」上跳了過來。第一特色，他一生面臨多次「死關」，而淡然放下生死；次之，當他到達「死亡」的頭上，又亦如他那一往無限慈祥的音容一樣，是帶著微笑，脫了殼子，化身過來的。

總之，弘一大師的「死」，是高品質死亡，你說這是「超越的」生死哲學，還是一種「死亡藝術」？這些，都一切盡在不言中。

一九九六年四月三十日

弘一大師不思議行考

一、前言

歷史上許多高僧，常有許多「不可思議」的語言與行徑，令後人驚異與無法以邏輯觀念去解釋，因而被目之為「神通」。所謂「神通」，包含著「預知立足點以外的空間、時間所發生的事」，「預知他人內心的動向與他人的宿命」，「預見視覺聽覺不可及的事物狀況」，「暗示非常情可以預測的一切時空人物狀況」，「呈現一種心地廓然無物的無限預知與悲憫情懷」。這些能力即所謂「天眼、天耳、他心、神足、宿命、漏盡」等六種通力。可是這六種通力，是不容刻意示現的。它也不是一種工具可以像魔術一樣來炫耀於社會人間。它之示現的唯一條件是出於特定的因緣，而且不可以一再呈現。

近代高僧，在虛雲老和尚的生命中就曾多次地被呈現；也曾有傳說民國印光大師有過類似的能力。但在弘一大師的生命中，這類能力並沒有專文報導過。

弘一大師一生，淡泊高遠，嚴持戒律，遠離世俗，他的生命與一般高僧迥然不同。雖然他有過生命早期的絢爛生活，但出家後，都是絕對離棄一切世間愛憎神奇繁華之枷鎖，如果有人稱他具有「神通」，恐怕會受到他的教誡。

可是我們從他留下的史料與接近過他的友生弟子傳述中，仍有許多「不可思議」的情事發生在他的語言行為之中。這些事情，我們無法以一般思考來解釋，我們細細地考察起來，令人極為訝異，弘一大師對於世間是不是有許多預知的能力？

二、弘一大師「超越邏輯範疇」的預知能力記述

現在，我們從多項歷史紀錄裡，摘錄出具有時間、地點、人物親證的事件，來說明弘一大師對某些事物作出無法以常情理解的情節經過。

下面我經由篩選下列史料，分述於次：

㈠袁希濂的前世因緣

袁希濂，是弘一大師十九歲初到上海不久時知交之一。此人一九〇四年留學日本習法政，歸國後在國內各地出任法界職務。他在〈余與大師之關係〉一文，回憶說：

「——余調職武昌，知師在（杭州）玉泉寺，乃往走別，師謂余前生亦係和尚，勸令朝夕念佛……並謂有《安士全書》可讀……鄭重而別。……」❶

袁希濂拜別弘一大師是一九一九年，即弘一大師出家次年。

另外，弘一大師在一九二一年（民十）致函他的南社社友毛子堅，也暗示地說：

「——余最服者，於僧則印光法師，於俗則范大士（古農）。仁者未能於晚間聞法，或於暇時訪范大士一談亦可。音與范大士多生有緣，敢以是勸請。」❷

弘一大師對上屬二人慰勉，於老友袁希濂，說他「前生亦係和尚」，期其珍惜今世生命，勸之念佛。對毛子堅則告以「與范大士（古農）多生有緣」。這在一位深信佛法之人而言，在好友之間的勉勵上，都可能說出這些深意的話，不過，弘一大師凡做一件事，說一句話，都是純誠不雜類似「方便」的不確定語言，在他而言，說某人「前生曾是和尚」，「某人與自己多生有緣」，都含有道侶的深誼與暗示性的意味。一般人聽過也許忘了，但是有心人便會終身難忘，很可能從此激發他們的道心，向佛門更高處追尋。

㈡李莉娟轉述的故事

李莉娟❸在〈對我祖父的思念〉一文中，說道：

---

❶ 見臺北龍樹版《弘一大師永懷錄》，頁一五二。

❷ 見《弘一大師全集》第八冊，頁九一（下）。

「——不久前，聽徐悲鴻先生的夫人廖靜文老師給我講了兩個故事：在我祖父出家後，徐悲鴻先生曾多次進山看望我祖父。一次徐悲鴻先生突然發現山上已經枯死多年的樹枝，發出新嫩的綠芽，很納悶。便問我祖父：『此樹發芽，是因為您——一位高僧來此山中，感動了這顆枯樹，它便起死回生？』祖父說：『不是的，是我每天為它澆水，它才慢慢活起來的！』」❹

徐悲鴻在何時何地去拜訪弘一大師，廖靜文沒有交代清楚。因為弘一大師自一九三二年（民二十一）以後去閩南，沒有再回到江浙一帶，而抗戰期中，徐悲鴻大多留在四川後方。他見弘一大師，最可能的是在初出家十年間，在浙江各地掛單，最可能的，是在杭州附近如「新登貝山」。而且弘一大師出家掛單各地山寺，一直都在自己的寮房內外，植些花木盆景，這是他的「愛美」性情如此。就廖靜文言，這件事並非虛構，只是地點、時間沒有記清罷了。

徐悲鴻為弘一大師畫像，則是在抗戰時間，他於一九三九年夏，應邀赴新加坡舉行畫展，應

❸ 李莉娟：一九五七年生於天津，弘一大師俗家次子李端之次女，現為「天津市佛教協會理事」、「天津市李叔同研究會理事」。於一九九五年八月十一日曾應邀到臺北出席「中華民國弘一大師紀念學會」所舉辦的「弘一大師德學研討會議」，訪問十天，於同月二十一日經由香港返回天津。

❹ 見天津古籍出版社《李叔同——弘一法師》，頁三二二。

廣洽法師之邀，為弘一大師畫巨幅半身像一幀。高約八〇公分，寬五〇公分。勝利後（民三十六年七月），徐氏再補題畫像因緣。此像於一九八五年前後，廣洽法師已將這幅名作轉贈給泉州弘一大師紀念館❺。

李莉娟又寫道：

「——還有一次，徐悲鴻先生又來看望我祖父，他看見一隻猛獸在我祖父面前走來走去，沒有傷害人的意思，很感到奇怪。便問：『此獸乃山上野生猛獸，為何在此不傷人？』我祖父說：『早先他被別人擒住，而我又把他放了，因此他不會傷害我。……』」❻

同樣，這個故事，也未說明發生時地。在佛家高僧一生事跡中，野獸不傷人，多半由於飼養保護動物或「心靈相應」的關係。在張大千的回憶錄裡，也曾記錄他的兄長張善孖在蘇州家中養了一頭虎，直到抗戰，張家逃到後方，那隻虎才因無人飼養而餓死。

---

❺ 此幅畫像於一九九五年八月十二日至二十五日，曾在臺北中華藝文協會所舉辦的「弘一大師墨寶文物大展」中，展出十四天，受到臺灣文化藝術界極度注視。此次「墨寶文物展」，盛況空前，每日瞻仰人潮川流不息。李登輝總統於八月十五日上午亦偕其夫人曾文惠女士到展出場地——臺北國父紀念館翠亨畫廊觀賞。

❻ 同❹。

從很多「猛獸」不傷人的事跡裡，可以發現，野獸確有與人「心靈相應」的感人事實發生。

像李莉娟轉述的這兩則關於弘一大師「不可思議」之事，在佛法言也可以解述為「通力」，但就事實上分析，這兩件事都可能發生在任何人格修養高超者的身上，世間一般俗人則很難有這種經驗。

㈢弘一大師平息浙江滅佛之議

一九二六年（民十五）六月，弘一大師從杭州經上海去江西廬山參加「金光明法會」。並先後掛單於牯嶺大林寺、五老峰青蓮寺，直到農曆十一月初才返回杭州，初住虎跑，到十二日移單常寂光寺，一九二七年六月離開常寂光寺，移住靈隱寺後山本來寺。到十一月間返回溫州慶福寺。

弘一大師在這一階段，在常寂光寺住了半年，剛好當時南京政府主持內政的官員推行「闢佛」政策，要把佛寺接收改為「學校、工廠、醫院」設施，而浙江教育當局，也隨之響應，主要人物為主持教育文化的蔡元培等人。弘一大師有一封致「吾師蔡孑民」的信，就是談的這回事。寫信的時間，是一九二七年四月十八日（舊曆三月十七日）。他寫信的對象，除蔡孑民之外，還有前浙師校長經亨頤、南洋公學同學馬敘倫，當時浙江教育廳長周少卿、主管浙江省政宣傳事務（前浙江一師學生）宣中華。這些人都是民國十五、六年間浙江文化界當權人物，尤其是宣中華，最反佛教。

弘一大師對他們曉以大義，並推荐太虛、弘傘二位法師出面重建佛教。

另外，大師致書上述諸人之外，並透過浙師同事堵申甫函約「滅佛」人士到常寂光寺晤面。在《永懷錄》中，姜丹書、楊白民、嘯月都曾記述當時的經過。姜丹書寫道：

「民國十六年春，杭州政局初變，青年用事，銳氣甚盛，已倡『滅佛』之議，欲毀其像，收其宇，勒令僧尼相配。是時上人（弘一大師）適卓錫於吳山常寂光寺，請堵申甫轉邀青年主政之劇烈者若干人，往寺會談，一言微中，默化潛移，先是上人預書佛號若干紙，備贈應約而來之人。乃來人未及所約之數，而紙數適符，若前知者。其最激烈之某君（指宣中華）出而言曰：『時方嚴寒，何來浹背之汗耶？』因此滅佛之議遂寢。……」❼

另外楊白民在他〈悼弘一師〉一文所說，與姜丹書、嘯月所寫略似，亦錄陳於次：

「民國十五年春（時間誤記，應為十六年），浙省政局未定，師適在吳山常寂光寺閉關修持，……乃函告友人堵申甫，謂：『余護持三寶，定明日出關』……是日堵君先去代為布置，來會者雖照名單所召，未全到齊，逮見師出來，儀態嚴肅，手持親筆所寫字條，分致各人，人各一紙，適符到會人數。堵君頗以為異，而分致之字條，是否人盡相同，堵君以

❼ 見臺北龍樹版《弘一大師永懷錄》，頁五、六，姜丹書〈弘一大師傳略〉。

未寓目，不敢懸揣。惟思到會諸人，各自默默視其紙條，靜默不語，中有甚至慚汗溢出於面部者（即宣中華），會散，毀寺驅僧之議隨熄！……」❽

現在尚存的「弘一大師與堵申甫」信件十五通中，無一九二七年三月間大師與堵申甫來往函件，也許當時都在杭州，而且堵申甫是大師住常寂光寺的特定護法，天天見面，一切文物都是當面相托。而姜丹書、楊白民又是他們上海、杭州時期的老友，這段經過，是堵申甫面告姜丹書、楊白民、嘯月諸人的。而弘一大師與蔡元培等五人函件，已收入《弘一大師全集》第八卷書信卷。此一史料應無置疑。

我們在上述二人記事中，弘一大師為民國十六年（北伐開始）浙江興起「滅佛」之議，經由堵申甫發出通知，邀約「滅佛論」者到寺中來商談。當時弘一大師在事前準備了「字幅」（內容也許是告誡或佛偈）很多幅，準備送他們結緣，並開示滅佛之錯誤。可是當時赴約的人，卻並非是全部受邀的人，其中有少數人未到。而當堵申甫分發弘一大師墨寶的時候剛好人手一幅，無欠無餘，這是他們感受「不可思議」的地方。

這件事如果從佛門角度看，應是「通力」作用。在邏輯上則是「為何那麼巧？弘一大師寫好的字，與到會的人數剛好相合？」好像弘一大師早已知道，誰來誰不來？

❽ 同上書，頁一五九。

我們要思考的是——弘一大師對世事人情，有極細微的研判，他寫了那些字幅，恰好與應約者人數相合。問題是，像這些事，一般人卻辦不到。這是一個特殊的例子。可是弘一大師出家後，這一類的事，發生過不止一次。

(四)內山完造敘述弘一大師贈經東瀛

一九二九年四月，弘一大師由原籍泉州的「上海大法輪書局」主持人蘇慧純居士陪同，從泉州經陸路取道福州，赴他掛錫地溫州慶福寺。當他們經過福州，順道一訪鼓山湧泉寺時，在寺中的藏經樓，無意中發現了這裡收藏的木刻本《楞嚴》、《法華》經的方篋藏本，在閱覽中，又發現多種版本《大藏經》中未收的清初道霈禪師編纂的《華嚴經疏論纂要》刻本數十篋，極為希有，於是當下便發願要將這部集《華嚴》歷代疏論大成的巨著，印行二十五部，準備送給國內外佛寺、文化單位收藏，以免遭到日後戰禍之損失。

這一印經大事，大約到這一年秋末開始著手。

弘一大師在他的〈福州鼓山庋藏經版目錄序〉中提到「——昔年（一九一九）余遊鼓山，覽彼所雕《法華》、《楞嚴》、《永嘉集》等楷字萬冊，精妙絕倫。以書法言，亦足媲美唐宋，而雕工之巧，可稱神技……又復檢彼巨帙，有清初刊《華嚴經》及《華嚴經疏論纂要》、憨山《夢遊集》等，而《華嚴經疏論纂要》為近代所稀見者，余因倡緣印布，併以十數部贈與扶桑諸寺，乃彼邦人士獲斯秘寶，歡喜忭躍，遂為攝影鏤版，載諸報章，布播遐邇。因是彼邦僉知震旦鼓山為庋藏

佛典古版之寶窟。……歲次甲戌（一九三四）十二月晉水尊勝院沙門演音。」❾

弘一大師寫此序時是一九三四年（民二十三），他倡印的《華嚴經疏論纂要》由本文可證知，是請日本人以照相製版，翻印了這部大書，並在日本報上發布印書新聞。這套書大約在一九三〇年前後已印刷完成，分送日本及國內各地。

弘一大師在序文中又曾懷疑，這部大著「雖馳譽於異域，而國內卻湮沒無聞」。這部書之贈與日本各大學寺剎，我想與當時在上海經營出版事業的日商內山完造有絕大的關係。

內山完造在他的〈弘一律師〉一文中說：

「——我用日語談講，看他神情，似乎一一都懂得，但他自己卻像個全把日本話忘了的樣子。——夏（丏尊）先生拿出一本「律師」所著的善本名叫《四分律比丘戒相〔表記〕》的書來，說要將此書三十冊交給我，代為分贈希望者。我於此道一無所知。只好道著謝答應下來。這時律師說：『還有一種名叫《華嚴經疏論纂要》的書，正在印刷中，這書只印二十五部，想把十二部送給日本方面，將來出書以後，也送到尊處，拜託你！』」

內山此文，所說與弘一大師會面時間，應是第二次，即一九二九年到一九三〇年間，此文成稿則

❾ 見《弘一大師全集》第十冊，頁四六七、四六八。

是一九四三年弘一大師圓寂以後的事了❿⓫。

當時內山聽到弘一大師拜託他送書，他就只好答應。他又寫道：「——我雖門外漢，聽到印書只有二十五部，就知道是相當鉅大的任務。二十五部之中有半數送到日本，那末送到那一個機關呢？我問他。他說：『一切託你……』在繼續談話之中，他說：『在中國恐怕不能長久保存，不如送到日本去！』」⓬

當這套大書印成之後，內山除了將《比丘戒相表記》送了一百七十套到日本，也將《華嚴經疏論纂要》分別贈送給十五個地方。其中包括「東京帝大、京都帝大、大正、東洋、大谷、龍谷、高野山等七家大學圖書館，和京都東福寺、黃檗山萬福寺、比叡山延曆寺、大和法隆寺、上野寬永寺、京都妙心寺……等八個寺院」。其中還有經弘一大師親自批閱用朱筆圈點過的一部給內山本人，後來內山又贈給西京郊外小倉村的黃檗山萬福寺常住了。

弘一大師對這部大書之如此重視，且一再託請內山完造轉贈日本各大學、寺剎保存，我們現

❿ 案：內山完造第一次於民國十六年四月，由夏丏尊等十餘人邀請在上海功德林素菜館，歡宴弘一大師，內山為受邀人之一。而這次會晤，受託贈經日本，應是一九二九年到一九三〇年間事，為內山第二次晤見弘一大師。

⓫ 文見臺北龍樹版《弘一大師永懷錄》，頁二八四。

⓬ 同上書，頁二八四。

在細思起來，當時印書的時代，是一九二九到一九三〇年，剛好國民革命軍北伐完成，政府奠都南京不久，而且從一九三一年到一九三六年間，中共遠在陝北，國勢昇平，這五、六年間，是孫中山先生立國後，最有希望、物價最穩定、社會最安樂的時代，而弘一大師卻在印書過程中突然對內山完造說：「——在中國恐怕不能長久保存，不如送到日本去！」這幾句話也令人感覺不可思議。他為何在昇平時代，會覺觸到「中國將有文化毀滅的預感」存在。因而，他要把這部寶典，托內山送到日本收藏？

我們七十歲左右的人，都走過這一段歷史。以抗戰而言，中國雖經過日本侵略，而且從一九二五年日軍佔領東北，到一九三〇年，陸續發生九一八、一二八事變，這都是日本軍閥在中國狂施塗炭，而弘一大師並非以為戒，反而將要典送到日本，這可能是因為日本是佛教國家，日軍雖侵華，但寺院不會被破壞，因而經典被消滅的機率也較少。弘一大師沒有顧慮日本的侵略，卻瞻望到更遠的中國未來。

一九六八年中共「文革開始」，連續十年，中國寺院除極少數列為「國家保護文物」之外，其餘在「除四舊」的口號之下，中國佛門的寺院、文物、石刻被毀一空，僧尼被勒令還俗，幾至全國所有寺院無一僧尼安棲之處，在文革十年間，弘一大師留下的佛書佛語，在收藏者手中流失十之八九。這一場浩劫，幾將中國文化——包括佛教藝術文化，帶入一場永恆性毀滅之境。

弘一大師彷彿在文革發生前三十年，已嗅到這一場浩劫的火藥味，如果他當初把這一批佛典放在中國寺院，老早會屍骨無存。而如今，卻在日本各大學寺剎保存了下來。

這是什麼道理？弘一大師為什麼有這種高度敏感的預測，我們冷靜而細密地推斷弘一大師交代內山為人所忽視的兩句話。難道他是隨便說說而已？絕對不是！

一九三九年四月，他與內山完造講的話，我們仍有深思的餘地。這種預測，已不是「危言聳聽」，它已在我們面前從我們的噩夢中飄過。

㈤李鴻梁談他的老師逸聞

畫家李鴻梁在〈我的老師——弘一大師・李叔同〉一文，回憶說：

「大約是在一九三二年（民二十一）春季，住（紹興）開元寺最後一進……一日閒談間，談及他前住鄉間某寺時，有一晚盜賊來搜索全寺（財物），到法師窗口用電燈照射，時法師臥在床上，忽覺桌上時鐘已停，因此盜似無所覺（認為房中無人），或以為空房，所以不久就去了。但等到盜去後，鬧鐘又（恢）復走動了。」李鴻梁說：「因法師平時常聽鐘聲念佛，所以他對鐘聲特別注意。所說頗有點神話意味。……」⑬

像這件事——強盜來搜房時，鬧鐘忽然停止，使盜賊感覺無人便放棄搶劫的行動，在物理上

⑬見天津古籍出版社《李叔同——弘一法師》，頁二九八。

解釋不通，但這件事還是發生了。問題是——鬧鐘停了，等盜賊去後，它卻再度響了起來。

李鴻梁寫這篇回憶性的文章時，多少有點「禁忌」。

可是就此事發生言，我們推斷，其一是當時寺中已發覺強盜來逐屋搜劫財物，弘一大師在這一瞬間，專心念佛之際，同時也感覺寺中發生事情，在心神分用時，以為鬧鐘停止，等強盜走過窗口，又意識到鬧鐘又響了。另一研判是，強盜走過窗口，看房內沒有燈火，闃無一人，未注意有鬧鐘聲，所以便匆匆遺漏這一瞬間的搶劫機會。

但不管就一般心理學或意識在緊張、匆促間對事物造成的判斷混淆，這件事都是發生率極為微少的一種異聞。

(六)弘一大師與錢東亮對話

抗戰期間，中國各地駐軍首長，權力很大，掌生死大權；人民噤若寒蟬，一九三八年（民廿七）冬天，綽號「閻王」的駐軍旅長錢東亮少將，兼任福建泉州城防司令，聞弘一大師之名，當時弘一大師自廈門到泉州不久，錢東亮派人到承天寺通知常住，他要約期見弘一大師。承天寺方丈是轉塵和尚，在佛教養正院時作學僧的廣義法師任職監院。寺方受到城防司令部通知後，大驚失色，不知如何是好，如果一直對弘一大師隱瞞，而錢東亮不會罷休，如通知弘一大師又怕錢東亮有不禮貌的行動，使弘一大師不能安心駐錫；這種情況過了幾天之後，時間越逼越近，最後終於決定將此事告訴弘一大師。弘一大師知悉錢東亮要見他，馬上約定時間——在一個春天下午三時左右，請這位將軍到承天寺客堂晤面。——這一天很快就到了。

弘一大師一人獨坐在客堂中一張座椅上，默默地念佛；而錢東亮帶著一名侍從副官，到了承天寺，經寺中知客引進客堂，然後悄然退出。這時寺中僧眾，在客堂週邊聚精凝神細聽一位「戰神」與一位高僧的對話，而那位副官，則在寺中走廊靜候他的司令。

當錢東亮走進客堂，發現頭額高聳的弘一大師從座位上輕輕地站了起來，然後輕聲請錢司令落坐。錢司令眼前這位清瘦、高潔的弘一大師，面上略帶笑意；笑意中，充滿著嚴肅與悲憫之情，不由得胸中倒抽一口冷氣，很恭敬地向大師屈身示禮，便依手勢在弘一大師對面坐了下來。

奇怪的是，這位陸軍少將坐在弘一大師咫尺之遙，弘一大師只是靜靜地默念佛號，默無一言，而這位青年將領，也只有靜靜地看著弘一大師微闔雙眼，就這樣在佛號的流逝中，一分一秒地過去。他眼前這位高僧彷彿亙古以來的「聖像」，就在默默無言中，散發出一股的莊嚴與慈憫的教示，彷彿一層無形的光，向他輕輕拂過，使他心意清涼，而慚愧自身之庸俗與憍慢。

時間猶如停滯在一個點上，這位將軍除了默視大師的慈容與四周寺景，走也不是，坐也不是。但是，此刻弘一大師忽然啟唇輕聲地說：

「旅長，還是少殺生為是，上蒼忌殺，佛法戒殺，救人一命，勝造浮屠七級！」

錢東亮聽到弘一大師輕聲地說話，勸告他「避免濫殺無辜」時，便不由自己恭敬地說：

「是，法師！是，法師！……」

然後，又是一陣無聲的寂默。牆上掛鐘滴答滴答地數著時間的節奏。

最後，錢東亮終於啟身向弘一大師告辭。

從這一次見面之後，好像錢東亮也就成為弘一大師的外圍護法。寺中僧眾眼見錢東亮少將出了客堂與他的侍從相偕離去，他們便恭送到山門之外，才放下心中的一塊巨石。而此時弘一大師早已回到他的寮房，去做他一天的晚間念佛功課去了⑭。

關於錢東亮於一九三八年（民二十七）臘月拜見弘一大師的事，未見於林子青的《弘一大師年譜》及有關史料。這是一九六二年（或一九六三年春），當年身任承天寺監院的廣義法師，經新加坡到臺北掛單在圓山臨濟寺時的口述史料，已收於臺北東大版《弘一大師傳》（夕暉）一章。

問題是：抗戰初期一位威嚴可畏的駐軍旅長兼城防司令，去「拜訪」一位隱跡於泉州的方外人——弘一大師，為什麼弘一大師能以「默然無言」與他相晤，而使這位青年將軍如同學生拜老師一樣，唯唯諾諾，恭順自慚？實在令人難解？

根據我們的評估，弘一大師一向心如靜水，無畏權勢，即使任何危難災劫之際，也能夠履險如夷，視亂世如昇平。這完全是一種高深的修養工夫，涉入佛道未深之士，也許視為一種「神通」之力使然。

---

⑭ 本節係一九六二年春，弘一大師生前弟子之一的廣義（曇昕）法師自新加坡來臺，住臺北圓山臨濟寺，與作者晤面時，親口敘述弘一大師與錢東亮會面經過。事件當時廣義法師是承天寺監院。

(七)弘一大師為廣欽和尚開靜

世間的奇事很多。一九三九年春天四十八歲的廣欽和尚，當時在泉州北門外郊區清源山「老虎岩」隱居坐禪，有一次深入三昧，失去時間與空間，一定就是三個多月，靜靜地枯坐在岩洞裡，過了些日子，山上柴伕、獵戶偶然經過洞前，看他坐在那裡，也不經意，但是隔些天再經過這裡，一看和尚老模樣仍坐在石蒲團上，彷彿木雕泥塑，不覺胡疑起來，就放下肩上的柴擔，跑到他身邊也凝視一番，好像這和尚沒氣的樣子，便伸手摸他的胸口，好像真的死了，才驚叫起來，跑下山向承天寺方丈轉塵老和尚報告，廣欽和尚原是承天寺的打雜和尚。轉塵老和尚一聽，廣欽師在山洞裡死了，趕緊派人上山察看，又準備些木材，準備為他火化，這時弘一大師剛好從漳州返回泉州不久，就有人將廣欽和尚的「死訊」告訴掛單在承天寺的弘一大師，弘一大師即刻阻止寺方派人火化，候他去山中看過再說。於是隔天便和轉塵老和尚上山，到洞中一看，這時廣欽師身體微傾，坐在洞裡，身上披一條薄被，一動不動。弘一大師見到這一景象，便讚歎地說：

「他的定力，雖古來大德也少有啊！」

說後便在廣欽和尚的耳邊輕彈了三下，然後就與轉塵和尚相偕走出洞外，一同沿山麓左側石級登「瑞藏岩」，到廣欽和尚的「法師」（從學老師）宏仁老和尚所住的茅篷去了。

宏仁老和尚與廣欽師相約在山中修行已有八年之久，廣欽師在山前洞中坐禪，宏仁師在山後岩洞念佛，都是苦行派。

等弘一大師一行到了山後瑞藏岩，還沒有來得及寒暄，這時廣欽師已經出定，略事休息後，也來到後山向弘一大師與轉塵和尚頂禮叩謝，好像他長著一雙飛毛腿一般，將近三個多月時間的入定，意外出定後又健步如飛，豈非異數。

廣欽師這一定百多天的奇事，驚動了泉州佛教界，從此以後，他更加努力參究，直到六年（一九四六年）以後初夏下山回到承天寺，此時他已似一個身披殘絲半縷的野人，到一九四七年六月農曆五月十五日與臺灣基隆市普觀法師連袂來臺，次年建「廣明岩」於新店。廣欽老和尚來臺後，每天只吃兩三個蕃茄，而不吃飯，終年坐禪，直到一九八六年二月十三日（農曆元月五日）下午二時三十分圓寂於高雄縣六龜鄉妙通寺，享年九十五歲。

現在回到弘一大師的行止上。問題在，如果當年的廣欽和尚入定後永不出定——怎麼辦？結果一定是從此「坐化」，不再回到人間。而弘一大師這時聞訊來為他「開靜」，開啟他走出三昧之門，讓他再回到人間⓯。

弘一大師為何有這種能力，讓廣欽和尚出定？

我們的解釋是：弘一大師博通經藏，對古來高僧大德定力深厚、入定多日（在定中無時間）

⓯ 本節見臺北慕欽講堂印行之《廣欽老和尚百歲誕辰紀念集》，頁一六、陳慧劍著〈廣欽老和尚禪修譜〉。又臺灣屏東師院侯秋東教授於一九九五年八月二十五日與作者口述，彼於大學時代與同學多人訪問土城承天寺廣欽老和尚時，由當事人親證此事。今臺灣地區廣欽老和尚之門弟皆熟知此事，應由老和尚親口傳述。

而沈於「禪悅」不知出定者，這些歷史知識極為豐碩，於是他便適時地為廣欽師開啟了另一段生命高峰，到九十五歲，在「無來無去，無什麼事」的偈語中化去，真是人間奇蹟啊！

(八)朱良春轉述陳海量的信

一九四二年（民三十一）四月十六日，上海陳海量居士給朱良春一封信，述及弘一大師事跡。這位青年後輩在〈追念弘一大師〉時寫道：

「——我是一個受過所謂科學洗禮的青年，曾經新思潮薰陶過的一份子。……卻深深為一公（弘一大師）超世藝術精神所感動，幾乎流下淚來。……隨後獲識了上海陳〔海量〕居士，因此，使我對於一公有進一步的認識，更深切的敬慕。茲錄陳居士致余函一篇於下：

『——弟業障深重，過衍殊多，蒙師（弘一大師）諄諄誘誨，慈悲攝護，愧弟無狀，有負訓耳！師具有神通，弟所深知。師頗自秘，不使人知。師嘗言弟前身是天台山老僧，今落風塵中，良足悲耳！』」⑯

陳海量曾於二十歲時，在閩南親炙於弘一大師，到上海後，一生從事佛教文化事業，並有著述問世，對民國三十八年以前的中國佛教文化有一定貢獻。由於他有親近弘一大師的經驗，從佛

---

⑯ 見臺北龍樹版《弘一大師永懷錄》，頁三〇九。

家的角度看弘一大師，確定似有「神通」，不過弘一大師絕不作意流露。這一點對一位有三昧修養的佛門人士來說極為重要。因此，世間有些稍具纖微通力的修養人而言，多半會渲染自己如何能入他人意識，知他人心事、命運，又能為他人帶來好運，諸如此類煽惑人心的錯誤行為。「神通」，如經由「作意」，便會成為一種魔道，一種功利潛在心理作祟，落入有相妄境，這是許多淺薄人士所無法了解的。

我們根據陳海量這段話，不管如何，弘一大師在佛道上，已有相當深度的成就，是無疑的。而佛家的三昧，在科學上沒有辦法找出證據，通常是透過同樣有深度經驗的人可以間接證明，再者是由接近的人，在細心體會中可以感受到。而且愈是有深度修道功力的人，從言行舉止上，只要是有心人，是可以觀察出來的。

㈨劉質平「感念」師恩的回報

劉質平是弘一大師首席入室弟子，就彷彿顏回、曾參之與孔子一樣。他於一九八六年，七十九歲時，在上海《中國書法》（季刊）第四期發表的〈弘一大師遺墨保存及其生活回憶〉一文中，說道：

「——我與先師，名雖師生，情同父子。我家祖上四代都是窮苦出身，我於民國初年入杭州師範讀書，從先師課外研究音樂。畢業後，先師又培養我東渡留日，所有費用由師資助，而師「入山」後直至去世的二十五年間，一切生活費用，都由我供給，從未間斷……」⑰

劉又回憶說：

「——先師經常把他的書法精品寄給我保存……自開始保存先師遺墨以來，前後已有六十餘年，……師在浙江鎮海伏龍寺，我去住了一月有餘……我辭別回校時，師親自送我下山，對我說：『我自入山以來，承你供養，從不間斷，我知你教書以來沒有積蓄，這批字件，將來信佛居士們中，必有有緣人出資收藏，你可將此款作養老及子女留學費用。……」⑱

我們要知道，弘一大師從出家後到圓寂二十四年間，送給劉質平的墨寶有千件之多，從民國八年到現在，經過了七十五年，劉質平先生又於一九八八年逝世於上海，其中歷經抗戰與文革之亂，墨寶損失了三分之一，到今天仍存六百件以上，且都收藏在劉氏家族第二代，劉雪陽兄妹手中。而今，劉家已成收藏弘一大師法書的「寶庫」，國內外任何團體要策劃「弘一大師墨寶大展」，捨劉氏家族，則無法達成這一計畫之圓滿。就如今年（一九九五）八月十二到二十五日在臺北市

⑰ 見一九八六年上海《中國書法》雜誌第四期，頁七。

⑱ 同上引雜誌，頁八。

國父紀念館所舉辦的「弘一大師墨寶文物大展」一樣。

我們現在要研究的是：並非弘一大師「墨寶」收藏問題，而是弘一大師在劉文中提到「他送上千幅的字」，只是要為劉氏家族日後改善生活與經濟環境。

我們必須了解，當弘一大師出家之後，二十多年間，上至文人雅士，如郭沫若、郁達夫，下至販伕走卒、學校師生，以及方內外師友弟子，人人向大師求字，人人可得，絕沒有向任何人收一文筆潤，而且，尤其在抗戰期間，人民歷經戰亂，弘一大師隨緣以「法書」與人結緣，完全是基於「宏道」的理念。既然弘一大師以一無代價的墨寶遍送人間，而且當時也沒有顯示他的字日後究竟有「多少價值」會受到社會共同珍視，而得到後人收藏。

但是弘一大師以一種極為「預知」的慧眼，已看出他身後五十年的今天，海內外華人文化界之視他的字如同「珍寶」，他非常準確地對劉質平說：「將來信佛居士們中，必有有緣人出資收藏」，當我看到這裡，簡直就像覿面指著「我們」這一群居士一樣。我們都在到處尋找弘一大師的墨寶不是嗎？

如果換了我作為一位書家，我絕對無法預知，身後十年、二十年、五十年乃至百年之後，我的作品會如何得到後人的珍視與收藏。

弘一大師在平淡中對劉質平講的這一席話，已隱隱中暗含一種非凡的預知性智慧，就像另一件他印行二十五部《華嚴經疏論纂要》一樣，都令人感覺不可思議。

弘一大師之愛劉質平，是一位老師對貧家子弟的學生無私的愛，等劉質平返國之後，以佛家的「供養」，來回報老師，以維護弘一大師不收信徒布施之資的生活準則；但是弘一大師再以他的「墨寶」千件回贈給劉質平，這已照顧到劉質平第二代、第三代甚至第四代、第五代的家族了！這是何等的細膩關懷與偉大胸襟？

弘一大師這些字今天在劉氏家族，已不只是改善他們的最低生活，而已成為一座文化的寶藏了，這是弘一大師所以為弘一大師，其深義就在這裡！

三、綜　論

我們分析以上九項有關弘一大師「超邏輯」的判斷能力資料，其中勉勵「袁希濂前生亦是和尚」、「陳海量曾是天台山老僧」，這兩項「不可思議」之前知，固無法加以求證，可是他對好友夏丏尊、弟子劉質平卻沒有類似勉勵的話。可見弘一大師對於某人「前生」是不是出過家的暗示，是有分寸的。

至於李鴻梁談到弘一大師「遇盜」時，時鐘忽然停掉，盜去後重新響起，是弘一大師的「精神感應」，還是「意識凝住於佛號」而「一念間未聞鐘聲」，在盜去後才警覺到？鐘聲先停後響，無法從常情研判。

其他六項，例如「浙江護法事」、「錢東亮求見」，已有明確見證。「為廣欽老和尚開靜」，是傳於廣欽老和尚生前之口，至於「內山完造代贈《華嚴經疏論纂要》」、「為劉質平留下墨寶千件」，這些預言，都已有歷史證明。

在這九項紀錄裡，所顯示的不僅是弘一大師在許多世情、言行兩方面，不是我們凡俗之人可以一探究竟，而他的「不可思議」的高瞻遠識，撇開佛門的「三昧」所顯示的通力不談，就他之與人相處，以及對處理棘手問題時所表現的，絕對不是一個世俗的「文化人、藝術家」所能做到的；而真正示現的，則是一位具有深度佛法修養的高僧。

從人格心理角度觀察，弘一大師之言行，極為細膩，而無纖芥之失，他對人對事極為圓融而又慈憫寬厚，他的心地猶如一潭淨水，靈明剔透，毫無渣滓，無憂無恨，無執無染，意境高遠，矚目時空遼闊，正由於他的心地靈明，察人之所不察，知人之所不知，所以他的一言一行，在關鍵處，才透露一些不可思議的消息。

即使他沒有佛門所謂「神通」之力，而上述所引錄的一些言行，絕非我們這些凡俗之人所可企及。

像弘一大師這一型高僧，真是世間難得一見！

一九九五年八月三十一日清稿

弘一大師名號考釋

甲、引言

弘一大師一生「名號」之多，已前無古人。我們仔細檢閱大師一生所用的「俗名」與「法名」，彷彿一片繁花錦簇，目不暇思。為什麼，弘一大師會為自己署下這樣多名號？我認為應從他的「生命發展過程」來追尋，便會恍然大悟。他為自己命這麼多名號，絕對有他的深意存在。他不是為與世人布八陣圖，使見者如入五里霧中，以呈現他的自我神秘與博學。

弘一大師之從幼年，除了由自己生父命取學名之外，幾乎所有名號，都是經由自己的知識、情感、身世、閱歷，以及對人生的感悟之後得來。

他生而具有音樂家、美術家、書法家的天賦之資，再加上情感之豐富與思想之細膩，所以，當青少年時，對生命過程中每有所感觸，便會為自己命一個新的別號或新的法名。

由於他是一位全方位的藝術家、文化人，同時又是一位棄俗的佛門高僧，這種多樣人格模式的結合，使得他與一般文化人的想法不同。設若他不是一位「多方位」藝術家，他就不可能有這麼多別署；設若他不是一位書法家，到出家後也不能有這麼多別署；如非他出了家，作為一位向世人傳播佛家大義的高僧，也不會有這麼多別署。

他的名號，尤其出家之後，每有所落款，便會突顯他將佛法與自己生命溶合成一個奇特的藝術整體！

也可以說，弘一大師將他的名號透過「佛義」以不同的詞語展開在他的生命裡，布飾在他的墨寶上。如果他只用「弘一」或「演音」作為墨寶的下款，便與今天我們所見到的落花繽紛般的署名美感完全不一樣。

在弘一大師的名號裡，不是單一的「多」，而是經由「多」，展現出他心靈的多采多姿。他在生命裡，出家前是世間的藝術家，出家後，卻昇化成為出世間的藝術家。弘一大師無一而非藝術。連他的許多名號布滿在紙上也是一樣。

經由名號，我們看到弘一大師另一種生命，一種花枝充滿天地間的生命。看到了他與佛家的奧義相結合的生命。

我們在以下各章節，來說明、分析弘一大師名號之始源、訓釋，與它的諸般法義。

乙、弘一大師名號分項統計

一、俗家名號（依使用年齡順序檢列）

李文濤、〔字〕廣侯。

李成蹊、〔又名〕李下、桃溪。

李叔同、叔桐、俗同、漱筒、瘦桐、俶同、庶同、舒統。

惜霜、惜霜仙史、醾紈閣主、李廬、李廬主人、壙廬。

李息、息霜、息翁。

李廣平、李哀、哀公、李岸。

微陽、當湖老人、李欣、欣欣道人、黃昏老人、李嬰、李凡、凡民、南社舊侶。

以上名號共三十五個。其中，臺北善導寺收藏、李芳遠身後流出之「弘一大師印存」所列四十四方印中，有「李玉」之別名，未見於現有史料記載，故未列入。另「三郎」一名，亦見於一九〇五年寄給徐耀廷明信片上「山茶花」水彩畫之用印，未見題署，故亦未列入。

二、出家名號（除正式法名之外，餘署均依筆劃順序檢列）

㈠演音（正式法名）、弘一（正式法號）。

㈡一日、一月、一相、一音、一味。

㈢入玄、力月、力依、二一老人。

㈣大山、大心、大心凡夫、大安、大舟、大明、大舍、大慈、大誓。方廣（大方廣）、亡言。

(五)不息、不著、不動、不轉。日鐙(日燈)。月音、月幢、月臂、月鐙(月燈)。玄入、玄明、玄門、玄策、玄榮、玄會。

(六)弘裔、世燈。

(七)自在、自悟。安立、安住。如月、如空、如理、如眼、如說、如智、如實。光明、光網。成智、成就、成實。吉目。

(八)作明。忘己。即仁。究竟。妙著、妙勝、妙嚴。

(九)法日、法城、法流、法雲、法幢。念智、念慧。性空、性起。明了、明慧。所歸。具足。泓一。非念。

(一〇)為依、為舍、為明、為首、為炬、為導、為勝、為趣、為歸、為護。相嚴。甚深。威德。勇說。信力、信悲。炬慧。

(二)真月、真義。愿門(願門)、愿藏(願藏)。殊勝。被甲(披甲)。

(三)淨地、淨眼。莊嚴。晚晴、晚晴老人。虛空、深心。婆心庵主、晨暉老人。

(三)善入、善了、善月、善知、善思、善惟、善現(善見)、善量、善解、善夢(善夢老人)、善愍、善臂、善攝。智人、智印、智住、智身、智門、智音、智首、智炬、智理、智眼、智境、智幢、智燈、智藏。普音。勝力、勝月、勝目、勝立、勝行、勝祐、勝音、勝義、勝解、勝幢、勝慧、勝髻、勝臂、勝鐙(勝燈)、勝願。堅固、堅鎧。悲幢、悲願。順理、遍照。等月。焰慧。

尊勝老人。無有、無住、無作、無依、無所、無畏、無得、無等、無說、無厭、無盡、無礙、無縛、無著（無著道人）。須彌。

(一四)慈力、慈月、慈目、慈舍、慈風、慈現、慈燈、慈藏。圓音、圓滿。解了、解脫、解縛。微妙。遠離。

(一五)實智、實語、實義、實慧。滿月。精進。僧胤。廣心。

(一六)慧力、慧牙、慧炬、慧幢、慧樹、慧鐙（慧燈）。德幢、德藏。澄渟、澄覽。調伏、調柔、調順。摩尼、摩頤行者。論月。增上。隨順。

(一七)龍音、龍臂。賢月、賢行、賢首、賢瓶道人。髻光、髻目、髻明、髻音、髻幢、髻嚴。曇昉、曇昕。靜觀。辨音。澹寧道人。薝蔔老人。

(一八)離忍、離念、離相、離垢。離著。雜華（花）。寶音。

(一九)難思、難勝。嚴正、嚴髻。覺慧。靈辨。瓔珞。鐵臂。

以上十九項，共計法號（別署）二五一個，分別錄自天津古籍出版社《李叔同——弘一法師》所收、劉質平〈弘一上人史略〉及林子青《弘一大師新譜》與筆者查閱他種史料所得。

三、陳玉堂收錄者〔依浙江古籍出版社、一九九三年五月初印、陳玉堂編《中國近現代人物名號大辭典》頁一三五、一三六〈弘一條〉所載分列、其他史料未收者。〕

(一)俗名：

一琴（為南洋公學校友平海潮誤記，係「李廣平」之舛）、秋實、春柳詞人、李息庵（為「李息翁」之誤，不應列）。

以上應作兩個。

㈡法名：

大思（「懼」古文）、妙義、樂寂。

計三個。

㈢劉質平收藏資料中、被弘一大師刪除者：

不作、自悟、法流、法雲、非念、信悲、寂月、智首、淨沼、解了、慈牙、慧牙、賢首、摩危、嚴正。共十五個。其中「摩危」係「摩尼」之誤。而且「自悟、法流、信悲、智首、解了、慧牙、嚴正、賢首及摩尼」等九個名號，均有直接史料可證，不應刪除。當年弘一大師將之刪除原因不明，但今天既有確證，則應保留入於名號（別署）之內。

以上陳玉堂所錄，林子青《弘一大師新譜》、劉質平〈弘一上人史略〉均未收。其中除被刪之十五個，僅有「秋實、春柳詞人、大思、妙義、樂寂」等五個名號，為「林、劉」二位所無。另有《全集》第九冊九九頁，弘一大師所臨古碑帖有「方外司馬」印一方，因未見題署史料，亦不錄。

現在，根據上列史料所見，總共統計出「在俗名號」三十五個、棄俗後名號（含正式法名綜計二五一個。兩者總共二八六個。我們依上列題字，在每一名號、或每一組有連續關係的名號下，分節以「——借義、始義、引申義、原典義」再加以考證其始源，闡明其涵義。至於無源可考者，則對詞義上加以推定，或另行說明。

丙、弘一大師在俗期名號考析

弘一大師出家前的名號，在上一節已統計出三十五個，但是就他的名號在年齡分布上，尤其二十歲以前，還有令人迷惘之處！比如說，他出生之後，由他父親李世珍命的「學名」究竟是「李成蹊」，還是「李文濤」。而且他在這一階段〔十九歲，到上海以前〕，每一名號究竟在彼此間有何關連，而且在現存的史料上，它們的分布狀況如何？都是要透過這節文字來確定的。

現在，我們就依名號在年齡層次上，逐項加以綜合考訂。

㈠**李文濤**：應為弘一大師出生後，由其先君李世珍所命「正式學名」。依中國文化家族倫理，一般家庭男輩二人以上，均以某字代表輩份而命名。由於弘一大師在二十歲以前的史料缺乏，而今從自身簡述、第三者撰述的「年譜、傳略」，只能找到賅括的紀錄，無法確證他何者是「正名」、何者是「自署名號」。我們根據弘一大師同父異母之長兄「李文錦」、次兄「李文熙」，他名「李文濤」，此兄弟三人，應均為其父依「文」字為輩份（或自擬）通名。此名應為「出生後」（最遲滿月之後）所命。而且兄弟三人，在「文」字下，分別以「从金」、「从火」、「从水」，即「錦、熙、濤」為分別正名。據測亦可能由於在命相理論上此三人「八字」中，分別「缺金、缺火、缺水」而得補此缺項。此為中國固有文化家族之傳統。以「文濤」二字言，乃表其人一生「文章波濤壯闊」，間接地象徵日後文名蓋代。

《昭明文選》揚雄〈羽獵賦〉云：「渙若天星之羅，浩如濤水之波。」這都表明古文化人之文氣汪洋之概。

至於劉質平在〈弘一上人史略〉中，談到「李成蹊」為弘一大師「幼名」，似與李氏家族命名倫理不合。而且「李成蹊」一名，也未見十七歲以前的史料。「李文濤」一名最早見於一八九六年（光緒二十二年）農曆四月給李家錢號賬房徐耀廷的現存十九封信中的第一封。弘一大師時年十七歲（虛齡）。到次年（一八九七）亦沿此名「以童生資格應天津縣學考試」。

在給徐耀廷的十九封信中，有十四封用「文濤或李文濤」署名。時間都是「一八九六年」一年之內。其他五個名號，分別——依次是「叔桐（一八九六年六月初九及一八九六年七月初二日）、李卜（一八九六年——無月日）、惜霜（一八九九年秋——在上海）、李哀（一九〇五年舊十二月——在日本）。」弘一大師青少年時代，與徐耀廷雖為一主一客的關係，但年齡相差二十三歲，同時徐又精於字畫金石，在雙方交往上，屬於亦師亦友的關係，弘一大師非常尊敬這位「賬房先生」。

在弘一大師十七歲以前，有關名號的真實史料已無從發現，但從他給徐耀廷這樣與李氏家族經濟關係重大的人物信中，十九以「文濤」為署，可斷定他的出生後到成長期，一定以「李文濤」為正名。乳名則應為「三郎」。

〔資料來源〕《弘一大師全集》（以下簡稱《全集》）第八冊，頁七九—八三。

(二)廣侯：為弘一大師早年的「字」。這個「字」，應為他的父親李世珍所命。在中國二十世紀以前的「詩書官宦人家」，通常在「男丁」出生之後，除了為之取一「正名」（或學名），同時也會連帶起一「字」（或「號」）。「廣侯」這個名號，與「文濤」有其相配意義。「文濤」指「文功」，「廣侯」指「武勳」。尤其「侯」，通常泛指古代「官爵」，專指「帝、王、公、侯、伯、子、男」之公卿之位。

「文濤」配以「廣侯」，應是弘一大師父親李世珍的理念，蓋因那一時代，尤其是「官宦、文化家庭」，鮮少不期盼其子嗣在日後前途飛黃騰達的。而且這「一名、一號」均非出自弘一大師在青少年期「自命」。因此，「文濤」用到十九歲以後就不見於史料了，至於「廣侯」，未見於任何關於弘一大師的直接資料，僅在他的青少年生命中曇花一現。

〔資料來源〕《弘一大師永懷錄》，頁一、姜丹書〈弘一法師傳略〉（〈傳一〉）。案：姜丹書與弘一大師在杭州師範任教席時之同事，姜亦精書畫，想在平日言談間透露出他早年的經歷。

(三)李成蹊：劉質平在〈弘一上人史略〉一文中，談到「弘一大師幼名成蹊，字廣平」。這個名字（或號），據多種早期零星資料顯示，應該是弘一大師青少年時代（十二歲到二十二歲）自命的「正名」。它的取義，是來自《史記》〈李將軍列傳〉之末：「太史公曰：『諺云：桃李不言，下自成蹊。』」「蹊」，是「小徑」。它的意思是，「桃李長得枝繁葉茂，結實纍纍的時候，它們雖然不會說話，但自會招來許多喜食桃李的孩子來採擷。因此，樹下自會踐踏成一條小徑。」而間接的暗示是：只要一個人自己能夠發奮圖強，白會獲得社會的肯定。此一名號，當為弘一大師到上海之後，用到一九〇一年，進入「南洋公學」改名「李廣平」為止。

在林子青《新譜》〈家世概略〉一文中，認為「成蹊」係幼名，字「廣侯」，或有其見地。但就史料言，仍有置疑之處。

〔資料來源〕(1)「成蹊」之典，引自臺北開明書局一九七九年版《二十五史・史記》，頁二八七八。(2)「成蹊」之名，除林子青於一九四三年所撰《弘一大師年譜》收錄，復見於臺北東大版《新譜》二四頁所載——弘一大師於一八九六年、十七歲時，手抄〈恆麓書院臨別贈言〉末尾署「李成蹊」摹。(3)第二度見於一九〇一年三月、二十二歲時，在上海致許幻園函，與「贈世交華伯銓」之五言絕句後之落款。並分別見於《全集》第八冊頁八三（下）、《新譜》頁四三。

㈣李下：此號應為弘一大師少年期自命。其取義與「李成蹊」同源。即「桃李無言，下自成蹊」，取其中「李」、「下」二字。但此後僅見使用一次。即一八九六年（十七歲）〈致徐耀廷函〉第十六通之落款，餘極少見。惟林氏《新譜》亦收。但弘一大師於杭州任教時，與友人共組「樂石社」的〈社友小傳〉中亦有收錄。

〔資料來源〕《全集》第七冊，頁三九三（上）、第八冊，頁八三（上）。

㈤桃谿：取義亦來自「桃李無言，下自成蹊」中之「桃」、「蹊」二字之「借音」。但兼與陶淵明之〈桃花源記〉中之「漁人沿溪而上」之義相應。

我們據此可以推想，弘一大師在少年時期，因天賦藝術才華，自十歲到十五歲間，已學書、刻印、習畫……兼之廣讀詩書之後，感覺「文濤」與「廣侯」之名號，富貴氣太重，很想擺脫自己的「本名」，所以為自己命了許多「別號」。「成蹊、李下、桃溪（谿）」，只是他青少年時代中曇花一現而已。他真正認同的名號，還在後面。所以這幾個名號，在二十歲以後，就不用了。

〔資料來源〕《全集》第七冊，頁三九三（上）〈樂石社社友小傳〉。

㈥李叔同：這個名號，貫穿於弘一大師出家前三十九年的生命，光輝閃爍於中國文化史冊。並且在隨處可見的史料中，俯拾即是。尤其他早年所作的歌詞曲譜當中，已廣為人知。「叔同」之取義，源自他排行第三。古人對兄弟之排行，依次是「孟、仲、叔、季」，即「老大、老二、老三、老四」。「叔」之下「同」，為廣義的詞語，有「泛愛」的意思。例如《禮記》的〈禮運篇〉：「大道之行也，天下為公……是謂大同。」又如「同心同德」、「同氣連枝」。

這個名字，雖自少年期即命就，早年傳記史料也有記載，但極少用於書信。最初見於一八九六年唐靜岩〈司馬真蹟後記〉謂：「李子叔同，好古主也。……」大師時年十七歲。次見於一九○五年冬天他到日本之後，寫給上海老友毛子堅的信上落款。時年二十六歲。

因為弘一大師的父親早逝，從「李文濤、廣侯」以次，他的多種字、號、別署，均係自命。

〔資料來源〕《弘一大師全集》第八冊，頁九一（上）。《新譜》，頁二三。

(七)叔桐：其取義與「叔同」同音。惟「桐」之一字，另有含義。「桐」，指「梧桐」，落葉喬木，幹高數丈，一無雜枝。葉大而帶圓，花色白紫，秋有實、形小而扁。桐木外皮細白微綠，內材細密，可供作琴瑟樂器。古人以「梧桐」入詩詞、或作人名、地名者極多。更有「鳳棲梧桐」之說。梧桐高標聳立，頗富亭亭之美。入詩者，如李後主〈相見歡〉「──無言獨上西樓，月如鈎，寂寞『梧桐』深院鎖清秋。──」李清照〈聲聲慢〉「──『梧桐』更兼細雨，到黃昏點點滴滴。……」白居易〈長恨歌〉「──春風桃李開花日、秋雨『梧桐』落葉時。……」清、譚嗣同〈感舊詩〉「──『桐花』院落烏頭白，芳草汀洲雁淚紅……」唐、無名氏〈梧桐影〉「──今夜故人來不來?教人立盡『梧桐』影。」清、王士禎〈蝶戀花〉「──郎似『桐花』，妾似『桐花鳳』。……」溫庭筠〈更漏子〉「──『梧桐樹』，三更雨，不道離情正苦。一葉葉，一聲聲，空階滴到明。」

地名如〔浙江〕桐廬、桐江，〔安徽〕桐城、桐水，〔河南〕桐柏山。人名如「元、姚桐壽，號桐江釣叟。明、宋應昌，字桐岡。清、徐煥然，字桐村。張淮，字桐山。馬澗之居，為『桐山草堂』。朱世繡，字桐音。不勝枚舉。」而古〔農曆〕三月，為「桐月」。

弘一大師之兄李文熙，字亦「桐岡」。

弘一大師以「桐」引為「號」，應與他之愛好古詩詞有關。

〔資料來源〕《弘一大師全集》第八冊，頁八〇〈致徐耀廷函〉，時年十七歲。餘見《新譜》等史料收錄。有「梧桐」入詩者，錄自各朝人物詩詞集。

(八)俗同：取義與「叔同」諧音。另義「與俗夫俗婦同」。即「為一平凡之人」。惟此號尚未見於已有史料書文題款。

〔資料來源〕(1)林子青《弘一大師新譜》，頁一〈家世概略〉。(2)陳玉堂《中國近現代人物名號大辭典》〈弘一條〉。

(九)俶同：取義與「叔同」諧音。俶音chù。《爾雅・釋詁上》「俶，始也。」《說文解字》作「善」。《集韻》「俶或作倜（音tì）」。因此，第二義，可釋為「始同、善同、倜同」，綜謂「始與人同，善與人同」。此號自命於杭州斷食之後，時年三十七歲。題於「靈化」二字之末，贈學生朱穌典之橫幅。

〔資料來源〕《全集》第九冊，頁一二一（下）、一三四（右）。《新譜》，頁一、一三七。

(一〇)庶同：取義與「叔同」諧音。又，義「與庶民一同」。但未見用於任何史料。

〔資料來源〕《新譜》，頁一〈家世概略〉。

(一一)瘦桐：取義與「叔同」諧音。惟另指「梧桐」之高聳直立「如獨鶴之清瘦」。尚未見於現存遺留之史料。

〔資料來源〕《新譜》，頁一〈家世概略〉。天津古籍出版社《李叔同——弘一法師》，頁七四、龔望〈弘一大師的一生〉。

㈢漱筒：取義與「叔同」諧音。漱，音shù，通義為「洗滌」；「筒」義為「筆筒」。其義為「清淨之筆筒」，引申為「愛好詩文」。此號初見於弘一大師二十歲到上海次年，贈詩名妓朱慧百時，朱以原韻回贈及致贈畫箑。此回詩題款，為「漱筒先生」。惜弘一大師原詩已佚。

〔資料來源〕林子青《弘一大師新譜》，頁三五、朱慧百詩，及《全集》，頁四三七（上）〈城南草堂筆記・跋〉。又見〈二十自述詩序〉，原載李芳遠編《弘一大師文鈔》一九七六年四月臺北版，頁二一。

㈢舒統：取義與「叔同」二字諧音。其次義，「舒」意為「伸展、展現、開啟……」；「統」，意指「一脈相承」，綜謂「開展一脈相承」的文化使命。此一名號，最早用於十九歲之前。大師手稿係引用《說文解字》釋「吳」之原意的題署。據此幅遺墨風格推斷不應出於二十歲之後。

〔資料來源〕《弘一大師全集》第九冊，頁一一三。未見署年月。

㈣惜霜：此一名號出於弱冠之前，在天津少年時代。與「文濤、成蹊、叔同」在含義中都沒有連帶關係。所謂「惜」，應是「珍惜」之義，「霜」，則為象徵義。如「富貴如同瓦上霜」、「人生如霜露」。引申義「人生名利，虛浮不實。」因此，「惜霜」，義指「珍惜生命，珍愛年華。」

此號初見於弘一大師〈致徐耀廷函〉，時為一八九九年秋天，已移居上海，年二十歲。更早期的史料已無從發現。此後曾陸續使用。但後來由「息霜」代替。

〔資料來源〕《弘一大師全集》第八冊，頁八三（下）。

(五)惜霜仙史：此一「別署」，惜霜如前釋。「仙史」二字，意味「仙界使者」。此時大師思想上已透出「出世」之訊息。此署最初見於《詩鐘彙編初集・序》，時在一八九九年，二十歲。二年後，又見於《城南草堂筆記・跋》，時二十二歲。

〔資料來源〕《弘一大師全集》第七冊，頁四三五（下）、四三七（上）。

(六)醿紈閣主：「醿」，指「酴醿」，即「荼蘼」，花名，二、三月開白色小花，甚美。「紈」，《說文通訓定聲》，「指白緻繒」，即今天的白色細絲綢。而「紈袴」，則引申為「富家子弟」。但「紈綺年」，則引申為「青少年」。因此，「醿」與「紈」之結合詞，都是原字的第三義，即「青春少年」。弘一大師以「醿紈」為別署，即象徵自己正在「青春意氣風發」的時代。「閣主」，則為此一「閣舍」的主人。此號命於弘一大師二十歲時，已移居許幻園氏之城南草堂。當時（一八九九年十月）弘一大師在上海獲得清代名士紀曉嵐所藏的「漢代甘林瓦硯」，所謂「甘林瓦」，是以銅製成，而作為硯，供文人使用。弘一大師極為珍視。便請大江南北名士題詞，集為《漢甘林瓦硯題辭》二卷。中有「丹徒（今鎮江市屬）金爐寶篆詞人」者，撰有《漢甘林瓦硯歌為「醿紈閣主人」作》七古一首，詩云：「醿紈主人性風雅，鑒別金石明雙瞳；甘林瓦片篆文古，用之作硯堅如銅；……」在此書內頁署名為「醿紈閣主李成蹊編輯」。

由此事可見，二十歲的弘一大師青年時代，是如何倜儻豪放，文雅風流。但此後「醿紈閣主」名號未再見於其他遺著。

〔資料來源〕林子青《新譜》，頁三四、三六。

㈦李盧：此一別署，係十九歲到上海之次年，應許幻園之請，移居許氏「城南草堂」，因題其居所為「李廬」。首次見於文獻的，也是《漢甘林瓦硯題辭》一書，封面署「己亥十月、李廬校印」字樣。此號自此始。又見於一九〇〇年《李廬印譜・序》、《李廬詩鐘・自序》。在上海時仍間用於詩文。

〔資料來源〕林子青《新譜》，頁三四。李芳遠《弘一大師文鈔》臺北一九七六年白鄰書屋版，頁二一、二二。

㈧李盧主人：其義取自「李廬」。但未見署於任何詩文及字幅。

〔資料來源〕林子青《新譜》，頁三七。

㈨壙盧：壙，音kuàng，義為「墓穴、空曠、毀棄」，與「廬」相合，為「藏名隱姓之居」。此一別號收於《樂石社社友小傳》。

〔資料來源〕《全集》第七冊，頁三九三（下）。

㈩李息：息，取義與「惜霜」之「惜」同音。但其本義應作「息心靜慮」。息，本義為「呼吸」，引申作「停止」等意。此一名號初見於一九〇六年（夏）由日本返天津所寫〈喝火令〉之題款。文曰「今年在津門作、李息。」時年二十七歲。

此名在《新譜》等史料中，都認為是弘一大師十九歲以前（在天津時期）所命，但從史料出現的先後及頻率看，在上海時期以前的信函及詩詞文字上從未見到。而且「息霜」之號，還在此一命名之先出現。我很懷疑，「息霜」之號，先於「李息」之名。

「李息」之名，此後用到出家前一兩年，在杭州時見於許多墨寶的題款。

〔資料來源〕林子青《弘一大師新譜》，頁八〇。《全集》第八冊，頁一三（下）。

㈡息霜：此一號取義與「惜霜」同音。據《年譜》及傳略記載，訂於弘一大師在天津（少年）時所命，為「李息」之號。但我以為少年期有「惜霜」之號，到上海以後，再有「息霜」之別署；「息霜」之號命後，再命「李息」之名。「霜」之命題，在前文已釋，指「時光之易逝」，但象徵「世間一切功名利祿」之不實。因此，「息霜」之旨義，在提示自己「要放下世間一切虛華不實之物」。這就是弘一大師命此一別號的理念。

「息霜」初見於一九〇六年〔丙午〕正月在上海發行的《音樂小雜誌》第一期。編輯人，是「李叔同」，發行人是「尤惜陰」。但雜誌內所收十五篇作品，就有九篇都署名「息霜」。也就是說，這本雜誌的作品，除插圖之外及五篇文字是出自日本人之手，其餘都是弘一大師以「息霜」之筆名所寫。由於這期雜誌〔唯一的一期〕是在一九〇六年農曆正月在上海排版，這些稿件的結集應是一九〇五年下半年。因此，「息霜」之號，應在弘一大師二十六歲到日本時使用於文字上。

爾後迭見於歌曲及有關文件。

〔資料來源〕清、光緒三十二年正月二十日〔一九〇六年二月十三日〕在上海發行、由弘一大師〔李叔同〕主編之《音樂小雜誌》第一期（影印本）。

(三)息翁：其取義於「李息」之「息」。再以「息翁」以示自身之將老。此一別署，初見於一九一三年五月十四日弘一大師在杭州師範，因好友夏丏尊二十八歲生日，師以臨摹漢碑「長壽鈎鈎銘」相贈，並加「題記」來祝壽。落款是「當湖老人・息翁」。這一年弘一大師三十四歲。以後偶見於信函或題字。

〔資料來源〕《全集》第九冊，頁一二六。

(三)李廣平：「廣平」之名，取義於「廣侯」之更易。由於「侯」之「富貴氣」，不若「平」之「和光同塵」，具有「入凡導俗」之旨。

「廣平」為弘一大師早年見於「公文書」的正式名號之一。大師到上海的第三年，即一九〇一年〔光緒二十七年〕、二十二歲，以「廣平」之名考入「南洋公學」特科，當時蔡元培是國文老師。此後於一九〇三年，再以「李廣平」之名，譯出日人著作之《法學門徑書》及《國際私法》二種，由上海開明書局印行。直到他的母親王太夫人逝世。

〔資料來源〕林子青《新譜》，頁四四。由蔡元培口述的黃世暉〈蔡子民先生傳略〉所引「李廣平」是當時學生之一。又《全集》第八冊，頁三一至四七。《新譜》未說明弘一大師何時考進

「南洋公學特科」，但根據大師當年農曆三月回到故鄉天津「贈世交華世銓五言絕句」：「故國三千里……」詩後下款時間是「辛丑寒食」（清明前一日，即一九〇一年四月四日〔農曆二月十六日〕）。此時他尚在天津，因此投考「南洋公學」，應在暑期、六七月間。

㈣李哀：此名為悼念母親王氏鳳玲之早逝而起。弘一大師當時二十六歲，他的母親於一九〇五年三月十日〔農曆二月五日〕逝世，得年四十五歲。

初見於弘一大師於一九〇五年八月赴日本留學，農曆十二月，在日本東海道的名勝地——沼津寄給天津徐耀廷〔月亭〕的明信片，上附〈水彩畫題記〉，署名「哀」。此一名號到一九〇六年十月，由「李岸」取代。

〔資料來源〕《全集》第八冊，頁八三（下）。林子青《新譜》，頁七五。

㈤哀公：此名號為「自諡」。取義於李哀之「哀」。

在文獻上，初見於一九一一年（宣統三年）九月一日、弘一大師以墨寶贈給天津工業學堂、校長周嘯麟的〈洪北江文〉，同年贈楊白民聯句的署名。時年三十二歲、當年仍在東京。此一自署而後頗為少見。

〔資料來源〕《全集》第七冊，頁一二〇。林子青《新譜》，頁一〇一。

㈥李岸：「岸」之本義，《說文》所謂「水崖而高者」。也就是「江、海、河、湖」之岸。引中義為「高位、高傲、嚴正不阿。」乃至「苦海無邊，回頭是岸」。其取應是「嚴正不阿」。但年輕時的弘一大師到日本後，次年（一九〇六年）九月二十九日進入「上野美術專門學校」時，便以「李岸」之名入學。但一九〇六年十月四日東京《國民新聞》報導「最近因為聽說有一位叫『李哀』的清國人考入美術學校，而且專學洋畫……云云」，我想記者應在未開學前的資訊中得知，是「清國人」李哀。但入學後就改為「李岸」了。在程淯的《丙午日本游記》（一九〇六年）卻說：「十月十三日午前，往觀上野之東京美術學校，由某職員導觀。據云：校生共三百四十五名，中有吾國學生四名。……西洋畫（油畫）科之木炭畫室，中有吾國學生二人，一名『李岸』，一名曾延年。……」可見弘一大師是以「李岸」一名入學。時年二十七歲。此一名號到回國，便不再用。

〔資料來源〕林子青《新譜》，頁八二。程淯在清末為一新聞記者，一九〇六年奉山西省當局派赴日本，考察工藝、醫學等有關教育設施。

㈦ 敳陽〔微陽〕：此一別署，是弘一大師於一九一二年（民國三年）、三十三歲時，是應夏丏尊之請，手寫前朝詩詞家「汪咨甫、王眉叔、姚鵷雛、郭頻伽」等四人「詩、詞、文、賦」各一篇，相贈時在大雪紛飛，年關將屆，夏將返回上虞渡歲。夏之別號「悶庵」，而大師則署名為「微陽」。時在杭州師範。「微陽」之取義，是「微弱的陽光」，或「將落的陽光」。引申則為「短暫的生命」。除此別署外，又有「微陽老人」別名，則在現存史料中尚未發現。

〔資料來源〕《全集》第九冊，頁一一二頁（下）。《新譜》，頁一〇三、一〇九。

(二六)當湖老人：「當湖」二字，取義自「浙江嘉興府平湖縣」之古稱。其地在今「浙江省平湖縣城東方數十里」一湖泊之名。引申為縣名。再引為別署。這是有淵源的。弘一大師在俗李氏祖籍，據天津古籍出版社、李孟娟〈弘一法師的俗家〉等文透露，他們在天津已有數代，在這之先，似來自「山西」。但弘一大師在一九〇二年（光緒二十八年）參加清廷（庚子、辛丑恩正併科鄉試），去「浙江嘉興」應試時，署名「嘉興府平湖縣監生李廣平」。因此，有人以為他是利用當時無「本籍應試」之嚴格限制，可以借用外籍參加應試，他本籍不是平湖。另一方面也有人認為他原籍應是平湖，只是史料湮沒，無法確證。現在的問題是——他的祖籍，究竟是天津、山西、還是浙江平湖？惟依一九〇〇年（光緒二十六年）弘一大師〈李廬詩鐘‧自序〉之署名「當湖惜霜仙史」，時年二十一歲，距應試時間提早二年，可見弘一大師並非由於「應試」而引用「當湖」一詞。他以「當湖」之為號，必有所據。因此，他的先世，很有可能來自「浙江平湖」，而非「山西」。寄籍天津，可能明代以後。

到一九一三年五月，再見他書贈夏丏尊「長壽鈎」的〈題記〉，再度署名「當湖老人息翁」。此時三十四歲。

（資料來源）《全集》第七冊，頁四三五、第九冊，頁一二六。《新譜》，頁三七。徐忠良〈從《李蘋香》序‧看青年李叔同的悲憫情懷〉，頁五引用。

(二七)李欣：此一名號，初見一九一六年的〈斷食日志〉，文曰：「丙辰新嘉平（陽曆十二月）

一日始，斷食後，易名『欣』，字『俶同、黃昏老人、李息。』」

斷食至十七日，記云：「——擬定今後更名『欣』，字『俶同』。」時年三十七歲。

「欣」之取義，《說文》：「欣，笑喜也。」引申義，為「悅服、欣慕」。也就是說「欣歡鼓舞」，表示內心的喜悅。

其實，弘一大師雖然在俗時在不同的「時間、地域、心理、感悟」等等情況下所自命的名號，多半用一個階段即再更易，而真正用於公文書及人際關係的，只四、五個名號。

〔資料來源〕《全集》第八冊，頁一六（下）。

㈢欣欣道人：「欣欣」，為疊字形容詞作名詞用。取義於李欣之「欣」字加強語氣。「道人」一詞，除中國民間對道教徒用之稱謂，唯書家、藝術家、詩人多以為「別署」。例如清末書家李瑞清，於民國建立後，署名為「清道人」。佛門人則少用。弘一大師在斷食期中，雖住虎跑寺，但當時在宗教思想上還沒有捨棄過去佛道不分的名士習氣。此一別署，落款於「贈學生朱穌典〈靈化〉二字之題記」。時年三十七歲。

〔資料來源〕《全集》第九冊，頁一二一（下）。

㈢黃昏老人：此一名號，亦於斷食後所命。例如：「李欣、欣欣道人、俶同、李息」均是。「李息」之名，曾於一九〇六年三十七歲已見於〈喝火令〉之落款。在此時大約是再度使用。

「黃昏」一詞，意指「歲月已老，猶如落日之將盡」，一如李商隱之〈樂游原〉「夕陽無限好，只是近黃昏。」弘一大師在出家之前，時時有生命不常之感而留諸筆墨。

〔資料來源〕《全集》第八冊，頁一三（下）

(三二)李嬰：此一名號初見於弘一大師於一九一六年八月十九日（三十七歲）給劉質平的〔第三通〕信中落署。但在「書信」的註文中，卻認為在「虎跑斷食後」所命。我們細檢這封信所記年月，在當年十二月一日，早了三個月十二天。可見「李嬰」並非命於斷食之後，而是在斷食之前就已經用於信函。他在給劉質平一一〇通信函的前十通，一至三函署名「李息」，四至十函署名均為「李嬰」，時間從一九一六年八月十九日到一九一八年三月初九日。以上時間都可能用的是農曆。

按：「嬰」字，指「項飾」，即佛經中之「瓔珞」；次義才是「嬰兒」。《老子》第十章，所謂「專氣致柔，能嬰兒乎？」弘一大師當時尚未明確信仰佛法。他之取義，應該指老子所說。到次年〔一九一七年〕九月贈給法輪長老的聯句〈題記〉署名則為「嬰居士息翁」。這時是三十八歲。

〔資料來源〕《全集》第八冊，頁九三（下）。《新譜》，頁一五二。

(三三)李凡：「凡」，意指「凡夫俗子」，自謙之謂。「李凡」這一名號，僅見於一九一七年【南社叢刻】第二十二集《詩錄》，當時署名「天津李凡、息霜」，沒有月日記載。《詩錄》所收弘一大師〈孤山歸寓成小詩書扇貽王海帆先生〉一首，即指此。時年三十八歲。至於此一名號，是否

「參加南社時所命」，尚無史料可證。

〔資料來源〕林子青《新譜》，頁五一。

(三四)凡民：意即「平凡之民」、平凡的老百姓。見一九一二年四月一日上海《太平洋報》三版《廣告叢譚》及《西洋畫法》二文之署名。《西洋畫法》從四月一日連載至四月二十六日，但未載完。此一筆名由長春師範學院郭長海教授所撰《李叔同的廣告學專著》一文提出。

(三五)南社舊侶：「南社」即柳亞子等於一九一〇年在上海所組織的「新文學團體」。弘一大師於一九一二年由天津南渡上海，任教於「城東女學」（楊白民任校長）時加入為社員，不久到杭州第一師範，此後七年間，可能自署過「南社舊侶」。但迄今仍未見用於有關詩詞文字。

〔資料來源〕林子青《新譜》，頁三〈家世概略〉。

弘一大師出家前、在俗期的名、號、別署，我們統計出有「史料」來源的總共三十五個，但其中例如「凡民、廣侯、桃溪、俗同、庶同、壙廬、南社舊侶」，除「史、傳」傳述而外，仍無第一手史料可供引證。尤其，弘一大師前半生青年期，究竟那一個名號才是他的「正名」，而非在詩文偶用；對於他的早期如「文濤、成蹊、李息」，都有人說是他的正名，每人所說都不盡同。名與號之間，也有參差。直到「李叔同」在歌曲中出現，才流傳於世。

我們對弘一大師在俗時「名號」加以分析，從時間上排列，應如此認定：

一、李文濤：〔一八八〇—一八九八〕從出生到十九歲——一八九八年九月離開天津到上海，通常用此名。

二、李成蹊：〔一八九八－一九〇一〕從住入上海法租界卜鄰里——當年九月（？）到一九〇一年夏季參加南洋公學入學考試，改名「李廣平」入學，時年二十二歲。

三、李廣平：〔一九〇一－一九〇五〕入南洋公學後，到一九〇五年農曆二月五日母喪，母喪後，改名「李哀」，〔可能滿七後〕，移靈天津，於當年七月間舉辦喪禮。時年二十六歲。

四、李哀：〔一九〇五－一九〇六〕母喪後〔滿七〕，直到次年在〔一九〇六〕九月廿九日考入上野美術專門學校時，改名「李岸」。時年二十七歲。

五、李岸：〔一九〇六－一九一一〕入上野美專，到一九一一年三月畢業，返抵天津，任教直隸模範工業學堂。時年三十二歲。

六、李叔同：〔一九一一－一九一八〕返國之後，由天津，次年至上海，一九一二年夏再受聘到杭州，直到一九一八年八月十九日〔農曆七月十三日〕出家於虎跑定慧寺。時年三十九歲。

弘一大師在俗期，在公文書及人際關係，這六個名字，都有正式史料作證，其他如「字、號、又名、別署、筆名」，都是友朋之間、詩文之餘的雅稱。「李叔同」之名，貫串了弘一大師在俗期——從年輕〔十七歲〕到出家〔三十九歲〕，都從未中斷過。其他的名號，則是隨緣而生，隨緣而滅，彷彿夜空繁星，在後人心靈中留下美麗的記憶。

丁、弘一大師出家後名號考析

弘一大師出家後使用的法號，包括出家時由剃度師了悟上人所命「演音（名）、弘一（號）」在內，經過彙集、再搜證，一共二五一個。較劉質平〈弘一上人史略〉所收二百個、另加文後「編註」納入二十個，共計二二〇個，尚多出三十一個。

較陳玉堂《近現代人物名號大辭典》〈弘一條〉所收（也包括劉質平先生之統計及編註在內），他另增「大偲、妙義、樂寂」三個，又在被弘一大師自訂手稿中刪除的「十五個」中，其中「摩危」為「摩尼」的筆誤，另「法流、解了、慧牙、嚴正、賢首」已在大師遺墨中出現；總計陳玉堂所錄法號，較劉質平文所錄多三個。而陳玉堂所錄，為他文所無者，如「妙義」、「秋實」、「春柳詞人」（應是出家前別署）等，因查無出處，本文暫作參考，並未列入考析之內。陳玉堂所集弘一大師法號計有二二三個，仍較本文所集少二十八個。

本文所錄的弘一大師「法號」，除參考林子青《弘一大師新譜》、《弘一大師全集》〈樂石社社友小傳〉、天津古籍出版社《李叔同——弘一法師》內劉文〈弘一上人史略〉及〈編註〉、陳玉堂《近現代中國人物名號大辭典》等所收，並加以核對，並從弘一大師現有遺文、書信、墨寶中，發現仍有世所不知者二十八個，一併加以考訂、釋義。

在這麼多的法號裡，我們推論出，除「演音、弘一」之外，其他諸多名號皆為大師在出家後二十四年間，在不同的時地、寫經、修道感悟的經驗裡，隨緣陸續使用，惟大多數名號，只用一次，或二三次於一些經句聯幅作題款，甚至有些已經隨一些墨寶之散失而湮沒，現在也只有在一些間接史料中可見，其落款於何處已無法查考。現在，可經常看到的，也只有像「演音、弘一、一音、曇昉、亡言」這幾個法號，能夠在許多墨寶、書信、詩文中，普遍地看到。

現在，我們（除演音、弘一）依名號筆劃順序，逐項考訂其始源及命題法義。

一、出家正式名號

㈠演音：「演」，指弘一大師在佛門的輩份，由了悟上人依宗派倫理取定。義為「演無上法音」、「演妙法音」（大正・六〇・五九b），此一「法音」，指釋迦牟尼說法之音。此為弘一大師出家之正式法名。《大日經疏第一本鈔》卷一一：「言以大慈悲力，故演妙法音。……」並遍見多種史料。

㈡弘一：為出家之號。義為「弘一代聖教」。弘，為「弘揚」，即「弘揚釋迦一代聖教」（大正・四七・三六二c）。《寶王念佛三昧念佛直指》卷上、〈闢斷空邪說〉第六：「釋迦如來一代聖教，一本於善惡果報因緣諸法。」此號偏見多種史料。

中國佛教自唐宋以後，出家人之命名，都由剃度師將「名、號」同時取定。並且多以「號」行世。像弘一大師之「弘一」即出家之「字」（號），正名為「演音」。或稱「演音」（俗稱內號），「弘一」（俗稱外號）。又如民國印光大師，他的正名是「聖量」，而以號——「印光」行世。餘類推。

「演音、弘一」之綜義，指「弘演佛法，利益眾生」之分別詞語。亦即「演無上妙音，弘一代聖教。」

〔資料來源〕「演音、弘一」之名號，見《全集》第八冊，頁八七—三三五《書信集》。及有關出家後一切史料均載。

二、別署析義之一

㈠一日：「日」，除指「太陽」之外，亦有多義。如《漢書・郊祀志》「曠日經年」。即「時日」之義。因此，「日」可作「時」解，亦可作「光陰」解。在此間應作「時」解。「一日」，即「一時」。而「一時」，即佛經中通常在「序分」開頭有「一時，佛在舍衛國，祇樹給孤獨園……」云，其義指「釋迦佛陀在說法之時」，亦可簡釋為「當時、那時」。

又永明延壽《宗鏡錄》第二三卷引李通玄《華嚴經論》所說：「十住初位，以無作三昧自體應真，煩惱客塵，本無體性，唯真體用，無貪嗔痴，任用即佛。故『一念相應一念佛，一日相應一日佛。』」〔大正・四八・五四三b〕這個「一日佛」義指一個人如果在一天之中能證無作三昧，無貪嗔痴的話，與清淨心相應，便是「一日佛」。

弘一大師以「一日」為「別署」，義在：一者要時時反省佛的言教，次在「一日心清淨，即一日是佛」。

此一別署，劉質平〈弘一上人史略〉未收。

〔資料來源〕上海書畫社《弘一法師書法集》，頁六七《華嚴經》句題署。臺灣版《弘一大師遺墨》，頁四五（下）「八字偈語」下款。

㈡一月：「月」，比喻佛性，或佛之法身。如「天心月圓」之月，「千江有水千江月」之月。「一月」，則指「惟此獨一無二之月」。《華嚴疏鈔》（十六卷上）所謂「譬猶朗月，流影偏應。且澄江『一月』，三舟共觀。……」《三藏法數》（卷四）則謂：「一月喻佛，三舟喻世間眾生，見佛不同〔之應化〕。」

此一別署僅見於劉質平〈弘一上人史略〉，尚未見於直接史料。

〔資料來源〕天津古籍出版社《李叔同——弘一法師》，頁一〇〇。

㈢一相：義謂「無二之相，無差別之相。」《維摩經・弟子品》所謂：「不壞於身，而隨一相。」相反地，「世間」的一切事物，則是有差別的，林林總總的不同之相。因此，《金剛經》稱這些「因緣和合」現象，為「一合相」，而非「一相」。

惟此一別署僅見劉質平〈弘一上人史略〉，尚未見直接史料。

〔資料來源〕天津古籍出版社《李叔同——弘一法師》，頁一〇〇。

㈣一音：此「一音」，指佛陀說法之音。如《維摩經・佛國品》：「佛以一音演說法，眾生隨類各得解。」《華嚴經・入法界品》〔大正・一〇・四四三c〕，則作「佛以一音為說法，隨其品類皆令解。」

此一別署，又取自「演音、弘二」正式名號中之合稱，並用於多處書信、書法等題款。

〔資料來源〕《全集》第八冊，頁三九七致馬冬涵〔曉清〕函、《全集》第九冊，頁一八〇中《華嚴經》句題款，時為一九三〇年（庚午）。惟見於自一九三〇年後墨寶中極多，故從略。

㈤一味：義指佛法從每一生命理念角度品味，都是一樣的甘美。所謂「醍醐一味」。《法華經・藥草喻品》說：「如來說法，一相一味」。

此一名號亦僅見於劉質平〈弘一上人史略〉所收，尚未見於直接史料。

〔資料來源〕天津古籍出版社《李叔同——弘一法師》，頁一〇〇。

三、別署析義之二

㈠入玄：此一名號，義謂「入於玄妙之門」。應是弘一大師依佛理創作。但落款處不多。

〔資料來源〕《全集》第九冊，頁一七七「具足大悲心」等三幅墨寶題款。

㈡力月：「力」是形容詞，「月」則是象徵名詞。「力」，是修飾「月」的。在「一月」條已說明「月」是佛性、法身的象徵；而「力」則是形容佛有「無限智慧力、慈悲力、喜捨、濟渡眾生之能力」。

《大智度論》第二十五卷，說到佛有十種力，這十種力賅括地簡釋為「佛有了解宇宙一切現象與眾生一切因果業報、以及永了生死」的大力。「力月」之意，就是「有無限能力的佛身」。此號為弘一大師依佛理所創。

此一名號僅見於劉質平〈弘一上人史略〉，目前尚未見直接史料。

〔資料來源〕天津古籍出版社《李叔同——弘一法師》，頁一〇〇。

(三)力依：從法義言，所謂「力依」，義為「佛力為眾生所依」。又法寶撰《俱舍論疏》卷第一餘言：「諸所造色，有二種依：一生起依，二力轉依」。「聖生無色，由力轉依，大種無故。」義謂：「聖者之化生，不從色生；乃由法身的念力轉化起形象，成為報身，因為他沒有地水火風四大種作為依住。」

此一別署，現有文獻皆未收錄。

〔資料來源〕《全集》第九冊，頁二〇二（右）、格言題署。

(四)二一老人：所謂「二一」，係弘一大師引古人詩句「一事無成人漸老」及清、吳梅村詩「一錢不值何消說」二句，取此「二、一」兩字自號。最初見弘一大師〈南閩十年之夢影〉。但所見不多。

〔資料來源〕《全集》第九冊，頁二七二「贈體磐法師」之墨寶落款。臺北龍樹版《弘一大師演講全集》，頁八四。

四、別署析義之三

(一)大山：佛名（大正・一〇・二八〇c《佛說佛名經》卷二四）。法義即「高大巍峨的山」，山，有「小」，有「大」；「山」也象徵它的堅定、無可動搖。因此，《涅槃經》卷二十三說：「——如有海、大海，有河、大河，有山、大山，有地、大地，……」〔大正・一二・五〇二a〕。《晉譯華嚴》〈入法界品・三四之十五〉說：「——發『大山』心，一切惡風不能動故；……」〔大正・九・七六九a〕。「大山」的意思是「像高大的山嶽，任何邪惡的風不能動搖。」

〔資料來源〕一九七五年十一月臺灣版《弘一大師遺墨》，頁四二（上）。

(二)大心：佛名〔大正・一〇・二二七b《佛說佛名經》卷一一〕。法義指「廣大、寬容、慈悲的心」。《晉譯華嚴》〈如來昇兜率天宮品第十九〉說：「——普發大心，眾生愛樂。……」〔大正・九・四八二b〕

〔資料來源〕一九九一年十一月臺北金楓版《弘一大師生命精華》，頁四〇「五言偈」落款。佛光版《弘一大師遺墨》，頁四六（下）「八言偈」落款。《全集》第九冊，頁二六四「阿彌陀佛」題款。

(三)大心凡夫：「大心」義同前文。惟此間則謙稱自己是「凡夫」。即雖發「大心」，但仍是「凡夫」。

〔資料來源〕一九八四年十月北京中國佛協編《弘一法師》（一〇〇歲誕辰）圖六十八頁印作，贈夏丏尊。

(四)大安：即「大安樂之境」簡稱。《普門品經》云：「三界無本，何求泥洹；不出不入，乃至『大安』。」意思說，大安樂之境，是一切法不立的。

此一別署，尚無直接史料可證。僅見於劉質平〈弘一上人史略〉。

〔資料來源〕天津古籍出版社《李叔同——弘一法師》，頁一〇〇。

㈤大舟：意思是「大船」，「能普渡眾生登於彼岸的大船」。靈峰偈語云：「臨行贈汝無多子，一句彌陀作大舟。」〔《全集》第九冊，頁一七二〕

惟此一別署僅見劉質平〈弘一上人史略〉，尚未見直接史料。

〔資料來源〕天津古籍出版社《李叔同——弘一法師》，頁一〇〇。

㈥大明：佛名〔大正・一四・三六六a《過去莊嚴劫千佛名經》〕。法義上，指佛的無限光明，可照破幽闇，濟度三途六道，因之謂「大明」。又謂特殊的理解力。如《唐譯華嚴・入法界品》第三四之一：「大明解力，趣向菩提。」《漸備一切智德經》〈金剛藏問菩薩住品・十〉：「——有一比丘，名曰『大明』，建如是像，博聞方便，勢力堅強。……」

〔資料來源〕上海書畫社《弘一法師書法集》，頁四二、五言聯句落款。

㈦大舍：「舍」同「捨」。「大舍」就是「四無量心」之一的「大舍心」，能捨棄一切身外名利甚至生命身體頭目……之心。《唐譯華嚴・佛不思議法品》第三十三之二：「於一切法，心得自在，而起『大捨』……」《信力入印法門經》卷二：「有言大捨心者，所謂菩薩離愛心故。」

此一別署見劉質平〈弘一上人史略〉，天津古籍出版社《李叔同——弘一法師》，頁一〇〇。

〔資料來源〕劉質平家族藏品。一九九五年八月十一日至二十五日，臺北國父紀念館翠亨畫廊展出。弘一大師自選格言「當厄之施甘於時雨，傷心之語毒於陰冰」之題署。

(八)大慈：佛名〔大正・一〇・三八二b《現在賢劫千佛名經》〕。「大慈」，即「四無量心」之「大慈」心。所謂「慈」，就是「與眾生之樂，拔眾生之苦」。《唐譯華嚴・佛不思議法品》第三十二之二：「觀諸眾生虛妄不實，起大慈心。」《信力入印法門經》卷二：「有言大慈心者，所謂拔濟一切眾生諸苦惱故。」

此一別署，初見於弘一大師於出家後四年、一九二二年二月八日刻印五方贈上海夏丏尊。這五方印，依次是「大慈、弘裔、勝月、大心凡大、僧胤」。這五方印，都是他的別署，但用於題款甚少。

〔資料來源〕上海書畫社《弘一法師書法集》，頁三五〈紹興開元寺募建殿堂疏〉之下款「大慈・釋演音、弘一」。此一名號，似代表大師出家地、虎跑之「大慈山」。

(九)大誓：所謂「大誓」，就是「四弘誓願」所包含的「眾生無邊誓願度，煩惱無盡誓願斷，法門無量誓願學，佛道無上誓願成」這「四大誓願」。這四大誓願，也就是一個將生命皈依佛道之人，最大、最徹底要完成的目標。《唐譯華嚴・十迴向品》二五之六說：「——普觀諸法真實之相，發大誓願，滅眾生苦，永不厭倦。」同品二五之七又說：「普願眾生智明了，布施持戒悉清淨，精進修行不懈廢，如是大誓無休息。」

〔資料來源〕《全集》第九冊，頁一九二（右）格言題款。

(一〇)方廣（或「大方廣」）：「方廣」二字，為形容大乘佛經的共通用詞。例如《大方廣佛華嚴經》，在佛門「十二部經」中之第十種為「方廣經」。《大乘義章》說：「理正為方，義備為廣。」《勝鬘寶窟》中末：「方廣者，大乘經之通名也。」

如照今天的語意來解釋，所謂「方廣」，就是「有正確的義理規範與廣大的思想脈絡之某某經」。

〔資料來源〕《全集》第九冊，頁二〇〇（左）格言落款。

㈡亡言：所謂「亡言」，「亡」，即「忘」之古字。陶淵明〈飲酒詩〉有句：「此中有真意，欲辨已亡言。」依佛家解釋，就是「三昧境界」，所謂「言語道斷，心行處滅」之經驗。唐、義淨譯《一百五十讚佛頌》有句：「善安立語言，證彼亡言處。」

弘一大師所寫書信、經偈，尤其晚年，以「亡言」為署，作為墨寶題款處極多。

〔資料來源〕《全集》第九冊，頁一七六「不是一番寒徹骨，怎得梅花撲鼻香」詩句題款。

此一別署用處極多，不具引。

五、別署析義之四

㈠不息：義謂「不休息、不停止、精進不懈」之意。《易經》有言：「天行健，君子以自強不息」。《唐譯華嚴・十地品》二六之三：「名為不休息者，常求智慧故。」又同經〈十迴向品〉二五之五：「——善意王菩薩，及餘無量諸菩薩等，於諸趣中，……起不退轉心、不休息心。……」

此一別署除劉質平〈弘一上人史略〉有錄，但未見於直接史料。

〔資料來源〕天津古籍出版社《李叔同——弘一法師》，頁一〇〇。林子青《新譜》〈家世概略〉亦收。

(二)不著：即「不黏一切世間法」，出世法亦不黏著。與「無掛礙」同義。《大般若經》卷九〈初分轉生品〉四之三：「——是菩薩摩訶薩不著趣入、不著不趣入，不著已度、不著非已度，不著布施、不著慳貪……」

〔資料來源〕《全集》第九冊，頁二一四（右）佛偈「如化喻」題署。

(三)不動：佛名〔大正・一四・三七九b《現在賢劫千佛名經》〕。又《晉譯華嚴・如來名號品》三：「有四天下，名曰堅固，稱彼如來，或稱不動。」又，東方世界之「阿閦佛」（Akṣobhya-buddha），義譯亦作「不動或無動佛」。「不動佛」在佛典出現次數頗多。

又，不動，義為「止心不動」或不動心念。對一切現象有形無形、皆不動如如。《大般若經》四四六卷〈第二分初業品〉五十之二：「一切法皆以不動為趣。」

此一名號，劉文外，未見直接史料。

〔資料來源〕天津古籍出版社《李叔同——弘一法師》，頁一〇〇。《新譜》同。

(四)不轉：意思是「不被外物所轉」，不會受「名韁利鎖」支配。《大般若經》〈不退品〉五五：

「菩薩於何等法，轉名不轉？佛言：『若菩薩摩訶薩色中轉、受想行識中轉，是名菩薩不轉……乃至阿耨多羅三藐三菩提中轉，當知是菩薩摩訶薩不轉。何以故？色性無，是菩薩何所住？乃至阿耨多羅三藐三菩提性無，是菩薩何所住？』」《小品般若經》〈阿惟越致相品〉十：「——爾者是為魔事，於是事中，應生堅固心、不動心、不轉心。」

此一名號，僅見劉文，未見直接史料收錄。

〔資料來源〕天津古籍出版社《李叔同——弘一法師》，頁一〇〇。《新譜》同。

（五）日鐙：佛名〔大正・一四・一四五a《佛名經》卷六〕。「鐙」係「燈」的古字。即「日燈」。又《唐譯華嚴》〈入法界品〉亦有佛名與《佛名經》同。此佛為天勝劫時「第二佛」。《四十華嚴》譯為「天吉祥」。又為「菩薩」名。又「三昧」名。「日鐙」，意謂「猶如麗日中天之佛燈」。

此一名號，不見劉文收錄。

〔資料來源〕《全集》第九冊，頁二〇〇（右）格言聯句題署。

（六）月音：佛名〔大正・一四・八九a《稱揚諸佛功德經》上〕。以「月」象徵「佛性、法身、本來面目」，在中國禪宗公案裡最多。例如「月印千江、因指見月、看月」，均指此。「月」，與「音」相結，可引申為「佛」。「月音」，意謂「佛的音聲、佛的妙音……」。惟此名號尚無經典根據。

〔資料來源〕《全集》第九冊，頁二七六（下）、「極樂世界」橫額、贈泉州養老院之題署。

（七）月幢：梵語dhvaja、ketu，音譯作「馱縛若、計都」。意為「幢」。此物係佛殿的莊嚴品。乃以長竹竿，上飾以多種雜色絲織布穗，間繫珠寶，製成略似旗狀之物。與「旛」合稱「幢旛」。此物並象徵佛法之莊嚴、救渡眾生、降伏魔障之力。「月幢」，據上一條引喻，意為「佛前的幢旛」。作為「佛前幢旛」，意指「佛法得以久住於世、降伏非道」。此一名號，入於劉文「編者註」。

〔資料來源〕《全集》第七冊，頁四三〇（下），為〈莊閑女士手書法華經序〉之落款。

（八）月臂：「臂」為「手臂」，據前釋。「月臂」，意為「佛的金色臂」。佛像上的手臂，通常作右手下垂之「接引狀」。其喻意在「伸臂接引苦難眾生。」

此名號為弘一大師自創。屢見用於書信、聯幅。

〔資料來源〕《全集》第八冊，頁一五六（上）〈致蔡丏因函〉署名。同書，頁四〇七〈致葉宗擇、宗定函〉，署印「沙門月臂」。

（九）月鐙：同「月燈」。佛名（大正・一四・一三二a《佛說佛名經》四）。援前條引申義，「月鐙」即「佛鐙」（佛燈）、「佛的智慧之燈」。又「月鐙」亦可轉釋為「猶如月光普照闇夜之燈」。

此一名號僅見於劉文，《新譜》亦據引，但未見任何直接史料。

〔資料來源〕天津古籍出版社《李叔同——弘一法師》，頁一〇〇。

（一〇）玄入：取義與「入玄」略似。「入玄」義為「入於玄妙之門」，為「進行式」詞語；「玄入」，義為「已入於玄妙之門」。為過去式詞語。

此一名號數見於弘一大師手寫經偈。

〔資料來源〕《全集》第九冊，頁二〇七贈劉質平「佛偈」落款。

㈡玄明：義為「既玄又明」。指「佛法既玄妙又能將生命化無明黑暗為光明」。《廣弘明集》卷十八《難釋疑論》：「若謂商臣之徒，教所不及……則分命所鍾，於何而審？『玄明』之唱，更為疑府矣！」此間的「明」字相反義是「無明」。又，《景德傳燈錄》卷二〇：「金峰從志禪師，號『玄明』大師。」

此一名號，劉文及《新譜》有錄，但未見直接史料可證。

〔資料來源〕天津古籍出版社《李叔同——弘一法師》，頁一〇〇。又《新譜》同。

㈢玄門：義為「玄妙之門」。《汾陽無德禪師語錄》上：「上堂云：『夫說法者，須具宗師眼目，須識「玄門」，要辨緇素邪正。……』」此一詞語，在佛家典籍裡，使用極為廣泛。

此一名號，僅見於劉文及《新譜》收錄，尚無直接史料可證。

〔資料來源〕天津古籍出版社《李叔同——弘一法師》，頁一〇〇。《新譜》同。

㈢玄策：「策」意謂「簡冊」，亦泛指「書籍」。「玄策」，義為「玄奧的典籍」，引申為「佛家經籍」。又人名：《宋、高僧傳》第十一：「釋玄策，俗姓魯，會稽人，……於禪林寺智廣師下出家。……」又，慧能法嗣四十三人，第十六為婺州「玄策禪師」。

此一名號數見於弘一大師墨寶。

〔資料來源〕《全集》第九冊，頁二一八（左）所寫《普賢行願品》經句之落款。

(四)玄榮：「榮」，為古「花」之通稱。《爾雅》〈釋草〉：「草，謂之榮。」引申義為「美質、光潤、繁茂。……」「玄榮」，應轉釋為「玄門之光」。即「佛門之光」。

此一名號僅見劉文，但未見直接史料。

〔資料來源〕天津古籍出版社《李叔同——弘一法師》，頁一〇〇。《新譜》同。

(五)玄會：意為「對玄門之領悟、體會」。《註華嚴經題法界觀門頌》下、〈廣狹無礙門〉第三節：「迴牟覓即易；進步討還難，肯來兩手相分付，擬去千尋不可攀。」釋曰：「此頌忘情反照，卻易相應，以識十度進求，誠難會矣。且如『玄會』終南觀旨一句，作麼生道?」按此間「玄會」人名。《大唐西域求法高僧傳》卷上載，唐代去西域求法第十六位高僧：「玄會法師者，京師人也。云是安將軍之息也。……到泥波羅國，不幸而卒，春秋僅過而立矣!」。

〔資料來源〕《全集》第九冊，頁一四三「慈、悲、喜、捨」四幅之右第一幅法語署名。此一名號他處亦見落款。

六、別署析義之五

(一)弘裔：與「弘一」偕音。《說文》：「裔，衣裾也。」所謂「衣裾」，就是「衣的下擺」。引申為「後代——後裔」。「弘裔」之署，則應轉釋為「弘傳佛法的接棒人」。此一名號，與「大慈」在一九二二年三月，製印贈與夏丏尊，共計五方。另在其他書信、文字亦用。

〔資料來源〕《全集》第九冊，頁一四五，以蕅益大師聯句贈與夏丏尊之落款。

㈡世燈：佛名〔大正・一〇・八九七b《大方廣總持寶光明經》卷四〕。經云：「——若得如是無生忍，得佛授記號世燈。」義為「世間的明燈」。《大薩遮尼乾子所說經》卷二〈一乘品〉第三之二：「譬如世間燈，能破一切闇。」

〔資料來源〕一九七五年臺灣版《弘一大師遺墨》，頁四一（下）七言偈句落款。

七、別署析義之六

㈠自在：佛名〔大正・九・六九八c《晉譯華嚴・入法界品》三四之四〕。此一佛名，其他經典多有重現。所謂「自在」，就法義言，就是「沒有掛礙，沒有煩惱，身心自由，任運無絆。」《法華經・序品》：「盡諸有結，心得自在。」

〔資料來源〕上海書畫社《弘一法師書法集》，頁五六、書《華嚴》經句落款。

㈡自悟：意謂「自我覺悟、自發覺悟」，「自悟後始可令他人覺悟」。《八無暇有暇經》：「於此世間，有阿羅漢，正趣正行，此世他世，於現法中，得自覺悟，正證圓滿，皆悉了知。」《入楞伽經》卷五〈無常品〉第三之餘：「令我及諸菩薩摩訶薩，而得善巧，自悟悟他。」

此一名號，劉質平〈弘一上人史略〉中未收。原在名號冊中被弘一大師刪除，今仍有原始資料可證。

〔資料來源〕同下「為首」條。臺灣大學晨曦學社一九八五年印製之書箋，上錄弘一大師手寫格言「身在萬物中，心在萬物上」之題署。其原件不明。收藏人陳慧劍。

㈢安立：義為「安置、建立」。《無量壽經・上》「教化安立，無數眾生。」又，三昧名。《放光般若經》〈摩訶般若波羅蜜問摩訶衍品・第十九〉：「復有安立三昧，住是三昧者，於諸三昧善處。」

〔資料來源〕上海書畫社《弘一大師書法集》，頁六六《華嚴經》句落款。

㈣安住：佛名〔大正・一四・三七六b《現在賢劫千佛名經》〕。此一佛名，又見《華嚴》等經。其法義是「安然、停住不動。」《文殊師利所說摩訶般若波羅蜜經》卷下：「汝今『安住』如是般若波羅蜜中。」

〔資料來源〕北京、華夏版《弘一大師遺墨》，頁一五（下）七言佛偈落款。

㈤如月：義謂「猶如明月、映照千江。」月喻「法身」、「佛性」。又，三昧名：《唐譯華嚴經》〈入法界品〉三九之二：「如月普現一切法界、以無礙音、大開演三昧。」

此一名號僅見於劉文及《新譜》，尚未見於直接史料。

〔資料來源〕天津古籍出版社《李叔同——弘一法師》，頁一〇〇。

㈥如空：意指「世間猶如空花水月」，非真非實。《止觀輔行傳弘決》卷七之三：「今初推因緣，皆無自性，同法性理，故云『如空』。」

此一名號僅見於劉文及《新譜》，尚未見於直接史料。

〔資料來源〕天津古籍出版社《李叔同——弘一法師》，頁一〇〇。

㈦如理：「如」，意謂「諸法不二、不異」，是「理」（本體）的別名。在此間，不作「相似、如同」解。「理」，指萬法的本體、法性。「如理」，即「不生不滅、不增不減、不二不異」的本體。「如」與「理」是結合性詞語。

又釋「合於義理」。《大乘起信論義記》卷下本：「謂照寂妙慧『如理』之智，名根本智。」

〔資料來源〕《全集》第九冊，頁一七九「當勤精進、但念無常」墨寶之落款。

㈧如眼：佛理《法數》上有所謂「五眼」，即「肉眼、天眼、慧眼、法眼、佛眼」。「佛眼」具備「前四眼」的能力，並通一切種智。「如」，如前釋，可轉引為「佛」，例如「真如、如如」。「如眼」，即「佛如來眼」。《大乘義章》卷十九：「——又如經說，眾生身中，具『如來眼』、如來耳等。……」又云：「如眼既然，餘根亦爾。」

〔資料來源〕《全集》第九冊，頁一七五（中）「贈夏丏尊臨古法書附言」墨寶落款。

㈨如說：即「如佛所說、如經所說」簡化。《大乘法苑義林章》卷七〈三身義林〉：「最初修四勝行：一親近善士，以為勝緣；二聽聞正法；三如理思惟；四『如說』修行。」

〔資料來源〕一九七五年臺灣版《弘一大師遺墨》，頁四八（下）《華嚴經》偈落款。

㈩如智：「如」在此間，一作「隨、順」解。《說文・女部》：「如，从隨也。」段玉裁注：「從隨，即隨從也。」今義即「依照、隨順」。「如智」，即「隨順如來的智慧」。又「如」設作「本體」，可引申為「佛、如來」；「如智」，即「佛智、如來的智慧。」《肇論新疏》卷上：「若悟名相本虛，即名相而如智顯現。」此即前義。《晉譯華嚴》〈世間淨眼品〉一之二：「如來智慧濟群生，悉分別知眾生心。」又，同經〈明法品〉十四：「佛子如是行，具足如來智。」此為後釋。

弘一大師此一名號，可通前後二釋。

〔資料來源〕上海書畫社《弘一法師書法集》，頁八一（右）屏條〈格言〉題署。

㈡如實：「如」引申為「平等」，「實」，引申為「不虛」。「如實」，即事物的本體面目，平等不二。《法華經》〈安樂行品〉：「觀諸法如實相。」《瑜伽論記》第十四（上）：「心定故觀如實，觀如實故起厭，起厭故離欲解脫。」

〔資料來源〕《全集》第九冊，頁二〇二（左）〈格言〉題款。

㈢光明：佛名〔大正・一四・三七六b《現在賢劫千佛名經》〕。「光」，是指物自身發散出的熱能；「明」，指這種熱能擴射為破除黑暗、顯現萬物的亮度。《華嚴探玄記》三：「光明有二義：一是照闇義，二是現法義。」《唐譯華嚴經》〈入法界品〉三九之四：「菩薩為一切眾生恃怙……如淨日，智慧光明普照故。」

此一名號，僅見於劉文，尚無直接史料可證。

〔資料來源〕天津古籍出版社《李叔同——弘一法師》，頁一〇〇。

㈢光網：佛名〔大正・一四・三九四b《未來星宿劫千佛名經》〕。所謂「光網」，就是「光」發散出的有似線條狀的網路。此一「光網」只有側射或「早、晚」太陽初升及黃昏時始可明顯看到。《唐譯華嚴經》〈阿僧祇品〉第三十：「一一毛孔不可說，放光明網不可說，光網現色不可說，普照佛刹不可說。」此偈意指佛每一毛孔中，都放射出「光明網」，普照諸佛世界。又，人名：《大日經》一：「光網童子身，執持眾寶網，……」此童亦是菩薩身，為文殊菩薩前八大童子之一。

此一名號，收於劉質平〈弘一上人史略〉，見天津古籍出版社《李叔同——弘一法師》，頁一○一。

〔資料來源〕劉質平家族藏品。一九九五年八月十一日至二十五日臺北國父紀念館翠亨畫廊展出。《華嚴經》偈：「度脫眾生海，滿足大願雲」之題署。又弘一大師自選格言「以鏡自照見形容，以心自照見吉凶」亦用同名。

(四)成智：所謂「智」，指「一個人對事理的抉擇、判斷能力」。但在此間，「成智」一詞，應指唯識學上的「轉識成智」的「省詞」。所謂「轉識成智」，就是將生命中的「無明」轉換為「佛智」，但要分為四階段。即①轉第八識為大圓鏡智；②轉第七識為平等性智；③轉第六識為妙觀察智，④轉後五識（眼、耳、鼻、舌、身）為成所作智。

能將這生命中的「八識」轉換為大智，就是「阿羅漢」以上的佛菩薩位。澄觀大師《三聖圓融觀門》：「次以智是理用，體理『成智』，還照於理，智與理冥，方曰真智。」

此一名號，義在「轉識成智」之「成智」。

〔資料來源〕上海書畫社《弘一法師書法集》，頁七八「八字格言」之一題款。

〔五〕成就：佛名〔大正・一四・三六五b〕《過去莊嚴劫千佛名經》。「成就」一詞，在一般通作「名詞」用，但佛典通常作動詞。《華嚴一乘成佛妙義》〈第二、辨定得入門〉：「得十六根，『成就』淨力三昧。」《佛說最上根本大樂金剛不空三昧大教王經》卷二：「汝當常授持，『成就』最上法。」

此一名號，僅於劉文收錄，未見直接史料。

〔資料來源〕天津古籍出版社《李叔同——弘一法師》，頁一〇〇。

〔六〕成實：論名《成實論》。宗名「成實宗」。「成實」一詞，義為「成立修多羅(sūtra)中實義」。今語「就是將佛經中真實的道理，加以突顯與肯定」。

弘一大師以此為署，意在以「成實」為喻，自身要作一位「真實不虛」的佛道行人。

〔資料來源〕一九七五年臺灣版《弘一大師遺墨》，頁四四（上）《華嚴經》偈落款。

〔七〕吉目：《說文・口部》：「吉，善也。」「吉」，義為「善」，轉引為「慈」。「目」，為「眼目」。「吉目」，就是「慈眉善目」。義為「慈祥的、同情的眼光」。如加強其詞意，可作「慈悲的關懷」。這是佛家對世間的態度。

此一名號，見於劉文「編者註」，林著《新譜》未收。

〔資料來源〕弘一大師為傳貫法師亡母龔許柳迴向、手寫《藥師如來本願功德經》卷末落款

「月音」，用印「吉目」。又為亡母王太夫人二十六週年忌寫《華嚴觀自在章》，頁一三偈語下用「吉目」印。

八、別署析義之七

(一)作明：佛名〔大正・一四・三六四a《佛說不思議功德諸佛所護念經》卷下〕。所謂「作明」，意指「願作佛前一盞明燈」，照亮世間幽闇。又，三昧名。《放光般若經》〈摩訶般若波羅蜜問摩訶衍品〉第十九：「復有『作明三昧』，住是三昧者，為諸三昧門作明。」

此一名號，僅見劉文，《新譜》未收。

〔資料來源〕天津古籍出版社《李叔同——弘一法師》，頁一〇〇。

(二)忘己：意謂「忘去自身一切利益」，與「無我」同義。弘一大師曾寫《華嚴經》句：「發心求正覺，忘己濟群生。」（見北京佛協編《弘一法師》，頁四九圖版（左））。

此一名號僅見劉文，尚無直接史料可見。

〔資料來源〕天津古籍出版社《李叔同——弘一法師》，頁一〇一。

(三)即仁：「即」，《玉篇・皀部》：「即，今也。」也可引申為「當日」、「當下」。「仁」，意指「實踐仁道」。釋迦牟尼(Śākyamuni)，意譯為「能、仁」。Śākya，為「能」，muni，意為「仁」。「能」是姓，「仁」是號。

「即仁」，意謂「當下實行度眾生之道」。

此一名號收於劉文「編者註」，《新譜》未收。

〔資料來源〕上海佛學書局，民國二十九年版《護生畫集》第二集，頁一一。弘一大師自選「護生詩」之題署。

(四)究竟：意謂「一種事理發展到最高點、最盡頭、最徹底的成功之境」。《三藏法數》六：「究竟，猶至極也。」《金剛不空三昧大教王經》三《般若波羅蜜多教稱讚分第十三》：「般若波羅蜜多究竟故，一切事業亦究竟。」又，三昧名。《光讚經》卷一〈光讚品第一〉：「及諸菩薩摩訶薩眾童真等，得總持究竟三昧。」

此一名號僅見於劉文，暫無直接史料可證。

〔資料來源〕天津古籍出版社《李叔同——弘一法師》，頁一〇一。

(五)妙著：按「著」、梵語Surata，音譯「蘇羅多」，義為「妙適、妙住、妙著……」。《大日經》十七：「梵音『蘇羅多』，是『著』義，著微妙之法，故名蘇羅多也。……又遍欲求義，故名蘇羅多也。」漢音作zhuó入聲，國音zhù去聲。又音chù，陽平，音zhāo陰平、zháo陽平、zhe輕聲。詞義分別為「黏著、著述、著雍（戊午）、放置、遇到、語助詞。」

但在法義上，此間引申為「深入、沉浸、掌握」。「妙著」，直解為「對微妙佛法的深入、沉浸」；換言之，也可釋為「沉浸於微妙的法義」。

此一名號，僅見劉文及《新譜》，尚未見於直接資料。

〔資料來源〕天津古籍出版社《李叔同——弘一法師》，頁一〇〇。

㈥妙勝：佛名〔大正・一四・一二二a《佛名經》卷二〕。義為「微妙殊勝」。是對佛法義理的奧妙深微的形容性名詞。又「菩薩」名。〔大正・一〇・八五二a《羅摩伽經》卷上〕：「妙勝菩薩、勇勝菩薩。」又「人名」。《廣清涼傳》卷上〈五台境界寺名聖跡六〉：「唐長安二年，遣使於五台山……勅萬善寺尼『妙勝』，於中臺造塔……」

〔資料來源〕《全集》第九冊，頁一九六（右）〈格言〉題款。

㈦妙嚴：佛名〔大正・一四・一七一c《佛名經》卷十〕。義為「微妙莊嚴」。指對佛陀、佛法、佛家事物之讚歎詞。《大乘義章》卷一九〈淨土義六門分別・第一釋名〉：「修習緣觀，對治無漏所得境界，妙相莊嚴，離垢清淨。……」又「菩薩」名。〔大正・一四・二七八c《佛說佛名經》卷二十三〕：「南無妙相莊嚴菩薩。」「妙嚴」一詞，在佛典中使用甚多。

此一名號，僅見劉文，尚未見直接史料。

〔資料來源〕天津古籍出版社《李叔同——弘一法師》，頁一〇〇。

九、別署析義之八

㈠法日：義謂「佛法的麗日」，佛法猶如陽光，可以照破世間的黑暗。又，菩薩名。〔大正・一〇・二一一b《唐譯華嚴經》〈十定品・二七之二〉〕：「法日菩薩。」

此一名號僅見劉文，尚無直接史料可證。

〔資料來源〕天津古籍出版社《李叔同——弘一法師》，頁一〇〇。

㈡法城：義指「佛法猶城壘，能防止邪法」。又義謂「一切經法能守護正法」，故稱之為「城」。《維摩經》〈佛國品〉：「為護法城，受持正法。」

此一名號，僅見劉文，尚無直接史料可證。

〔資料來源〕天津古籍出版社《李叔同——弘一法師》，頁一〇〇。

㈢法流：意謂「佛之正法猶如流水，相繼不絕。」《楞嚴經》八：「未與如來，法流水接。」

此一名號不見於劉質平之〈弘一上人史略〉，《新譜》亦未收。

〔資料來源〕上海書畫社《弘一法師書法集》，頁六八《華嚴經》偈題署。

㈣法雲：意為「佛法猶如空中之大雲，能普覆一切世間，滋生甘霖，加惠眾生。《晉譯華嚴》卷二十八：「決定知諸法，興無量法雲，普惠一切甘露法雨……成就大慈悲。……」《羅摩伽經》卷中：「觀察菩薩法雲海蔭覆法門。」又為「華嚴十地」之名。「法雲地」，為菩薩頂位。

此名號劉質平〈弘一上人史略〉未見。

〔資料來源〕劉質平家族藏品，一九九五年八月十一日至二十五日臺北國父紀念館翠亨畫廊展出。弘一大師自選格言「敬守此心則心定，歛抑其氣則氣平」之題署。

㈤法幢：佛名〔大正・一四・三〇b《佛說佛名經》卷二〕。「法幢」，器物名，為佛殿所供之幢幡，絲帛製成，窄長，或上繡佛像經咒，以竹竿高舉，置於佛殿內佛像左右，與旗型稍異。

以象徵正法可以伏邪道。《大涅槃經》十九：「法殿欲崩，法幢欲倒。」

此一名號，僅見劉文及《新譜》，但未見直接史料。

〔資料來源〕天津古籍出版社《李叔同——弘一法師》，頁一〇〇。

(六)念智：此一「念」字，指「對某一事物境界專心記憶不忘」。「智」字單釋，指「對世間一般的是非、善惡、正邪的抉擇、判斷諸般能力」。如與「慧」結合，則為對「一切事理決斷、信疑分辨的能力」。但就梵語prajñā，音譯為「般若」，義為「智慧」。此一詞意，與一般的聰明才智不同，它已超越了世間所謂頭腦優越的界限，而昇化為對生命現象徹悟後的一切能力。

「念智」，即是「專心於一境」投入「般若」的悟境。《唐譯華嚴經》〈明法品〉十八：「佛子！菩薩摩訶薩，住不放逸，得十種清淨……一者如說而行，二者『念智』成就。……」

此一名號，已見劉文及《新譜》收錄。

〔資料來源〕劉質平家族收藏。一九九五年八月十一日至二十五日，臺北國父紀念館翠亨畫廊展出。弘一大師自選格言「觀天地生物氣象，學聖賢克己工夫」之題署。

(七)念慧：「念」同前釋，「慧」字，就佛家詞語，義作「生命究竟處的了悟及其徹知能力」。餘均同前條。

此一名號，僅見劉文及《新譜》，尚無直接史料可證。

〔資料來源〕上海書畫社《弘一法師書法集》，頁七三《華嚴經》偈題署。

㈧性空：為《大智度論》「十八空」之一。所謂「性空」，即指「世間因緣所造成的事物，皆無實體。追到最後，沒有一個永存的東西」，所以稱之為「性」空。「性」字，意謂「一切精神、物象」的本體。「性空」，就是說「現象界的本體，最後是空性的」。《晉譯華嚴經》〈寶王如來性起品〉三二之二：「諸法無變易，性空無作故。」

此一名號，見劉文「編者註」，尚未有直按史料。

〔資料來源〕天津古籍出版社《李叔同——弘一法師》，頁一〇一。

㈨性起：「性起」是對「世間現象的緣起」而言。而世間緣起，是「染法」。「性起」，是「淨法」。所謂「性起」，是指「一切因緣事相，唯心所現」，換言之，由「法性、真如自起」，它是「清淨的」。「性起」之說，是「華嚴家」的高度發揮。《晉譯華嚴經》〈如來性起品〉三二之一：「顯現廣無量，如來性起法。」

此一名號僅見劉文，《新譜》未收。目前無直接史料證明。

〔資料來源〕天津古籍出版社《李叔同——弘一法師》，頁一〇一。

㈩明了：意為「徹底明白事物之理」。唐僧鎧譯《無量壽經》卷下：「如來智慧海，深廣無涯底，二乘非所測，唯佛能明了。」又為書名。即大正二十四冊，頁六六五—六七三所收《律二十二明了論》。此名號劉質平〈弘一上人史略〉未收。

〔資料來源〕劉質平家族藏品。一九九五年八月十一日至二十五日，臺北國父紀念館翠亨畫廊展品。弘一大師自選格言：「真聖賢絕非迂腐，真豪傑斷不粗疏」之題署。

㈡明慧：佛名〔大正・一四・三一六a《十方千五百佛名經》〕。所謂「明慧」，是佛家「法數」上「三明、三慧」的略稱。「三明」，是阿羅漢位的通力，即「宿命明、天眼明、漏盡明」；「三慧」，是「聞慧、思慧、修慧」。

此一名號，僅見劉文，《新譜》未錄。尚未見直接史料。

〔資料來源〕天津古籍出版社《李叔同——弘一法師》，頁一〇〇。

㈢所歸：意指「佛、法、僧三寶，是所有眾生歸依之處」。「歸依」或「歸命」，梵語namo或namas，音譯作「南無」。分析言之，「歸」是「歸向」，「依」是「依從」。《大乘起信論裂網疏》卷一：「造論弘法，必先歸憑三寶也。略有四義——四顯示『能歸所歸性空寂，感應道交難思議』故。——盡十方以下，即示所歸之三寶也。」

〔資料來源〕上海書畫社《弘一法師書法集》圖一（右）「南無阿彌陀佛」落款。

㈢具足：佛名〔大正・一四・一六六b《佛說佛名經》卷九〕。又《唐譯華嚴》〈入法界品三九之六〉：「善財五十三參，有優婆夷，名為具足。」意謂「各種條件具備無缺」。《金剛經》〈離色離相分第二十〉：「如來說諸相具足，即非具足。」

此一名號僅見劉文，《新譜》未收。但未見直接史料。

〔資料來源〕天津古籍出版社《李叔同——弘一法師》，頁一〇一。

㈣泓一：「泓」音hóng，意為「水深貌」。但在此間應作形容詞，相當於「一道、一片」。唐、李賀詩：「一泓海水杯中瀉」。

「泓一」與「弘一」同音。釋義應為「一泓清淨的法水」。

此一名號，僅見劉文，《新譜》未收。尚未見直接資料。

〔資料來源〕天津古籍出版社《李叔同——弘一法師》，頁一〇〇。

㈤非念：「非念」之「念」，義為「意念、思量」。非念，即「佛菩薩之境界，不是一般人意念、思量所能卜度」。又，「非念」，引申為「無念」，或「不可思議」。劉質平〈弘一上人史略〉未收。

〔資料來源〕劉質平家族藏品。一九九五年八月十一日至二十五日臺北國父紀念館翠亨畫廊展出。弘一大師自選格言：「謙卦六爻皆吉，恕字終身可行」之題署。

一〇、別署析義之九

㈠為依：為，此間應讀wéi。初義為「母猴」，象形。引申有多義。如《爾雅・釋言》：「作，為也。」鄭玄注：「為，作也。」又，《廣雅・釋詁》三：「為，成也。」即「成為」。又，作「是」動詞。為，即「是」。我為，即「我是」。

以下十個名號中之「為」字，均為「作、作為、成為」解。

「為依」，就是弘一大師所書《華嚴經》句：「猶如大地，能作一切眾生依處」之義。

〔資料來源〕《全集》第九冊，頁二一一〈大品智論・十喻讚〉「如虛空喻」墨寶題署。

㈡為舍：「舍」讀去聲，屋舍之舍，意為「要作眾生遮風蔽雨的房舍」。

此一名號，尚未見直接史料。

〔資料來源〕天津古籍出版社《李叔同——弘一法師》，頁一〇〇。

㈢為明：意謂「要作世間的明燈」。與前文「作明」借義。

〔資料來源〕《全集》第九冊，頁二七六（上）「無上清涼」題署。

㈣為首：意謂「要作眾生的先導」。首，有「頭、第一、初始」之義。

此一名號題於手書格言之落款。其文：「以情恕人，以理律己」，本收錄於《弘一大師格言別集》〈持躬類〉（見一九八〇年臺北天華版《弘一大師格言別集》，頁一八）。落款之墨跡，不在《格言別集》中，而是另有其書，惟此冊尚未知何處收藏。

〔資料來源〕臺灣大學晨曦學社一九八五年印製之書箋，皆係弘一大師手書之題署。此一名號是其中之一。收藏者陳慧劍居士。

㈤為炬：意謂「要作暗夜的火炬、照亮世間」。炬，火炬，即俗言「火把」。

〔資料來源〕《全集》第九冊，頁二八三（左）「大器晚成」題署。

㈥為導：導，先導。意謂「要作為眾生的先頭、導師」。

蕅益《靈峰宗論》卷三之二，頁三〇〈答準提持法三問〉：「上古儒宗，皆佛菩薩示現，為師為導，接引過流。」

此一名號，尚未見直接史料。

〔資料來源〕天津古籍出版社《李叔同——弘一法師》，頁一〇〇。

㈦為勝：意謂「要作為一位最虔誠、最優越的佛道行者。」勝，有「極為、出眾、極妙、超越……」諸義。

〔資料來源〕上海書畫社《弘一法師書法集》直幅之二，墨寶「饒益眾生」題署。

㈧為趣：《集韻·虞韻》：「趣，嚮也。」嚮同向。「為趣」，意謂「要作為眾生的生命方向」。

此一名號，尚未發現直接史料。

〔資料來源〕天津古籍出版社《李叔同——弘一法師》，頁一〇〇。

㈨為歸：意謂「要作為眾生歸投依靠之處」。與前「為依」諸義。《宗論》卷三之三〈答大佛頂二十二問〉第十九問：「第六外道，圓虛無心，以永滅依，為所歸依。……」

此一名號，尚未發現直接史料。

〔資料來源〕天津古籍出版社《李叔同——弘一法師》，頁一〇〇。

㈩為護：意謂「要作為眾生的保護者」。

此一名號，尚未發現直接史料。

〔資料來源〕天津古籍出版社《李叔同——弘一法師》，頁一〇〇。

㈡相嚴：佛名〔大正・一四・三六二b《不思議功德菩薩所護念經》卷下〕。義為「相好莊嚴」「法相莊嚴」的略稱。「相」，指佛（菩薩）的容貌。「相好」，意謂「佛相美好」。「莊嚴」是修飾性名詞，義為「莊麗、端嚴」。「法相」，則意為「經由佛法的多生修行成道而示現的莊嚴之相」。《晉譯華嚴經》〈佛不思議法品〉第二八之二：「一切諸佛相好莊嚴，普為眾生而作佛事。」又，菩薩名：《大方廣總持寶光明經》卷二：「相嚴菩薩。」〔大正・一〇・八九二b〕

〔資料來源〕臺灣佛光版《弘一大師遺墨》，頁四三（下）華嚴經偈之題署。

㈢甚深：意謂「極深」。係指佛法而言。《禪門日課》〈開經偈〉：「無上甚深微妙法，百千萬劫難遭遇。……」

〔資料來源〕《全集》第九冊，頁二〇一（左）中國格言之題署。

㈢威德：佛名〔大正・一五・七九七b〕《佛藏經》卷下〕。所謂「威德」，即是「威嚴」與「厚德」。《持八菩薩經》〈妙慧超王佛品〉第二：「諸佛世尊，威德善慧不可思議。」

此一名號，劉質平〈弘一上人史略〉已收。

〔資料來源〕劉質平家族藏品。一九九五年八月十一日至二十五日，臺北國父紀念館翠亨畫廊展出。弘一大師自選格言「君子落得為君子，小人枉費做小人」之題署。

㈣勇說：「說」讀如「悅」。「勇說」，意謂「護持佛法，勇猛而喜悅」。次義為「秉持大勇而說正法」。

此一名號，尚無直接史料及經典根據。

〔資料來源〕天津古籍出版社《李叔同——弘一法師》，頁一〇一。

(五)信力：佛家「從信仰佛法到成就佛位」之「三十七道品」中之「五力」之一。五力，即「信、精進、念、定、慧」五項。意謂「以堅強的信仰力量，能摧破一切不正確的邪迷的觀念與行為」。《宗論》卷一之三〈十周願文〉：「某某了悟塵緣，增長信力。」

此一名號，未見於直接史料。

〔資料來源〕天津古籍出版社《李叔同——弘一法師》，頁一〇〇。

(六)信悲：意謂「由信仰的力量而激發的悲情」。

此一名號尚無直接經典詞義來源。

劉質平〈弘一上人史略〉、林著《新譜》均未錄。

〔資料來源〕《全集》第九冊，頁一九一（左）、中國格言之題署、北京、華夏《弘一大師遺墨》，頁七八亦收。

(七)炬慧：此一名號，劉質平〈弘一上人史略〉記為「矩慧」，應為手民之誤。詞義應為「猶如火炬一般的慧力」。

〔資料來源〕臺灣佛光版《弘一大師遺墨》，頁三六（上）《華嚴經》句之題署。

一一、別署析義之十

㈠真月：即月之本體，而不是「千江有水千江月」的月影與化身。「真月」亦象徵「法身」。《宗論》，頁三、成時撰〈蕅益大師序〉：「勿即文字，而忘真月。」

〔資料來源〕上海書畫社《弘一法師書法集》，頁五二《華嚴經》句題署。

㈡真義：即「真實義」的略詞。「真實義」，係指佛法的真理，不可歪曲、不容懷疑的生命方向。《禪門日課》〈開經偈〉：「我今見聞得受持，願解如來真實義。」

此一名號，劉質平〈弘一上人史略〉已收。

〔資料來源〕劉質平家族藏品。一九九五年八月十一日至二十五日，臺北國父紀念館翠亨畫廊展出。弘一大師所書《華嚴經》集句「見一切佛，昇無上堂」之題署。

㈢願門：「願」，是學佛者發修道成佛廣度眾生的大願。「願門」，意謂「打開大願之門」。《唐譯華嚴經》〈世主妙嚴品〉第一之四：「願門廣大不思議，力度修治已清淨。」

此一名號尚無直接史料來源。

〔資料來源〕天津古籍出版社《李叔同——弘一法師》，頁一〇〇。

㈣願藏：意謂「發大願心的寶藏」。學佛者，「大願」既發，例如「法藏比丘四十八大願」、「普賢菩薩十大願」，他們的「願」裡，把整個生命建立一個「圓成佛道、度盡眾生」的理想佛土，猶如「一大寶藏」，故名。惟無經典根據。

此一名號，劉質平〈弘一上人史略〉收錄。

〔資料來源〕劉質平家族藏品。一九九五年八月十一日至二十五日，臺北國父紀念館翠亨畫廊展出。弘一大師自選格言「何以息謗曰無辯，何以止怨曰不爭」之題署。

(五)殊勝：意謂「某一事物、理念，超越一切，世所希有」。簡言之，即「特殊而勝過一切」。《宗論》卷五之一〈復淨禪書〉：「——採集一言半句，以利益之，功德更殊勝矣！」此詞，佛典俯拾皆是。

〔資料來源〕《全集》第九冊，頁一九一（右）格言題署。

(六)被甲：即「披甲」，意謂「身披鎧甲」。在佛典言，此甲，泛指「忍辱」、「護法」之鎧甲。弘一大師手寫《華嚴經》句：「身被忍辱甲，手持智慧劍。」〔見《全集》第九冊，頁二九三贈夏丏尊之經句題署〕。

〔資料來源〕北京中國佛協編一九八四年版《弘一法師》（一百週年誕辰）圖三二頁（左）《華嚴經》句題贈劉質平之落款。

一二、別署析義之十一

(一)淨地：意謂「清淨之地」。《四分律行事鈔》卷下、二之一：「五分諸比丘欲羯磨於一房一角、半房半角、中庭或通結坊間作『淨地』並聽。若通結，應云此住處共住、共布薩，僧今結『淨池』除某處。」此詞除通釋「為清淨地」之外，則為「律典專詞」。

此一名號，尚未見於直接史料。

〔資料來源〕天津古籍出版社《李叔同——弘一法師》，頁一〇〇。

㈡淨眼：意謂「清淨的法眼」。因「法眼」能見一切事物真相，故稱「清淨」。弘一大師手寫《華嚴經》句：「開示眾生見正道，猶如淨眼觀明珠。」〔見《全集》第九冊，頁二五九贈萬均法師《華嚴》經偈題署〕

此一名號，尚未見於直接史料。

〔資料來源〕天津古籍出版社《李叔同——弘一法師》，頁一〇〇。

㈢莊嚴：佛名〔大正・一四・三七七b《現在賢劫千佛名經》〕。「莊嚴」為修飾詞。凡以善美事物飾人身、飾佛像，或以善美事物飾大地、國土、人心，均是。如以動詞用，則為「莊飾嚴整」。《阿彌陀經》：「舍利弗！極樂國土，成就如是功德莊嚴。」此詞，普見於佛門一切事物之形容。

〔資料來源〕《全集》第九冊，頁一九三（右）格言題署。

㈣晚晴：意指「黃昏前的落照景色」，比喻人生晚年順境。此一名號係引自唐代詩人李商隱〈晚晴〉（五律）：「天意憐幽草，人間愛晚晴」中的「晚晴」一詞。當一九二九年春天，夏丏尊、劉質平等為大師在浙江上虞白馬湖畔所募建的「山房」，亦命名為「晚晴」。

弘一大師除命別署為「晚晴」之外，另有「晚晴老人」一署，見題於墨寶中。

〔資料來源〕《全集》第九冊，頁一九三（左）格言別署。

(五)晚晴老人：「晚晴」二字，與前署義同。弘一大師自五十歲後，與友人通信或題字，也會偶加「老人」二字為名號。

〔資料來源〕《全集》第九冊，頁二九四（上）「常隨佛學」題款。

(六)虛空：佛名〔大正・一四・一二八b《佛名經》卷三〈東南方如來為上首〉〕。「虛空」，義為「了無一物的無限天空」。亦可泛指「人類心靈之無恃」。又，象徵「心境」之無限。《無所有菩薩經》卷一：「以彼天花如是再三散於佛上，於虛空中，莖上莖下，而成花蓋。」

〔資料來源〕《全集》，頁一九六（左）「精進」題署。

(七)深心：意謂「深切沉浸佛道之心」。《維摩詰經》〈菩薩品〉：「深心是道場。」「深心」，也就是最虔誠的心。

此一名號，劉質平〈弘一上人史略〉已收。

〔資料來源〕劉質平家族藏品。一九九五年八月十一日至二十五日，臺北國父紀念館翠亨畫廊展出。弘一大師自選格言「欲除煩惱先忘我，各有因緣莫羨人」之題署。

(八)婆心庵主：「婆心」，意謂「老婆心切」，引申為「慈悲心懷」。為禪宗用語。暫無經典出處。

此一名號，僅見林子青《新譜》〈家世概略〉收錄。劉質平〈弘一上人史略〉中未收。

〔資料來源〕臺北東大版《弘一大師新譜》，頁三。

㈨晨暉老人：《說文・日部》：「暉，光也。」「晨暉」，即「晨曦」，清晨的陽光。

此一名號，尚未見於直接史料。

〔資料來源〕天津古籍出版社《李叔同——弘一法師》，頁一〇一、「編者註」收錄。

一三、別署析義之十二

㈠善入：「善」，動詞作「擅、長、會」，形容詞作「美好」、「正確」諸義。「善入」，意謂「很會深入於〔佛家〕玄妙之門。」《大般若經》卷五二五〈第三分方便善巧品〉二十六之三：「——善入世間、善入涅槃、善入有為相、善入無為相……」

〔資料來源〕上海書畫社《弘一法師書法集》圖八十之二、格言落署。

㈡善了：意謂「會深入明了（明瞭）佛法義理」。

此一名號未見「經典」出處，亦無直接史料可證。

〔資料來源〕天津古籍出版社《李叔同——弘一法師》，頁一〇〇。

㈢善月：佛名〔大正・四五・九五三c《慈悲道場懺法》卷七〈奉為諸仙禮佛第二〉〕。又，禪觀名。《光讚經》卷六〈摩訶般若波羅蜜三昧品〉十六：「有三昧名善月。」此詞意為「美好的圓月」。月，象徵法身。

此一名號尚未見於直接史料。

〔資料來源〕天津古籍出版社《李叔同——弘一法師》，頁一〇〇。

(四)善知：意謂「很會確知某些事物的真象」。《解深密經》卷四〈彌勒菩薩問品〉之二：「彌勒！云何菩薩善知諸法起。」

〔資料來源〕臺灣佛光版《弘一大師遺墨》，頁一五（下）「報身」經句條幅落署。

(五)善思：佛名〔大正・一四・一三八a《佛名經》卷五〕。「善於思惟」的簡稱。《大乘義章》卷七〈身等三業五門分別〉：「止離善思，名之為止。」

〔資料來源〕上海書畫社《弘一法師書法集》，頁七一《普賢行願品》偈題署。

(六)善惟：與「善思」同義。《爾雅・釋詁》下：「惟，思也。」

此一名號，尚無直接史料可證。

〔資料來源〕天津古籍出版社《李叔同——弘一法師》，頁一〇〇。

(七)善現：「現」為「見」晚出字，與「見」同義。惟「王」部首出現後，始有「現在、出現」之「現」，與「可見、見地」的「見」之分途。

「善現」，佛名〔大正・一四・三二四b《五千五百佛名神咒除障滅罪經》第二〈九百佛竟〉〕。「善見」，佛名〔大正・一四・六〇a《賢劫經》卷八〈千佛發意品〉第二十二〕。此一佛名，見於多種佛典，從略。

所謂「善現」，從法義言，意謂「很會現身救渡眾生」。《大乘入道次第》第一卷〈初辨資糧〉節下：「巧能隨類現生救物，名善現行。」按：「善現行」，為成佛五十二階位中「十行」之第六。所謂「善見」，意謂「正確的見地」。《華嚴成佛妙義》〈第五問答分別門〉：「若以惑心見者，惑非善見。」支謙譯《維摩詰經》〈弟子品〉：「隨人本德所應，當善見為善智。」

「善現」、「善見」之名號，均無直接史料可查。

〔資料來源〕天津古籍出版社《李叔同——弘一法師》，頁一〇〇（善現）。

(八)善量：「量」在此間作「器度、容忍心」。「善量」，意謂「有極大容忍之器度」。《略釋新華嚴經修行決疑論》第四之下〈第八願波羅蜜為主〉：「得無盡相法門者，以無功之智，量同虛空。」

此一名號，尚未見於直接史料。

〔資料來源〕天津古籍出版社《李叔同——弘一法師》，頁一〇〇。

(九)善解：「解」有二義。一對文字事物、生命現象之解析、明白；二是對生命面目之了解、領悟與解除障礙。

在此間，意謂「很會了解、領悟生命現象」。《十住經》卷一〈歡喜地〉一：「知諸經書，善解世法。」

此一名號，尚未見直接史料可證。

〔資料來源〕天津古籍出版社《李叔同——弘一法師》，頁一〇〇。

(一〇)善夢（善夢老人）：意謂「好夢、吉祥的夢（而非惡夢）」。換言之，即「正面的生命過程」。

《晉譯華嚴經》〈入法界品〉三四之九：「我當於爾時，神瑞降善夢。」

除「善夢」名號，弘一大師時用於對友朋之通信，亦偶用「善夢老人」為署。

〔資料來源〕《全集》第九冊，頁二九二、贈李芳遠「明心見性」之墨寶落款。

㈡善愍：意謂「很會哀愍苦難的眾生」。此詞暫無經典可引。

此一名號尚無直接史料可證。

〔資料來源〕天津古籍出版社《李叔同——弘一法師》，頁一〇〇。

㈢善臂：佛名〔大正・一四・一一八b《佛名經》卷二〕。所謂「善臂」的「臂」字，在佛典中，通常指「釋尊舒金色臂」為會眾說法時的姿勢。此「臂」，乃引渡眾生解脫生死煩惱之臂。此詞，其義為「很會伸展救渡眾生的手臂」。《楞嚴經》卷一：「即時如來，舉金色臂，屈五指輪，語阿難言，汝今見不？」

〔資料來源〕《全集》第九冊，頁二〇三頁（右）格言之題署。

㈢善攝：佛名〔大正・一四・三六六c《過去莊嚴劫千佛名經》〈四百佛條〉〕。「善攝」之「攝」，有多義，如「引持、折伏、統領、輔佐、吸引、收服、……」等。在此間，「善攝」義為「善於攝服狂亂的心」，或「攝服眾生心」。《象頭精舍經》：「修十善業因何而起？文殊師利言：天子！從善攝身口意起。」

〔資料來源〕《全集》第九冊，頁二一七經偈題署。

㈣智人：〔林著《新譜》作「智入」〕意謂「深具大智慧之人」。《大寶積經》卷二十二〈被甲莊嚴會〉第七之二：「一切諸智人，其意不傾動。」

此一名號，尚未見直接史料。

〔資料來源〕天津古籍出版社《李叔同——弘一法師》，頁一〇〇。

㈤智印：佛名〔大正・一〇・八七四b《羅摩伽經》下（智印王佛）〕。此名之「智」，指「般若智」，即了生死、證佛道之智慧。「印」，指「能取信於他人之有形證物」。如「印、章、璽」等。在佛家義理上，有「法印、智印、吉祥……」等，均是說明「佛家思想對眾生之可信度與不可置疑性。」《晉譯華嚴經》卷三八〈離世間品〉三十三之三：「若菩薩摩訶薩，成就此〔十種〕印，疾得阿耨多羅三藐三菩提，具足如來無上智印。」

所謂「智印」，就是「智慧的絕對價值」。

此一名號，劉質平〈弘一上人史略〉未收、《新譜》亦無。

〔資料來源〕《全集》第九冊，頁一九二（左）格言題署。

㈥智住：佛名〔大正・一六・一四五b〕《華手經》卷三〈總相品〉十四〕。「智住」，意謂「般若之智已經安住於自心」。《華嚴經探玄記》卷一五〈佛不思議品〉二十八（末）：「智能迅疾，廣知名為智住。」

〔資料來源〕上海書畫社《弘一法師書法集》，頁八二——三、格言題署。

(一七)智身：意謂「智慧之身」。與「法身、佛菩薩身」同義。《晉譯華嚴經》卷十七〈金剛幢菩薩・十回向品〉二十一之四：「如是回向，以此善根，令一切眾生，具足菩薩法身、智身。」

此一名號，尚未見於直接史料。

〔資料來源〕天津古籍出版社《李叔同——弘一法師》，頁一〇〇。

(一八)智門：在佛家思想，從初入佛到成佛的過程中，從自修到度人，在義理上，古人常以「分門別類」來區分總的方向、範疇。因此在「法數」上，有許多門類。例如「智門、悲門」、「智門、理門」、「福德門、智慧門」、「流轉門、還滅門」……。此間之「智門」，泛謂「智慧之門」，單言「善入一切眾生根之智」，為「智門」。能善於深入佛義，為「慧門」。又，「菩薩自利為智門，利他為悲門」。《大智度論》卷一五：「了知諸法實相，為智慧門，即般若也。入於智慧門，則不厭生死、不樂涅槃也。」

弘一法師之意，「智門」應指「智慧之門」。

〔資料來源〕《全集》第九冊，頁一九九（左）格言題署。

(一九)智音：佛名〔大正・一四・三一三b《十方千五百佛名經》〈西方一百五十佛名〉〕。意謂「智慧的聲音」。亦即「佛菩薩、學佛有成者的法音」。

此一名號，尚未見於直接史料。

〔資料來源〕天津古籍出版社《李叔同——弘一法師》，頁一〇〇。

㈡智首：菩薩名〔大正・一〇・五八b《唐譯華嚴經》卷一二〈如來名號品〉七〕。「智首」，意為「智者之首、最高之智力」。《十住毗婆沙論》卷二〈釋願品〉第五：「智首行法，非智首行法；信首行法，非信首行法。」

此名號已由弘一大師在劉質平彙集「別署名冊」中刪除，但仍有史料可證。惟劉文〈弘一上人史略〉中未收。

〔資料來源〕《全集》第九冊，頁二二四（上）、「極樂莊嚴」匾額之題署。

㈢智炬：意為「智慧之光、智慧的火炬」。《合部金光明經》卷六〈散脂鬼神品〉十五：「世尊！我現見不可思議智光、不可思議智炬。」

〔資料來源〕《全集》第九冊，頁一五四《華嚴經》偈題署。

㈢智理：為「理、智」之顛倒句。佛家「能所」一詞，略同「主觀、客觀」。例如「眼」的「視覺功能」為「能」，而「被看到的一切事物」為「所」。學佛者發心修道為「能」，而所得的成果為「所」。此間的「智」，是進入佛道的慧力，為「能」；而它所證得的境界，為「理」。二者相即，為「悟」。《瑜伽師地論略纂》卷一五〈論解定異中〉：「謂加行智，為一切根本事名方便也，可稱道理。謂智與理相應。」

此一名號，未見於直接史料。

〔資料來源〕天津古籍出版社《李叔同——弘一法師》，頁一〇〇。

(三)智眼：意謂「能分辨抉擇一切事物的洞察力」。《晉譯華嚴經》卷四一〈離世間品〉三三之

六：「智服，分別一切法故。」又，菩薩名〔大正・一〇・二一一b〕《唐譯華嚴經》第四〇卷〈十定品〉第二七之二〕。

〔資料來源〕《全集》第九冊，頁一四三、「悲」字條格言題署。

(四)智境：意謂「開悟之境、入智慧之境」。《略釋新華嚴經修行次第決疑論》第二之上：「自性無生，心境無生，名為智境，以智現故。」

此一名號，劉質平《弘一上人史略》已收。

〔資料來源〕劉質平家族藏品。一九九五年八月十一日至二十五日、臺北國父紀念館翠亨畫廊展展品。弘一大師自選格言「生前枉費心千萬，死後空持手一雙」之題署。

(五)智幢：佛名〔大正・一三・一七二a《大方等大集經》卷二四〈虛空目分中護法品〉第九〕。「智幢」，即「智慧之法幢」。《說文新附・巾部》：「幢，旌旗之屬。」在佛家言，凡供於佛前或寫經於上，懸於佛殿之旗類均是。「智幢」，即代表佛法的「智慧之幢」。《晉譯華嚴經》卷一九〈金剛幢菩薩十回向品〉二十一之六：「開一切智菩提之門，建立智幢，嚴淨大道，普示眾生。」

此一名號，尚未見於直接史料。

〔資料來源〕天津古籍出版社《李叔同——弘一法師》，頁一〇〇。

(六)智燈：佛名〔大正・一四・一六四b《佛名經》第九〕。「智燈」，意謂「智慧的燈」。《唐

譯華嚴經》卷六一〈入法界品〉三九之二：「遍往一切諸佛國土，智燈圓滿，於一切法，無諸暗障。」

此一名號，仍未見直接史料。

〔資料來源〕天津古籍出版社《李叔同——弘一法師》，頁一〇〇。

(二七)智藏：佛名〔大正・一四・三八〇c《現在賢劫千佛名經》〈七百佛條〉〕。「智藏」，即「智慧之寶藏」。《華嚴五教章》上：「一切諸法，皆悉流入毘盧遮那智藏大海。」

〔資料來源〕《全集》第九冊，頁二一三（右）「如影喻」題署。

(二八)普音：佛名〔大正・一四・三六九a《過去莊嚴劫千佛名經》〈八百佛〉條〕。「普音」，意謂「佛菩薩的聲音，能普（遍）及三界六道一切眾生心中」。《唐譯華嚴經》卷六一〈入法界品〉三九之二：「普音說法一切法性寂滅三昧。」

〔資料來源〕上海書畫社《弘一法師書法集》，頁八〇（上右）格言題署。

(二九)勝力：佛名〔大正・一二・二七八c《無量壽經》卷下〕。「勝力」，意謂「超過一切的力量、無可比擬的能力」。

《華嚴旨歸》〈明經益〉第九：「令爾許眾生，頓滅如此無量煩惱，並是普法之勝力也。」

此一名號，尚未見於直接史料。

〔資料來源〕天津古籍出版社《李叔同——弘一法師》，頁一〇〇。

㈢勝月：佛名〔大正・一四・一三一a《佛名經》卷三〕。「勝月」，意謂「最美、最光潔的月」。此喻「佛、菩薩」法身清淨無礙。《佛名經》卷二五：「敬禮十方諸大菩薩摩訶薩……南無勝月菩薩……」。

劉質平〈弘一上人史略〉中未納此一名號。

〔資料來源〕北京中國佛協編《弘一法師》圖版六八頁、弘一大師贈夏丏尊五印之一。惟尚未見於通信及書法題署。

㈢勝目：與「勝眼（佛名）」同義。意謂「最銳敏、最大洞察力的眼睛」。《大集經》卷五五：「是故汝等諸大天女，應當容忍莫恨，所謂造光天女……勝目天女……」。

〔資料來源〕臺灣佛光版《弘一大師遺墨》，頁五〇（上）、《華嚴經》句題署。

㈢勝立：「立」，義為「安立」；「勝立」，意謂「佛道為最完美的安身立命之道」。此詞尚未見經典引用。

劉質平〈弘一上人史略〉中二百名號未收。

〔資料來源〕《全集》第七冊，頁四二六、〈圓覺本起章序〉題署。

㈢勝行：佛名〔大正・一四・一三二c《佛名經》第四〕。「勝行」，意謂「最好的修行典範」；佛家有「六度萬行」為入佛者的生命歸範。《師子莊嚴王菩薩請問經》：「世尊！如來往昔修何勝行，今獲如是人天中尊？」

此一名號，尚未見於直接史料。

〔資料來源〕天津古籍出版社《李叔同——弘一法師》，頁一〇〇。

(二四)勝祐：「祐」，義為「護祐、保祐、保護」。「勝祐」，意謂「佛法，是生命最好的保護傘」。此詞，尚未見經典出處。

〔資料來源〕《全集》第七冊，頁三九八（上）、〈本妙法師往生傳〉題署。

(二五)勝音：佛名〔大正・一四・三八一b《現在賢劫千佛名經》〈八百佛條〉〕。「勝音」，意謂「最具普入眾生心靈的聲音」。《晉譯華嚴經》卷二〈世間淨眼品〉一之一：「一音遠震遍十方，是名勝音妙法門。」

〔資料來源〕《全集》第七冊，頁四二八（上）、〈手書六度經跋〉題署。

(二六)勝義：與「第一義」同義。「義」，指的是「真理」。「勝」，意謂「第一、絕對、究竟」。「勝義」，在佛法言，是超越物象世間的最高奧義。只有「證入涅槃」才可以形容它的深度。《四十華嚴・入不思議解脫境界、普賢行願品》卷三〇：「住平等慈，普令眾生，得勝義故。」

此一名號，劉質平〈弘一上人史略〉未收。

〔資料來源〕北京中國佛協編《弘一法師》圖版四一頁（右）〈擬定養正院教科用書表〉簽署。另有「方廣、廣心」二印。

(二七)勝解：「勝」與前條同義。「勝解」，即謂「深入的、最透徹的、與第一義相合的了解」。《除蓋障菩薩所問經》卷三：「應於如是甚深法中，受持、思惟、修習、伺察，及生勝解。」

〔資料來源〕《全集》第九冊，頁二二九（上）、「無住齋」墨寶題署。

（三八）勝幢：佛名〔大正・九・七六〇b《晉譯華嚴經》卷五七〈入法界品〉三四之十三〕。「勝幢」，意謂「戰勝一切不正確思想、行為、邪法的旗幟」。《正法念處經》卷二一〈畜生品〉五之四：「修行於法，法為勝幢。」

〔資料來源〕《全集》第九冊，頁二二八（右）、長幅經文之題署。

（三九）勝慧：佛名〔大正・一四・三六九b《過去莊嚴劫千佛名經》〈八百佛條〉〕。「勝慧」，意謂「最超越的智慧」。《說無垢稱經》卷五〈香臺佛品〉第十：「五、以靜慮攝諸亂意，六、以勝慧攝諸愚痴。」

此一名號，尚未見直接史料。

〔資料來源〕天津古籍出版社《李叔同——弘一法師》，頁一〇〇。

（四〇）勝髻：「髻」音jì。《說文新附》：「髻，總髮也。」總髮，就是「挽髮束於頂也」。在古代男女成年，頭上都束髮為髻。在佛典名相中的「髻」，主要指「佛三十二相好」中「第三十二相」的「頂成肉髻相」。「肉髻」，梵語Cùḍa，也稱「無見頂相」，凡夫俗子是看不到的，它象徵「佛陀的莊嚴、慈悲、圓滿」。

「勝髻」，即「最莊嚴、最美麗的髮髻」。它象徵佛陀的法相完美無缺殊特性。《四十華嚴・

入不思議解脫境界、普賢行願品》卷八：「時彼仙人，在此樹下，縈髮為髻。……」

〔資料來源〕《全集》第九冊，頁二二三（左）、《梵網經・菩薩戒本》題署。

(四一)勝臂：「臂」，指「佛陀的金色臂」。「勝臂」與「善臂」之義相接近。意謂「最具超越性莊嚴性的接引眾生之手臂」。

此詞尚未發現直接經典出處。

〔資料來源〕《全集》第九冊，頁二一九（下）、「南無阿彌陀佛」橫幅題署。

(四二)勝鐙：「鐙」，同「燈」。佛名〔大正・一四・一三八c《佛名經》卷五〕。「勝鐙」，意謂「最光明、能普照眾生的燈，引眾生由黑暗走向光明」。

〔資料來源〕北京中國佛協編《弘一法師》圖版第三四頁（右）、《華嚴經》偈題署。

(四三)勝願：菩薩名〔大正・一四・一八三b《佛名經》卷一二〕。「勝願」義為「最有價值的大願」。《大寶積經》卷七〈第二無邊莊嚴會、清淨陀羅尼品〉第三之二：「勝願莊嚴，悉得成就。」

此一名號，尚未見直接史料。

〔資料來源〕天津古籍出版社《李叔同——弘一法師》，頁一〇〇。

(四四)堅固：佛名〔大正・一四・一三五a《佛名經》卷四〕。「堅固」，意謂「堅實牢固」。相反地，則「脆弱難久」。《法乘義決定經》卷上：「以清淨心，觀一切身，皆非堅固。」從正面言，此一名號之含義，指「道心堅固、誓願堅固、戒律堅固……」。

〔資料來源〕上海書畫社《弘一法師書法集》，頁八二之四、格言別署。

㊺堅鎧：佛名〔大正・一四・一三一a《佛名經》卷三〕。所謂「堅鎧」，意指「戰士防禦敵人弓箭的堅厚之鎧甲」。此間比喻「佛法可以防禦一切邪惡、苦難，有如堅厚的鎧甲」。《大般若經》卷五五九〈第五分清淨品〉第九：「諸菩薩眾，為度有情，被功德鎧；如有欲與虛空、戰諍，被堅固鎧。」

此一名號，劉質平《弘一上人史略》已收。

〔資料來源〕劉質平家族藏品。一九九五年八月十一日至二十五日，臺北國父紀念館翠亨畫廊展出。弘一大師自選格言「直道事人虛衷御物」之題署。

㊻悲幢：意謂「慈悲的旛幢」。象徵「佛法」悲憫眾生苦難，因而加以救度。此一詞意，尚無直接經典根據。

〔資料來源〕《全集》第九冊，頁二二六（右）、長幅經偈題署。

㊼悲願：意謂「因悲憫眾生而發的大願」。《大乘菩薩藏正法經》卷二〈長者賢護品〉第一之二：「起悲願故我出家，無依眾生作依怙。」

〔資料來源〕上海書畫社《弘一法師書法集》，頁五七《華嚴經》偈題署。

㊽順理：意謂「隨順佛理」，或「順應佛理」。《成唯識論述記集成編》卷二〈疏第一本之二〉：「——字句圓滿，不增不減，與理相應，明順理法。……」

〔資料來源〕上海書畫社《弘一法師書法集》，頁七九之八、格言題署。

㊾偏照：佛名〔大正・一一・一三四a《大寶積經》卷二四〈被甲莊嚴會〉第七之四〕。所謂「偏照」，義為「佛光遍及三界六道」。

〔資料來源〕上海書畫社《弘一法師書法集》直幅頁三、「無上清涼」題署。

㊿等月：「等」，義為「等同、相似、平等」。「等月」，意謂「猶如長空之明月」，或「與圓月無異」。此月亦指佛之法身。此詞尚無經典來源。

此一名號，僅見劉質平《弘一上人史略》，尚無直接史料可證。

〔資料來源〕天津古籍出版社《李叔同——弘一法師》，頁一〇〇。

(51)焰慧：佛名〔大正・一四・三八七b《現在賢劫千佛名經》〈一千佛條〉〕。「焰慧」為「菩薩修行過程之十階位——十地中之第四地之略稱」，即「焰慧地」。「焰慧」之詞義，係謂「智慧如光焰般升起」。《唯識論》九：「焰慧地，安住最勝菩提分法，燒煩惱薪，慧焰增故。」按：證「焰慧地」，必須斷「思惑」，即「貪、嗔、痴、慢、疑」五蓋始可。

此一名號，尚無直接史料可證。

〔資料來源〕天津古籍出版社《李叔同——弘一法師》，頁一〇一。

(52)尊勝老人：佛名〔大正・一四・一六三c《佛名經》卷九〕。「尊勝」，意謂「又尊又勝」。此指「佛位，在生命各層次中最為尊貴、最為超越」。「佛法，在世間各種解決生命問題的義理上，最尊最勝。」《大寶積經》卷三六〈菩薩藏會・第十二之二・金毘羅天受記品第二〉：「尊勝座、佛座，如來之座。」

弘一大師生前，於一九三三年五月，掛單泉州開元寺、法堂西側之四合院內，師為之命名為「尊勝院」，今為「弘一大師紀念館」所在地。

此一名號僅見於林子青《新譜》收錄。劉質平〈弘一上人史略〉未收。

〔資料來源〕臺北東大版《弘一大師新譜》，頁三四五、弘一大師手書清末莊貽華〈詠淨峰寺詩並題記〉，當時居惠安淨峰時落款。時民國二十四年，大師五十六歲。

(五三)無有：菩薩名〔大正・一六・一六四c《華手經》卷五〈諸方品〉十八〕。此詞有正反兩種法義：一、指「沒有任何牽絆、罣礙」，如《心經》所言：「無罣礙故，無有恐怖。」一、指細微的黏有之惑。如《無上依經》卷上、〈菩提品〉三：「阿難！一切阿羅漢、辟支佛、大地菩薩，為四種惑，不得如來法身、四德波羅蜜。何者為四？——四者『無有』。」下面解釋「無有」：「何者無有？緣三種意生身，不可覺知微細墮滅。譬如緣三有中、生念老死，無明住地，一切煩惱，是其依處，未斷除故。」文義是說，一個人雖經修行佛道，到「地上」的菩薩位為止，如果仍存有一絲一毫「生死之念」，這還是無明煩惱未清除乾淨，所以還不能證入佛位。

此一名號，弘一大師思想指向「清淨」的方面，而非指「仍留細微滓渣」。

此一名號，劉質平〈弘一上人史略〉有收。

〔資料來源〕劉質平家族藏品。一九九五年八月十一日至二十五日，臺北國父紀念館翠亨畫廊展出。弘一大師手書《華嚴經》偈「如來境界無有邊際，普賢身相猶如虛空」之題署。

(五四)無住：佛名〔大正・一四・三七七c《現在賢劫千佛名經》〈三百佛條〉〕。「無住」，意為「不住一切空有事物，無有罣礙」。是《金剛經》〈莊嚴淨土分〉「應無所住，而生其心」的簡義。《晉譯華嚴經》〈入法界品〉三四之七：「無來無去，無住無著。」

〔資料來源〕北京中國佛協編《弘一法師》圖版五四頁（左二）、「捨」長幅題署。

(五五)無作：是佛典中常見的「三三昧」之一。即「空、無相、無作」。所謂「無作」，即「無有造作」。其中包括「不思善、不思惡」等等一切二分的行為與意念。《唐譯華嚴經》卷四四〈十忍品〉第二九：「若離欲則無作，若無作則無願，若無願則無住。……」

此一名號尚未見直接史料。

〔資料來源〕天津古籍出版社《李叔同——弘一法師》，頁一〇〇。

(五六)無依：「依」，是「依止、依賴」。所謂「無依」，一方面指世間一切事物，「不可依恃、不可依止」。如《勝軍王所問經》：「復次大王：如世間人，入大火聚……於一切處，無依、無怙、孤獨苦惱。」另如《除障礙菩薩所問經》卷七：「云何是菩薩如風無礙而行？善男子！如世間風，於一切處，無依、無著，亦無色相。」這節經文，則說明「菩薩」對世間相，應作「無依、無著」行。弘一大師此一名號義源，應屬後者。

〔資料來源〕《全集》第九冊，頁一八九（右）格言題署。

(五七)無所：為「無我我所」的簡詞。「無所」為不確定語，其接續詞極多，如「無所得、無所住、無所依止……」「無我我所」，是修行得證「四果」的境界。「無我」即「無我執」、「無我相」；「我所」，是相對的「客觀現象」，即「無法執」；此「我、法」二執消除，已入「阿羅漢位」以上。《法界圖記叢隨錄》卷下之二：「舉體全空，無我我所。」

〔資料來源〕《全集》第九冊，頁二一〇（左）、「如水中月喻」長幅題署。

(五八)無畏：佛名〔大正・一四・三七六b《現在賢劫千佛名經》〈二百佛條〉〕。「無畏」，意謂「無所畏懼」。佛有四無畏，即「一切智、漏盡、說障道、說盡苦道」。菩薩亦有四無畏，即「總持不忘說法、盡知法藥及知眾生根性、善能問答、能斷物疑——說法無畏」。「無畏」是佛道上的加行位。《大智度論》有詳細說明。《初分說經》卷下：「無畏善御諸眾生，三摩呬多心(samàhita)寂靜。」此一詞在佛典引用極繁。

此一名號，尚未見於直接史料。

〔資料來源〕天津古籍出版社《李叔同——弘一法師》，頁一〇一「編者註」。

(五九)無得：菩薩名〔大正・一五・一五六a《海龍王經》卷四〈累囑受持品〉二十〕。「無得」，即「無所得」之縮稱。「無得」，義「不落一切我執」。《般若心經》：「無智亦無得，以無所得故，……遠離顛倒夢想。……」《大乘玄論》第四〈同異門〉第五：「《淨名》亦辨二乘之人，皆以無得為得，不亦通耶？」

〔資料來源〕《全集》第九冊，頁二二五（中）、「香光莊嚴」橫幅題署。

(六〇)無等：菩薩名〔大正・一六・一b《菩薩瓔珞經》卷一、〈普稱品〉第一〕。「無等」，義為「無任何事物可與之相等、相比」。《小品般若經》卷一〇〈曇無竭品〉第二十八：「諸法無等故，般若波羅蜜無等。」此詞用法極多。

〔資料來源〕《全集》第九冊，頁二一六（左）佛偈落款。

(六一)無說：為「無有言說」的簡略。凡修行佛道、親證三昧之人，他的境界，是「言語道斷」，因而無法用語言表達，只有自己心靈體悟才知。《無所有菩薩經》卷一：「無為無影中，無說無分別。」

〔資料來源〕《全集》第九冊，頁一九〇（左）格言題署。

(六二)無厭：意謂「菩薩度眾生，不管遭遇多少困難、排斥、譏辱……都不生厭煩、倦怠、灰心的反應」。《宗論》卷二之一〈法語〉示一念：「以心即佛故，上求無厭。」《勸發菩提心集》卷中〈善友門〉：「四者饒益心，無厭倦。」「言無蹇澀，心不疲厭。」都是指「菩薩度生，永不厭倦」的「無厭心」。

〔資料來源〕上海書畫社《弘一法師書法集》圖第七八頁（上左）、「八字格言題款。」

(六三)無盡：佛名〔大正・一四・一三二a《佛名經》卷三〕。「無盡」，意謂「一種對時空事物數量無法以精確數字的表達」。《說無垢稱經》卷四〈不二法門品〉第九：「若諸菩薩，了知都無有盡、無盡，要究竟盡，乃名為盡；若究竟盡，不復當盡，則名無盡。」經意在否定「有盡與無盡」；但「無盡」仍為表達一種意念的符號，如「眾生有盡，我願無盡。」此詞在佛典中應用極廣。

〔資料來源〕上海書畫社《弘一法師書法集》，頁七二、〈普賢行願品〉偈題署。

(六四)無礙：佛名〔大正・一四・三二二c《十方千五百佛名經》〈南方一百五十佛名〉〕。「無礙」，意謂「一切時空事物好惡對你都不會產生障礙」。《月燈三昧經》卷一〇：「住神足菩薩摩訶薩，能為種種神變之事，所謂『一能為多，多能為一』，隱顯自在，石壁諸山，徹過無礙。」「無礙」，在法義中，引用極多。

此一名號，劉質平〈弘一上人史略〉未收。

〔資料來源〕《全集》第八冊，頁二六（下）、〈竹園居士幼年書法題偈〉題署。

(六五)無縛：佛名〔大正・一四・三七九c《現在賢劫千佛名經》〈五百佛條〉〕。「無縛」，意謂「任何事物對他不會造成束縛、困難」。《順權方便經》卷上〈沙門法品〉第一：「謂沙門法，無著無縛，亦無有脫，等猶虛空。」

〔資料來源〕《全集》第九冊，頁二一三（左）、〈如鏡中像喻〉長幅題署。

(六六)無著（無著道人）：佛名〔大正・一二・三一八b《大乘無量壽莊嚴經》卷上〕。又「無著菩薩」人名，佛滅後約九百年（公元三五〇—四五〇），北印度、犍陀羅人。與世親為兄第，是印度佛教史上最重要的唯識思想家，有《攝大乘論》、《顯揚聖教論》等多種有關唯識思想著作。「無著」一詞，就法義言，就是「對一切事物無所執著」。《大乘入諸佛境界智光明莊嚴經》卷四：「菩提者，是清淨義、無垢義、無著義。……何名無著？——無願解脫門即是無著、無起是無著、明亮是無著、戲論寂止是無著、實際是無著、廣大是無著、內外無所得是無著、離諸處法是無著、現在法界安住智是無著。……」

此一名號，林子青《弘一大師新譜》作「無著道人」，劉質平〈弘一上人史略〉未收。

〔資料來源〕「無著」見北京中國佛協編《弘一法師》圖六三頁、「弘一大師自繪佛像」題署。「無著道人」見《全集》第七冊，頁四三七（上）、〈四友重攝影題跋〉之落署。

(六七)須彌：佛名〔大正・一四・一六五c《佛名經》卷九〕。「須彌樓」的略稱。梵語sumeru，意為「妙高」，在佛教宇宙觀中，是一個「小世界的中心」。《佛說除蓋障菩薩所問經》卷一：「心如須彌山王，堅固不動。」此一名號，喻義「心如止水不動，如山堅固不動。」

此一名號，劉質平〈弘一上人史略〉中未收。

〔資料來源〕臺北法鼓山文教基金會、一九九五年印製月曆〈元月份〉第一頁、弘一大師手書格言「勤能補拙、儉以養廉」之題署。收藏人陳慧劍。惟此名號原出處尚未知來自何種史料。

一四、別署析義之十三

㈠慈力：佛名（大正・一四・一七三c《佛名經》卷一二）。「慈力」，意謂「慈悲的力量」。《正法華經》卷七〈安行品〉第十三：「若於眾生，修行慈力。」《文殊師利問經》卷上〈序品〉第一：「佛復告文殊師利，以眾生無慈悲力，懷殺害意，為此因緣，故斷肉食。」

此一名號，劉質平〈弘一上人史略〉已收錄。

〔資料來源〕劉質平家族藏品。一九九五年八月十一日至二十五日臺北國父紀念館翠亨畫廊展出。弘一大師自選格言「律身惟廉為宜，處世以退為尚」題署。

㈡慈月：意謂「慈悲的月光」。此「月」字指月的本體，象徵佛家的悲憫眾生之情。

此一名號未見經典出處。亦無直接史料可證。

〔資料來源〕天津古籍出版社《李叔同——弘一法師》，頁一〇〇。

㈢慈目：「目」即「眼、目」之目，與「慈眼」同義。意謂「慈悲的目光」。《如來不思議秘密大乘經》卷一一〈降魔品〉第十三：「起大悲意，慈眼觀視，深心解脫一切眾生。」又，神名：《唐譯華嚴經》卷二〈世主妙嚴品〉一之二：「慈目寶髻天王，得慈雲普覆解脫門。」

此一名號，尚無直接史料可證。

〔資料來源〕天津古籍出版社《李叔同——弘一法師》，頁一〇〇。

㈣慈舍：同「慈捨」。此詞為「慈、悲、喜、捨」四無量心之簡詞。「四無量心」，在佛典中隨處可見。《大般若經》卷六〈發趣品〉第二十：「若菩薩摩訶薩，薩婆若心，生四無量心，所謂『慈悲喜捨』，是名於一切眾生中等心。」

〔資料來源〕《全集》第九冊，頁一九〇（右）格言別署。

(五)慈風：意謂「慈悲的微風」。「慈悲」之與「苦難之人」，猶如「春寒中暖風加諸於身」。《中論疏記》卷三末：「明、攝嶺大師，亦內充無生解，外扇大慈風，破淺學見也。言慈風者，猶春風也。」

〔資料來源〕《全集》第九冊，頁一九四（右）格言題署。

(六)慈現：意謂「慈悲的示現」。此詞尚未見於「經典」根據。

此一名號，劉質平〈弘一上人史略〉已收。

〔資料來源〕劉質平家族藏品。一九九五年八月十一日至二十五日臺北國父紀念館翠亨畫廊展出。弘一大師自選格言「至樂無如讀書，至要莫如教子」題署。

(七)慈燈：意謂「慈悲心猶如一盞明燈，照破人心之昏闇」。又人名：《宋高僧傳》卷六〈唐、彭州、丹景山、知玄傳〉：「召弟子慈燈，附口上遺表，囑令棄屍，半飼魚腹，半啗鳥獸。……」

此一名號，尚未見於直接史料。

〔資料來源〕天津古籍出版社《李叔同——弘一法師》，頁一〇〇。

(八)慈藏：佛名（大正・一四・三六四c《三劫三千佛緣起》）。「慈藏」，意謂「慈悲的寶藏」。

又，多為古代比丘名。《三國遺事》卷三〈前後所將舍利〉條：「善德王代貞觀十七年癸卯，慈藏法師所佛頭骨、佛牙、佛舍利百粒。」

〔資料來源〕《全集》第九冊，頁一九五（右）格言題署。

(九)圓音：意謂「圓妙無所不聞的如來音聲」。《大乘起信論義記》卷上：「初如來一音說一切法，無不顯了，故名圓音。」《大方等大集經》卷四〈菩薩念佛三昧分、歎佛妙音勝辯品〉第五之一：「諸佛世尊具圓音，隨眾生類自然出。」

〔資料來源〕臺灣佛光版《弘一大師遺墨》，頁五一（上）、《華嚴經》偈聯句題署。

(十)圓滿：意謂「圓融美滿無缺」。《說無垢稱經》卷五〈菩薩行品〉第十一：「於自佛土，能速成就，為諸相好，圓滿莊嚴。」「圓滿」，在佛典中隨處可見。

〔資料來源〕《全集》第九冊，頁二〇三（左）格言題署。

(十一)解了：意謂「解決、明了」。亦即對「生命之困惑」及「解決之道」已完全清楚、明白。《瑜伽論記》卷七下〈第三十一卷〉條：「六解了加行，謂於如是所說諸相，善取善了。」

此一名號，劉質平〈弘一上人史略〉未收。

〔資料來源〕上海書畫社《弘一法師書法集》，頁五四《華嚴經》偈聯句題署。

(十二)解脫：佛名〔大正・一四・三八六a《現在賢劫千佛名經》〈六百佛條〉〕。「解脫」一詞，意謂「解除生死、脫出煩惱」。此詞佛典使用極多。《羅摩伽經》卷上：「不捨煩惱皆已盡，心智解脫如虛空。」

〔資料來源〕臺灣佛光版《弘一大師遺墨》，頁四九（下）、《華嚴經》偈聯句題署。

㈢解縛：菩薩名〔大正・一五・五四六b《超日月三昧經》卷下〈解縛菩薩白佛言〉〕。「解縛」，意謂「解除生死、煩惱的纏縛」。《華嚴經義海百門》〈十離解縛條〉：「離解縛者，謂於塵上執生滅之相，是縛；了生滅相不可得，是解。」

〔資料來源〕上海書畫社《弘一法師書法集》，頁六二《華嚴經》偈聯句題署。

㈣微妙：佛名〔大正・一四・三三七b《五千五百佛名神咒除障滅罪經》卷三〈一千五百佛條〉〕。「微妙」，意謂「深微玄妙」。此詞佛典中極多。通常形容「佛法、佛家事物」的深奧無比性。《說無垢稱經》卷二〈聲聞品〉第三：「微妙是菩提，極難覺故。」《禪門日課》〈開經偈〉：「無上甚深微妙法，百千萬劫難遭遇。」

此一名號，劉質平〈弘一上人史略〉收錄。

〔資料來源〕劉質平家族藏品。一九九五年八月十一日至二十五日臺北國父紀念館翠亨畫廊展出。弘一大師自選格言「孝子百世之宗，仁人天下之命」題署。

㈤遠離：意謂「遠遠地抛開世間一切惡行、惡念、名聞利養」。此詞用於「佛名」作形容詞者甚多。〔大正・一四・一三八c《佛名經》卷五〕：「南無遠離惡處佛。」乃至「遠離幢佛、遠離畏佛、遠離諸疑佛……」極多。《宗鏡錄》四六有云：「一切都寂，故云『遠離』。」

〔資料來源〕上海書畫社《弘一法師書法集》，頁六〇《華嚴經》偈聯句題署。

一五、別署析義之十四

㈠實智：佛名（大正·一四·一一九c《佛名經》卷一）。「實智」，意謂「真實的智慧」，與「世間聰明智慧」不同，乃指佛的般若智慧。《別譯雜阿含經》卷一五：「舍利弗比丘，持戒多聞，最為第一，乃至成就實智。」

〔資料來源〕《全集》第九冊，頁一九四（左）格言別署。

㈡實語：佛名（大正·一四·一三〇b《佛名經》卷三）。「實語」，即「真實語」，而非「虛語、妄語、戲語」。《金剛經》〈離相寂滅分〉第十四：「如來是真語者、實語者、如語者……。」

此一名號，尚未見於直接史料。

〔資料來源〕天津古籍出版社《李叔同——弘一法師》，頁一〇〇。

㈢實義：即「真實義」之簡詞，「真理、第一義」相似詞。《雜阿含經》卷一九〈五一〇經〉：「我聲聞中，住實眼、實智、實義、實法，決定通達。」

此一名號，尚未見於直接史料。

〔資料來源〕天津古籍出版社《李叔同——弘一法師》，頁一〇〇。

㈣實慧：與「實智」同義，即「真實的智慧」。《中阿含經》卷二九〈大品請請經〉第五——「第三念誦」：「舍梨子！汝成就實慧。」

〔資料來源〕上海書畫社《弘一法師書法集》，頁五八《華嚴經》偈聯句題署。

(五)滿月：佛名〔大正・一四・三九三a《未來星宿劫千佛名經》〈一千佛條〉〕。「滿月」從物象言，指「每月十五日最圓時之月」，從喻義言，指修行佛道最高境界。《父子合集經》卷二〈淨飯王始發信心品〉第一之餘：「於彼沙門大眾之中，猶如滿月，眾星圍繞，世尊光明，復過於彼。」

〔資料來源〕臺灣佛光版《弘一大師遺墨》，頁四〇（下）、《華嚴經》偈聯句題署。

(六)精進：菩薩名〔大正・一四・二七〇c《佛名經》卷二〕。此詞為佛門「六度」（波羅蜜）之一。一般用詞作「努力上進不懈」之意。《佛門課誦》〈普賢警眾偈〉：「是日已過，命亦隨滅，如少水魚，斯有何樂?當勤精進，如救頭燃，但念無常，慎勿放逸。」

〔資料來源〕北京華夏出版社《弘一大師遺墨》，頁八四（右）、弘一大師自選格言題署。

(七)僧胤：「胤」，音yin。《說文・肉部》：「胤，子孫相承續也。」「僧胤」，意為「僧家之傳人」。此一名號，初見於一九二二年四月，弘一大師為亡母王太夫人六十冥誕，寫〈佛三身讚頌跋〉之題署曰：「弘裔・沙門僧胤」。後於次年（一九二三）二月八日刻印五方，贈夏丏尊，這五方印中，即有「僧胤」之署。另與友人姚石子、陳則民等通信，亦時用此一別號。此外，多見於墨寶落款。

〔資料來源〕《全集》第九冊，頁一四五、以「萬古是非渾短夢，一句彌陀作大舟」聯句贈夏丏尊之題署。又《全集》第八冊，頁一五二（下），致陳則民函、頁二〇七（上）致姚石子函，均用「僧胤」為署。

㈧廣心：即「廣大心」之簡詞，意即「對眾生的無限包容與慈悲心」之綜合。《唐譯華嚴經》卷三五〈十地品〉二六之二：「欲入第三地，當起十種深心，何等為十：所謂『清淨心、安住心、……、廣心、大心』。」同卷同品：「於諸佛所，以廣大心、深心，恭敬尊重，承事供養。……」

〔資料來源〕天津古籍出版社《李叔同——弘一法師》，頁一〇一「編者註」。

一六：別署析義之十五

㈠慧力：佛名〔大正・一四・一七三b《佛名經》卷一二〕。「慧力」，為「三十七道品」中「五力」之一。意謂「智慧的能力」。《弘道廣顯三昧經》〈得普智心品〉第一：「善寂居靜，解定要行，使得慧力。」《思益梵天所問經》四〈建立法品〉十六：「是諸神等，常當隨侍衛護，益其樂說辨才，又復為作堅固憶念慧力因緣。」

此一名號，劉質平文未收。

〔資料來源〕臺灣大學晨曦學社印書箋：『知足常樂，能忍自安』之格言題署。但該社所印格言引自何種史料、或何人收藏原件，出處不明。

㈡慧牙：「牙」引申為「語言、辯才」。「慧牙」，意謂「智慧的語言」或「智慧的辯才」。此一名號，未見於「經典」出處。查劉質平收藏、所有弘一大師手寫經、偈、名言彙集「別署」的二百餘目錄中，此名被弘一大師刪除。但今從史料發現，仍為弘一大師所用，因增列於此。

〔資料來源〕臺灣佛光版《弘一大師遺墨》，頁四九（上）、《華嚴經》偈題署。

㈢慧炬：意為「智慧的火炬」。《大方等大集經》卷二〇〈寶幢分第九、三昧神足品〉第四：「熾然慧炬，示導一切平等之道。」亦為「三昧」名。

此一名號，尚未見於直接史料。

〔資料來源〕天津古籍出版社《李叔同——弘一法師》，頁一〇一「編者註」。

㈣慧幢：佛名〔大正・一四・三六五c《過去莊嚴劫千佛名經》〈一百佛條〉〕。「慧幢」，意謂「智慧的旗幟、旛幢」。「幢」如前釋。

〔資料來源〕《全集》第九冊，頁一七二（下）、「悲智」二字之題署。

㈤慧樹：「樹」，為「有根」植物，有「生長」義。又，「慧樹」與「慧根」喻義近似。意謂「智慧之根」，或「智慧之生長」。又，「慧樹」與「道樹」（菩提樹）義亦相近。一個人「生有慧根」，即喻此人之慧是前生帶來。

此一名號尚無經典出處，亦不見於直接史料。

〔資料來源〕天津古籍出版社《李叔同——弘一法師》，頁一〇〇。

㈥慧鐙：同「慧燈」。佛名〔大正・一四・三六八b《過去莊嚴劫千佛名經》〈六百佛條〉〕。「慧燈」，義為「智慧的燈」。實叉難陀譯《大乘四法經》：「常持大慧燈，破黑闇稠林。」

〔資料來源〕《全集》第九冊，頁一七一（中）、贈妙慧賢首「臨行贈汝無多子，一句彌陀作大舟」聯句之題署。

(七)德幢：佛名〔大正・一四・三七三b《過去莊嚴劫千佛名經》〈五百佛條〉〕。「德幢」，意謂「盛德的旛幢」。「幢」，本為佛殿之飾物，象徵佛法之莊嚴、偉大。前面加「形容詞」，例如「佛、法、智、慧、德、勝……」乃至成為語意略近而又不同的詞意。

〔資料來源〕上海書畫社《弘一法師書法集》，第六一頁《華嚴經》偈聯句之題署。

(八)德藏：佛名〔大正・一四・三五五a《佛說百佛名經》(《佛名經》亦收)〕。「德藏」，意謂「德行」的寶藏。言其「德望之隆高無比」。《大方等大集經》卷四七〈月藏分諸阿修羅詣佛所品〉第三(末尾偈頌)：「聞法獲德藏，復能轉示他。」

此一名號，尚未見於直接史料。

〔資料來源〕天津古籍出版社《李叔同——弘一法師》，頁一〇〇。

(九)澄渟：「澄」，《說文・水部》：「清也。」與「澂」同音同義。《廣韻・庚韻》：「澄，水清而定。」「渟」，音tíng。《廣韻・青韻》：「渟，水止。」「澄與渟」二字，義頗近似。結合成詞，義為「清冽的靜水」。《水經・河水注》：「蒲昌海，東去玉門、陽關千三百里，廣輪四百里，其水『澄渟』，淵而不流。」

弘一大師以「澄渟」為署，意指「心靈如碧水之清靜無波」。

此一名號，未見直接史料。

〔資料來源〕天津古籍出版社《李叔同——弘一法師》，頁一〇一。

(一)澄覽：「澄」，義同前。「覽」為「展閱」。結合成詞，為「見識的清澈」。一般用於友朋通信之謙詞。此一名號，源於弘一大師於一九四二年春，寫寒山子詩「我心似明月」一首經李芳遠函贈郭沫若，上款寫「沫若居士澄覽」。郭沫若回信稱弘一大師為「澄覽大師」。郭沫若致李芳遠云：「五月二十日手書，奉悉。……澄覽大師言甚是：文事要在乎人，有舊學根柢固佳，然僅有此而無人的修養，終不得事也。古人云：『士先器識而後文藝』，殆見道之言耳。……郭沫若叩、六月八日。」

此一名號，係郭沫若所贈。劉質平〈弘一上人史略〉「編者註」亦收。

〔資料來源〕林子青《弘一大師新譜》，頁四五四。

(二)調伏：佛名〔大正・一五・五六九b《月燈三昧經》卷四〕。「調伏」，意謂「調教而使之折伏」。《達摩多羅禪經》卷下〈修行觀陰〉第十五：「痴愛煩惱，及諸罪垢，能轉苦陰者，皆悉除滅；滅已，其心調伏。」

此一名號，尚未見於直接史料。

〔資料來源〕天津古籍出版社《李叔同——弘一法師》，頁一〇〇。

(三)調柔：佛名〔大正・一五・一五四b《佛名經》卷七〕。「調柔」，意謂「調教而使之柔和如理」。《本事經》卷三〈二法品〉二之一：「謂有一類補特伽羅（Pudgala，眾生），唯修眾善，唯習調柔，唯救怖畏，不造眾惡。」

此一名號，尚無直接史料可證。

〔資料來源〕天津古籍出版社《李叔同——弘一法師》，頁一〇〇。

㈢調順：意謂「調教使之順服」。《五分比丘尼戒本》，頁一偈語：「佛口說教誡，善者能信受，是人馬調順，能破煩惱軍。」

此一名號，尚未見直接史料。

〔資料來源〕天津古籍出版社《李叔同——弘一法師》，頁一〇〇。

㈣摩尼：佛名〔大正・一四・三四五 a《五千五百佛名神咒除障滅罪經》卷六末頁〕。「摩尼」，梵語mani之音譯，義為「珠」之總稱。即一般所謂「明珠、珍珠、寶珠」之屬。《如來智印經》末頁：「摩尼及真珠，圓寶光悅衣。」

此一名號，劉質平〈弘一上人史略〉未收。

〔資料來源〕上海書畫社《弘一法師書法集》，頁八二之二格言題署。

㈤摩頤行者：《說文》：「摩，研也。」《廣韻》：「摩，撫也。」「摩」初義，是「研磨、切磋」之意；「摩撫」，則引申為輕柔的手部動作。「頤」，《說文》：「顄也。」「顄」，即「下巴」。「摩頤」，即「手撫下頷」「怡然自得」之謂。弘一大師之意，象徵自己初入佛門修道心境怡悅而言。此一名號，初見一九二〇年、弘一大師出家後二年、四十一歲，在浙江衢州寫經時所用。

〔資料來源〕臺北東大版林子青《弘一大師新譜》，頁一八二，「弘一大師手裝《增一阿含》

等三經後跋」題署。

(六)論月：「論」，意謂「品論」；「月」，指「月照千江」之當空明月，而不是「千江有水千江月」的化身月。此月象徵「法身」，但在此泛指「佛義」。

「論月」，指「心嚮佛義」之人。《唐譯華嚴經》〈十行品〉二十一之二：「此論月者行斯道，忍力勤修到彼岸，能忍最勝寂滅法，其心平等不動搖。」

此一名號，於弘一大師出家後不久即使用於書信、書法之中，時有所見。

〔資料來源〕《全集》第八冊，頁一五〇、（一九二四年十一月廿一日）〈致李聖章函〉第八通題署，時在溫州。《全集》第九冊，頁二一九（上），「南無阿彌陀佛」題署。

(七)增上：佛名〔大正・一四・一三二c《佛名經》卷四〕。「增上」，為佛家專詞，意為「增強、主導向上」，或「強勢、主要助力」。此詞多用於某一事件之成就過程中主要助力；反面的，對於不正確的人格，也有氣燄高漲的習性，亦稱之為「增上」。《靈峰宗論》卷一之三〈完梵網告文〉：「大智開明，大悲增上。」又卷五之二〈復導闕函〉：「倘有觀無教，未有不墮增上慢者。」

〔資料來源〕臺北法鼓山文教基金會印製一九九五年月曆（十一月），印弘一大師手寫格言「律己宜帶秋氣，處世須帶春風」之題署、《弘一大師格言別集》〈接物類〉錄有此句。惟此格言原件未見。收藏月曆者陳慧劍。

(八)隨順：佛名〔大正・一四・一五七c《佛名經》卷八〕。「隨順」一詞，義為「隨對方的心意，順對方的言行、指示去做事」。《月燈三昧經》卷二：「諸佛所學隨順學，智者如法常修行，知諸佛法無疑惑，是故得名為隨順。」

此一名號未見於直接史料。

〔資料來源〕天津古籍出版社《李叔同——弘一法師》，頁一〇一。

一七、別署析義之十六

㈠龍音：佛名〔大正・一四・三八三a《現在賢劫千佛名經》〈一千佛條〉〕。「龍」，梵語nàga，意為「長身無足」的巨蛇類動物，早期印度宗教信仰中，是主雨的神。在佛典則為護法之神，所謂「天龍八部」之一。「龍音」，即「龍的聲音」，它不僅是「護法」的吼聲，也是一種「美」的音聲。《帝釋所問經》：「作歌聲時，復如絃音，以何因故？久發音樂於彼絃中，而出伽陀（梵語gàthà，義為「頌歌」，甚美），復於伽陀，說三種音：謂愛樂音、龍音、阿羅漢音。」《大方等大集經》〈菩薩念佛三昧分〉卷七〈讚三昧相品〉第九：「諸龍美音遍行中，大功德聲牛王吼。」

〔資料來源〕上海書畫社《弘一法師書法集》，圖第八一頁之二、《華嚴經》偈題署。

㈡龍臂：佛名〔大正・一四・三四三b《五千五百佛名神咒除障滅罪經》卷六〕。「龍臂」之「臂」，指「龍的手臂」，引申為「大力護持佛法的手臂」。此一詞意尚未見於「經典」出處。惟弘一大師早期迭見使用。

〔資料來源〕《全集》第九冊，頁一七三（右）、「昭廓心境」題署。

㈢賢月：「賢」，《廣韻・先韻》：「賢，善也。」同時，「賢」，用於形容詞，也有「美」的意思。所謂「賢月」，應意為「圓美」的月色。而「月」，則指「生命」的「法身」。《中阿含經》卷三三（一三四）〈大品釋問經〉第十八：「爾時，躭浮樓樂王女，名『賢月色』，有天，名『結摩兜麗車子』，求欲彼女。」「賢月色」之名，意即「圓滿的月色」。

此一名號，尚未見於直接史料。

〔資料來源〕天津古籍出版社《李叔同——弘一法師》，頁一〇〇。

㈣賢行：佛名〔大正・一四・一六五c《佛名經》卷九〕。意即「善行、美行」。亦即「品德好」。《三論玄義檢幽集》卷六〈慈恩疏曰〉條：「——此師少歲，性賢有德，因以立名，故言『善歲』，嘉其少年有『賢行』故也。」

〔資料來源〕上海書畫社《弘一法師書法集》，頁七八（下右）格言題署。

㈤賢首：佛名〔大正・一四・一五〇c《佛名經》卷七〕。又此佛名亦見於《晉譯華嚴》〈入法界品〉。又，菩薩名。又，人名。中國華嚴宗三祖法藏（六四三—七一二）、號「賢首」。又，《華嚴經》有〈賢首菩薩品〉。佛典亦有《賢首經》。「賢首」一詞，為佛門的敬稱，不限於出家、在家佛徒。其意謂「賢者之首」。又，「賢首」，為佛門修道五十二階位「十住」之前一階位。《三論玄疏文義要》卷七〈大乘有七賢事〉：「彼經（華嚴）總說，『賢首位』在十住前，故云：三十心外，更有初發心之信位也。」弘一大師亦曾在信中，例如，稱劉質平等晚輩為「質平賢首」

其他從略。

此一名號曾為弘一大師刪略，劉質平〈弘一上人史略〉未收。

〔資料來源〕《全集》第九冊，頁一九五（左）格言題署。

㈥賢瓶道人：「賢瓶」，意謂「美好的瓶、功德的瓶、清涼的瓶」。「瓶」，為「佛像前的供物，內置淨水或鮮花」。在密宗言，內置淨水，用為信徒「灌頂」之用。《地藏十輪經》卷一五〈無依行品〉三之三：「如遇得賢瓶，除貧獲富樂。」《秘密三昧大教王經》卷一：「諸供養及密供養，以妙華等依法獻，賢瓶滿盛眾香水，插金剛枝作持誦。」「道人」一詞，是「修道人」之通稱，並非指「道士」。

此一名號，劉質平〈弘一上人史略〉未收。林子青《弘一大師新譜》有錄。收於「明・薛文清公《讀書選錄》題記」之題署。

〔資料來源〕林子青《弘一大師新譜》，頁二二六、註九。

㈦髻光：髻，音jì。梵語cūḍa，中譯「髻」。「髻」，《說文新附》：「總髮也。」「謂髮束於頂也」。「髻」，就是古人不分男女，將長髮束在頭頂，打一個結，以免散亂之謂。但在佛典言，此字意指「佛三十二相」中第三十一相——「頂成肉髻相」的「髻」。梵語作uṣṇīṣa-śiraskatā。義為「頂髻」，或「頂肉髻相」。《中阿含經》卷一一〈三十二相經〉：「復次大人，頂有肉髻，團圓相稱，髮螺右旋，是謂大人、大人之相。」不過在大乘佛典中，多列為第三十二相。此相亦稱無見頂相，因為一切有情皆不能見。「頂肉髻相」，必須佛位才能具有，因此，在此間應引申為「佛」。「髻光」則指「佛的光」。以「髻」為形容詞的「名號」，在佛典很少見到。應是弘一大師自創之詞。

〔資料來源〕《全集》第九冊，頁二一五（左）佛偈題署。

(八)髻目：「髻」，釋義同前。「髻目」，引申意為「佛的眼目」。《晉譯華嚴經》卷一〈世間淨眼品〉一之一：「普稱滿天王、髻目天王。」

此一名號，在弘一大師手著〈華嚴集聯並跋〉後亦有落署。

〔資料來源〕《全集》第九冊，頁二一四（左）、「總結十喻」及同書「法輪常轉」題署。

(九)髻明：引申意謂「佛的光明、佛的明燈」。

〔資料來源〕《全集》第九冊，頁二八二（左）、「大巧若拙」長幅題署。

(一〇)髻音：引申意謂「佛的音聲」。

〔資料來源〕北京中國佛協編《弘一法師》圖四五頁（中）、《清涼歌》之三〈花香〉長幅題署。

(一一)髻幢：「髻」，即前釋「無見頂相」，「幢」，即「法幢」。「髻幢」為結合名詞，意指「佛法莊嚴」。

此一名號，為所有史料未見。亦未見經典出處。劉質平〈弘一上人史略〉一文未收。

〔資料來源〕劉質平家族收藏。一九九五年八月十一日至二十五日臺北國父紀念館翠亨畫廊展出，《華嚴經》偈「善解無礙，永得大安」之題署。

(三)髻嚴：義為「髻相莊嚴」，引申為「佛的法相莊嚴」。弘一大師於出家早期，多見使用。此一名號，劉質平〈弘一上人史略〉未收。

〔資料來源〕《全集》第九冊，頁二五四（左）、篆書《華嚴經》偈題署。

(三)曇昉：此一名號，是「漢梵結合詞」。曇，指「曇花」，即「優曇華」的簡稱，梵語作Udumbara，意為「靈瑞花」。在古印度，認為這種花，三千年一開，世間難見，用以比喻「佛法難聞」。「昉」，《說文新附》：「始也。」《釋文》：「昉或作放。」義為「日初出時」。「曇昉」合義為「曇花初放」，以喻「佛法在世間難得一聞」。

此一名號，弘一大師早年頗多用於友朋通信及字幅之上。而最早使用於一九二〇年四月初八日手書《金剛三昧經》題記。時年四十一歲，出家時間僅一年四個月。而後便迭見於各種史料。

〔資料來源〕《全集》第九冊，頁二二七「以戒為師」題署。

(四)曇昕：此詞亦為「漢梵結合詞」。「曇」，弘一大師在〈曇昕釋義〉一文中作「曇無」（梵語dharma），義為「法、軌則」，另譯作「達摩」。「昕」，《說文・日部》：「旦明也，日將出也。」與上條「昉」字諧義。「曇昕」，弘一大師解為「法日將升」、「普照眾生」。

此一名號本於一九三八年農曆十二月一日，為受學弟子廣義法師取為別署。惟仍有史料證明弘一大師亦曾用於自己作為別署。

劉質平〈弘一上人史略〉未收此號。

〔資料來源〕《全集》第九冊，頁二五三「贈詩薌江居士」，即署此名。又林子青《弘一大師新譜》，頁四〇五「註引」廣義法師〈親近音公瑣記〉中敘明「賜號」因緣。

（五）靜觀：意謂「冷眼看人生」。宋、程顥〈偶成〉：「萬物靜觀皆自得，四時佳興與人同。」此號弘一大師應取自程顥詩句。惟尚無直接史料可證。

〔資料來源〕天津古籍出版社《李叔同——弘一法師》，頁一〇一「編者註」。

（六）辨音：菩薩名〔大正・一九・六八〇b《佛說無量門微密持經》〕。「辨」同「辯」。「辨音」，意謂「能聽得清三界六道一切音聲」，當事者（某佛菩薩）再去尋聲救苦。又可釋為「辨才無礙的法音」。《唐譯華嚴經》卷三二〈十回向品〉二五之一〇：「皆令覺悟音，得具足辯才音。」

此一名號，劉質平〈弘一上人史略〉收錄。

〔資料來源〕劉質平家族藏品。一九九五年八月十一日至二十五日臺北國父紀念館翠亨畫廊展出。弘一大師書《華嚴經》偈「常護諸佛法，恒塗淨戒香」之題署。

（七）澹寧道人：「澹」同「淡」。「澹寧」，意謂「澹泊寧靜」。《三國志・藝文類聚》〈人部七・鑒誡〉「蜀・諸葛亮誡子」：「非澹泊無以明志，非寧靜無以致遠。」

此一名號，林子青《弘一大師新譜》收錄「手書《金剛三昧經》題記」，署名「澹寧道人、曇昉」。

〔資料來源〕天津古籍出版社《李叔同——弘一法師》，頁一〇一「編者註」。

(六)薝蔔老人：「薝蔔」，印度植物（花）名。梵語capaka，又譯作「瞻波、瞻博、瞻博迦、瞻蔔迦……」，意思是「金色花樹」。此花，為常綠喬木，葉橢圓而厚，夏天開黃白色小花，子橢圓，色黃，可作染料。花有香氣，種與花均可入藥。亦云「即中國之梔子花」。古印度有甚多「薝蔔林」，因其味香美，象徵佛法之殊勝。又，佛名〔大正・一四・三八五c《現在賢劫千佛名經》〈五百佛〉條〕。《金耀童子經》：「復次，童子初生之時，瞻蔔華（薝蔔花）樹，處處出生，彼樹執持瞻蔔妙華，天紫金色。復次，瞿曇！如此殊祥，猶未希有。……」

〔資料來源〕《全集》第七冊，頁四三八（上）、〈韓偓全傳序〉題款。

一八、別署析義之十七

(一)離忍：所謂「離忍」，即「修忍辱度而不著忍辱相」之謂，並不是「不修忍辱度」。「凡事著相」，即是障礙。吾人在學佛修道經驗中，如遇外來的挫折、無理之侮蔑、攻擊之時，除了「忍辱」之外，不要覺得這是一項「成就」，並以悲憫之心看待對方；同時，不將此事掛記於懷，則稱為「離忍」。《晉譯華嚴經》卷三三〈普賢菩薩行品〉第三十一：「爾時普賢菩薩摩訶薩，告諸菩薩言：佛子！……離忍辱樂、常懈怠障。」

此一名號，尚未見於直接史料。

〔資料來源〕天津古籍出版社《李叔同——弘一法師》，頁一〇〇。

㈡離念：意謂「遠離一切瞋念、貪念、欲念、愛念」。《雜阿含經》卷二〇〈五四七經〉：「——於五欲功德，離貪、離欲、離愛、離念、離濁，若如是者，雖復年少二十五，膚白、髮黑、盛壯美色，成就老人法，為宿士數。」

此一名號，劉質平〈弘一上人史略〉未收。

〔資料來源〕上海書畫社《弘一法師書法集》，圖五五頁《華嚴經》聯句題署。

㈢離相：意謂「離一切世相、而不著相」。《金剛經》〈如理實見分〉第五：「凡所有相，皆是虛妄。」因為「因緣生的現象界」是「無常不實」的，故曰：「離相」。

此一名號，尚未見於直接史料。

〔資料來源〕天津古籍出版社《李叔同——弘一法師》，頁一〇〇。

㈣離垢：佛名〔大正・一四・六〇b《賢劫經》卷八〕。「離垢」，意謂「遠離人性惡濁事物，如貪、嗔、痴、慢、疑諸根性而衍生的不良心理與行為」。《佛說大迦葉本經》：「即於坐上，遠塵離垢，諸法眼生。」

此一名號，劉質平〈弘一上人史略〉已收。

〔資料來源〕劉質平家族藏品。一九九五年八月十一日至二十五日臺北國父紀念館翠亨畫廊展出。弘一大師自選格言「陰功須向前生積，孽債休教身後還」之題署。

(五)離著：意謂「遠離執著一切主觀、客觀諸心理活動及事物的黏著力」。「著與相」，義雖近而有其分歧；「相」在「男女、眾生、人我、壽者」諸相，以及「世間相」；而「著」為「執著」之簡稱，一個人對自己所認同的理念、喜愛的事物，死抓著不放。《無所有菩薩經》卷一：「何緣能離著，斷滅及常等；復於中邊中，亦復無依住。」《修行道地經》卷五〈數息品〉第二十三：「始除五蓋，心中順解，從是離著；何謂『離著』，遠於眾想愛欲、不善之法行也。」

此一名號，尚未見於直接史料。

〔資料來源〕天津古籍出版社《李叔同——弘一法師》，頁一〇〇。

(六)雜華：「華同花」。「雜華」，佛名〔大正・一四・三七〇c《過去莊嚴劫千佛名經》〈一千佛〉條〕。「雜華」，意為「多種不同的樹花」。《昭明文選》丘遲〈與陳伯之書〉：「雜花生樹，群鶯亂飛。」「花」，在佛家，是用以供佛、莊嚴佛法的。《德護長者經》卷下：「合掌禮於佛，散百種雜華。」《弘道廣顯三昧經》卷二〈請如來品〉第四：「所在堂上，有龍、婇女各二千人……擎持雜花、末香、塗香，調作諸伎，以詠佛德。」

此一名號，尚未見於直接史料。

〔資料來源〕天津古籍出版社《李叔同——弘一法師》，頁一〇一。

(七)寶音：佛名〔大正・一四・三八五c《現在賢劫千佛名經》〈五百佛〉條〕。「寶音」，意謂「珍貴的音聲、美好的音聲」。「寶」在佛家詞彙上用作形容詞處極多。如「寶月、寶樹、寶華、寶蓋……」不可勝數。

此一名號，尚未發現於直接史料。

〔資料來源〕天津古籍出版社《李叔同——弘一法師》，頁一〇〇。

一九、別署析義之十八

㈠難思：為「難思議」的簡詞，亦為「不思議、不可思議」的異詞。所謂「難思、不可思議」，意即「非常情與邏輯理念所能判斷」的事物與行為。《華手經》卷五〈散華品〉第十六：「亦觀善力大比丘，是等行願難思議。」《無上依經》卷上：「阿難！第一身者，與五種相、五種功德相應：何者五種功德？一者不可量，二者不可數，三者難思，四者不共，五者究竟清淨。」

〔資料來源〕《全集》第九冊，頁一九八（左）格言題署。

㈡難勝：佛名〔大正・一四・三六五c《過去莊嚴劫千佛名經》〈一百佛〉條〕。《華嚴》十地之「第五地」，為「難勝地」。「難勝」，意為「不可超越、難以超越」。《較量一切佛剎功德經》：「彼難勝世界，一大劫較量時分，是謨賀世界，一切通意王如來佛剎中一晝夜。」《十住經》卷四：「諸佛子！菩薩亦如是，住難勝地中，集一切自在，如意神通，說不可盡。」

此一名號，尚無直接史料可證。

〔資料來源〕天津古籍出版社《李叔同——弘一法師》，頁一〇〇。

㈢嚴正：意謂「嚴明正直」。《顏氏家訓》〈教子〉：「王大司馬母，魏夫人，性甚嚴正。」

此詞尚無佛典依據。

此一名號，劉質平〈弘一上人史略〉未收。

〔資料來源〕臺灣佛光版《弘一大師遺墨》，頁四一（上）、《華嚴經》句題署。

㈣嚴髻：「嚴」，是「莊嚴」，形容詞。「髻」，是「髮髻」，指的是「佛三十二相」中之「頂有肉髻相」，亦即「無見頂相」。「嚴髻」與「髻嚴」意相似，意謂「莊嚴的無見頂相」。在佛典中，有「天王、金剛」以此為「名」。尤其密宗經典，有一種「破壞別人好事」的神，多以此為名。例如：《蘇婆呼童子所問經》卷上〈驗分品〉第四：「復次，蘇婆呼童子！世間有諸障難『毗那耶迦』（梵語Vinàyaka，障礙神、破壞神），為覓過故，常求念誦人，……魔黨合有幾部，總而言之，都有四部。何等為四？——三者：一牙部。部主名『嚴髻』……恒作障礙。」《理趣釋秘要鈔》第十〈第十一降三世教令輪段〉：「南方飲食天，亦名嚴髻大將，其形如天人，天冠之上，安象頭，左手執索，右手執花鬘。」從上列經文看，這位「嚴髻」天神，形象是「天冠上，安象頭」，就仿佛「肉髻」模樣，雖此神會破壞、障礙世人的好事，但它的動機，卻是為了「鍛鍊眾生」的心性，作為一種反面教材。所謂「不經一事，不長一智」。祂串演的角色，就是「魔」的形象，去成全眾生道念。因此，祂本是「怒目金剛」的化身罷了！

此一名號，劉質平〈弘一上人史略〉未載。

〔資料來源〕林子青《弘一大師新譜》，頁三六四、三六五——註六〈奇僧法空禪師傳〉文末題署，原載廈門〔一九三六年十月〕《佛教公論》第三期。

此一名號在李芳遠編《弘一大師文鈔》及《全集》第七冊〈法空禪師傳〉中均不見錄。

〔資料來源〕劉質平家族藏品。一九九五年八月十一日至二十五日、臺北國父紀念館翠亨畫廊展出。弘一大師手書《華嚴》集句「見法如幻，以道自娛」之題署。

(五)覺慧：佛名〔大正・一四・一一九c《佛名經》卷一〕。「覺慧」，意謂「覺者的智慧、經由覺悟而生的智慧、般若波羅蜜」，等義。《說無垢經》卷四〈不二法門品〉第九：「復有菩薩作如是言：有為、無為，分別為二。若諸菩薩，了知二法、性皆平等，遠離諸行，覺慧如空，智善清淨，無執無遺，是為悟入不二法門。」《唐譯華嚴經》卷五〇〈如來出現品〉三七之一：「菩薩摩訶薩以過去所修，覺慧力故，乃至一文一句，入眾生心，無不明了。」

此一名號，尚未見於直接史料。

〔資料來源〕天津古籍出版社《李叔同——弘一法師》，頁一〇〇。

(六)靈辨：「辨」同「辯」。「靈辨」，在中國華嚴宗，除杜順等五位宗師之外，後魏及唐代分別有幾位同名宗師，並分別錄入華嚴三祖賢首〔六四三—七一二〕所集《華嚴經傳記》之內。《華嚴經傳記》卷一〈論釋〉第五：「《華嚴論》一百卷，後魏沙門釋靈辨〔四七七—五二二〕所造也。」在卷中並述及靈辨生平及造論經過。其卒年四十六歲。又，《華嚴經傳記》卷三：「釋靈辨〔五八六—六六三〕，姓李氏，隴西狄道人也。……於終南山、至相寺，智正法師所，研味茲典……撰《華嚴經疏》十二卷、抄十卷、章三卷，竝行於代……從受歸戒者，一千餘人，講《華嚴》四十八遍。……春秋七十八。」「靈辨」，義為「靈慧的辯才」。

〔資料來源〕《全集》第九冊，頁二〇一（右）格言題署。

(七)瓔珞：佛名〔大正・一四・三四一c《五千五百佛名除障滅罪神咒經》卷六〕。瓔珞，梵語Keyūra，是古印度以玉編為環，可懸於身之項鍊類飾物。從古佛相上可見佛菩薩胸前均有此物，亦如今天之大小不同結構之項鍊，佛典隨處可見。《首楞嚴三昧經》卷下：「時魔眾中，七百天女，以天香、華末香、塗香及諸瓔珞，散魔界行不污菩薩。」《文殊師利普超三昧經》卷下〈月首受決品〉第十二：「王阿闍世，有一太子，名曰月首，厥年八歲，解頸瓔珞，用散佛上，而曰：吾以此德，勸助無上正真之道。」

〔資料來源〕上海書畫社《弘一法師書法集》，頁六四《華嚴經》偈聯句題署。

(八)鐵臂：意謂「堅強的手臂」，用以接引眾生，脫離苦難。此一名號尚無經典根據，亦不見於劉質平、林子青、陳玉堂等著作收錄。僅由李端〈家事瑣記〉中提及，落署「南無阿彌陀佛」書幅之上。

〔資料來源〕天津古籍出版社《李叔同——弘一法師》，頁一二二。

在這一節、十九項所列出家名號，共二五一個。在這麼多名號中，有一六三個，都有直接史料可供查證。這些史料，包括「書信、序、跋、傳、記……」，但分布最多的，還是大師手寫的

「佛典偈語、格言、佛號、匾額等題字」。另外有九十二個名號，只引自「間接史料」，如劉質平〈弘一上人史略〉及「編者註」、林子青《弘一大師新譜》、陳玉堂《中國近現代人物名號辭典》。這九十二個名號，沒有直接史料可以查證。

再者，在一六三個有直接史料可證的名號中，有三十一個為劉質平〈弘一上人史略〉（含「編者註」）所不收。

劉文及「編註」共收名號二二一個，其中劉質平原文收二〇〇個、「編註」加了二十一個。「南社舊侶」被我納入「出家前」在俗名號之中，因此，出家後名號，以二二〇個計算。

現在統計出的出家後名號二五一個減去劉文二二〇個，尚有三十一個名號出處，現在分下列數點簡述：

一、前文已將劉氏家族所收藏的「弘一大師出家後別署名冊」中所刪除的十五個名號列出。這十五個名號中，經過與多種史料核對，竟然發現「自悟、法流、信悲、智首、解了、摩尼、慧牙、嚴正、賢首」這九個名號，都存在弘一大師手寫的「經偈格言」之上，因此不應從總體中消失，並列入總數之中。

二、林子青《弘一大師新譜》所列，而劉質平〈弘一上人史略〉所無者在林著中，發現「婆心庵主、尊勝老人、無著（道人）、賢瓶老人、嚴髻」這五個名號，也有正確史料記錄，不應刪除。

三、減除前兩項共十四個名號，還有十七個名號，沒有著落。經核對「北京、上海、臺灣」各地於四十年來、出版的有關弘一大師多種專書中，現在查出「一日、力依、日鐙、法雲、明了、非念、智印、勝月、勝義、無礙、須彌、曇昕、慧力、鐵臂、離念、髻幢、髻嚴」這十七個名號，為「劉、林、陳」三位專收弘一大師名號之著述所無。而這些「新發現、新確定」的名號（別署），已在上文「資料來源」中詳加說明其出處。

但其中「曇昕」之號，本為弘一大師贈給廣義法師的別署，不料也在弘一大師所題的「極樂莊嚴」的匾額上發現，因此，也列入總數之中。

到此時為止，弘一大師出家後之名號，已算完備。但是，陳玉堂在他編的「辭典」中，卻有「一琴、秋實、春柳詞人、大偲、妙義、樂寂」這五個別署為人所不知。而「劉、林」二位也未錄；由於我在所有現存史料中查不到蹤跡，或許，這六個名號，出於訛誤，所以本文未加以「考析」。這仍有待來日，如發現新證據時來補正。

現在，弘一大師在俗之名號，三十五個，出家後名號二五一個，兩者相加，共計二八六個名號（含本名、法名、別署），而且都已有它的歷史地位。

戊、弘一大師名號間接史料部份之檢討與評估

根據前面諸節篩檢，弘一大師一生名號尚無直接史料可查者，在俗、出家，共計九十二個，

現在再加以臚列與評估：

一、在家名號：「俗同、庶同、瘦桐、李廬主人、南社舊侶」，這五個名號，除林子青《弘一大師新譜》及〈樂石社社友小傳〉存錄，目前在「直接史料」中尚未發現。

二、出家名號：「一月、一相、一味、力月、大安、大舟、不息、不動、不轉、月燈、玄明、玄門、玄榮、如月、如空、光明、成就、作明、忘己、究竟、妙著、妙嚴、法日、法城、法幢、性空、性起、明慧、具足、泓一、為舍、為導、為趣、為歸、為護、勇說、信力、願門、淨地、淨眼、婆心庵主、晨暉老人、善了、善月、善惟、善現、善量、善解、善愍、智人、智身、智音、智理、智幢、智燈、勝力、勝行、勝慧、勝願、等月、焰慧、無作、無畏、慈月、慈目、慈燈、實語、實義、廣心、慧炬、慧樹、德藏、澄渟、調伏、調柔、調順、隨順、賢月、靜觀、離忍、離相、離著、雜華、寶音、難勝、覺慧、鐵臂。」

這八十七個中「無畏、廣心、靜觀」是《李叔同——弘一法師》這本書的「編者」補入的名號，並非劉質平所搜集；而「鐵臂」則是弘一大師俗家次子李端先生記述抗戰時期，被毀棄的弘一大師手書「本無阿彌陀佛」的落款。劉質平〈弘一上人史略〉所收二百個名號中，便剩下這九十二個名號，還沒有直接史料可查。

這九十二個名號（出家後別署），沒有史料可證，並非弘一大師生前沒有用過這些名號，而是基於下列因素，造成今天無法直接公諸後世。

一、由於一九二〇年以後，到一九八〇年，這六十年間，國內迭經變亂，致使中國宗教事物、古蹟、文物遭逢劫難，弘一大師身後的文物亦然，致寫於各式聯幅上的名號，收集不全；

二、許多名號，散落在國內外寺院、文物機構、個人收藏家手中，無法搜證齊全；

三、如今仍舊珍藏於劉質平先生後裔手中，除有大部份提供印製成冊之外，仍有部份附諸墨寶之上的名號，無法一一作成紀錄。

弘一大師出家後的別署，之所以經由劉質平〈弘一上人史略〉一文，統計出二百個公諸史冊，其主要原因，是弘一大師出家生活資具，大半由劉質平供養，而弘一大師則在出家後二十四年間，不斷寫下千幅之多的經文、偈語、古人格言、詩句，贈與劉質平，其中每式多寫兩份，以便收藏；這些名號大都分題在這些墨件之中，因此，使劉質平先生對弘一大師這麼多的名號能作出紀錄；劉質平先生也盡到了保護的責任，在文革期間，寧捨生命以護這一批文物，終於能保存了六百件以上的墨寶，留在世間。現在，這些墨跡，已有部份從劉氏家族中流傳到海內外各地。而劉氏家族，於今亦分居在中國大陸各地，這些墨寶也難以珍藏一處，以供後人瞻仰了。

如果本文成書之後若干年，也許能陸續發現一些名號的出處，但是，要把這九十二個名號，一一查出史料來源，恐怕已無法做到了。如今我的心力已盡，但望有生之年，再能發現一些更多的弘一大師名號源頭。

下一節，我們再從弘一大師諸多名號命取的思想源頭，加以敘述。

己、弘一大師名號命取的意義與思想方向

弘一大師的名號（別署）已由上述諸節統計並引用經典來源作考析，下面再分別就「在俗與出家」兩方面名號，作賅括性評估其命名意義及其思想取向。

一、俗時名號命題取向

弘一大師在俗名號三十五個，除「文濤、廣侯」應由他的父親李世珍命取，其他皆是他自己在不同的年齡、環境、思想變遷之下所命。其命取的思想導向，分下列三點說明：

㈠傳統型取向：李文濤、廣侯，為李世珍先生命名。李叔同、俗同、俶同、庶同、舒統、廣平。

以上均採中國儒生傳統觀念，皆不外乎「誠、正、修、齊、治、平」思想之延伸。

㈡文學型取向：成蹊、李下、桃溪、叔桐、瘦桐、漱筒、醾紈閣主、李廬（李廬主人）、壙廬、微陽、當湖老人、南社舊侶。

㈢文學兼哲學型取向：惜霜、惜霜仙史、息霜、黃昏老人、李岸、李凡。

㈣哲學型取向：李息、息翁、李哀、哀公、李欣、欣欣道人、李嬰。

弘一大師三十九歲以前在俗名號，思想重心取向，在「文學與藝術」領域；至於早期的儒生傳統名號與出家前一年「李嬰」，只是整個生命過程中的思想轉折現象。直到走入佛門之後，他

便以大量別號，落入他手寫的「經句、格言」等無數墨跡之中，也帶給世間不可思議的驚歎！

他的在俗名號雖然遠超過古人，但在近代，以一位歷經社會形態轉變、生活形式更新、時代政治思想更替之文人藝術家言，三十四個名號並非意外。以同一時期的蘇曼殊言，經略檢也有下列諸名號：「博經、曼殊（以上正式法名與號）、阿難、曇鸞（方外別署）、宗之助（俗名）、三郎、蘇元瑛、元英、子穀、子谷、蘇湜、雪蜨、英、糖僧、燕影、燕影子、阿瑛、淚香、太倉郭僕、王昌、宋玉、洋皇帝、孝穆、欒弘、弘、滬、阿曇、玄瑛、林惠連……」一查也有二十九個之多。至於孫中山先生，因革命四處隱名逃避政治迫害，則有一百多個名號。

但以弘一大師言，他的出家別號之多，則是前無古人，恐怕也「後無來者」了。而弘一大師名號之多，並非文人氣習——興之所至、或是「隨緣」使然。他的各種名號遍布出家後二十四年間，是有其思想意義存在的！

二、出家後名號命題取向

弘一大師出家時法號，是在皈依時由剃度師了悟長老所命，法名「演音」，號「弘一」，後以字行世。此一名號之根源，是根據中國江浙一帶佛教宗派倫理傳統，依輩份排定。杭州虎跑定慧寺，是傳自臨濟宗第四十一世，源自明末寧波大童寺圓悟密雲禪師（一五六六—一六四二年）法脈，在其派下輩份排名九十二個字中，「果、演、寬、宏」這四輩中的「演」字，弘一大師即這一輩，故名「演音」；上一輩「果」，可能是了悟長老的輩份，因中國僧林，多以字行，所以了悟長老的正號湮沒無聞，而下一輩「寬」字，據文革後史料出現，有虎跑「寬願」法師，係了悟長老在一九二〇年前後，代替弘一大師剃度之弟子，此人曾與弘一大師在杭州合影，並且一九四七年杭州舍利塔落成時，也曾與馬一浮等合照於塔前。此人因文革期間，虎跑寺被毀，文革後不久逝世。弘一大師雖出於禪宗臨濟法脈，但個人卻修習淨土，這是近代禪門法脈下弟子之常見事。有關「寬願」的個人史料，尚無人撰述。

弘一大師在正式法名「演音」號「弘一」而外，有二四九個自行取定的名號，則是源自他身無長物，在行腳江浙南閩、掛褡許多寺院、經歷許多古人足跡之餘，再從遍閱經典，獻出生命為佛法傳承之使命而取定這些別署，以期佛法在他的經偈墨跡中，得珍藏者的服膺。

現在分從下列思想導向說明：

(一)名號與經典佛名相同者，計八十個。與經典菩薩名號相同者，十五個。這些佛、菩薩名，除了它本身代表一位「佛、菩薩」的階位之外，在詞意上，也同樣具有法義的基礎。這在前面各項「名號考析」中已分別說明。

弘一大師以「佛、菩薩」為自己的別署，並非故意引佛菩薩為名，而是從佛義間選擇詞彙，然後與佛菩薩名相合。這種與佛菩薩相印的別署、對明瞭佛義或收藏弘一大師身後文物者而言，其意義是不平凡的！

(二)除名號與佛菩薩相同的特色之外，在二四九個名號之中，詞彙的第二個字，相同的相當多。

比如「月、音、燈、幢、慧、勝、嚴、藏」，與上一個字結合成「名號」，以「月」字而言，就有十一個之多。如「一月、力月、如月、真月、善月、勝月、等月、滿月、慈月、論月、賢月」，這些名號第一個字，是形容詞，第二個「月」字是名詞，相結合後，便成為不同景象的「意義」。月，是象徵「法身、佛性、真如」的，這些名號，分布在弘一大師身後諸多史料中，便呈顯出一種與單一名號不同的藝術氣氛。如以「弘一」代替這十一個名號，顯然它的感染力便有所不同。

另如以「音」成為名號的，也有十一個。如「一音、月音、圓音、普音、智音、勝音、演音、龍音、辨音、寶音、髻音」，這麼多「音」字，分立成名號，較之以「演音」一個名號遍入史料，其意義也迴非言語可以道斷的。這個「音」字，是代表佛的法音。《法華經》〈普門品〉，便是以「觀世音菩薩的音聲來救度世人的」。〈普門品〉說：「妙音觀世音，梵音海潮音，勝彼世間音，是故須常念。」佛菩薩以梵音說法，眾生以念佛菩薩音聲而相應，這絕不是心理學上的幻覺，而是自身性靈上的淨化。是人格更新之起點。

此外，像「燈」字代表的是「佛」的光明，用以照破世間的幽暗；「幢」字，代表佛法的莊嚴與常住世間，為眾生帶來依怙；「慧」字，代表經由佛法的昇華，給眾生帶來洗淨無明的般若智慧；「勝」字，代表佛法與一切世間義理有所不同，有其獨特之道；「嚴」字，代表佛法的莊嚴、不可侵犯、與其神聖典範；「藏」字，代表著佛家在一切事物的包容性、含納性、廣大性。從這些名號，我們便可更深一步地看到弘一大師用心之處了！

(三)弘一大師在他寫的許多墨跡上，在一組四幅書法上，可看出他的意美、聲美與對觀賞者的攝受力。

(1)由「臺北弘一大師紀念學會」所收藏的〈四念處頌〉來看：「觀受是苦」用「一音」；「觀心無常」用「勝音」；「觀法無我」用「龍音」；「觀身不淨」用「演音」；印，完全一樣，用「大心凡夫」。這四幅字，每幅頌文一一〇字，它的主題，是「四念處」。如果，四幅全用「弘一」或「演音」，便沒有四個不同的署名來得美感，而且單調。

(2)由《全集》第九冊收錄的〈四無量心〉來看：「慈無量心」用「玄會」；「悲無量心」用「智眼」；「喜無量心」用「勝臂」；「捨無量心」用「無住」，這四幅字，每幅頌詞三十八個字，印，用的是「勝月」。

(3)同是《全集》第九冊所收的〈大智若愚〉、〈大巧若拙〉、〈大音希聲〉、〈大器晚成〉四幅字，署名依次是：「論月、髻明、如理、為矩。」這四幅字，每幅釋詞一一五文。用印是「沙門月臂」。另〈大智度論・十喻讚〉，共十二幅，每幅釋詞三十二字。署名依次是：「入玄、靈辨、智藏、智炬、無得、不著、為依、無所、無縛、月臂、髻目」共十一個，第一幅是「讚題」未署名。用印是「勝月」。

弘一大師在每一組字幅上的署名，都與主題中的「釋詞」或「頌詞」，思想相應，連成一氣。例如「大器晚成」一幅內容言，用「為矩」為署，則意謂「不以規矩不能成方圓」，能以「規矩」

為修身處事標準，便可「大器晚成」。

再舉一例：「捨無量心」，署名「無住」；為何用「無住」呢？因為「捨」後，要「放下幫助別人的成就感」，「心不著相」，「內無我」，「外無人」，無「布施相」，這就是「無住」。以此類推，弘一大師之名號，尤其在「兩幅以上」主題多方的「組聯」上，每一名號，均以深心與內容相應。

(四)在「組聯」書法之外，弘一大師到晚年，即在閩南那十年，為人寫經句、格言、題字，大多用「亡言、一音」，其他名號，只偶一用之。例如：贈給李芳遠「明心見性」的「善夢」；蕅益大師警訓，用「晚晴老人」；他的別號主要分布於五十五歲以前，寫在許多年經句、格言、單幅法書之上；在與友人通信中，除早年偶用「論月、曇昉、勝髻、僧胤、月臂、善攝……」諸別號之外，幾乎都用「演音」，間用「弘一」。晚年亦偶見「善夢」於書信中。

在字幅上，用的印，尤其在閩南那十年，都是「弘一」方形陽文。惟間用「一音」小型長印。早年落款則多用「演音」方型白文，偶用較小之「勝月、大心凡夫、月臂」諸印。

(五)弘一大師諸多名號，重要的思想導向，是在把佛義透過他的字，送到有緣人的手上。如果僅用「弘一」或「演音」兩個正式法號，當展覯之時，整體看來，與紛繁多采的名號對比之下，必然顯得單一、靜穆些。當他的不同名號分布於多種形式墨寶之上，更令人感覺佛語之美感與莊嚴。

弘一大師自出家以後，便發願「非佛書不書，非佛語不語」，而今，他以「佛書」（手寫的經句、名言）編植在有緣人的心靈，希望他們也能得到佛法的滋潤，這正是他出家後寫下千萬幅佛偈、佛語的要義。然後，他用許多名號，來配合他寫的經語、名言，他的每一幅字，每一字的深義，都顯得無一而非藝術。我們應該知道，弘一大師一動一靜、一言一行、一筆一毫、一彈指、一展眉，無一而非生命藝術的善境！佛法在他而言，無疑地，是一種更超越的藝術高峰。

庚、餘　論

從上述各節文字來看，弘一大師在家名號（別號、筆名），與蘇曼殊二十九個名號相比，多在伯仲之間。對蘇曼殊之名號，我們只是略檢，如作詳細研究，當不只此數。在家名號之取向，應是中國近代文人共同的特徵。

至於出家名號，弘一大師有二五一個之多，他的深心，是宏揚佛道，透過他的「法書」，將中國大乘佛法思想，容納在「經句、偈語」與他的「名號」之中；他的書法，不僅受到近代佛門人士與社會有心人普遍的珍視；尤其對一些佛門之外的收藏者言，無疑地會成為心靈間一泓新的泉水。

如果，我們細檢所見弘一大師法書，不管是「聯句、經文、單幅」，大多是《華嚴經》中的偈頌。而他的名號，凡成組的字幅，都與內容相應；而他每一個名號，都是大乘經典中經過深思密慮之後所命；每一個名號，是代表著大乘佛法義理的呈現。當人們看到他的名號，也會體悟到它所代表的深義。

弘一大師在俗時，是一位多方位的藝術家，出家後，把藝術美學溶入佛法，因此，在他的書法文字配置上，不管是早、中、晚期的字，以及內容的安排，印章的布局，都是藝術的表現。因為，書法本身便是「藝術」；佛家思想，從深一層講，也是藝術；弘一大師把「世出世間」的藝術，相即相入，溶為一爐。在弘一大師出家後二百五十一個名號言，我們不嫌其多，因為它本身就是佛法。

弘一大師之一生，能獲得世人如此景慕、仰止，不管是佛門人物，還是文學藝術界人士，都能夠從他的生命裡，獲得滋潤，這毋寧是他把藝術帶入另一層超絕人間煙火的情境，才能使我們看到他遺留在世間的事物上，發現他的悲情，會直瀉入我們的心靈、而感動不已。

一九九六年元月十二日於臺北弘一大師紀念學會

弘一大師音容綜論

甲、引言

古德先賢，逝者已遠，其音容笑貌，已無從複印在人們心靈；但後人仍可從他的文字與生徒留下的紀錄，來繪製他們的音容；一個人的音容笑貌，也足以示現他的心靈修養與器度。今天我們想到近代高僧——弘一大師，多從他的音樂、書法、律學以及出家生活來評估其人格的深度，可是還沒有人從他的一言一笑、一語一默來呈現他的整體面貌，現在經由有關他朋友生徒私淑者的筆下、口中，來試解弘一大師的人格特色。

乙、以論語為證：說明孔子人格典範

《論語》一書，是歷代儒生第一部必修之經典，而《論語》除提供我們中國文化人倫道德的訓示之外，這部書，也是孔子一生動靜語默的精簡紀事。現在我們引錄下列諸條，以證弘一大師的人格，也可由他的友生弟子的描述，來為他的生命價值定位。

一、曾子曰：「夫子之道，忠恕而已矣！」（〈里仁第四〉）

二、子貢曰：「夫子之文章，可得而聞也；夫子之言性與天道，不可得而聞也。」（〈公冶長第五〉）

三、「子不語：怪、力、亂、神。」

四、「子釣而不綱，弋不射宿。」

五、「子與人歌而善，必使返之，而後和之。」

六、「子溫而厲，威而不猛，恭而安。」（以上〈述而第七〉）

七、「子罕言利，與命，與仁。」（〈泰伯第八〉）

八、「子絕四：毋意、毋必、毋固、毋我。」

九、「子見齊衰者，冕衣裳者，與瞽者，見之，雖少必作，過之必趨。」

十、顏淵喟然歎曰：「仰之彌高，鑽之彌堅；瞻之在前，忽焉在後。夫子循循然善誘人，博我以文，約我以禮。欲罷不能，既竭吾才，如有所立，卓爾。雖欲從之，未由也已。」

十一、子在川上曰：「逝者如斯夫，不舍晝夜。」（以上〈子罕第九〉）

十二、「孔子於鄉黨，恂恂如也，似不能言者；其在朝廷，便便言，唯謹爾。」

十三、「食不厭精……色惡不食，臭惡不食……唯酒無量不及亂……。」

十四、「席不正不坐。」

十五、「入大廟，每事問。」（以上〈鄉黨第十〉）❶

我們略舉《論語》中諸篇計十五章，由他的弟子們口中描述的孔子，從語言、飲食、思想、行為、到教導學生的形象，這一張圖畫，已拼湊出活生生的孔子形貌了。尤其在〈鄉黨〉一篇，是完全描寫孔子「公私生活」的記述。

如果沒有《論語》，那麼我們也只能像「老聃」那樣，從一部《道德經》裡來想像老子的思想，而無法判斷他的音容笑貌了。

我們以孔子的生徒時賢描寫孔子為例，來用同一模式的文字，看看弘一大師是怎樣的人物？

丙、生命前期各論

在這一節，我們以出家那一年作分界線，整理出與弘一大師、當年的李叔同先生，相關人物的文字紀錄，看「李師」是何許人物？現在選錄下列諸人的追憶文字。

一、陳無我（孤芳）〈憶弘一法師〉：

「——法師與我相熟，而且在三十一年前——那時候，光復不久，民國元年，人民因為事

---

❶《論語》〈鄉黨第十〉計十八章，全部記錄孔子公私應對、衣食行住狀況。

業成功的容易，大家都有點浮躁習氣。尤以一班文人，積習不能改。就中風頭最健的，要算南社的社友……社長柳亞子，他在那時《太平洋報》的文藝欄報館裡，一班編輯也都是本社社友，他們編輯完了時，多的是歌場酒肆徵逐……不脫東林、復社公子哥兒的習氣。蘇曼殊以一個日本和尚——也廁身其中，酒肉廝混，獨弘一法師（當時李叔同）孤高自持，絕不溷入，靈機早露。在那時，或已看空色相了。」❷

陳無我於一九一一年，是上海《太平洋報》最年輕的（大約十九歲）的校對吧，在三十年後，弘一大師圓寂的紀念文字裡，反思當時三十三歲的李叔同，所作最精簡的浮影。

二、夏丏尊〈弘一法師之出家〉：

「……他比我長六歲，當時我們已是三十左右的人了。他教的是圖畫、音樂二科。這兩種科目，在他未來以前，是學生所忽視的。自他任教以後，就忽然被重視起來，幾乎把全校學生的注意力都牽過去了。一半由於他的感化力大，只要提起他的名字，全校師生以及工役沒有人不起敬的。他的力量，全由誠敬中發出，我只有佩服他，而不能學他。……」。❸

---

❷ 見臺北龍樹版《弘一大師永懷錄》，頁三〇五、三〇六。

❸ 同上書，頁二七。

夏丏尊描寫的知交李叔同先生，得一個「誠」字。一種生命的虔誠。這一回憶，是記錄一九一二年，他與弘一大師在杭州師範相聚的情景。

三、朱文叔〈憶李叔同先生‧弘一大師〉：

「在我的學生時代，李先生是教音樂的；那時我對於先生的觀感只有一個字——清。——人是清癯的，身材適中，尤其當站在講壇上的時候，心中不期而起『仰之彌高』的感覺。有時先生在那裡觀賞花木，亭亭靜立，也使我生起一種『清標霜潔』的感覺……。

「目光是清湛的，無絲毫垢澤，更不含絲毫嗔怒之意。因為他不多說話，和他日常相見，每有極短暫的無言相對的時候，在這時，只見他雙睫微垂，覺得好像有無量悲憫之情，從他目光中流露出來。

「——至於容止器度，真是一清如水……只要你接近他……使你自漸形穢，使你的鄙吝之萌不復存於心。……對著案頭先生的小影，真覺得無可言說。」❹

朱文叔描寫他的老師，得一個「清」字，一種清淨的無言之美。

四、傅彬然〈懷李叔同先生〉：

---

❹同上書，頁一八四、一八五。

「筆者直接受教於先生者，大約有二年之久。……先生平居不多言笑，常衣灰布大褂，寬大而整潔，總見得到挺直的褶稜。先生的儀態，平靜寧謐，慈和親切，但望之又莊嚴可敬。「民二十八秋，子愷兄與筆者同客桂林。子愷兄的書齋裏，懸掛著一張先生的相片，面容清癯，有如深山古木。……」❺

傅彬然寫他的老師，得一個「慈」字，是一種自然美的慈心流露。

五、李鴻梁〈我的老師弘一法師——李叔同〉：

「——同學們對他都非常敬畏。你說嚴厲吧，他倒是很客氣的；你說他客氣吧，可是有時又有點兒不大好講話。雖然滿面慈祥，但是見了他，總是有點翼翼然。這不單是學生，就是同事中對法師也是非常敬畏。有一次我們幾個同學擁到日本教師——本田利實先生房間裏，要求他給我們每人寫一幅書法屏條，可是他那裏文具不完備，他不肯寫。我們請他到法師的寫字間裏去寫，他連說不好。後來探知法師出去了，他才答應。不過叫我們放哨似的在扶梯上走廊上……都站了人，如果法師回來，須立刻通知他。我們說：『李先生絕不會因此發惱吧？』他說：『在李先生面前是不可以隨便的。李先生道德文章固不必說，連

❺同上書，頁二二八。

日本話也說得那樣漂亮，真了不起。』等字寫好了……他就狼狽地逃到自己房間裏去了。我們不覺得大笑起來。」❻

李鴻梁寫他的老師，得一個「嚴」字。是一個人人敬畏的「嚴師」。

六、豐子愷〈懷李叔同先生〉：

「在我們這師範學校裏，音樂教師最有權威。——因為他是李叔同先生的緣故。……李叔同先生為甚麼能有這種權威呢？不僅為了他學問好，不僅為了他的音樂好，主要還是為了他的態度認真。李先生一生最大的特點，是『認真』。他對於一件事，不做則已，要做就非做得徹底不可。

「——他回國後……已由留學生變為『教師』，這一變，變得真徹底。漂亮的洋裝（西裝）不穿了，卻換上灰色粗布袍子，黑布馬褂，布底鞋子。金絲邊眼鏡也換了黑色鋼絲邊眼鏡。他是一個修養很深的美術家，所以對儀表很講究。雖然布衣，卻很稱身，常常整潔。他穿布衣，全無窮相，而另具一種樸素的美。……穿了布衣，仍然是個美男子。『淡妝濃抹也相宜』，這詩句原是描寫西子的，但拿來形容我們李先生的儀表，也很適用。……」❼

❻ 見天津古籍出版社《李叔同——弘一法師》，頁二八八。

豐子愷有許多篇文章，描寫他的老師，其中有的說老師是個「真人」，有的文章說，老師是「人生三層樓」的人物中「最上層人物」，這裡已無法一一引述。但本文從形相上描寫老師的歸結，是個「真與美」的化身。

七、曹聚仁〈李叔同〉：

「在我們教師中，李叔同先生最不會使我們忘記，他從來沒有怒容。總是輕輕地像母親一般，吩咐我們。據說最頑皮的學生也說：『我情願被夏木瓜（丏尊綽號）罵一頓，李先生的開導真是吃不消，我真想哭出來。』」❽

曹聚仁在成年之後，成為左翼作家，態度卻一反常態，對老師的推崇一變而為對宗教的排斥了。直到他老死香港。不過在這裡他還是認為李先生愛生徒如子女，嚴厲中有溫馨。至於像馬一浮、姜丹書、經亨頤、堵申甫、劉質平這些朋友、學生，都在他們的作品或書信中，留下對弘一大師——李叔同先生無限的惦念與景慕，不再引錄。

---

❼ 天津古籍出版社《李叔同——弘一法師》，頁二六〇、二六二。

❽ 臺北龍樹版《弘一法師永懷錄》，頁二〇七。

丁、生命後期各論

弘一大師於一九一八年八月十九日（農曆七月十三日），在杭州西湖「虎跑」定慧寺出家，此後二十四年，雲水大江以南——江、浙、閩南各地，一生倍受佛界、音樂、書法、文化界之敬仰。現在選錄有關人士追憶大師的記錄，分別臚列於後。

一、夏丏尊〈子愷漫畫序〉：

「——和尚未出家時，曾是藝術界的先輩，披剃以後，專心念佛，見人也但勸念佛，不消說，藝術上的話，是不談起了的。……在他，世間竟沒有不好的東西，一切都好。小旅館好，掛褡好，粉破的席子好，破舊的毛巾好，萊菔好，鹹苦的蔬菜好，跑路好，甚麼都有味，甚麼都了不得。——這是何等風光啊？……」❾

一九二五年十月，夏丏尊為他的學生豐子愷寫的〈漫畫序〉中，留下他對昔年老友李叔同——弘一大師生活點滴的回憶。在世間，為一個朋友留下彷彿對一位古聖先賢一般仰止高山的文字，恐怕是歷史上少有的。他對弘一大師的崇敬珍惜，早已超越了一個朋友的範圍，根本就是對一位

❾ 同上書，頁八九。

古聖賢的頌詞。

二、葉紹鈞〈兩法師〉：

「——弘一法師坐下來之後，便悠然地數著手裏的念珠。我想：一顆念珠一聲『阿彌陀佛』吧！本來沒什麼話同他談，見這樣更沈入近乎催眠狀態的凝思，言語是全不需要了。可憐的是，在座一些人，或是他的舊友，或是他的學生，在這難得的會晤頃，似應有好些抒情的話同他談，然而不然，大家也只默然不多開口。未必因僧俗殊途，塵淨異致，而有所矜持吧？或者，他們以為這樣默對一二小時，已勝於十年的晤談了！

「晴秋的午前時光，在恬然的靜穆中經過，覺得有難言的美。

「他的行止笑語，真所謂純任自然的，使人永不能忘。——似乎他的心非常之安，躁忿全消，到處自得。似乎他以為這世間十分平和，十分寧靜，自己身處其間，甚而至於會把它淡忘，這因為他把所謂『萬象萬事』劃開了一部份，而生活在留著的一部份內之故。

「弘一法師與印光法師並肩而坐，正是絕好的對比，一個是水樣的秀美、飄逸；而一個是山樣的渾樸、凝重……」⑩

⑩ 同上書，頁七八。

葉紹鈞的筆下，弘一大師的畫面，已經溶入聖境。這一篇文字是記錄弘一大師於一九二七年（九月）由杭州到達上海暫居江灣豐子愷家，豐子愷約夏丏尊、內山完造、葉紹鈞、周予同、李石岑等多人，宴請大師於上海功德林。到十月八日，葉紹鈞寫下這篇作品發表於李石岑編的《民鐸新誌》，後來又編入開明書店的《活頁文選》。而席間的人物，都是當時上海文化界的精英。

三、內山完造〈弘一律師〉：

「——弘一律師，清癯如鶴，語音如銀鈴……我用日本語談話，看他神情，似乎一切都懂得，但他自己卻像個全把日本語忘記了的樣子。……次日，弘一律師和夏（丏尊）先生及另外二三個朋友同到我店中來，內人也見到他，於他去後，曾說：『聽到他的話聲，見到那崢嶸的額角，就知道是一位高僧。』……」⓫

內山完造，是民國十年以後到上海經營出版事業的日本人，他的書店便叫「內山書店」，因與中國文人如魯迅、夏丏尊等文壇名流，甚有情誼，因此與上海文壇頗有淵源。內山的回憶，是一九二七年八月，他與夏丏尊、葉紹鈞、豐子愷……等人在上海功德林素食館，歡宴弘一大師之後，寫成此文，後來收錄於內山所著《上海霖雨》一書，再由夏丏尊譯為中文。

⓫ 同上書，頁二八四。

四、蔣維喬〈弘一大師書簡集序〉：

「回憶戊辰（一九二八）己巳（一九二九）間，上海清涼寺請應慈老法師講《華嚴經》，余恒往列席。某日有一山僧，翩然蒞止，體貌清癯，風神逸朗。余心異之。但在法筵，未便通話，繼而默念，莫非弘一法師乎？既而會中有認識法師者告我曰：『是也！』余擬於散會時邀之談話，而法師已飄然長往矣……」⑫

蔣維喬（佛學者，民初江蘇省教育廳長）在一九四二年大師圓寂後，受李芳遠的邀請，為《書簡集》作序時所作的回憶，在這次法筵上，弘一大師驚鴻一瞥，留下蔣維喬永難忘記的印象。

五、錢君匋〈憶弘一大師〉：

「（民國二十一年）一、二八淞滬抗日戰爭結束後，開明書店編輯所同人遷兆豐路繼續工作。……（總經理）章錫琛先生自己也帶著頭這樣做……一天，有一陣沉重的腳步聲響上樓來，……只聽章先生迎上前去：『弘公大師！您老人家什麼時候到的？』我抬頭一看，一個和尚站在辦公室門口，門正好成了框子，把他嵌在中間。他高約一米七，穿著寬鬆的

⑫ 同上書，頁二〇六。

海青，因為面形清瘦，神情持重，雖然在微笑，卻有一種自然的威儀，把身體也襯托得很高。目光清澈，那是淨化後的秋水澄潭，一眼到底，毫無矯飾……我見到他的虔敬，不亞於見到祖父一樣，一陣清涼之氣從我脊樑上向全身擴散開來，人世間一切俗套偽飾，在一剎那間都卸淨了。——我目不轉睛地注視著這位長者，松柏精神，鸞鶴風度，真人本色，怎麼能看出這位曾是腰纏萬貫貴公子，落拓風流藝術家呢？……

「——餐畢，弘公退入夏寓的客房，我們大家都依依不捨，異常黯然，這種情緒也感染了我這樣的俗人。……弘公的言行，在我心版，刻上了永不磨滅的形象。」⑬

錢君匋，是一九二三年（民國十二年）上海藝術師範的學生，受業於弘一大師的學生劉質平、豐子愷，可算大師的再傳弟子。但直到一九三二年三月間，弘一大師到上海，才在開明書店第一次見面，這時錢君匋不到三十歲，大師已經五十三歲，而接待他的章錫琛則是開明書店主人，夏丏尊則是此店編譯所所長。這一年十月，大師便離開浙江，到閩南永遠駐錫，直到圓寂。

錢君匋這篇回憶，寫於一九八六年八月。他在文末又說，他曾於一九五二年冬天參加杭州弘一大師靈骨塔落成典禮後，到浙江美術學院拜望弘一大師另一學生潘天壽教授時，遇到一個老工友，在床頭擺滿野花，花簇裡放一張「弘一大師在海邊」拍的照片，背景是海浪，老工友也在民

⑬ 見天津古籍出版社《李叔同——弘一法師》，頁二七七、二八〇。

初杭州師範做過工友，當時很小。他說：「供花是新派，燒香是老派，我經過『學習』，不信菩薩了，可是不給老夫子（李叔同先生）燒一根（香），一天就像少吃一餐飯一樣，燒慣了啊！世上難找那樣好的老夫子……我和聞玉去看他，他叫我們『居士』，自稱小僧，他親自送茶水，留我們吃素飯，菜裡沒有油，那麼苦，我和聞玉都哭了！……」這就是當年的李叔同先生、後來的弘一大師，在三教九流人物心中的共同印象。

六、畢克官〈近代美術先驅者李叔同〉：

「——夏丏尊先生曾經說：『李先生為教師，是有後光的，像菩薩那樣有後光，怎不叫人崇拜他？……』」

「美學前輩朱光潛曾在一篇文章中寫道：『當時一般朋友中有一個不常現身、而人人都感到他的影響的——弘一法師。……』」⑭

畢克官是一位美術家，他是結集前人的經驗，寫下本文，原載一九八四年大陸《美術研究》第四期。

七、陳祥耀〈紀念晚晴老人〉：

⑭ 同上書，頁二一一、二一三。

「——老人的字，骨力深秀而高遠，清瘦地，馨逸地，正是老人的影子。老人的長身直立的姿態，瀟灑盎和的風神，他那種起落筆的斂神藏鋒的功力，更使他直臻高絕。——老人唯一使人永久紀念的，當是他的使人一見便不會磨滅的親切印象。

「周予同先生，曾親口說：『在他所見的人物中，老人是最富美感的一個。……』

「老人對人，在他紅潤而略帶縐痕和疏髯的臉上，在他的有光彩的眼角，在他微微掀動的嘴邊，永留著和美的笑意。這笑，表示他內心長時的欣悅，長時的謙泰……老人永遠是安詳謙泰的；永遠是盎和恭敬的。他永遠是使我們不會忘記他的偉大的修養。他的寬虛懇切之懷心，他的高夐的人格——直到他的最後躺在床上示寂的剎那，還沒有失去他這一切常德！……」⑮

文學理論家陳祥耀出身泉州，青年時見過弘一大師，當大師在泉州圓寂之後，留下這篇深刻的追憶。

八、許霏〈我憶法師〉：

「——我不是佛教徒，而且對佛學是門外漢。但我對於一代藝人與高僧的弘一法師——李

⑮ 見臺北龍樹版《弘一法師永懷錄》，頁一八九。

叔同先生……我的確被他的巍巍大德、煦煦仁慈，太感動了。雖然我仍舊以藝術前輩看待他，當我每次和他會面，他總給予我無上的喜悅；清癯的面容，老是帶著和善的笑容，像傍晚柔暉的可愛。他的心懷永遠是安詳謙虛，盎和恬適，絕沒有一絲不得意的神氣或拂然的辭色。……」⑯

許霏，字晦廬，是泉州一位著名的金石家，弘一大師晚年用於墨寶上的印，有許多都是此人所刻。

九、黃福海（黃柏）〈弘一法師與我〉：

「——我初次見弘一法師，是在泉州承天寺。——法師問了我姓名與來歷後，很欣慰地領我進他的禪房去坐。禪房矮小，光線幽暗，房內佈置整齊妥貼，大多東西都呈著清潔的淡灰色；這裏沒有一點灰塵，也無一點聲音。法師面部清癯，兩眼若開若閉，口含慈祥的笑，在正襟危坐著，態度莊嚴，顯露慈威；在這樣嚴淨的環境中，像一位道地的活菩薩，把一個素來行動浪漫不羈的我，嚇得規規矩矩不敢亂動，不敢咋一聲，又捨不得辭出，只是木偶般地坐著，默默地望著他。……

⑯ 同上書，頁二二三。

「我很愛聽法師講話，他聲音的高低，正合鋼琴上的C調的音。他講話，語調自然，表情純摯，咬字清晰，國音準確。……

「——弘一法師圓寂了。當民國三十一年陰曆九月初五日，從泉州報來這個惡耗時，我目瞪報紙好久，不禁一陣心酸。我拋開被眼淚浸濕的報紙，隨去換上一身素服，若有所失地走到香店，買了一束貢香拿在手裏，俯首走到溫陵院。院子裏的氣氛淒清慘淡。晚晴室的外門鎖著，我從室的東邊玻璃窗，望見窗內向西吉祥臥（側臥）的法師遺體；我燃香插於窗外土中，便就地向窗內行三個頂禮，以送法師的永別。……」⑰

黃福海當年不足三十歲，是從江蘇到閩南惠安做事的青年，因慕名於民國二十八年冬天去泉州承天寺第一次拜訪大師，後來全力學寫弘一大師字風，頗得神似，今黃福海仍在，住在江蘇揚州，人在病中；但他所珍藏的弘一大師多幅墨寶，都被偷竊一空，極為可惜。

以上九位的追憶文字，除蔣維喬與夏丏尊算是佛教徒，其他七位都是知識界的佛門以外的崇仰者。

下面，是佛教圈內以及弘一大師私淑弟子的追念文字。

十、蔡吉堂〈弘一法師在廈門〉：

---

⑰ 同上書，頁二五二。

「弘一法師接待來訪者，總是正襟危坐，兩眼俯視，不左右顧，總是默默不語，偶然答話，也是一言半語，使人有端莊和悅而又矜持之感。」⑱

蔡吉堂為廈門聞人，今仍健在，曾要求皈依弘一大師而未獲准，因為他已皈依過太虛大師。他是閩南居士界，曾親見弘一大師僅存的人物之一。

十一、李芳遠〈送別晚晴老人〉：

「我得識弘一大師是在鼓浪嶼日光岩時，那時受到他對於藝術及修養等等的指導，迄今已有五六年的光景了。使我永遠神往的，就是他那悲智寂默的慈容，一如慈母般細細地指導我們，從來未曾動過怒。就是對於至微小的一物一草，也愛護著。

「法師近來老態日甚，似雪的長髯，瘦得如蒼松般……在很靜穆的面上微露出他的笑容，毫無躁忿地撥動念珠，……那種飄逸的神態，正如他的書法一樣，清絕人間，毫無矜才使氣的煙火。……」⑲

⑱ 見天津古籍出版社《李叔同——弘一法師》，頁一六七。

⑲ 見臺北龍樹版《弘一法師永懷錄》，頁六八。

李芳遠於一九三六年（民二十五年）在鼓浪嶼隨其父在日光岩初見弘一大師，時年十三歲，日後陸續六年，與弘一大師有信件往返，弘一大師圓寂後，編有《弘一大師文鈔》及《弘一大師年譜初稿》（但未出版），但終身不得志，於一九八一年病逝廈門。

十二、高文顯〈弘一法師的生平〉：

「他往返閩南，共有十餘年的歷史。但是一向深居山谷，埋名遯跡。出門時衲衣竹杖，芒鞋破缽，一肩梵籍，兩袖清風，飄飄地如閒雲流水，千山衲僧，隱逸地過著那種清苦的行腳生活。

「——其實，我覺得弘一法師的影子，在任何人腦海中，都不會淡下去。因他有絕大的力量，能使任何人（凡與他接觸過的、或僅聞名的）都信仰、受他的感化。」⑳

高文顯，於一九二九年（民國十八年）十月，弘一大師由溫州第二度去閩南。十七歲的高文顯當時在廈門同文中學念書，但寄宿在南普陀寺，他在這裡拜識了時年五十歲的弘一大師。此後高文顯入廈門大學念生物，仍住南普陀寺，並在此後十年間，受到大師的人格薰陶，其寡母與姐均出家為尼，他自己皈依大師（法名勝進），到太平洋戰爭爆發前一年，赴菲律賓從事教育工作，

⑳ 同上書，頁三二。

此後並經常為文悼念弘一大師。在一九七〇年間，他赴英國留學，獲得博士學位，返菲後，約五六年，到一九八〇年間，轉赴新加坡與大師另一私淑出家弟子廣洽法師為侶，直到一九九〇年逝世，年七十七歲。

下面，是棄俗的佛門法師，對大師的追念。

一、亦幻法師〈弘一大師在白湖〉·

「——我們從弘師本身看起來，他那時（在浙江慈谿）的生活是樸素、閒靜地講律、著作、寫經，幽逸得無半點煙火氣。倘使從白湖的天然美景看起來，真是杜工部詩句：『天光直與水相連』，中間站著一位清癯瘦長的梵行高僧，芒鞋藜杖；遠岸幾個僧服少年，景仰彌堅！」

「——我揣想他的佛學體系，是以『華嚴為境，四分律為行，導歸淨土為果。……』」㉑

亦幻法師，是三十年代佛門太虛大師授業弟子之一，年輕有才華，民國十八年冬任浙江慈谿白湖金仙寺的住持，大約不到三十歲。弘一大師從一九三〇年（民十九）到一九三二年定錫閩南，這兩年間，曾四度掛單金仙寺。《華嚴集聯》就是在這裡寫成。

㉑ 同上書，頁五〇。

在有關大師的史料上，討論大師在佛法上的思想體系，是亦幻法師第一個提出「以華嚴為境，四分律為行，淨土為果」的人物，此後便有許多人加以引用。

二、保賢法師〈弘一律師在湛山〉：

「——弘一律師坐的船到了……其實他五十八歲了。——細長的身材，穿著一身半舊衣褲，外罩夏布海青，腳是光著只穿草鞋……他蒼白而瘦長的面部，雖然兩頰頦下滿生著短鬚，但掩不住他那清秀神氣和慈悲和藹的幽雅姿態。……

「他老寮房裏——桌上放著個很小的銅方墨盒，一支禿頭筆，櫥裏有幾本點過的經，幾本稿子，床上有條灰被單，拿衣服折疊成的枕頭，對面牆根，放著兩雙鞋〔黃鞋、草鞋〕，此外再沒別物了。在房內，只有清潔、沈寂、地板光滑、窗子玻璃明亮。——全是他老親手收拾——使人感到一種不可言喻的清淨和靜肅。」㉒

保賢法師是一九三七年、抗日戰爭初起時山東青島湛山寺的學僧。弘一大師於一九三七年（民廿六）五月二十日（農曆四月十一日）由廈門乘船，應湛山寺住持倓虛法師之邀，派寺內書記夢參法師專程去迎接，到達湛山寺。大師在這裡「講律」，到九月中旬，離開青島，經由上海耽擱

㉒ 同上書，頁五六。作者筆名「火頭軍」。

兩日，與夏丏尊見面，又應夏丏尊之請，拍了一張半身相（今天海內外流行的就是這張面帶微笑的慈照），九月二十七日回到廈門。

上文作者保賢法師，於一九五二年離開上海，去香港依倓虛法師。於一九八七年在港逝世，年七十九歲。

三、慧田〈我虔念著弘一法師〉：

「我虔念著大師，大師一切都讓我到死地虔念著。」㉓

慧田（傳如）法師，一九三三年五月間，是泉州開元寺的十二歲小沙彌。一九四〇年（民二十九）十二月間，弘一大師由永春去晉江苐林寺的途中，經過南安洪瀨訪問靈應寺時，慧田法師此時一人居住不遠的個人小道場水雲洞自食其力，他聽說弘一大師到南安來，便去靈應寺去懇請大師到水雲洞小住，與慧田共度一個月的農民生活，再經由靈應寺，到第二年四月去晉江苐林寺閉關講律。慧田其人，後來因故還俗，而今似仍健在，居臺灣南部。慧田對這段農民生活，有詳細描寫。

四、文心法師〈追悼弘一律師〉：

㉓ 同上書，頁一一七。

「——老人〔自廈門〕往泉州時，睹余書桌除經書外，別無所有，寂寥異常。他老人家把親手栽的三四小磁盆名花，對我慈愛的樣子，躬自搬到我的書桌沿上，並一一說明花的名字，但花名我都忘了。曾記得有一盆開得很香艷，放在桌上，說了花名，他老人就和悅的轉身回寮了。……至今思之，一係慰我寂寥，一係借物以顯其精神常住，乃使後學追念不忘也。……」㉔

文心，是一九三七年九月，弘一大師從青島返回廈門、住在萬石岩，文心與大師為鄰房，當時為閩南佛學院佛學講師，到了這一年農曆十二月十八日，即一九三八年元月十九日離開廈門去泉州（晉江）石獅鎮檀林鄉草庵過年。在離開萬石岩前夕，將平日所蒔的名花完全贈送給鄰友文心法師。這是文心法師的追念。

五、震華法師〈悼弘一律師〉：

「——弘一律師於民國七年，將文人生活習氣，一肩放下，走入佛門，剃髮染衣，現比丘相。不求名聞利養，不蓄徒眾，凡至一處，惟以律部注疏自隨，見地高遠，不落一般善知識巢臼……

㉔ 同上書，頁一三〇。「文心」為筆名。

「——總之，律師一生，處處腳踏實地，不鬧虛浮，生活尤其清淡，布衲芒鞋，赤足露頂，體貌清癯瘦削，而精神有餘，望去如野鶴之伴孤雲，蒼松之植幽壑，動止安詳，威儀寂靜，深得古人平實之風。」㉕

震華法師，其人生平不詳。但於抗戰結束，在上海為太虛大師門下傑出人才。不幸於太虛大師圓寂之前一（一九四七）年，疾逝於上海，年尚不及三十歲，實為佛門最大損失。

六、德森法師〈驚聞弘一大師生西〉：

「——〔弘一〕律師未脫白時，藻思綺情，風流倜儻。及披緇以後，以戒嚴身，以律治心，棲止蘭若，專事苦行。由信而解，深入堂奧。視紛華如毒蛇怨賊，奉毗尼為本命元辰，先後判若兩人，洵世末優曇，人難企及。……」㉖

德森法師，是印光大師門下，民國十九年（一九三〇）二月，印光大師移錫蘇州報國寺閉關，上海弘化社於次年亦隨之移至報國寺，作佛書流通工作。德森法師為報國寺住持。此文是佛界比

㉕ 同上書，頁一〇一。

㉖ 同上書，頁九九。

兵對弘一大師一生所作最精確、最具代表性的評估。

本節總結以上二十五位佛界與文化人對弘一大師人格作第一手的見證，其中夏丏尊、豐子愷、李鴻梁，都是與大師朝夕相處多年的朋友與學生，對大師動靜語默，都有最具真確性的體認；如果一個人的品格出現任何瑕疵，他的朋友學生便不可能如此以「高山仰止」之情，來追念這位朋友與老師。弘一大師人格透過這麼多人的親身浸濡，他已決不是中國歷史上一般「善人」所可比擬；他已超越了世俗的「善與好」的評價，顯已抵達聖者的情境。

戊、孔子與弘一大師的人格比較觀

我們以近代的佛門弘一大師與中國歷史上至聖先師孔子的人格作比較研究，一定有人會嗤之以鼻。孔子對中國文化的影響有多大呀，弘一大師何許人也？但是根據兩者的人格形態，我們再作系統的對比，請試閱下列文字。

一、「曾子曰：夫子之道，忠恕而已矣！」

曾參說他的老師——做人之道，就是「忠、恕」這兩個字。

試觀弘一大師的一生，何嘗有違忠恕二字？而佛門「慈悲」二字，尤足擴大了「忠恕」的範域。

二、「子貢曰：夫子之文章，可得而聞也。夫子之言性與天道，不可得而聞也！」

端木子貢說他老師講的詩書禮樂，是可以聽得到的，但是他所體會的生命本質與宇宙真相，就無法聽得到了。

孔子有他的生命哲學。他所體會的真理，是語言無法表達的；所以學生便無法直接受益了。

弘一大師是超越於「世俗生活」甚至「倫理哲學」領域的高僧，他留下的音樂作品、書法作品，還有詩詞律學著作，我們都可以看得到的。可是誰能理解「悲欣交集」的真正意義？誰又能悟出「華枝春滿，天心月圓」的景象呢？這種生命親臨景象，又豈是語言文字可以表達的？就是表達了，我們還是人云亦云。

三、「子不語：怪、力、亂、神。」

弘一大師一生沈默寡言，尤其出家以後，極少講話，全以身教，示範人間。所謂「怪、力、亂、神」，這些社會亂源的語言，弘一大師一生從未說過。

四、「子釣而不綱，弋不射宿。」

在一個中國儒家先聖而言，殺個把小生命，無可厚非。但孔子總算不去用「網」打魚，也不去射睡在窩裡的鳥。弘一大師是一個出家的高僧，與殺生、打鳥，完全沾不上邊。

五、「子與人歌而善，必使返之，而後和之。」

孔子是愛唱歌的。當他看到別人的歌唱得好，一定會請那個人再唱一遍，然後他跟著唱。

可別忘記，弘一大師是一位音樂家，他的歌一定會唱得比孔子好，何況會彈多種西方樂器。

至於佛門梵唄就更別提了。

六、「子溫而厲，威而不猛，恭而安。」

在第三節夏丏尊、朱文叔、傅彬然、李鴻梁、豐子愷筆下的弘一大師，當年的李叔同「誠、清、慈、嚴、真、美」的人格特質，就是「溫（慈）而厲（令人敬畏），威（嚴肅）而不猛（凶狠），恭（謙虛）而安（安詳）。」何況，弘一大師是活生生的一位有許多直接親炙的現代人物？

七、「子罕言利，與命，與仁。」

孔子平日很少跟別人談金錢財富的事，但是非常認同「天命」與讚譽仁者。

我們試看弘一大師，一生不沾「名聞利養」，連別人供養他的錢，他都轉手交給寺院。他當然認同「天命」（佛教的因果業報），當然對行菩薩道的世人，更是無限欣喜了。

八、「子絕四：毋意、毋必、毋固、毋我。」

孔子這四種客觀、冷靜的做人態度：⑴不去亂測想別人的動機，⑵不對一切事認為一定應該如此，⑶不堅持己見，⑷沒有為己圖利的私心。

弘一大師由於嚴守佛戒，加上自己修養已絕人間煙火，完全沒有這種「我執、法執」的缺憾。

九、「子見齊衰者，冕衣裳者，與瞽者，見之，雖少必作，過之必趨。」

孔子見到戴孝的平民、穿國家禮服的官員經過，或盲人，即使是年紀比他小，他也一定會站起來；待經過他們身邊，再會很快地通過，讓他們方便。

在史料中，誠然沒有提及弘一大師對這些情況的處理。但是，有一個例子足可賅括弘一大師的態度。有一次黃福海在泉州陪弘一大師去街上照相，中途遇到前面有一個矮矮的老和尚在走著，弘一大師說：「我們慢一點走，不可走在他的前面。他是承天寺的方丈（轉塵老法師），他僧臘比我高，戒臘比我大。……」類似的「敬老、憐少」的例子，在弘一大師的身上見到的太多了。老實說，他連對一隻狗都恭敬。

十、「仰之彌高，鑽之彌堅；瞻之在前，忽焉在後，夫子循循然善誘人，博我以文，約我以禮，欲罷不能。既竭吾才，如有所立，卓爾。雖欲從之，末由也已。」這是顏回對老師的讚歎！我們來看弘一大師。夏丏尊說：「李先生是有後光的——他的力量，全由誠敬中出發，我只有佩服他……我們是學不來的。……」豐子愷在〈我與弘一法師〉中舉出「人生有三層樓：一般人只活在第一層，是世俗討生活的人，一些文化精英，對社會有理想、有抱負、重視自己的人格純度，他們爬到第二層。可是弘一法師是從一層樓，超越第二層，一口氣爬到第三層樓的人！」這一層只有宗教家、聖者才能。

以夏、豐二位對弘一大師的看法，尤其豐子愷，已是「顏回仰望孔子」般地仰望他的老師了。至於佛門後輩，恐怕比豐子愷尤有過之。

十一、「子在川上曰：『逝者如斯夫，不舍晝夜。』」

孔子在河岸邊，看著滔滔東逝的河水，慨歎時間的無常易逝。換句話說，也就是感歎人生之無常。

弘一大師是一位佛門高僧，對人生之感慨，當然比「逝者如斯夫」更深，因而出家入佛。

十二、「孔子於鄉黨，恂恂如也，似不能言者；其在朝廷，便便言，唯謹爾。」

孔子在自己故鄉，與人相處，謙虛而誠懇，囁囁嚅嚅，好像不會講話的樣子，但是一到政府朝廷，面對君主大臣，卻變得直言無諱，但出言小心謹慎。

弘一大師沒有做過官，但是對任何人都是一樣地謙遜、誠摯，好像沒有口才的樣子。但遇到佛門重大問題，像民國十六年三月，面對當時浙江當局的「滅佛」行動，在杭州常寂光寺與主張滅佛的主政者，仗義執言，慷慨陳詞，那一群人終於鎩羽而歸、滅佛之論遂息。

十三、「食不厭精……色惡不食，臭惡不食……唯酒無量不及亂……。」

孔子不是佛門法師，尤其他也曾做魯國司寇（司法部長）三個月，對「吃」是很在意的。但喝酒卻有節制。在那一時代，也是了不起的。

弘一大師嚴持戒律，過午不食，食只一菜，清茶淡飯，是談不到「食不厭精、膾不厭細」的。他們是古今不同的人格範例。

十四、「席不正不坐。」

這一點，以弘一大師生活之嚴格，恐怕還要超越了孔子「席不正不坐」的層次。因為他是一位苦行僧。

十五、「入太廟，每事問！」[27]

孔子每到參加政府公祭的場所，很多事都會去請教別人。——這表示孔子的謙虛，不強不知以為知。

弘一大師在閩南對一個十五六歲的李芳遠寫信，都恭敬自謙，表示自己德學不足，不能做「法師」，經常造惡。弘一大師的謙遜，是人所共知的！

我們以弘一大師人格模式與孔子相比，如果世人不「厚古薄今」，並不超越本分。

孔子，在歷史的長河裡，顯然他的倫理哲學與文化道統對後世之影響，是弘一大師無法與之並論的。但是就「音容笑貌、動靜語默、言行尺度」言，弘一大師可謂「佛門的孔子」，是可以當之無愧的。

我們無意為弘一大師之生命作無意義的渲染；這在弘一大師也是不許可的。我們只是以一個理性的尺度，從孔子弟子的惦念中，找出證據，來印證弘一大師的一言、一行、一笑，這不算錯誤！

己、餘　論

[27] 本文所引《論語》諸篇，以第三者所記孔子行誼為主，非孔子自述。凡無「弟子某曰」者，皆係曾子門下成書時，就記憶所及納入各篇。可記者則分別記下「曾子曰、子貢曰、顏淵曰」等等。

本文對弘一大師人格樣範，從第三、四兩節所引人物的追念文字，大多是第一手資料，都是弘一大師親炙的友生同道，他們不會說謊，不會誇張；弘一大師不是歷史上的皇帝，要以權威影響他的後人去做這種事。因為他給人的，不是金錢，不是利益，不是名位，而是令人心靈得到溫暖，煩惱得到清涼的感激。使與他共處朝夕的人，無不從內心發出至誠仰慕。

做一個中國出家比丘，他的真誠、慈憫，他的清高、莊嚴，他的細緻、寬容，都足夠作為世人的典範。

世間如能多有幾個出家的藝術家李叔同多美、多好！佛門能多有幾個嚴持戒律、萬人仰止的弘一大師多美、多好！弘一大師一生，可用「真、善、美」具全來賅括。弘一大師出家前是一位藝術家，是世間知識上追求真善美的藝術家，因此把他三十九年的俗家歲月，帶入藝術的領域；而出家之後，他一變而為另一種藝術，這種藝術與世間藝術所不同的是，它把「真善美」的世間素質昇化了，化到與生命本體相結合，由生到死，都是一種完美的藝術表現。

一九九五年五月一日完稿

弘一大師身後遺存「字、畫、印」的幾個相關問題

甲、引言

中國文人「詩、書、畫、印」藝術，在歷史上有一條共通的血脈：即這一類藝術家，常常兼而有之：「畫家，兼而為書家，再兼為詩人」；偶然也會兼而為「金石家」。

近代畫家，如吳昌碩、張大千、溥心畬、黃濱虹、黃君璧、傅狷夫……，都是兼為書家。甚至兼為「詩家」。但中國人攻西畫而介入「書家、詩人、金石家」，比例不高。

今天我們談「弘一大師字、畫、印」的問題，在書法界及佛門都知道，弘一大師在幼年即學金、石、書法、國畫，到二十六歲秋天赴日留學，再兼攻西畫及音樂。直到三十九歲出家。在出家後，到六十三歲圓寂，在書法上，他的影響力，遠超過當代任何書法大家。其原因是，他的字代表著「佛法」的語言，也徵示了他的「高潔的人格」；在中國藝術上，他是「書家、畫家」，兼而為「詞人、金石家」。何況，他還是中國新式教育下的校園音樂啟蒙人與中國先驅戲劇家。

弘一大師的「字、畫、印」，從一九八〇年後，中國大陸推行政策開放以來，經由福建沿海、

香港藝品市場，以及個人攜帶種種方式釋放到海外，不在少數。這十多年來，由於他的字為經營「藝品及書畫商人」帶來極高的利潤，因此而產生的「贋品」大量出現；於是弘一大師「字（含畫與印）」的真偽問題，成為「藝品商、收藏家與佛門景仰者」的頭痛問題，連帶使得景仰弘一大師「書法」的人，成為一種額外的心理負擔，於是特別撰寫此文，作一徹底探討。

乙、關於「字」的部份❶

弘一大師的「字」源頭在「先秦、漢魏（含晉代）」碑帖，這也是一般書家常走的歷史足跡。但弘一大師卻是從「篆」入「隸」，而後入「楷」，等他從事西畫創作以後，逐漸通過西方圖案畫的方法，將他的字，尤其是中晚期的字，以圖案形象、布局展示在世人眼前；一方面從他早期（三十九歲、出家前）「魏晉」風格的古拙字形，演變為富有佛法生命而柔如蠶蠕的中期後段風格；到五十五歲以後，再變為拉長而莊嚴的道情形象。

一、弘一大師的字，從總的方向看，他一生可分為三期：

(一)早期

弘一大師從幼齡（九歲）學字、學畫、學治印，最初隨天津名士唐靜岩、嚴範孫為師，直到

---

❶ 關於本節弘一大師原作，是根據福建「福州人民出版社」一九九三年底印行的《弘一大師全集》第九冊，早、中、晚期墨寶選樣。

留學日本歸國；在這一階段，他的字在世間已少見，據判斷，是以「魏晉」為範，但從一九一一年三月日本返國，到杭州出家這八年間，字的風格是一貫的，是一種古拙帶有奇氣的魏晉風，仍留碑帖痕跡。現在按編年選排於後：

(1)

這幅字，是弘一大師未出家時，三十歲以後標準的「法書」，臨摹工夫極深，並見於《臨古法書》❷收錄。

(2)

❷《臨古法書》，原書名《李息翁臨古法書》，一九三〇年由上海開明書店出版。內收弘一大師出家前所臨碑帖四十多種。後由菲律賓性願法師主持集資再版，臺北天華出版公司一九六七年三印。

這幅字，相信是二十六歲留學日本歸國以後作品，使得「魏形帶草」，年代無法肯定，是早年作品，應無疑義。

(3)

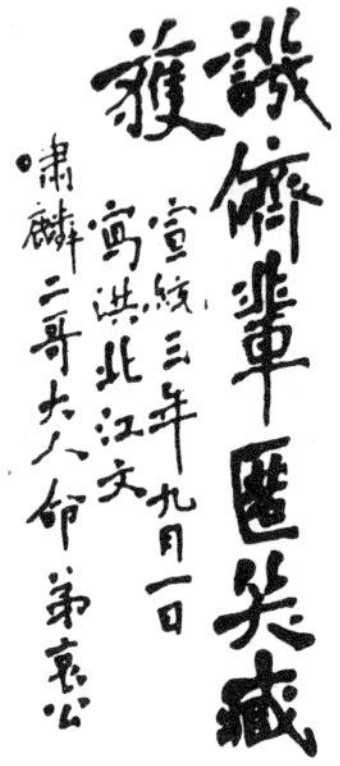

這幅字，寫於宣統三年（一九一一年），時年三十一歲，從日本回國，是應他的「老家人」——長他二十三歲的銀號管理人徐嘯麟之請，寫的是「洪北江」文，在這裡只剪下最後兩行為例。

這是我們目前所見弘一大師遺留世間最早的「墨寶」名篇。

(4)

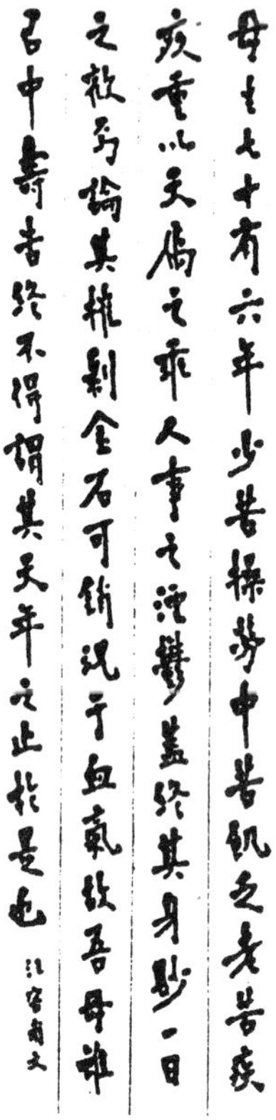

這幅字與上一幅風格相同，寫於一九一二年（民國元年），時年三十二歲，是應他的朋友問庵居士請求而寫。

(5)

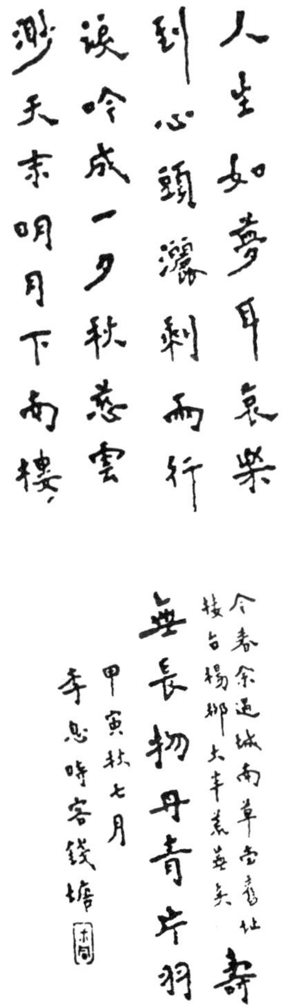

這幅字，寫於一九一四年七月，時年三十五歲，是贈與他的城南文社時代老友許幻園之妻——夢仙大姐的，與三十一歲作品一致。

(6)

這二幅字中，「瑞安李叔誠先生收藏」的「雪夜千卷，華時一尊」聯句，原載於拙著《弘一大師傳》自印初版及臺北三民初印，與前數幅風格相同，都是杭州時代作品。至於「南無阿彌陀

佛」六個字，則是出家前夕贈與好友楊白民留作紀念的。時為一九一八年五月，三十九歲。這兩幅字，與第一、二兩幅風格近似，這只是弘一大師在同一階段不同的筆法。目前「南無阿彌陀佛」，被分為直排、橫排兩式，遍布臺灣各地，凡電線桿、轎車……醒目之處均有。

以上這六條，八幅字，我們鑒定為弘一大師「早期墨寶」。因為早期的字，弘一大師在俗時除非應他人請求，所以較出家後「以佛書說法」而寫的少，更為今天收藏家所珍視。這幾幅字，也可以代表弘一大師少年直到三十九歲出家這一漫長階段、法書的特有風格。但這些字，不脫魏晉人的影像！

㈡中期

弘一大師三十九歲（一九一八年、戊午）出家後，最初幾年只寫經，一般聯幅寫得較少，而且字型有轉變跡象，轉變的因由似乎與他沉潛佛道、嚴淨戒律不無關連，我們試以下列諸幅作品來探討。

⑴

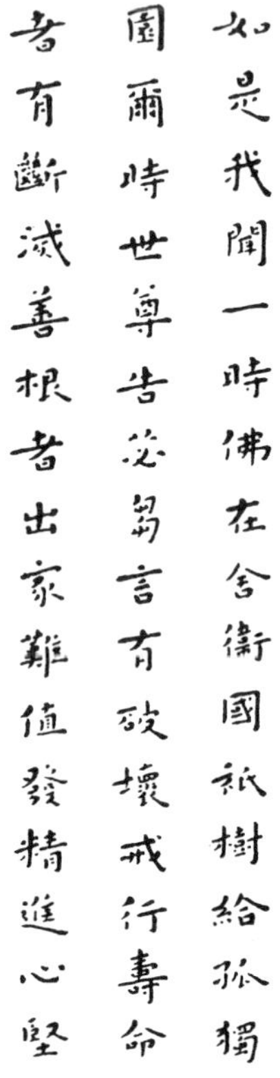
如是我聞一時佛在舍衛國祇樹給孤獨
園爾時世尊告苾芻言有破壞戒行壽命
者有斷滅善根者出家難值發精進心堅

這幅字，是一九二〇年（民九）、四十一歲，出家後二年在浙江衢州蓮花寺寫的《大乘戒經》首頁，是比較小的寫經，風格微有魏人餘味。

(2)

這幅字，寫於一九二三年（民十二）、大師時年四十三歲。當時住在溫州慶福寺。這幅字與前幅只是「楷與行」的差異，風格則無差別。

(3)

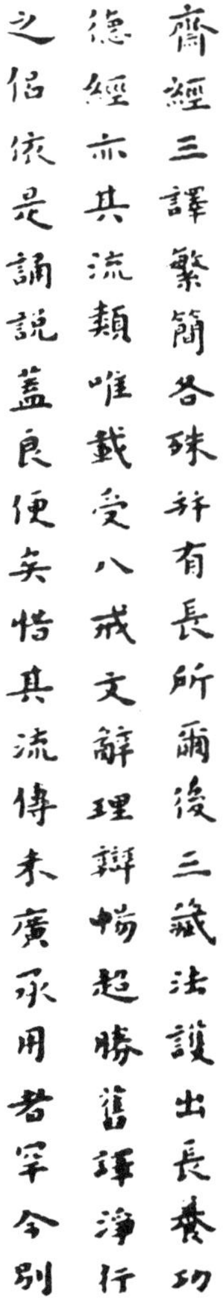

這幅字是「正楷」，與第一幅相隔六年，風格一致。這幅字是《佛說八種長養功德經》的前言。寫於一九二四年（民十三），時年四十五歲。

(4)

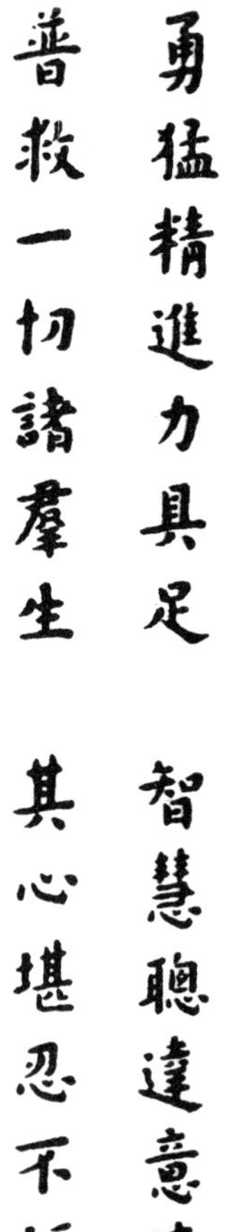
智慧聰達意清淨
其心堪忍不傾動

這幅字是弘一大師於一九二六年（民十五）六月中，住在江西廬山牯嶺青蓮寺完成的《華嚴經十回向品・初回向章》的一節。這次寫經是弘一大師一生寫經的「極品」，太虛大師評為數百年來寫經傑作。大師時年四十七歲。這幅字充滿著「虔誠與定力」，與以上諸幅，在風格上已有轉變。變得「道氣盎然」，令人景佩之至。

(5)

這幅字寫於一九二九年（民十八），時年五十歲，像這一型的字，在弘一大師的生命過程中出現時間極短。與以上諸幅字相比，彷彿是另一個人所寫。又彷彿他的字走向「晚期」的中介。

筆劃柔軟而潤。但從此一變而為「中期」的典型章法。

(6)
分別觀內身　此中誰是我
若能如是解　彼達我有無
此身假安立　住處無方所
諦了是身者　於中無所著

這幅字是寫於一九三〇年（民十九）、五十一歲。（次年三月寫《華嚴集聯》）我們如從後面題款看，與第四幅相近，是一轉變中的形式，但「正文」則又帶「魏晉風」，與早期字某些程度上有所近似！

(7)
乃於天上人間得安隱樂是故不殺名
為大施不偷盜不邪染不妄語不飲酒
亦復如是
歲次壬申二月　大莊嚴院沙門勝髻敬書

這幅字，是《五大施經》四幅中最末一幅，寫於一九三二年（民二十一），時年五十三歲。

此幅近於《華嚴集聯》。至此，大師的字便走向「道意的、無言的、純一人生理境」的形式，令人百看不厭，令人從內心浸沉在他的靈明清淨的光裡。

(8)

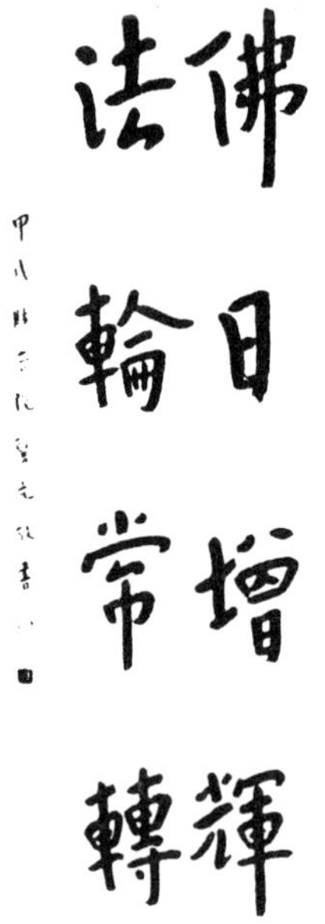

這幅字寫於一九三四年（民二十三），時年五十五歲，圓潤而法相莊嚴。已近「晚期」傾向，已走入空山靈谷、了無人間煙火之境地。

弘一大師的字，論境界，這一階段直到晚期，才是人間絕無僅有的上乘作品。

(三)晚期

弘一大師晚期的「字」，比較單一而不再出現變化。從五十六歲到六十三歲——一九四二年十月十三日、臨終前，我選出四幅為代表，以結束這一節，同時讓世間人從這一節文字可以看出弘一大師墨寶在一生中的轉變過程與風格。

(1)

這幅字，寫於一九三六年（民二十五），時年五十七歲。風格與上幅相同。大師一生寫「佛」字甚多。同年四月手寫《金剛經》迴向亡友金咨甫。這本經已流行世界各地，極受珍視。

(2)

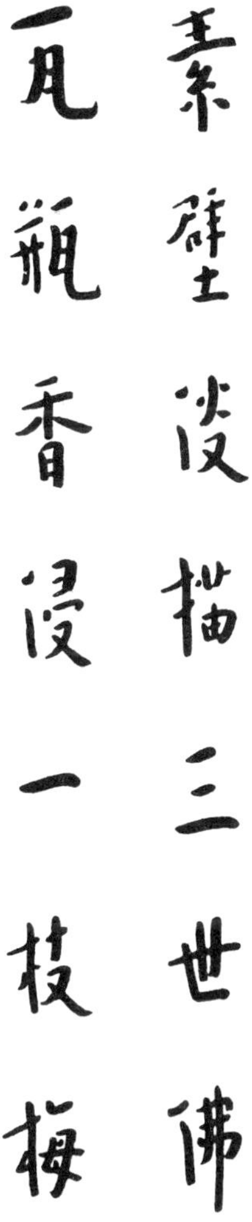

這幅字寫於一九三七年（民二十六），年五十八歲。

(3)

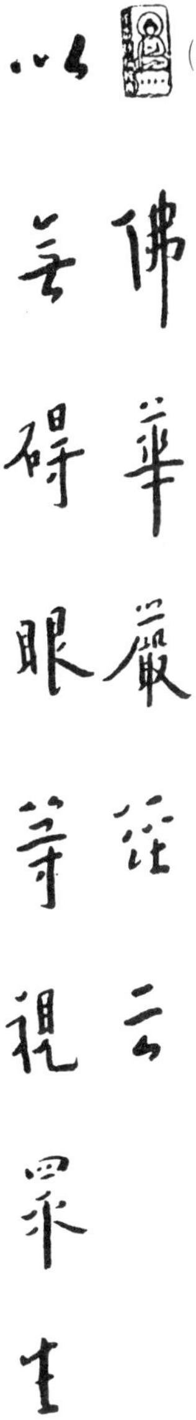

這幅字寫於一九四一年，時年六十二歲。基本上從五十五歲起在字形上，胖瘦有些微差距，但風格無異。

(4)

這幅字寫於一九四二年春，師六十三歲，看字形、風格、健康狀況仍佳，了無病徵。延至本年十月（農曆九月初），直到臨終前三天還寫字，惟字形較這一幅顯著「枯長」。

(5)

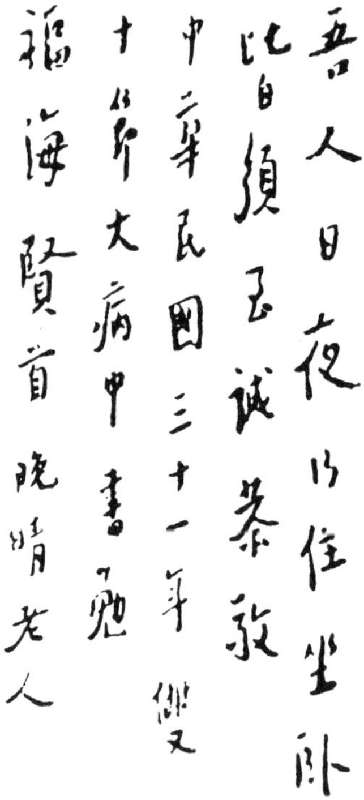

這幅字，其文曰：「吾人日夜，行住坐臥，皆須至誠恭敬。」下題「中華民國三十一年雙十節大病，書勉福海賢首」，自署「晚晴老人」。

大師寫這幅字贈給黃福海（柏）已是臨終前三天，帶病所書。到十月十三日下午八時圓寂。由這幅字可見當大師身體不適時，字形便變得瘦長，但我們仍可看出他的字風仍在。只是胖瘦差距而已。

以上所述，是弘一大師墨寶的分期及其字風衍變過程。我們所珍惜的，大師離開世間已經五十三年，他留給後人的墨寶，由於歷經變亂與收藏者之後嗣不了解大師遺墨的珍貴，已經越來越少了。

二、弘一大師在世時，從早期在藝壇應酬、或受請求所寫的，多半為「詩、詞、聯句、格言、古語」，不出「中國儒生生活」範疇。但出家後則完全不同；現在我們就大師出家時期「字」的「取材」之分布狀況，分述如次：

㈠寫經

弘一大師出家後第一本手寫經典，是民國九年（一九二〇年）為友人蕪湖崔旻飛所寫的《金剛經》，最後一本寫經，則是一九四二年（民三十一）——圓寂這一年於晉江檀林鄉苐林寺寫的《藥師如來本願功德經》。大師一生寫的經典，有五十一種之多，也有些經典重複寫二次、三次以上的，例如《心經》、《五大施經》、《大勢至菩薩圓通章》。而且在廬山寫的《華嚴回向品・初回向章》及為其先父進士公　李世珍寫的《阿彌陀經》最為精緻。但大師在每一經典下筆寫時，都十分虔敬，寫前必然燃香、沐浴、迴向；其精誠至為感人。其間曾因刺血寫經，而為印光大師勸止。

至於寫經的風格，均與「中、晚期」一致。

㈡偈語

弘一大師為宏揚佛法，除了寫經贈與特定朋友、同道、弟子之外，就是寫「經文內之偈語」贈人，其數量頗為驚人，尤其寫《華嚴》經句最多。例如——

⑴「無上慧堅固，功德華莊嚴。」

⑵「我當一切於眾生，猶如慈母。」

⑶「不為自己求安樂，但願眾生得離苦。」

⑷「滿足一切大願力，速成無上佛菩提。」❸

而且，同一偈語，大師常寫多幅分贈有緣人。據泉州開元寺方丈——弘一大師遺囑執行人、妙蓮法師《自傳手稿》上說：「壬午（一九四二年）農曆八月二十三日（臨終前十一天）為承天寺退居方丈轉道老法師寫一幅對聯……寫後，漸示微疾，猶力疾為晉江中學學生寫『不為自己求安樂，但願眾生得離苦。』中堂百餘幅。……到二十五日（臨終前十天，病中），仍應學生求字。

❸ 本節所錄係「臺北市弘一大師紀念會」典藏品。

……」❹

弘一大師以「佛語」度人，經偈重複寫得極多，今天我們在藝術市場及收藏人家中看到相同的「佛偈」都出自大師手筆，也就不足為奇了。但是「贗品」也就充斥其間，到後面再說。

㈢佛號

弘一大師自出家前夕，將去虎跑剃髮時，便寫下第一幅「南無阿彌陀佛」贈與他的好友楊白民，此後寫下數以千幅以上佛號分贈有緣者。

又於一九二四年十一月二十一日在致俗侄李聖章函中說：「去冬十一月十七日（阿彌陀佛誕日）寫佛號四十八葉，分付是間（溫州）道侶。……」❺

次年十月二十三日再致李聖章函：「——本月初歸臥永寧……居上虞紹興時，與同學舊侶晤談者甚眾，為寫佛號六百餘葉，普結善緣。……」❻

又致崔海翔信云：「——朽人自今日始誦《梵網經・菩薩戒本》四十九日，並於秋涼後，寫小幅『阿彌陀佛』名號四十八葉，郵致尊邑，分贈道侶。……」❼

---

❹ 見妙蓮法師《自傳手稿》，頁一四。

❺ 見《弘一大師全集》第九冊，頁一五〇（上）。

❻ 見《弘一大師全集》第九冊，頁一五一。

❼ 見《弘一大師全集》第九冊，頁一八二。

他的學生李鴻梁在〈我的老師李叔同〉一文中回憶說：「（一九三二年）師在此（浙江紹興）住了半個多月，寫了三百多張佛號，一百張存蔡丏因處，二百張分存孫選青與我處，屬分贈有緣者。」❽

弘一大師遍寫佛號分贈有緣，在他留存世間一千零三十九封信中，觸目可見。他寫的佛號，可分為：

(1)單一的「佛」字；

(2)「南無阿彌陀佛」；

(3)「阿彌陀佛」；

(4)「觀音、地藏菩薩」名號。

(5)「老實念佛」句。❾

粗估他一生最少寫五千張以上佛號，分別有楷書、行書、篆書三種。用墨有早期的「刺血」、「硃書」、「墨書」三類。但時至今日，在世間能見到的大師手寫「佛號」，也寥寥可數了。

(四)格言、散句

除了上述「經文」、「偈語」、「佛號」而外，弘一大師也寫了許多古人「詩句、格言、護生詞

---

❽ 天津古籍出版社《李叔同——弘一法師》，頁二九七。

❾ 本節所錄佛字及佛號原件，係「臺北市弘一大師紀念會」典藏品。以下「經偈、格言、詩句」等亦同。

句、殿堂舍名號、單句橫額」。例如——

⑴「不是一番寒徹骨，怎得梅花撲鼻香。」（詩）

⑵「亭亭寒影照寒泉，一月千潭普現。」（詞）

⑶「事能知足心常愜，人到無求品自高。」（格言）

⑷「古人自牧愈卑，而品愈高明。」（格言）

⑸「溪邊不垂釣，山中不開門；開門山鳥驚，垂釣溪魚渾。」（護生詩句）

⑹「無住齋、佛堂、律淨闢……」（殿、堂、齋名號）

⑺「以戒為師」、「無上菩提」、「孝悌」、「常隨佛學。」（橫額、單句）

像這類「格言、散句」也佔了弘一大師出家後墨寶中很大的份量。這都是大師應求字人願望而寫。

三、弘一大師寫字時用墨，及字體的分布，在某些情況下，也有所不同。

㈠刺血寫：弘一大師出家初期，曾刺血寫經，但因印光大師勸止，後來寫得不多；但除他自身之外，依然有年輕出家人發心刺血，由他寫經偈格言或佛字。例如：「無有一切相」❿，即由大師刺血寫。由他人刺血寫者，如廣洽法師、永春普濟寺如影法師⓫。

---

❿「無有一切相」係刺血所書，寫於一九二七年，弘一大師贈與當時中華書局編輯高雲塍先生。到一九九一年三月，由其哲嗣高越天（時年八十八歲）先生，轉贈陳慧劍居士，再由「弘一大師紀念會」典藏。

(二)硃筆寫：即以硃砂為墨而寫的字，如「佛」字、「南無阿彌陀佛」、「心經」，都曾寫過。

(三)墨書：弘一大師出家後大部份書法，皆以「墨書」，其中「刺血寫」、「硃寫」，佔全部作品不足百分之一。

(四)在大師出家後寫字，以「經偈、格言、詩句、散句」言，多用「楷中帶行」；而「篆書」如「南無阿彌陀佛」、「具足大悲心」、「佛」字、「明心見性」、「以戒為師」等，佔全部作品約百分之三左右。但晚年已少見篆書。以「楷書」寫字，則較「楷中帶行」略少。惟寫經除外。至於「隸書」則從未寫過；如坊間有弘一大師「隸書」出現，全是「贋品」。

丙、關於「畫」的部份

弘一大師的藝術才情，可以說是天賦，也可以說多生多世的累積功德。他從少年時代學書、學畫、學印；這三種藝術本來就是一脈相承的。等到他二十六歲留學日本攻學西畫，祇不過是他在藝術上另開一片天地；而音樂則是他的「音聲藝術」。可惜的是，他留在世間的作品已不多；其原因，一是他的多方面藝術創作，分散了他作畫的創作時間；另一方面因為三十九歲出家以後，除了以「佛書度人」，早期除畫幾幅佛像而外，就沒有再從事一般畫作了。今天，我們還看到坊間收藏場所，還有署名「弘一或一音」等法號所作的佛像寫意或水彩畫，我們可以說，這些畫，

⑪ 見《弘一大師全集》第八冊，頁三二〇〈致如影法師書〉附言。

大多非弘一大師所畫；題款，是弘一大師的手筆，而畫則是大師命弟子或佛門後學所畫，然後用來結緣的。這一點我們要清楚。

下面，我們分兩部份來說明弘一大師的畫源及出家後「代筆」的始末。

一、國畫的創作

〔其一〕弘一大師少年期便是「學書」同時「學畫」，他的早期作品，有紀錄的是十六歲時畫的「扇面」。據徐廣中〈我收藏的李叔同早年幾件文物〉一文寫道：「——如今我手中還保存著李叔同早年五件真跡。一是李叔同畫的『八破』扇面，上面畫的都是『舊書、舊報』……等等八種破舊事物。簽署『乙未（一八九五）俶同摹於意園』。……這是他一八九五年 、十六虛歲時所畫。……」⑫

〔其二〕是過十年之後，他留下了生平第二幅國畫——山茶花。這幅畫，應該是地道的國畫，畫於初到日本、一八九五年（乙巳）十二月間（冬夜）。弘一大師在他的遺作〈水彩山茶花題詞及附記〉中寫道：「回闌欲轉，低弄雙翹紅暈淺；記得兒家，記得山茶一樹花。乙巳冬夜。息霜寫於日京小迷樓。」印用「三郎」⑬。

這幅畫，在他未入美專前所作，似有西方色彩，但我們仍列入國畫範疇。

⑫ 天津古籍出版社《李叔同——弘一法師》，頁三一七。

⑬ 見《弘一大師全集》第七冊，頁六七八。又林子青《弘一大師新譜》等書均收錄。

〔其三〕弘一大師出家後，他已決心不再作世間藝術，此後不僅國畫未作，所作油畫皆已捐贈「北京美術專科學校」；但基於事實需要，他初出家到中、晚期，仍有少數「佛像畫」與世間結緣。當他出家後（一九一八年），有一幅寫意佛像傳世，那便是上面題有「華嚴經偈」：「譬如工畫師，不能知自心；而由心故畫，諸法性如是；心如工畫師，能畫諸世間；五蘊悉從生，無法而不造。」下署名「無著敬書」⑭。根據「字」的風格，我們判為一九三〇年代前後，大師時約五十歲。此後，他又有些此類佛像畫遺留到今天。

如今，東南亞及臺、港、大陸的藝術市場，出現不少署名弘一大師名號的「佛畫」（有寫意與彩色兩種），頗為令人驚異。

但林子青在〈馬一浮居士與弘一法師的法緣〉一文中談到：「——早年我在上海時，曾於玉佛寺看到蔡丏因居士寄存他所收藏的弘一法師贈他的佛經典籍，多有弘一法師所畫的『佛塔、佛像』，和馬一浮居士的題字，精麗無倫。……」⑮

姜丹書也有〈追憶大師〉一文中說：「——上人於西畫，為印象派之作風……於國畫，雖精於鑑賞，初未習之。但晚年畫佛像甚佳。余曾親見一幅於王式園居士處，筆力遒勁，敷色沉著，所作絕少。」⑯

---

⑭ 同上書，第七冊，頁六八三。《弘一大師新譜》等書亦收於圖片版。

⑮ 同上書，第十冊，頁一七六。

根據以上諸項史料，我們確知，弘一大師出家後，除寫字與人結緣外，也畫了「佛（菩薩）像」，但「絕少」。因為他常命學生代畫佛像，由他來題款，與人結緣，而不是今天所見，皆為大師親畫。

〔其四〕關於弘一大師倩弟子代「畫」的事，據李鴻梁回憶說：「一九二一年春天……有一次我到招賢寺去……臨走時，法師還送了我幾個他從山上拾來的野乾果和一部日本版《佛像新集》……並囑我『畫千手觀音及文殊、普賢像各一幅，預備影印。』」又說：「一九二九年九月二十日為法師五十壽，我在一星期前，趕把數年前命畫的多幅『千手觀音菩薩像』畫好，於十九日下午趕到白馬湖『晚晴山房』……」⑰

李鴻梁，是弘一大師在浙江一師的學生，後來也是一位知名的畫家，他曾為大師畫了許多幅佛像與人結緣。另外，豐子愷也是。

一九三八年閏七月二十四日，他寫信給學生豐子愷說：「……乞繪釋迦佛像一紙，約二尺高之直幅，像上寫『南無本師釋迦牟尼佛』九字，下方紙邊寫『笑棠居士供養』。」另在「附言」中說：「倘仁者多暇，乞再繪如上式之佛像數葉，但不寫上款，一併寄下。」

到同年十一月十八日，大師又寫信給豐子愷說：「前承寄畫像，已分贈諸友人，歡感無

⑯ 見北京中國佛協一九八四年十月出版的《弘一法師》，頁二六五。

⑰ 見天津古籍出版社《李叔同——弘一法師》所收〈我的老師弘一法師〉，頁二九四、二九六。

畫。」⑱大師信中曾多次叮嚀豐氏為畫佛像，轉他送人。

另弘一大師在一九三二年三月十七日致胡宅梵信中說：「——佛像二葉奉上，其題篆文者一葉，由仁者收受。其未題者，乞轉寄李鴻梁居士。」這兩葉畫，想是弘一大師自畫⑲。從大師與李、豐二位門人信函，當知，從大師親手送出的佛像畫，有許多是他們畫的。

以上是關於「國畫」部份。——現錄附「佛畫」一幅。

⑱ 見《弘一大師全集》第八冊，頁一九一。

⑲ 同上書，第八冊，頁二〇八。

二、西畫的創作

〔其一〕從弘一大師留學日本之前，已有深厚的書法成就與國畫基礎，所以他於一九〇五年八月到日本之後，耳聞目濡西方的美術創作，在未入學以前，曾倣模西方繪畫技法，繪了一張「油彩山水」，寄給他的銀號帳房徐耀廷。據崔錦〈李叔同早年書信和印存〉一文記述：「──李叔同東渡日本求學，入東京美術學校學西洋繪畫〔之前〕，他在當年十一月（給）徐耀廷的一張明信片上，畫了一幅沼津風景的山水畫。在這幅畫裡，他表現了在光的照耀下，海水呈一線白光，稻田為黃綠色。這幅作品……把沼津的山、海、樹林、田野描繪得異常動人，從這幅小畫裡能看出印象派畫風對他的巨大影響。……他在給徐耀廷信上末尾記述：『乙巳十一月用西洋水彩畫法寫生，奉月亭（徐字）老哥大畫伯一笑。弟哀。時客日本。』」⑳

這幅小畫，曾收藏於天津美術館，它也是弘一大師留學日本第一張以西方技法畫的「山水」。但他此時仍在東京學習日語，尚未就學上野美專。

這是弘一大師第一張西洋畫。

〔其二〕當弘一大師於一九〇六年九月二十九日入「上野美專」之後，他的學畫生涯，於茲開始。現在我們從有關《年譜》、《傳記》上看到的兩幅「素描」，雖然畫上沒有時間，但根據他的作品成色，應該是入學以後，一九〇七年間的作品。其中一幅是「炭畫女像」（半身），一幅是

---

⑳ 見天津古籍出版社《李叔同──弘一法師》，頁二〇五。

「出浴裸女」。現在附錄炭畫（素描）於此。

一九一一年，弘一大師回國之後，相信帶了不少作品回來，到他出家時，已將這些油畫處理完畢，其中大部份捐到「北京美術專科學校」，也送幾幅給他的學生與他的俗家。像上面「女子炭畫」，便是送給豐子愷的，後來在戰火中遺失，僅留下今天的照片。另外贈給李鴻梁的，在李文〈我的老師弘一法師、李叔同〉中說：「大師臨出家前……我得了一張十五號的畫，有點像『米勒的晚禱』，……這是法師在日本東京美術學校第一張『油畫』習作……後來被紹興城漢奸胡耀樞搶去了。……」[21]

---

[21] 同上書，頁二八九。

關於弘一大師捐贈給「北京美術專科學校」的油畫，已有林子青《弘一大師新譜》中交代清楚，但是這批油畫已經遺失了。據「臺北工業專科學校」前儲小石教授口述，他在民國二十年（一九三一）前後任教該校，一個雪夜，竊賊潛入北京美專藏庫內偷走了一批畫作，其中大部是「李叔同」的作品，當第二天清晨，他到校時，在雪地裡撿到一張竊賊遺落的畫「花卉」（油畫），經歷二十年亂世，帶到臺北，一直收藏在他的家中㉒。後經畫家李德商酌拍照，再由李先生弟子粟耘送給我一張保存，現在已經印於林子青《弘一大師新譜》圖片部份第二十六頁。

〔其三〕弘一大師俗家次子李端，對於大師的油畫作品，也有回憶敘述：「——我還見過先父畫的一張油畫，是一個『日本女人的頭像』，梳的高髻『大阪頭』，畫面署名『L』，四週有木框，這張油畫在分家時由我保存……七七事變之後，西沽的北洋大學住了日本兵……我又住的鄰街房子害怕日本兵闖進來後，這張畫招惹是非，就摘下丟到廚房裡，以後也損壞了。……畫中的日本女人，也可能就是我父親從日本帶回上海的那位日籍夫人。……」㉓

㉒ 這幅畫已收錄於林子青《弘一大師新譜》圖片版（臺北東大圖書印行）。題名「花卉」這幅油畫，於一九七二年前後，經由新加坡廣洽法師告知這一訊息，由陳慧劍居士與畫家李德及其弟子粟耘共同訪問收藏者儲小石教授。然後獲允拍攝，得以留下此一圖片。當時儲小石先生之子經營「漢宮藝術公司」，「花卉」係其收藏品，懸於自宅客廳。

㉓ 見天津古籍出版社《李叔同——弘一法師》，頁一二三〈家事瑣記〉一文。

以上關於弘一大師「畫」的創作，留在世間的，到今天可能只剩下儲小石教授家中的那一幅，而儲小石教授的行止，我們如今也諱莫如深了。我們能看到的，不過是提供回憶的幾張照片罷了。而弘一大師的藝術能在世間不朽的，還是他的墨寶——在海內外到處可見。

丁、關於「印」的部份

弘一大師的「金石」作品，從他十多歲開始學治印，到二十歲已出版了《李廬印譜》㉔，但「有序無譜」，卻不料在今（一九九四）年春天，天津書法家龔望老先生及其公子龔綏，在他們五十年前的藏書中，找到了這部已經泛黃、陳舊的殘書四冊，其中一冊於一九五〇年代被天津博物館取走，現在剩下三冊；這部「印譜」由龔家發現的三冊，加上仍藏天津博物館的一冊，可說真正是「還珠合浦」了。根據天津龔氏父子統計，這部書共收印圖五六五方（含天津博物館一冊內一三九方），已經由龔綏先生在《天津日報》（七月十一日第七版）發表了〈印譜發現記〉一文來報導此事。現在天津「弘一大師研究會」正籌備加以重印以供各界收藏。這部譜書，是弘一大師弱冠以前的藝術陳品，它的發現，可說是中國金石史上一件盛事。

㉔ 案《李廬印譜》為弘一大師二十歲前金石作品集，但一直「有序無書」，序見《弘一大師全集》第七冊，頁四三五。《李廬印譜》卻經過九十年後，由天津書法家龔望先生父子於一九九四年三月在其藏書中發現，已由天津古籍出版社重印中。

現在我們再來分別敘述弘一大師治印史實。

一、治印的源流與保存現狀——我們分為三個時段來研究

(一)第一階段

根據弘一大師遺留的書信史料推斷，他的正確學印年齡，應該在十五歲上下，或更早一點。我們發現一八九六年五月十五日，他在〈致徐耀廷〉信中，曾這樣說：「弟昨又刻圖章數塊，以紙片印著，謹呈台閱……」㉕這一年弘一大師才十七歲（虛齡），據內容看，這次治印當非第一次，也可能在一至兩三年前就已琢磨於金石，所以會將他的作品，呈現在別人面前，我們推想，這幾塊印，已是弘一大師早年成熟之作。

此後，與徐耀廷多次信件往還，都曾付上印作，請徐氏指教。同時也請徐氏為他代購治印工具與各種印石。徐耀廷本是一位畫家兼金石名手。這是弘一大師二十歲以前治印成果。僅錄一印（志在青雲）。

㉕ 見《弘一大師全集》第八冊，頁七九。

(二)第二階段

弘一大師十九歲偕母親與妻子到上海，度過了七年「文士」生活，他在這裡寫了不少詩詞，也應刻了不少印章，但到了二十六歲，因母喪北上天津歸葬，隨之去日本留學；在東京前後六年（一九〇五—一九一一年），因為學日語、學音樂、學西畫、演戲等活動，在異國遠離昔年同好，所以沒有多少作品出現，但等到一九一二年春天，他由天津到上海，參加了「南社」為社員，與柳亞子等文士為伍，又出任《太平洋報》編輯，到秋天便應聘杭州兩級師範（稍後改為「第一師範」）為「音樂、國畫教師」，同時又與杭州文壇友人像吳昌碩、費龍丁、葉舟等創辦「樂石社」，主要是研究金石藝術。在校中有經子淵（校長，也會刻印）、夏丏尊、姜丹書等都是社友，而且這裡是中國文化人萃集之地，詩、書、畫、印，本來無法分割，因此，弘一大師在杭州七年，留下不少的歌曲、書法和印章。他的字，在這裡是廣被社會歡迎的，因為字幅上要用印，所以弘一大師在這裡，應治作了不少的印章。但當他在出家前夕，把所有的印，甚至連治印的刀，均已拋棄。他已決心永遠埋名於佛剎，永不做世間藝事了。因此就把所有的印（包括他自己刻的和朋友刻贈的），通通送到「西泠印社」「埋藏在石壁」中了。

當時「西泠印社」社長葉舟為「印藏」題了這樣一段話：「同社李君叔同，將祝髮入山，出其印章，移儲印社，同人倣昔人『詩塚』『書藏』遺意，鑿壁庋藏，庶與湖山並永爾！——戊午夏日、西泠葉舟並識。」㉖

弘一大師一了百了，把印都埋藏西湖山壁中。從他二十歲的《李廬印譜》到三十九歲出家，共十九年間，留下的印，當一九八一年大陸開放之後，杭州西泠印社的「印藏」重見天日，弘一大師的印被挖出來了，經西泠分印為「單幅」共四張、九十四紐。凡今天到杭州旅遊的人，也可以到西泠印社買到弘一大師的「印譜」了。下面三塊印，是從破壁出山的印存中選錄，治作的年代，大約在二十二歲到三十五歲之間。印文依次是「李文濤印、叔同、庶統小篆」（為西泠印社藏）。

陰文

左陰右陽

陽文

以上三塊印是弘一大師金石作品第二階段代表作。

㈢第三階段

弘一大師出家後，治印工具都拋了，可是畢竟他是這方面的專家，雖然古佛青燈，但在寫字時，與朋友、同道、私淑者間應酬，也難免再度捉刀。於是，出家後他也偶然刻一兩塊印，但他自己用的印，多半是他人代刻的；現在就自刻的印，加以說明。

㉖ 見《全集》頁七冊，頁六七五（圖片）。

在有關弘一大師「譜、傳」史料上，眾所週知的，是一九二二年（民十一、四十三歲）出家後第四年，二月八日，在溫州慶福寺，刻印五方贈老友夏丏尊，這五方印文曰：「大慈、弘裔、勝月、大心凡夫、僧胤」。師在〈題記〉中說：「十數年來，久疏雕技，今老矣，離俗披鬀，勤修梵行，寧復多暇耽玩於斯？頃以幻緣，假立臣名及以別字，手製數印，為志慶喜，後之學者，覽茲殘礫，將毋笑其結習未忘耶？於時歲陽玄黓、吠舍佉月、白分八日。余與丏尊交久，未嘗示其雕技，今齎以供山房清賞。——弘裔沙門僧胤並記。」㉗

這五塊印，相信是弘一大師出家四年後，第一次以酬知己。過了兩年——一九二四年農曆二月四日，為王心湛的請求，從溫州再刻印一方回贈，信上這樣寫著：「——小印倉卒鐫就，附郵奉慧覽。刻具久已拋棄，假鐵錐為之。石質柔脆，若佩帶者，宜以棉圈襯，否則印文不久將磨滅矣……」㉘

到一九三二年二月，弘一大師已移單閩南，住廈門萬壽岩，贈給本寺方丈了智法師自刻的一方印，印文是「看松日到衣」，這是弘一大師這一生最後刻的印，時年五十三歲，此後再也未見他刻印的紀錄了。印圖如左：

㉗ 見臺北東大圖書公司，林子青《弘一大師新譜》，頁一九五。

㉘ 見《弘一大師全集》第八冊，頁一四七。

大師的金石藝術，到一九三二年刻過「看松日到衣」以後，便結束了他的這一方面創作。

二、出家後的用印與遺珍

弘一大師出家後，由於工具全棄，雖曾治數方印贈送友朋，但他自己用作題署的印，卻是由他人代刻，現在依時間順序分述：

㈠一九一八年：本年六月十八日，剛離校不久，已住虎跑寺尚未受戒，致夏丏尊信云：「頃有暇，寫小聯額貽仁者。前囑樓子啟鴻（樂石社友）刻印，希為詢問。……」㉙由這封信可以說明，弘一大師決心自出家後，是棄絕世間一切藝術的。因此，他用的印，也是請朋友代刻。這是最早的證明。

㈡一九二四年：農曆二月四日致王心湛信：「——刻具久已拋棄，假鐵錐為之。……」㉚這一次是勉為俗友刻印，但用「鐵錐」鑽刻，似有下不為例之預示。

㉙ 同上書，第八冊，頁一一九。

㉚ 同上書，第八冊，頁一四七。

(三)一九三一年：農曆正月十九日致胡宅梵信：「——出家前後的〔金石〕作品，皆分散，不足流布。佛像、圖章，多為他人所鐫。……」㉛這一封距出家已有三年，再度說明他沒有刻印，而他自己用的印，都是他人所刻，甚至連字幅上用的「小佛像」也是。

(四)一九三四年：本年五月七日致性願老法師信：「——溫州老居士謝君（磊明），近為音刻印二方，附奉印稿，希清覽。」性願法師在菲律賓收信後，在「附言」中，加註：「弘一法師常用之『演音、沙門月臂』二印，為彼所刻。」㉜

(五)一九三四年：冬天致天津俗侄李晉章信：「乞仁者為余刻印二、三方，寄下以為紀念。其文字以下列數名中隨意選之：『亡言、無得、吉目、勝音、無畏、大慈、大方廣、音、弘一。』」到次年舊曆二月八日，師再致函云：「——印石已收到，篆刻甚佳。……」㉝顯然李晉章也精於刻印，所以弘一大師請他代刻，晉章是大師俗兄桐岡的次子，在家信佛居士。

(六)一九三八年：這年秋天，致許霏（晦廬）信：「——承刊三印，古穆可喜，至用感謝。」㉞這是他到了閩南之後，請泉州私淑者許晦廬刻印。

㉛同上書，第八冊，頁二〇九。
㉜同上書，第八冊，頁二七三。
㉝同上書，第八冊，頁二二三。
㉞同上書，第八冊，頁二五一。

(七)一九三八年：農曆十月二十九日致漳州馬冬涵信：「——仁者暇時乞為刻長形印（弘一）數方，因常需此形之印，以調和補救所寫之字幅也。」㉟馬冬涵是長泰縣一位小學教師，精於刻印，大師請他刻了幾方「弘一」的長印，尺寸不一樣，有大有小，以便用於大小不同紙張的字幅上。我們有時看到弘一大師墨寶上題款印的形式相同，有時刀法有異，尺寸有大小，便是這個原故。

(八)一九三九年：正月十六日致馬冬涵信：「——所刻各印甚佳。佛像尤勝。仁者將來可以刻『佛像印』百方，流傳世間。……」㊱在這封信的「附文」中，弘公加註：「馬冬涵又為他刻印五方，為長方形。印文是：『六十後作，名字性空，不拘文字、龍臂、無相。』」

(九)一九三九年：正月十九日又致馬冬涵信：「惠書誦悉，承刊印，大佳。數月間，已印用數十次矣。以後暇時，再乞為刊四印。乞刊白文（即陰文），印石不須佳也。……」㊲

我們根據以上諸函，便可證明，他在字幅上用的印和小佛像，都是由晚輩學生、皈依弟子、仰慕者代刻。有紀錄的，便是上述「樓啟鴻、李晉章、謝磊明、許晦廬、馬冬涵、李鴻梁」等多人。弘一大師刻的印，多在出家以前，收藏地在杭州西泠印社。

㉟ 同上書，第八冊，頁二五二。

㊱ 同上書，第八冊，頁二五二。

㊲ 同上書，第八冊，頁二五三。

弘一大師出家後，由他人代刻的印，到一九四二年十月十三日圓寂，至今仍保存在福建泉州開元寺「紀念堂」中，計有三十九紐、四十一塊印㊳。這些印，是弘一大師出家後，寫各式佛經、佛偈、詩句、格言、橫額、佛號……在字幅上題款所用，而今已流傳世界各地。

戊、關於弘一大師「字、畫、印」流傳綜說

「字、畫、印」，對於弘一大師而言，是三面一體的藝術，它不僅是藝術，也是他的高潔至善人格的表徵。他的字上有印、畫上有印，畫上有字有印，字上有印有畫；如今，在上文已把弘一大師的字、畫、印的史跡交代清楚了，但弘一大師的字幅上有印，有些看來相似卻又令人可疑，是否可以確證這些字、畫，因「印」的形式、技法差別，而失去它的真實意義？固然，我們鑒賞一位名家字畫，可以從他的字、畫風格、筆觸、氣蘊去鑑別，但是「印」也是一種極為重要的佐證。

現在我們從「印」的角度來舉例：

一、弘一大師常用的三種印，是——

㈠弘一——一・四公分乘一・四公分、方形、陽文。此印用在字畫上，尤其中小幅最多。例如現藏泉州開元寺紀念堂的一塊，線條較粗，印中一條細長陽文直達下邊（見圖上）。另一塊是

㊳ 案：泉州開元寺所藏已有零張印譜流通，一九九四年元月中旬筆者承妙蓮老法師贈予全譜四頁。

早期的同型，如果在不同的場所與時間，看這兩塊印是相同的，但對比之後，卻有所不同（見圖下），其線條較細，中間陽文較短。

上：開元寺藏，晚年用

下：早期題款用，這塊印已不存在了。

這兩塊形似而不同的印，在弘一大師字畫上，我們要弄清，而且都曾用於弘一大師的手上。

(二)弘一——高二・三公分乘一・二公分、長方、陽文。此印大多用於長方形字幅上，現在這同一型的有三塊，即開元寺藏一塊，右下邊有缺口，是故意留的（見圖上）。另早期第一塊線條較粗，無缺口，與第一塊有細微差別（見圖中）。第三塊也是早期的，線條細很多，與前兩塊有明顯的差別（見圖下）。

開元寺藏晚年用

早期之一

早期之二

右列早期這兩塊印今天也散失了。但在弘一大師字幅上尤其長幅墨寶，用時為多。

(三)演音——高二・〇公分乘一・九公分。略長，乍看為正方形，陽文。此印較上兩種印少用，但多用於較大幅字或經文多幅系列的完整文字上，如《五大施經》、《世夢》等墨寶。我們搜集三種同型印石，其一，是開元寺存（見圖上）。其二，有缺口，紋較細，用於早中期題款（見圖中）。其三，紋最細，無缺口（見圖下）。三者均有線條粗細的差別，一看即知。

開元寺存用於晚期

早期之一

早期之二

這三塊印用於弘一大師墨寶，較上兩型為少，而這一型三塊（演音）印，我們都可以在遺留的史料、圖片中見到。但圖中、下兩塊，已不見於世間。除以上三型印石而外，弘一大師還偶有用過的，有「演音（小型）、音、勝月、名字性空、吉目……」等印就不再舉例了。由於「印」除了木質、牙質而外，都有其易碎性，尤其是弘一大師雲水一生，無固定駐錫處，這些印搬動起來，難免會破損，因此，同一型印，便刻了兩次，甚至三次。而且我個人於一九九四年元月中旬赴泉州開元寺瞻仰遺物，發現弘一大師留下的印，全是普通石質，並無高品質如「玉、水晶、瑪瑙」等印章，但也無木質及象牙、牛角等製品。

因為這些印與字畫相組合，成為鑑定真偽的重要條件，特為景仰大師字畫或收藏者作一分析。

二、弘一大師字畫流量的史料評估

關於弘一大師一生究竟留下多少幅字（含佛畫）在世間，我們相信無人能確定；但是可以依據弘一大師留下的書信及友朋、學生、佛界人十的紀念文字來作較接近的評估。

㈠一九二三年：九月一日致堵申甫函：「——來談、歡慰。尊名并佛號，寫致慧覽。」次年六月一日又致堵函：「佛號當絡續寄。本月中旬約可寄奉『三十葉』內外。……」又同年（一九二四）再致堵函：「今書佛號二葉，小橫幅十八葉，并佛書二冊郵奉。……」❸❾

堵申甫是弘一大師任教杭州一師之同事，對弘公景慕最深，僅一九二四年十一月二十日，弘公便寫「佛號」（通指「南無阿彌陀佛」）與橫幅計二十幅相贈。

㈡一九二四年：十一月二十一日致俗侄李聖章函：「去冬十一月十七日（阿彌陀佛誕日）寫佛號『四十八葉』分付是間（溫州）道侶，今檢一葉，別奉仁者。」一九二五年十月二十三日又致李聖章：「五月赴普陀參禮印光大師，本月初歸臥永寧……居上虞、紹興時，與同學舊侶晤談者甚眾，為寫佛號『六百餘葉』，普結善緣。……」❹⓿

同年六月二十九日致崔海翔（舊友崔祥鴻之兄）信：「——朽人自今日始誦《梵網經・菩薩戒本》四十九日，並於秋深後，寫小幅『阿彌陀佛』名號四十八葉，郵致尊邑，分贈道侶。」❹❶

等到八月九日再致崔函，已寫好「四十八葉」佛號寄蕪湖崔處。

㈢一九二六年：三月致學生豐子愷函：「（去廬山時）願手寫經文『三百葉』分送施主。❸❾ 見《弘一大師全集》第八冊，頁一四二。

❹⓿ 同上書，第八冊，頁一五〇、一五一。

❹❶ 同上書，第八冊，頁一八二。

……」㊷

(四)一九二八年：閏二月二十一日致學生孫選青：「茲送上拙書『二十葉』……并佛書多種，希受。……」㊸

(五)一九三二年：學生李鴻梁回憶：「最使我痛心的……『七八十條佛號』，以及對聯，條幅等墨寶，後來有人在漢奸胡耀樞家看過……」㊹

(六)一九三八年：四月十八日致豐子愷信：「二月初一日始，在泉州承天寺……各地……演講甚多，寫字極多。居泉不滿兩月，已逾千件。……」㊺在這兩個月，弘一大師每天平均寫四十幅字。同年十二月十四日致高文顯函：「——朽人此次在安海演講三日……居安海水心亭一月，寫字『三百餘件』。前在漳州（一九三八、民二十七年）時寫字近千件。……」㊻

(七)一九三九年：四月十日，致李芳遠：「——朽人近來閉門思過，謝絕一切人事周旋，附奉上『血書佛號』一葉，希收受。」㊼這是大師為人寫的「血書」佛號一例。

㊷同上書，第八冊，頁一八四。

㊸同上書，第八冊，頁一七七。

㊹天津古籍出版社《李叔同——弘一法師》，頁二八九。

㊺見《弘一大師全集》，第八冊，頁一九〇。

㊻同上書，第八冊，頁二二九。

同年農曆四月十二日，給夏丏尊信：「——拙書已寫就，計五言聯八對、七言聯二對、讀律室額一紙、橫額二紙、斗方（佛字）一紙、小堂幅（長二尺）二十紙、大堂幅（長二尺餘）二十二紙，共計一包。……」[48]弘公這次贈給夏丏尊的字，達六十六幅之多，可見其出家之後為佛法而寫的佛書、佛偈、佛號、聯句之精勤。

(八)一九三九年：舊曆九月中旬，致性常法師信：「二十日上午九點請四位法師來談，著大衫，『佛』字七紙，又小幅一紙，乞收入。」[49]這一年弘一大師在永春普濟寺掛單，為學人性常法師寫七張「佛」字條幅。

綜觀上述諸條，弘一大師在出家後，只要在某一寺院住定，便固定每天上午讀經之後，開始寫字，以「佛語與人」結緣；有請字者，便題上款，如「某某法師（或居士淵鑒）」。如沒有特定對象，便會寫了很多幅，不題上款，只署自己法號，有的加年號、有的沒有，便寄給朋友、學生、弟子與人結緣。他在每一幅字或佛畫上，除左下角用印之外，右上角必會加蓋「佛像印」，但偶然也有少幅未蓋。

通過以上各節來了解弘一大師一生寫多少幅字流傳在世間，我們根據弘一大師的一生，在出

[47] 同上書，第八冊，頁二四〇。
[48] 同上書，第八冊，頁一三八。
[49] 同上書，第八冊，頁三〇五。

家前，除了赴日留學六年，寫字機會較少，在赴日之前，十九歲到二十六歲，在上海曾經公開以「筆潤」鬻字，當時的字，屬於「早期」風格；當他到一九一二年，來杭州任教，在這裡七年間寫了不少聯句、詩句、格言，流傳浙江一帶，像「雪夜千卷，華時一尊」聯句，便是為浙江省臨時議會議員李叔誠所求而寫。

基本上，他在出家前寫的字比出家後少，而今留下來的已經相當稀有，因此，這一時期的字，在收藏者眼中，其價值也高。這一階段的字，仍舊留在世間的，以舊時友朋收藏者多，像夏丏尊這些朋友。至於出家後，他在浙江各地雲水寺院，十三、四年間，有十多所。依年代順序，從初出家，到一九三二年定錫閩南，依次是「杭州定慧寺、玉泉寺、本來寺、常寂光寺」、「新登普濟寺」、「喜興精嚴寺」、「衢州蓮花寺」、「溫州慶福寺（城下寮）」、「上虞法界寺、晚晴山房」、「慈谿金仙寺、五磊寺」、「寧波白衣寺」、「紹興普慶庵」（草子田頭）、「鎮海伏龍寺」、「廬山大林寺、青蓮寺」、「青島湛山寺」。此外還有住過三五天的小寺院不計，共住過二十多個寺院，其中以掛單溫州慶福寺時間最久，其他寺院從三五天到個把月不等，因此在溫州寫字也最多，在上述諸信函中，提及寫六百幅佛號送人，大半都是在溫州慶福寺，或紹興普慶庵。因此，弘公在浙江十三年多，扣除各地行雲旅泊之外，寫的字，應有一萬幅左右，而且其中尤以「佛號」最多。

到閩南之後，雖然比較穩定，但是除一九三九年去永春普濟寺住了五百多天之外，從廈門的南普陀，到漳州南山寺、泉州開元寺、承天寺、晉江苐林寺、惠安淨峰寺，弘公在閩南也住過十個以上寺院。他一生可謂真是「流水行雲」，居無定所。雖然弘一大師雲水一生，但他到閩南之後，寫「佛偈、佛語」贈人比往年更為積極，尤其到六十歲後，常在兩三個月間寫上千幅字送人。

弘一大師在閩南，平日每天通常寫二十到四、五十幅字存放，以備與人結緣。

在閩南（從一九三二年到一九四二年）十年之間，除去因講演、患病、舟車旅行等因素，寫下的字幅，最保守估計，應有二萬幅以上。如連同在浙江十三年，出家前二十多年（書法足可傳世期），他一生應寫出三萬幅字左右。

但是經過中國二次戰亂，尤其「文革十年」，大師的字被毀棄不計其數，所留下的，除了有心人、文化部門，一般人已經不注意它的價值了。

到今天根據統計，我們推算大師的倖存在世界各地的墨寶應有三千多幅。

己、弘一大師身後字畫分布狀況㊿

我們根據弘一大師一生書信及有關紀念文獻與市場狀況，得出算是甚為確當的數字，來說明

㊿ 本節對「個人收藏」及「團體收藏」之統計，有下列各項根據：㈠弘一大師書信（一〇三九封）選樣；㈡個人自述：例如劉質平〈弘一上人史略〉、劉梅生口述、陳武博口述；㈢著者親訪：例如泉州開元寺、廈門日光岩、臺北紀念會、臺北楊醫生診所、臺北善導寺……；㈣據史料判斷：例如廣義法師、圓拙法師、胡宅梵、馬一浮等，依理均有此一數量。

他一生留下的墨寶，究竟在何處、何人手中，與收藏量有多少。

下面分三方面說明：

一、個人收藏：

㈠劉質平家族（上海）——七〇〇幅以上。

又據近年市場調查，劉氏後裔似有將大師墨寶作小幅度的外流現象，如臺北博愛路一家畫廊，便於一九九三年秋發現一幅。

㈡廣洽法師（新加坡、已故）——一五〇幅。

㈢夏丏尊家族（上海、北京）——一五〇幅。

對夏氏家族收藏品，應超出此數。但據近年資料，丏尊先生之孫夏弘寧已將其祖父遺留的墨寶，部份捐給「上海博物館」，大部份轉給朵雲軒。

㈣瑞今法師（菲律賓）——一五〇幅。

瑞今法師於一九三三年前後曾為弘一大師學人，後赴菲律賓協助性願老法師建立大乘信願寺，瑞師收藏中，有一大部份是性願老法師之遺物，性願老法師是弘一大師駐錫閩南之「護法」，雙方交往至為相契，性師收藏弘公墨寶甚多。

㈤覺生法師（菲律賓、已故、俗名劉梅生）——一〇〇幅。

據覺生法師未出家前與我（作者）口述，收藏弘一大師墨寶有一大箱，且彼為弘一大師在廈門時之白衣弟子，法名「勝覺」，弘一大師圓寂後，靈骨分送杭州虎跑建塔，即由彼負責恭送。

(六)豐子愷家族（浙江）——一〇〇幅（大多為弘一大師手寫配《護生畫集》之詩文）。

豐氏因抗戰初期到後方，直到弘一大師於一九四二年圓寂，有十年未見，雖偶有訊，但墨寶相贈（除《護生畫集》、題字），未見大量出現，僅就豐氏於一九一四年入杭州第一師範起，到一九二九年起為弘一大師五十壽製《護生畫》、一九三九年繪製《護生畫》第二集（豐於一九二八年九月皈依弘公），這多年來積藏計算為準。

(七)傳貫法師（菲三寶顏、已故）——一〇〇幅。

(八)黃柏（福海、揚州）——五〇幅（據一九九五年尚在病中的黃柏，告臺北中華藝文協會秘書長黃靜，該批藏品，已被盜竊一空）。

黃柏，是弘一大師閩南時期景仰者之一，他經常去拜望大師，求字也多，現年八十多歲，住在江蘇揚州，平日教人書法，收授學生模倣弘一大師書法風格。

(九)李芳遠（廈門、已故）——二〇〇幅。

李芳遠於一九八一年間逝世於鼓浪嶼，他的收藏已由他的外甥承繼，但這批墨寶，竟於一九八二年以後被繼承者以極低價賣與香港一位書畫商。俟後流失到臺灣、東南亞各地。臺北善導寺曾收贈二十餘幅，內有弘一大師「戒牒」一幅，極具史料價值。

(一〇)楊白民家族（上海、已故）——五〇幅。

楊白民為日本留學，上海愛國女校校長，弘公老友，後皈依佛教，他的收藏由其女公子楊雪玖保存，但於數年前據聞亦已全部贈與「上海博物館」。

㈡蔡冠洛（丐因、浙江紹興、已故）——一〇〇幅。

蔡之藏品，藏於上海玉佛寺。一九七〇年前後，毀於文革。

㈢孫選青（浙江紹興、已故）——五〇幅。

此人為弘一大學杭州師範學生，大師曾為他寫《圓覺本起章》經文一冊。

㈢馬一浮（杭州、已故）——三〇幅。

㈣廣義法師（新加坡）——三〇幅。

㈤堵申甫（浙江、已故）——三〇幅。

㈥劉綿松（漳州、已故）——三〇幅。

劉綿松的收藏已由其後人將全部弘一大師墨寶，轉送給福州沈繼生先生收藏。

㈦胡宅梵（紹興、已故）——三〇幅。

㈧因弘法師（溫州）——三〇幅。

因弘法師曾於一九三〇年前後為弘一大師侍者，曾臨摹大師書風，相信收藏不少，文革後曾任慶福寺方丈，今行止不明。

㈨陳武博（香港）——三〇幅。

(二〇)翰墨藝苑主人（臺灣、高雄）——三〇幅。

此人的收藏多為弘一大師署名的著色佛菩薩、羅漢像畫，並已於一九九二年由臺北金楓出版社印行成書，題名《弘一大師生命精華》。

(二一)圓拙法師（福建泉州）——二〇幅。

(二二)楊醫生（臺北天母）——二〇幅。

楊醫生本名不詳，彼於一九八三年取得一批弘一大師十六幅羅漢像，兼題字畫及單一書法數幅。彼為牙科醫生。

以上共計二、一八〇幅。這些個人收藏，不包括先收藏而後因戰禍及遺失在內。例如，劉質平在抗戰初期被附日份子擄去數百幅，李鴻梁在抗戰期中被日偽搶走七八十幅。而且我們的估計與實際收藏數也許略有差距，比如上述覺生法師也許略少，但廣洽、瑞今法師（含性願上人）收藏也許更多。在這種此消彼長情況下，我的評估應無大量懸殊。

二、團體收藏：

(一)泉州開元寺紀念堂——三〇〇幅。

開元寺紀念堂，除現藏之墨寶約三〇〇餘幅，而庫存收藏仍應不少。且此一數字可包括弘一大師生前侍者妙蓮（開元寺方丈）長老收藏在內，一併計算。如連同遺物、書信文件，仍不止此數。

(二)上海市朵雲軒畫廊——一〇〇幅。

據傳聞朵雲軒藏品，係收贈夏丏尊、劉質平家族之轉售。

(三)臺北善導寺博物館——五〇幅。

善導寺收藏約八〇幅，但經評估真品應有五十幅以上。

(四)上海市立博物館——五〇幅。

該館收藏均為夏丏尊、楊白民二家捐贈，暫不列本章總計數字之內。

(五)臺北弘一大師紀念會——三〇幅。

本會收藏，從審慎角度評估真品，可列為此一數字。

(六)浙江嘉興紀念堂——一〇幅。

(七)廈門鼓浪嶼日光岩紀念堂——一〇幅。

(八)浙江上虞紀念堂——一〇幅。

(九)福建惠安紀念堂——一〇幅。

以上九處共收藏約五七〇幅。惟「天津、杭州兩地紀念堂」多為複印品，或有一兩幅真品，不列。

三、散失在世界各地佛寺、收藏家、書畫市場、佛教人士手中作品之評估

自從一九五〇年後，是第一批弘一大師墨寶流到海外的浪潮；到一九八一年後，大陸政策開放，是第二批弘一大師墨寶流到海外，尤其是香港、臺灣地區。

這若干年中，我們在臺灣各地，尤其在臺北凡有重大的書畫展覽會時，都會看到弘一大師的作品，像一九七七年臺北歷史博物館舉行的「古今名聯展」，弘一大師的聯句「法諦寶千偈，德言尊五經」，便震動了臺灣藝術界很久。當時展出的還有「朱熹、龔定庵、章太炎、吳昌碩、夏丏尊……」等百餘位名家書法。

至於佛寺、個人收藏，我個人耳聞目睹，也近百餘幅。例如，(前中央日報社長)阮毅成先生(已故)、臺北廣元法師、李叔誠家族、懺雲法師、南亭法師(已寂)、曉雲法師、傳顗法師、悟一法師、香港永惺法師、加拿大一位華人書法家，他們的收藏，我都見證過。在臺灣，凡著名的書家、畫家、藝術家，鮮有不愛好弘一大師那「了無人間煙火」的字。在香港是如此，乃至世界各地華人社區，亦復如此！

從上列我們統計「個人」與「團體」收藏，以及散失各地收藏家手中者，應有「三千餘幅」之多。

弘一大師一生寫的字幅，應在三萬幅之譜，經兩度戰亂，加上文革破四舊「大毀滅」，是弘一大師墨跡散失最多的一次劫難，到今天，還能存留世間三千幅左右的墨寶，已經是萬幸了。而今天還有人繼續努力搜求，但是這些字畫是無法像舍利子一樣增殖的，以後只有越來越少，越來越珍貴。如果世界上還有弘一大師的墨寶「成批」出現，那多半是「贗品」，因此，有意珍藏大師墨寶者，寧可輕心？

庚、弘一大師字畫真偽問題的探討

一、真偽作品的鑑定

因為近十多年來，弘一大師墨寶風行海內外，所以它的價位也相對的提高。一般來說，大陸市場較低，香港、東南亞市場其次，臺灣、日本、美加、歐洲等地區價位最高，而且只要是「真品」，便脫手很快。有些作品，同在一地，價位也會懸殊一至五倍之多。這端看「藝品市場」主事人的「機智」而已。正因為弘公作品不論僧俗還是信不信佛的人都喜歡珍藏，如果一九九四年的價位指數是「十」的話，而一九八四年的指數，最多是「一」。藝術品本來就無固定價位，在這種情況下，弘一大師的字便有「偽造、贋品」紛紛地出現。

近三數年間，在臺港兩地，我個人發現多起「贋品」；但收藏者卻往往以「真跡」用高價買下，經送到鑑定者目前，才原形畢露，但為時已晚。有時，我勸告他們，「請你就當作『真跡』來收藏吧！畢竟也是對弘一大師的一份仰止之情——這也是功德啊！」其實，對那些偽造者而言，圖的是非法利益，在因果上又是何其侵犯？如果，持有人還沒有「買定」，便把「字畫」拿來過目，經鑑定是「偽造或是拓印」，我就分析給他們聽，這時他們便恍然大悟，將原件退回。

事實上，弘一大師的真跡，隨著時光的流逝，只有越來越少，不可能一批批出現，更不可能在每一角落出現，至於市場上偶一出現，是不無可能的。因為有的收藏者本來圖的就是時間累積後的高利，那時他們取出舊藏出售，是理之必然；也有些雖基於「仰止之情」或「藝術品味」，但由於經濟因素，在不得已情況下，拿出換取金錢解困也可能。如收藏者基於「堅貞的信仰」，或「永久珍藏」，或為「佛門之瑰寶」，那就不可能再用任何金錢代價可以取得了。這是我們對弘一大師墨寶在市面流動應有的概念。

二、偽作的分類

㈠無知的偽作——我們在臺北、香港發現多幅偽作、劣作，冒充弘一大師作品圖利。這些無知偽造者，對弘一大師生平一無所悉，也不知弘一大師書法的風格，只知其人的名姓或法號，便信自己之筆，在「偽裝」的舊宣紙上，寫一些與弘一大師風格無關的「草書、行書、隸書」（弘一大師從未寫過隸書），這對一個了解弘一大師書法源流者來說，一看便知是「偽作」，但對一般不知弘一大師書法史實而想獲得墨寶之人而言，便落入騙局。——這些偽作，甚至連弘一大師俗名與出家後的法名都分不清，時常又將「李息」與「弘一」兩塊印蓋在一起。又有些偽作，刻一些弘一大師一生從未用過的印，蓋在紙上冒充真品，真令人啼笑皆非，而這種情形，卻經常看到。但這一類偽作，卻最易辨識。

㈡做作的冒充——除了上屬不相干的「偽作」之外，我們須知大陸上現在有不少人在學弘一大師的字，尤其中晚期的字。我們也因此在大陸、臺、港各地，就會看到一些「乍看形似，對比不是」的作品，蓋上偽刻的印，經由個人與藝術市場來銷售。這一類做作，要找一些深入「弘一大師書法三昧」的人來看，也容易鑑別，但一些只圖取得弘一大師墨寶、不了解弘一大師「印石」使用史實的人，便容易上當。看弘一大師的字，必須了解弘一大師的「書法源流」及其「用印」的經驗，才能鑑別什麼是弘一大師的真跡。

(三)真跡的用紙判讀——我們要知道，弘一大師圓寂到今天已經五十二年了，我們在社會上看到許多弘一大師的字，尤其第一次從民國三十年代前後的收藏者後裔手中釋賣出來，不可能如同「新出廠」的版宣。根據經驗，一幅字（或畫），放在一般人家櫥櫃內收藏，而沒有現代化除濕設備，最多十年，一定會出現如綠豆粒般大小的逆射性黃色「霉點」，這些霉點，分布狀況沒有固定的規則，通常一定會有。但有些紙張，是質料較厚的深色（非宣紙）紙張，就比較少染霉點，不過這些紙較脆，邊緣通常會破裂；至於有些寺院、收藏專職機構，或收藏者是專家（書畫家），在三十年代前後，他們會經常取出暴曬以防潮濕，他的子孫也必須如此，才可能會保存得好一些。

弘一大師書畫用紙，通常分為「普通宣紙、普通棉紙、薄質毛邊紙、厚皮紙」，有時也用「上海」來的高級宣紙，或極少數「灑金」的宣紙。這些紙大多是「求字者」供養，或師友弟子相贈。如今在世界各地如果你看到的弘一大師墨寶，紙質（不管那一類紙）很新，很現代，即使有「偽造」的霉點，其他的地方一無舊跡，無疑地這幅字（或畫）可疑。可疑的是，它可能是「拓印」，或「木刻水印」。

㈣贗品綜合研判——現在的印刷技術，連美金現鈔都可偽製得「維肖維妙」，何況書畫？但模倣的對象，端在作品本身的地位，與模倣者的利益多少而定。現在就市場所出現的書畫製作技法來分述：

⑴木刻水印：即通過雕刻師以木版附原字畫投影後細心雕刻，再用墨彩，加以拓印。這種製作，除了翻印名家作品，以「複製品」面目出售之外，也可以當作「真跡」混充來欺騙世人。這種製作，表面平滑，缺少「立體感」，以書法言，無法表現細微的筆鋒，是較易辨認的「贗品」。

⑵平凹版製作：這種技術比較精細，凡現代「較複雜的圖片、雜誌、書籍」，甚至「假鈔」，都可用這種方法印刷。對弘一大師墨寶的偽作，主要是一些欠缺良知的書畫經營者，印出之後，一方面可以當作「複製品」廉價出售，同時轉換另一地當作真品，以高價賺取不法利益。問題在「紙質」太現代，稍有經驗的人會看出來，他們便將印好的字畫，以「茶汁」、「污水」，或假「霉濕」的房舍，讓它儘速地起「霉」，在乾後顯示朵雲狀斑痕，這樣看起來就彷彿多年前的舊作了。以這種方式騙人，在弘一大師墨寶中，發現不少。但是也最難防範！因為它真假很難鑑定。尤其對於一個景仰弘一大師之人，最易脫手。雖然是這樣，我們對這種「偽作」，還是可從它的「印章」上琢磨。因為複印名家書法要套印紅、黑兩色，它經過機器一次完成，就難免失去真跡的質感，尤其印章，失去突出的、視覺上的濃郁，而顯示一片平板，沒有生氣。色質分布均勻，有時顏色較淡。這種「綜合」的評鑑概念，需要多看多分析才能判定字的真偽。

不過，我們仍應以「紙質」來判斷比較可靠，畢竟五十年前的紙質陳舊，不似現代的紙質嶄新，不管如何用卑劣的手法偽造，「紙」是不會突破歲月痕跡的。如果有一種儀器，可以鑑定「紙」的出廠年代，彷彿「碳十四」可以鑑定古化石年代一樣，偽造品便無所遁形了。

(五)贋品來源的評判——贋品的製作，是有來源的。也許提供「真跡」來複製出售，通常是經由收藏家與書畫商合作構成；市面如果出現多種不同的贋品（弘一大師）墨跡，如果沒有大量收藏者提供，書畫商是無法憑空偽製的。就真跡來源言，一定是出於某一收藏家之手，也許收藏者要把真品複製加以出售，他的動機可能是善意的，他的目的是傳播弘一大師書法風格供普通人收藏；但經手人——藝術市場，或外地書畫商，就不這樣想，他們可以經由種種方法，把複製品弄得「目不忍睹」，而後攜至外地當作真跡出售，獲得暴利，這種情況最多。再者，他們也可以把原產地複製品帶到海外再度拓印，印後對紙張、印鑑加以「做偽」；或選擇較差紙張，將黑字印好後，再偽刻新的弘一大師印石，在複製品上加蓋，這樣，印鑑就有真實感了。偽刻印鑑，是一般刻字店可以辦得到的，無非沒有人能夠確認那一種印是真，那一塊是偽。因為經由印泥的用力輕重，便會使得同一塊印，蓋出粗細、濃淡不同的色質來。「鑑定」字畫，真是一件慧眼破群迷的工作。今天甚至有些書畫偽作，只要找到弘一大師的原作，他們甚至可以把原作加以「放大，或縮小」若干面積再加以複印，都可以建立「真品」的印象。

最後，談到贋品來源，我們根據香港、臺北兩地藝品市場傳述，它應是來自上海，香港也許會有些不肖者再度倣製；當然我們不能杜絕複製品以廉價供應社會需要，但我們應該杜絕複製品轉移海外，當作真品去欺騙世人！

辛、綜合結論

世間的眾生心，永遠是那樣貪婪、澆漓、損人利己，視良心如糞土。弘一大師的「字」，是「清涼、慈悲、天心月圓」的象徵，偽作者不顧佛道的莊嚴，不顧因果的裁判，而橫加拼製圖利，這種後果，只有使後世對弘一大師的字，造成真偽不分的印象，造成「黃鐘毀棄、瓦缶雷鳴」的贗品流行，以假亂真，欺罔世人。即使弘一大師在常寂光中也會感嘆萬千。

我寫本文的動機，一方面將大師的墨寶，作一史實的整理，並對真跡的價值再度肯定；因為此後數百年間，只要佛法在世間，弘一大師的字，必然會受到重視與有心人收藏。可是大師的字是愈來愈少，其價位也會愈來愈高，為了抵制贗品，必須要讓大家瞭解如何防範偽作者的鬼計得逞。

另一方面，也讓世人知道，弘一大師的字與一般書法家的字有所不同；弘一大師的字，除了早期「臨摹」漢魏碑帖功力已達爐火純青之境，而中、晚期的「字」，則完全消融了古人的痕跡，建立自身人格與佛法相結合的聖品形象，他的字，平常人不瞭解，只有當年馬一浮大師[51]才會深

[51] 馬一浮（一八八三—一九六七年）浙江紹興人，一九〇三年在上海與弘一大師（二十四歲時）相識，俟師

知弘公的字，所代表的是一般書家所沒有的「華枝春滿，天心月圓」景象，是不能以語言文字描摹的意境！

寫於一九九四年十一月九日臺北弘一大師紀念會

留學日本返國，一九一二年去杭州任教，再度相逢，而成知交，如師如友。馬比弘公小三歲。彼三十歲定居杭州，終身儒佛兼修，獨身一世，為民國以來重要經學大家；又由於彼曾以佛學與弘一大師相濡，以律學與弘一大師相勉，對弘公之出家學律，均有一定之影響。其事跡，見臺北傳記文學社出版的《民國人物小傳》第五冊，頁二〇八、二〇九。

論《弘一大師傳》的寫作因緣及其歷程

——兼述有關大師湮沒史料之處理與糾謬

一、引言

舊歲，檢讀臺北《法光》月刊第三十七期（一九九二年十月十日）刊載江燦騰先生〈關於現有《弘一大師傳》的學術檢討〉一文，有感於「士先器識而後文藝」的深遠旨義，乃不揣淺陋，為拙著《弘一大師傳》一述其問世歷程，並對江燦騰批判各點提出檢驗。

在未入正文之前，必須一提的是，我之撰寫弘一大師傳記，所憑藉的，只是基於深受佛法薰染的虔誠，與乎弘一大師人格的感召；我所能做的，便是透過文學創作的經驗，來寫「文學的大師傳記」。我寫大師傳記的過程中，從未涉及一己的絲毫利益。我是一個虔誠的佛教徒，要寫的是一位律宗高僧。我寫的是「文學傳記」，而非「學術論文」。文學與學術，畢竟有它的分野。文學傳記，必須借助於史料，但非必然依賴史料建立其地位。學術論文，則不能說沒有證據的話；

經由學術方去撰述古人史傳，是「傳主」透過自己一切史料為自己說話；而文學傳記，是由執筆人代替傳主說話。也因此，歷史的人物，便會有不同的傳記版本出現。

復次，弘一大師的生命重心，在佛法而非藝術，如果他單純地是一位偉大的畫家、音樂家、詩人，我就不可能為他作傳。請掌握這一方向來看今天所能看到有關「弘一大師」的傳記，才有默會。面對今天海峽兩岸問世的有關弘一大師文學傳記，如專從學術角度批評，顯然非其職分。

二、《弘一大師傳》的史料搜集與時代背景布局

寫《弘一大師傳》，我以古人焚香薰沐的虔敬心情，從事傳前的史料搜集，與創作過程中陸續補充史料、徵詢口述史料，參與者有十數人之多，其中的紛繁刪訂，當非局外人所能想像。同時我深深了解，寫一代高僧傳記，是歷史的宗教使命，何敢掉以輕心？而江燦騰以局外之人，以私見猜測本傳的創作過程與文學上的布局，實在令識者為之錯愕。而本傳問世廿七年以來，佛教與文學界發表評論者，亦非江燦騰一人。知識是天下之公器，沒有人可以專橫地壟斷。何況，文學也絕非稗官野史。

《大師傳》之動筆，是一九六一（民國五十）年殘冬，到一九六五年四月成書，寫作歷程是三年六個月。傳記的正文三十三章（三十五萬字），附錄四篇（到一九六九、一九八六年二度增補為六篇），篇首〈一個自覺生命的完成〉，由當時留學日本京都大谷大學攻讀博士學位的張曼濤

居士執筆；加上初版自序〈高山仰止〉、增訂七版代序〈自古聖賢皆寂寞〉，全書六六四頁，正文之前，有圖片十六頁，總計文字四十三萬餘。這是本書有形的面貌。「附錄」，是補足傳文未收史料的不足。

本傳在史料搜集上，就文字史料部份，有：

(一)《弘一大師年譜》（林子青・上海弘化苑版）

(二)《弘一大師永懷錄》（夏丏尊・上海大雄書局版）

以上是《菩提樹》月刊朱斐居士提供。

(三)《弘一大師（圓寂十五週年）紀念冊》（新加坡・廣洽法師提供）

上列三書，是江燦騰文中所認為我依據寫傳的三種史料。

(四)《晚晴山房書簡》（臺中瑞成書局版・自購）

(五)《晚晴山房書簡》（原件石印・十六開・菲律賓信願寺版）

以上二種，為大師生前五百餘通信件，極為重要，也提供我最精確的第一手資料。後者為瑞今法師寄賜。

(六)《弘一大師文鈔》（李芳遠・上海北風書屋版・菲自立法師提供）

(七)《晚晴老人演講集》（出處同上）（提供者・悟明長老）

(八)《四分律比丘戒相表記》（上海大藏經會版・香港元果法師提供）

(九)《中文名歌五十首》(豐子愷・上海開明版・臺北心瀓法師提供)

(十)《新加坡「彌陀學校十週年」紀念特刊》(一巨冊,收有大師珍貴圖片。此後在臺流傳之民國廿六年在上海拍攝的半身慈照,自此始。但首印於《弘一大師傳》前頁。)

上列十書都是直接史料,有關間接史料暫不列。

至於提供「書信」及「口述」史料部份,有:

(一)菲律賓馬尼拉瑞今法師(弘一大師學人);

(二)菲律賓三寶顏傳貫法師(弘一大師生前侍者,提供附錄資料甚多);

(三)新加坡龍山寺廣洽法師(弘一大師生前學人);

(四)新加坡華嚴講堂廣義法師(曇昕,弘一大師學人);

(五)臺北市松山寺道安法師(提供佛門制度史料);

(六)臺北市黃寄慈先生(弘一大師浙江第一師範門生)。

以上是我在寫作過程中多次書信請益的人,除瑞今長老,如今均已謝世。他們都參與《大師傳》初版校訂工作,為成書及史料的正確性提供最大的精確度,尤其在民國十七年以後到三十一年這十四年之間。

(七)一九六三年冬廣義法師來臺,駐錫圓山臨濟寺,我兩度與師長談,提供了世人所不知的「夕暉」那一章史料,那是廣義法師的親身經驗。

(八)一九六五年出書前，有緣與大師生前（浙江一師）入門弟子黃寄慈先生（後移民美國），在三軍托兒所晤談多次，提供大師在杭州時生活史料。

從上述各方面史料的搜集與轉化為傳記，在大師一生重要的史實上，除上野（日籍夫人）那一段空白，多已掌握。到一九八六年，海峽兩岸開放之後，新發現的有關家族史料❶以及生活上的誤差，大都是枝葉上的問題，就創作一代高僧（出家後那一段重要歷程）的傳記言，已無重大錯失。

因為弘一大師是一代高僧，我對他這一生在文字布局上，分為三個階段：

(一)出生到十九歲南遷上海，在一個傳統的舊式文化家庭，接受經史教育，是第一期；

(二)從十九歲到廿六歲留學日本，到一九一一年學成歸國，再經由天津工業專門學校轉任上海《太平洋報》、浙江一師、南京高師，到三十九歲出家，是文化的、藝術的師鐸生活，是第二期；

(三)三十九歲在杭州出家，在江浙雲水十年，再移單到閩南廈門、泉州，行在律學、學在華嚴、棲心淨土，終成一代高僧，這是大師第三期生命歷程，也是今人之所以景仰、追念的歷史依據。

我在一九六五年四月自費印行初版《弘一大師傳》，只是聊盡一個佛弟子對一代高僧仰止之忱而已。但我的書出版五年之後，中國大陸一個公營出版社已作第一次翻印，計分上下二冊，三

❶見天津古籍出版社《李叔同——弘一法師》，頁一〇八—一四六，李端、李孟娟，頁三二一、李莉娟等有關弘一大師俗家的訪問稿。

十二開本；一九九〇年十月我初訪杭州時，見於虎跑「弘一大師紀念館」（李叔同紀念室）。他們第二次翻印，是一九八七年，由北京建設出版社以簡體字橫排，省去附錄，以略小於二十五開本，對海內外發行，我初見於香港三聯書店，中共國內各地新華書店普遍出售，而且我另一本《當代佛門人物》，也赫然在目❷。《弘一大師傳》除了在臺灣、東南亞等地流通之外❸，在二十年前已在大陸流通，有心對弘一大師作研究的學者、作家，不可能視而不見。

中國大陸到一九八六年，第一本有關弘一人師文學體的著作出現，那是自一九八五年三月十五日起，在上海《解放日報》連載的小說，由杜苕執筆的《芳草碧連天》；四月十五日載完之後，由山西太原北嶽出版印行，書名《弘一法師李叔同》。

此書出版後二年——一九八八年十月，北京中國青年出版社，印行了徐星平的《弘一大師》❹。

我確定地相信，這二位作家都讀過我寫的《弘一大師傳》，因為那些書裡，都有我的影子❺。

---

❷ 此書於一九八四年六月臺北東大圖書公司初版印行，一九九六年止，累計約二十版。

❸ 《弘一大師傳》除一九七〇年後大陸翻印兩次以外，香港書商於一九八〇年前後以「劉慧劍著」盜印，分為兩冊，東大曾派人到香港查控，結果地址是空號。不了了之。

❹ 徐星平著《弘一大師》於一九八八年十月問世，次年夏，由新加坡廣義法師由大陸購買，托人送贈臺北本人手中。時余任職「慈濟文化中心」總編輯。

我非常推崇這二位先生，在他們的社會，能以隱性的象徵來為一代高僧作傳。雖然，他們無法把筆力放在一代高僧的份量上。

我要簡單地說明，我將弘一大師第一期、第二期的生命歷程，合併為「在俗期」，這一期生命，我在五三一頁的《弘一大師傳》正文之內，用了一八八頁，為全書三分之一篇幅。出家後生活，則佔去三四三頁。序文、附錄合計一三三頁。我之所以如此布局，因為他是一代高僧，而非單一的藝術家。我們難道不是為了弘一大師是一代高僧而「高山仰止」嗎？

徐星平先生的《弘一大師》，全書略小於二十五開，四六四頁，他的重點分布，出家前佔三四三頁，出家後一二二頁（約三十一萬字）。

在這兩本書的時代布局比較上，可見尺有所短，寸有所長。彼此創作的重點，其史料的運用與抉擇，由於社會條件與政治空間，而各有不同。

江燦騰在透過良窳對比上，突顯徐星平先生的卓越，以賅括的、概念的抽象詞語，來宣洩情見；我想徐星平先生如果能看到這篇文字，真不知作何感想❻。「同文相殘」，是十分缺乏良知的事，我實在不願為，如果不是江燦騰的文字，我只有讚歎徐星平先生的用心良苦。因為他也是弘

---

❺ 在大陸出版的大師傳記，多偏重「藝術」的「李叔同」，但缺乏「高僧」的弘一大師身影。一般紀念場所，多冠以「李叔同」（紀念館室）。

❻ 我判斷徐星平先生將有可能看到江文。因為徐著已由臺北出版商取得經銷權，在臺灣地區推出。

一大師仰止後輩之一。我們不會在文字上有所推敲、比較，彼此抑揚。

三、弘一大師在俗日籍夫人逸失史料之補救與探疑

大師在世時，性情澹泊孤高，出家後，除讀經、寫字、念佛之外，平日默無一言，這是人所皆知。對於他的在俗日籍夫人身世之謎，而使他的家人、朋友、愛徒，如李聖章、夏丏尊、劉質平、豐子愷、李鴻梁，也諱莫如深。

我們為他寫傳，這是一大困惑。但我們沒有理由因為這一段史料湮沒就放棄為這一代高僧造像的責任。因此，我秉持文學的傳記，絕非江燦騰所謂「學術的傳記」，來為大師透過當時他的生活背景、社會背景、個人性格……多方面評估，而加以模擬、烘托、創作，來填補這一段空白。

特別重要的是，在我為大師作傳之前，透過夏丏尊給李芳遠的書信，談及「李先生在日本僱有專用『模特兒』」❼。除此而外，沒有任何人、任何史料涉及日籍夫人，為一「模特兒」(model)之紀錄。因此，我根據多番研判，以一個異國青年，到日本學畫，根據日本民情，最可能與當時「李岸」發生情感的女性，是作為畫家臨摹人體的美麗青年女子。於是，「雪子」便在我的書中出現。

又為了交代「雪子」只是代名，我還在初版序文中說：「從上野到上海，與弘公共締十年生

❼ 見臺北天華版《弘一大師年譜》（舊譜），頁二一一。

活的，是『雪子夫人』。然而，『雪子』只是我假借的代名。……在不得已的情況下，以不違背史實（有這麼一個人）為原則，以雪子身份出現。……」❽

有了這一交代，我已對得起創作良心。此後，在海峽兩岸敵對情況下，我依然不放棄對「雪子」身份的繼續追蹤。

到文革結束，一九八三年，我一位畢業北大法律系、山西醫學院的朋友楊銳，從中國大陸入境香港，他在香港協助我搜尋這一段史料，到次年，他突然寄來一份剪報附於信中，不幸又被「郵檢」卡死，經過雙方再度通信，才知剪報的航空信被沒收（可能是《文匯報》），而且警察到我住所來訪問——「問我同香港甚麼人通信？——好像是『匪諜』的樣子。」後來，他只得簡略地告訴我，那張剪報上的雜文，是寫「李叔同日籍夫人的事」。她的名字，是「誠子」。但那份剪報，從此石沈大海，我再請他找尋那份遺失的剪報「原報」，已不可復得。這件事使我懊惱萬分。

無可如何，當我在一九八五年九月，在《大師傳》印行十版的序文中，稍加修正如下：

「——在本書九版之前，『誠子夫人』是以『雪子』假名代替。經過漫長的二十年之後，才由遠方友人查出她的真名：誠子。現在書中已完全更正。……我深深感謝為本書遍訪弘一大師早年親友，而為誠子夫人正名的好友楊銳，他為《弘一大師傳》的修訂，提供不少寶貴的資料，並且幾乎踏破鐵鞋，終於能使誠子夫人，含笑於九泉之下。……」❾

---

❽ 見拙著《弘一大師傳》一九六九年八月，臺北三民版，頁二〇。

當時，我是以極為嚴正的態度，認定大師在俗日籍夫人是「誠子」而無可置疑。等到數年之後，我又獲得不同的史料與大陸有關大師新的傳記出現，「誠子」的身份再度動搖。我現在分別將「誠子」的變動有關文件，分別羅列：

㈠一九八八年十月北京出版的徐星平《弘一大師》，我在出書次年（當時服務於「慈濟文化中心」）獲得此書，發現他將大師在俗日籍夫人托名為「葉子」，我以為他已有新的發現，心頭為之一震。我想，「她」的真名終於出現了，更何況，他透過大師在日留學初期的房東良秀成子，引出這個阿巴桑的外孫女，她為「李岸」——這個異國青年送茶送水，而成為他筆下「模特兒」。

徐星平的模擬，待我細查史料，也竟與我同轍，沒有學術的佐證，它依然是「替代」。我為弘一大師留日生活，製造出一個由於家庭生活困苦，而「應徵」為中國油畫學生的模特兒，終於惺惺相惜，變為李岸（初名李哀）的紅顏知己；而徐星平則另換一個方式而已，「模特兒」身份亦然。但「葉子」，實有其人。在弘一大師與他的朋友信中提到，本是當時西泠印社主人「葉舟」❿。徐星平先生可能以為他是女子，而加以借用。不過，我對葉子也曾懷疑過——是不是「雪子、誠子」的真身？到現在證明，這一段史實，仍然是迷霧。這種「錯誤」，都是善意的，也是文學創作所允許的。

❾ 見拙著《弘一大師傳》一九八五年東大版，頁二〇。

❿ 見北京三聯書店一九九〇年六月出版之《弘一法師書信》，頁二一五，弘一大師致夏丏尊函第四通。

(二)一九〇六年十月四日，日本東京《國民新聞》有一篇〈清國人志於洋畫〉的報導。這份文件在大師生前即已發現。這是一篇「荒謬」的報導，但也有人把它當作正史來引用。其中有關大師初到東京的次年，剛入上野美專接受的訪問，其中提到「客邸生活」的片段：

「——最近因為聽說有一位叫『李哀』的清國人考入美術學校，而且專學洋畫，所以趕快冒打看老蔘的秋雨，走上谷中小道，訪問了『下谷上三崎北町三十一番地』……一走進那不像正門的正門，只見一間三疊大小的門房間，有一根並無裝飾的粗削的柱上，掛著一頂麥桿編的帽子。經過一聲招呼之後，從裡屋出來一個女人，看來像是女傭似的一個矮小的半老的婦人。……」⓫

此外便是與大師私人生活無關的寫詩、學畫的敘述，而日籍夫人的蹤影看不到。她的家世背景，更不必說。

比較有一點蛛絲馬跡的，還是弘一大師的自敘，發現在他留給好友堵申甫的〈斷食日誌〉裡。

(三)在一九九二年以前，仍未面世的（一九一六年）〈斷食日誌〉，有幾天這樣寫著：

(1)十二月十一日：「九時半起床，是日口乾。坐簷下曝日。……（下午）四時，因寒早就床，是晚感謝神恩，誓必皈依。致『福基』書。」

(2)十二月十二日：「斷食正期第七日……十一時，『福基』遣人（從上海？）送棉衣來。乃披衣起。……」

⓫ 見北京「中國佛協」編，一九八四年十月印行之《弘一法師》，頁二四三。

(3)十二月十七日：「七時起床。……午前到山門外散步二次。聞玉（校中工友）採蘿蔔來，食之至甘。……作書寄『普慈』。……擬定今後，即名『欣』，字『俶同』（叔同）。……」⑫

「福基」、「普慈」是何許人？這兩個名字，是一個人的兩個號？還是兩個不同的人？是男還是女？但從〈日誌〉內容推察，顯然是最「親近」的人？也許是「一個人」的兩個名字。能在「一九一六年十二月」為弘一大師送棉衣，在「斷食」中為這個人報知生活訊息的，還有甚麼人呢？更何況，這兩個名字，大師留在世間還有「千封信件」之中，竟無此人，真是令人十分迷惘。

我們從文意研究，可以「直斷」，這「福基」，就是「李叔同」時代的日籍夫人，「普慈」可能是她宗教的法名？（可能是弘一大師為她起的法名）但這是「孤證」啊！「孤證」作為「定論」，在學術上是極危險的。明知這是一種「可能」，我們依然不能當為事實來納入作品之中。

為這一段空白，我與林子老經由海峽兩岸往返請益、討論，終於，他有這樣一段文字交代：「福基，也許是（李叔同）的日籍夫人的『真名』，（但）時間過了七、八十年，可惜已無從證實了！……」⑬

林老沒有提及「普慈」；對「福基」其人，明知其可能是大師在俗的夫人，也不願肯定；他不願在證據不夠充份的條件下，而為一個孤立的不明朗的人物作歷史性斷論。同理，對《國民新

---

⑫ 見臺北東大一九九三年版，林子青編《弘一大師新譜》，頁一三八—一四八。

⑬ 同上書，頁一五〇。

聞》的「孤立性」報導，更不能作為「史實」來處理。

因此，自弘一大師入滅後，五十多年來，沒有任何有關文字可為「李叔同時代」的日籍夫人，製造「身世傳奇」。徐星平和我都通過文學手法來經營這一人物，豈能例外？「雪子、誠子」，甚至「葉子」，都是一個文學傳記作者為一位歷史人物填補生命空白的唯一途徑。他沒有犯錯。

四、李叔同日籍夫人「模特兒」身份的推定與《國民新聞》的荒謬報導

在上文我們已多次提到弘一大師（在俗）日籍夫人的存在，而這位身世神秘莫測的女子，之為「模特兒」，在我撰寫《弘一大師傳》以前，沒有任何史料專家、傳記作家、大師友人的紀念性文字，論及日籍夫人時如此認定。即使夏丏尊信函不關痛癢的涉及有這個人，如劉質平、黃炎培、徐半梅⓮在他們紀念性軼聞性文字中，只說到有這個人，這個人是誰、什麼樣子，都非常飄渺。

而今，留下可供追蹤的，是大師俗家次子李端，與學生李鴻梁留下一些紀錄，可以證明我之

⓮ 徐半梅撰〈話劇創始期回憶錄中的李息霜〉一文提到一九〇七年春二月「他岳母來採訪女兒，忽然天下雨，不借傘」的事，證明當時確有此事，仍不知「日籍夫人」真實姓名。文見北京中國佛協編《弘一法師》一書，頁二八〇。

經營這一人物的正確性。

(一)李端，在他的〈家事瑣記〉受訪稿中說：

「——我還見過先父畫的一張油畫，是日本女人的頭像，梳著高髻的『大阪頭』。畫面署L。四週有木框。這張油畫分家後由我保存。以後……掛在我的住房中，七七事變以後，害怕日本兵闖來，這張畫有可能會招惹是非，就摘下丟到廚房裡，以後也損壞了。現在推斷，L的署名當是『李』字英文拼音字頭。畫中的日本女人，也可能就是我父親從日本帶回上海的那位日籍夫人……。」⑮

透過李端的口述，我們推論出作為李叔同日籍夫人可供作為一個畫家模特兒的主觀條件。她極可能從一九〇六年，弘一大師進入上野開始不久，就成了這位異國青年專用模特兒。當然，也有常識性可能，一位畫家除了模特兒之外，也會為他的摯愛來畫像。不一定是專業模特兒。這又是一個「孤證」？

(二)李鴻梁在〈我的老師弘一大師李叔同〉一文，對於這位謎一樣的人物，再度有了新的驗證：

⑮ 見天津古籍出版社《李叔同——弘一法師》，頁一三三。

「——（當時）法師差不多每星期六必去上海一趟，星期日下午回校。……有一天，又見聞玉（專侍李叔同先生的工友）遞給我一張紙條。……我以為又叫我吃點心了。……但是『先生』（那時通稱老師為『先生』）的命令，又不得不去了。……（到了之後，先生說：）『你沒有什麼事吧？給我整理一下畫好嗎？』（說罷）他就領我到隔壁一間他平時寫字的房間裏，指著一只已經打開的木箱說：『這是上海新運來的，你給我整理一下！』並且關照我，有『幾張畫』要撿出來的。我見裏面都是去了木框的一卷一卷的油圖，都是法師自己的作品。在這些畫中間，『發現多張是同一模特兒的』。——後來據夏丏尊先生說，『這就是日籍師母』。這批畫後來等法師將要出家時，都贈送給北京國立美術學校了。……那時法師（李叔同）住在上海海倫路，是二樓的房子。……」⑯

透過李鴻梁先生這段話，我們是不是可以較肯定地說，大師在日留學時的夫人，是模特兒出身呢？雖然她的身世、真名實姓已湮沒，她之為大師在俗專業的模特兒，是不是毋庸懷疑呢？

可惜的是，大師因為出家，而捐贈給北京美專的一批畫，而今安在？根據一九六八年，在臺北工專退休的儲小石教授（民國二十年前後曾任北京美專教席）告訴我和畫家李德——

⑯ 見同上書，頁二八九。

「李叔同的畫捐贈到美專之後，經過若干年保存，到民國二十年後，在一個殘冬夜，美專藏畫室的李氏作品，整批被竊，待天明後，儲小石教授到學校，在雪地中無意發現一幅竊盜遺落的畫，經儲氏撿收保存帶到臺北，懸掛在他的客廳。儲氏稱譽這幅題名『花卉』的畫，是後期印象派作品。這是弘一大師留在世間最後一幅油畫。最後經過李德先生的要求，讓李先生師生拍照帶回，再由李氏學生、作家粟耘贈我一張，當時是一九六八到七〇年間。我曾製版印於拙作《孽海花魂》首頁，現在再度印於林子青長者《弘一大師新譜》圖片版中。」⓱

其次，談到弘一大師史料中，現存一九〇六年十月四日東京發行的《國民新聞》。關於它的「荒謬性」、「不可信」的孤立性，我要在這裡加以分項澄清。

(1)「李先生在家嗎？」那記者問阿巴桑。這時從鄰室飄然漫步出來一位身材有「五尺六寸」的「魁梧大漢」，後來知道這位就是李哀（後改為「李岸」）先生。他是個「圓肩膀兒的青年」……。

——荒謬的是：弘一大師從十九歲到六十三歲，在世間所留下的照片、師友親朋（如歐陽予

⓱ 這一圖片已初印於臺北天華版《弘一大師年譜》，今再印於《新譜》圖片，頁二六。

倩、夏丏尊等）的口中、眼中是一個瘦削、瀟灑的青年，身高在一七〇到一七二公分之間，以「魁梧大漢」、「圓肩膀」來形容二十七歲，曾經飾演「茶花女」的弘一大師，真是匪夷所思！

(2)「……在久留米的紺絣的和服外衣上，繫上一條黑縐紗的腰帶，頭上留著漂亮的三七分的髮型，用泰然的聲音說：『請裡面坐』。……『你（譯者用敬語「您」）的雙親都在嗎？』那記者問。（頗為怪異的問）『都在。』（李答）」

——當我看到這一問答，簡直難以置信。一個記者訪問到東京學畫的異國青年，開門見山就問他雙親在不在？更稀奇的是，當時的李哀（李岸）竟然答的是「都在」？我們不知道是記者聽錯，還是李哀的日語表達不明確。我們確知弘一大師生母王太夫人已在先一年（一九〇五）農曆二月五日逝於上海，移靈於天津故園。大師的父親李世珍於五歲時（一八八四年）八月逝世，已隔二十二年之久。大師怎麼會說「都在」？這不荒謬嗎？記者的報導可信嗎？要說當時李哀先生還有什麼別的隱情，根據社會背景、家庭情況，不管什麼理由，實在想不透他為何要「說謊」。這種反常識、反情理的事，我們不認為李哀會說這種逆情悖理的話。如果把這一報導引用為學術根據，必有厚誣古人之虞！

(3)記者又問：「你不想故鄉嗎？」他搖頭說「不」。「太太呢？」「沒有，是一個人。廿六歲還是獨身。」⑱

⑱ 見北京「中國佛協」編《弘一法師》，頁二四三。

——這幾句話在三十年代、四十年代，甚至今天，一個青年人，遠適異國，又為了舊式婚姻不滿，好留再婚的後路，可以騙一騙局外人，可是在一九〇六年（民國前五年），中國富貴人家，幾乎對這種兩難根本不發生問題。太太不滿意，再娶一個便了。弘一大師的父親是四個太太，次兄文熙也兩個。我們不知道，李哀為何說「沒有太太」這種不必要隱瞞的話。我們不要把時間超越八十年，把那段訪問移到現在。論弘一大師青年時代的性格來說，也不會說這種口是心非的話。而又將年齡從二十七歲縮為二十六歲。何況，他到日本僅只一年。

這個訪問報導，如果放在弘一大師的傳記裡，如非「白璧之瑕」，即為記者的「誤導」，使古人蒙污。這是一項沒有史料價值的史料，即是可作一項史料考察，也是一種「孤證」。「孤證」焉能加諸於古人而為定論？

我們沒有把這一久已面世的「報導」，納入傳記創作，正因為它不正確、不可靠。

根據我們推斷：這一次訪問是真實的，而記者撰稿、語言溝通有問題。因為弘一大師到日本已有一年，但日語是初學，上野在九月二十九日入學，初用英語聽油畫課，大約到了一九〇七年，才完全適應日語。這也是現代留學生到異國求學語言上常有的現象。除了李哀因語言表達不夠熟練而引起記者的錯誤報導，而事後已無法更正，才會留下這一段令人啼笑皆非的蜚語流言，令人遺憾。

五、有關弘一大師傳記史料之運用、抉擇與綜合檢討

這一節要篩檢、核驗的，是我與徐星平先生兩種傳記史料的處理。但其大前提，我們肯定海峽兩岸基於地緣條件之不同，形成彼有所長，我有所短的現象。這種現象並無導致創作上重大的缺失，也絕非如江燦騰的兩極論。如非有緣人，我相信誰也不會來為一代高僧弘一大師作傳。即使在相隔二十三年之久，兩種傳記，放在案前加以閱讀檢驗，只要稍具思想的人，也會發現，其中既有史料上之差異，也有布局、情節上之類同。相信我們是人同此心，各有所會。

現在我將兩者史料取捨與布局上的異同，分項舉證：

㈠徐著《弘一大師》，以三分之二篇幅寫大師「出家前」的生命歷程：

(1)一九一一年以前，家族史料，搜集運用細緻，尤其對弘一大師先君之史料，與日後清廷政府鹽業政策改變導致李氏家族「破產」。

(2)一九八四年前後，透過劉雪陽（劉質平先生長子）發現收藏於日本京都圖書館的《音樂小雜誌》影印本，取得大師有關音樂創作的史料，與當年活動的正確地址。

(3)弘一大師在日本初期活動，「同盟會」佔有相當篇幅之外，並被引見孫中山先生⑲。

(4)在大師留學於上野學畫與音樂上著筆較多。

⑲ 見徐星平著《弘一大師》，頁二三五。

(5)有關南社前後的史料，使用較為詳盡。

以上是徐先生在一九八○年以後，以陸續出現的新史料，納入他的創作，但大師會見孫中山先生，這一段史料被證實沒有過，甚至參加同盟會，也有待查考。

相對地，弘一大師於一九一八年出家之後，篇幅顯著的減少，我想這是因為他無法取得佛法上的史料與今人口述史料之故。

(二)陳著《弘一大師傳》以三分之二篇幅（五三一之三四三頁）寫「出家後生活」：

(1)以全書三十三章中十九章寫出家後生活，其中除引用少部份文字史料之外，有半數以上引述口述史料，由多位閩南籍昔年弘一大師學人：瑞今、廣洽、廣義、傳貫法師等提供。

(2)除傳文之外，另撰附錄（到一九九一年版）六篇，有十五萬字，連同本文計四十三萬字以上，以補充出家後史料之不足。

(3)對弘一大師家族史料，參加「革命」史料至今沒有確證，而且它並非弘一大師生命的關鍵之處。

(4)根據一九○五－一九一一年大師在當時日本的時空背景，創造「雪子」（後用誠子）這一位人物，來彌補這一段佚失史料空白。

(5)我必須再度說明：我寫的是高僧《弘一大師傳》，而非畫家、音樂家的《李叔同傳》；我寫的是「文學傳記」，而非「學術傳記」。否則，世間能有「學術性傳記」（像年譜）流傳，以記錄一代名人事蹟也就夠了，後人又何必徒費筆墨。也正因為文學與學術有其分野，一如「小說」與「論文」之不同。前者是感性的立體的生活呈現，後者是史料的、平面的知識的舖陳。

這是兩種傳記「史料與布局」之異。現在再對兩者有關「日籍夫人」逸失史料處理上的「異中之同」，加以對比：

(1)陳著：一九〇六年以後，通過李哀的學畫需求，經由「職業介紹」，以「模特兒」身份，出現於留日時代的李哀生活。

□徐著：同一時間，李哀（李岸）經由房東良秀的外孫女，生活接觸，而成為他的模特兒。

(2)陳著：一九六五年初版，這位日本女性，以「雪子」名入書，一九八五年十版，修正為「誠子」。

□徐著：以「葉子」名入書。

(3)陳著：一九〇六年「誠子」十九歲。

□徐著：一九〇六年「葉子」十九歲。

(4)陳著：一九一八年李叔同出家後，稱「弘一法師」為「弘公」（林子青等有關人士稱為「音公」、「一公」、「弘師」）。

□徐著：同陳著稱「弘公」。

(5)陳著：有關「誠子」（雪子）部份，在東京生活，收於〈上野〉三章，頁六九－一五〇。

□徐著：有關「葉子」部份，收於十三、十四、十五、十六章，頁一八三—二四五。

這兩種傳記，在這一部份，布局、人物情感之表達、對話，有異曲同工之妙。請參看陳、徐兩種傳記原文。

(6)陳著：李叔同一九一八年出家前，在上海與「誠子」（雪子）分袂，收於〈永訣〉一章，頁三五二。

□徐著：李叔同與「葉子」永別，收於第二十三章，頁三四一—三四三。

這一部份情節發展，兩者大致也相同，對話也同異互見。可參陳、徐兩傳原文。

(7)陳著：在〈永訣〉一章除收「與誠子」訣別一幕，另有「剃度」一節。錄原文：

叔同在寮房裡，披好「海青」，穿上「芒鞋」，九點正，便到退居院落的禪堂裡等著。那個小院落已擠滿了觀禮的出家人。

佛龕前，紅燭高燒，爐香乍爇，金身佛像前新換了新鮮的「香、花、水、果」。叔同到殿前靜穆地向佛像頂禮三拜，然後，向觀禮大眾頂禮一拜。

停片刻，一位「引禮」的出家人，「噹！」一計大磬長鳴！接著是，鐘聲震響，寺院裡所有的僧眾，都急急地趕到這裡來了。

老和尚從禪房裡莊嚴地踱出來，身披咖啡色袈裟，面色在嚴肅中帶著喜悅。走到佛龕前，斂神閉目。

第二聲大磬長鳴，僧眾與叔同就位，瞬息間，萬籟俱寂。

第三聲大磬再響，於是大眾隨著引磬聲禮佛三拜，梵音佛曲，「戒定真香」開始嘹喨而幽遠地響徹山間。——接著是《大悲咒》，《般若波羅蜜多心經》，三稱「摩訶般若波羅蜜」，大眾面對而立，叔同則面對了悟老和尚，老和尚就「叔同出家的因緣」而說法，然後稱念：「金刀剃盡娘生髮，除卻塵勞不淨身……」偈文，之後，侍者獻上一個托盤，裡面放一刀、一帖，老和尚拿過刀，在叔同先已剃光了的頭上比劃：三稱「誓斷一切惡心，誓除一切苦厄，誓度一切眾生——」。然後為叔同說「皈依佛，皈依法，皈依僧」這三皈依。上供。最後，叔同向披薙師頂禮三拜，向大眾頂禮一拜。

叔同於「剃度禮」完成後，展開那張「帖子」，老和尚替他起的法名，便是「演音」，號「弘一」⑳。

□徐著：「剃度」一節，收於二十三章。

正殿裡，紅燭高燃，香火繚繞，叔同披著一身「海青」，腳穿「芒鞋」，在金身大佛前頂禮三拜。接著，「當」地一聲，磬聲繞梁，鐘聲「咚咚」。

不一會兒，眾僧趕到大殿。

又敲響了一聲大磬。老和尚身披袈裟，緩緩來至佛龕前。眾僧與叔同各就各位。

---

⑳ 見臺北東大版拙著《弘一大師傳》，頁一九五、一九六。

第三聲磬響，眾僧大禮三拜，接著便是梵音經典，聲震山林。

「金刀剃盡娘生髮，除盡塵芥不淨身……」老和尚念罷，小和尚捧著一個托盤，裡面放著剃刀和帖子。老和尚打開剃刀，在叔同事先剃光了的頭上晃了晃說道：

「誓斷一切惡心，誓除一切苦厄，誓度一切眾生。」接著便為叔同說「皈依佛，皈依法，皈依僧」這三皈依。老和尚收起剃刀，又從盤子裡拿出帖子，唱道：「剃度之後，剔除俗名。法名演音。號弘一。」㉑

在這一部份，兩書主要文字節奏，大部略同。

這一剃度禮制，當我寫到這一章之前，請益於臺北松山寺道安長老，承殷殷描繪，然後我想像杭州虎跑正在八月秋色，一般寺院方丈為一些知名人士剃度時，構想、模擬這一景象。

以上，是兩傳異、同的分析。我在一九六一年底動筆寫這本書，到一九六五年四月問世，比徐星平先生一九八八年十月成書，早出二十三年六個月。我自知薄學無才，但我已為我所崇敬的高僧——弘一大師身後的光影盡了力。我沒有條件自我膨脹——我的書寫得如何高妙？這件事，二十多年來已有定論，不是我這作者自身的事。

但我仍舊對徐星平先生能在他的社會環境、佛法凋零的情況下，寫出這樣一本文采豐溢的一代高僧傳記，在大陸受到讀者的認同，我們難道還能以「文章是自己的好」這種「我執」來菲薄

㉑ 見徐星平著《弘一大師》，頁三五二。

「他鄉故知」嗎？（我與徐素未謀面。）

六、對江燦騰先生「檢討」各點之質疑與平議

江燦騰在他的文字中散布多處對《弘一大師傳》的檢討，我只有依行文先後分別「依法不依人」來逐項提出與他不同的看法。

㈠關於海峽兩岸現有「年譜」及「弘一大師傳」，何者具史實性、何者「恣意揣測」？

□事實上，「年譜」與「文學傳記」，是兩種不同的東西。前者是「學術」，後者是「文學」。當一個歷史人物史料無端湮沒的時候，在「學術上」導致空白，但在「文學上」付諸創作時，是可供「模擬、想像」的。這絕非「恣意揣測」。否則這個傳怎麼寫下去？

㈡他提到「一九〇六年十月四日，日本《國民新聞》」的報導，江認為李哀說「父母俱在」，有「欺瞞」的嫌疑。尤其「說自己沒有太太」，可見他有意掩蓋自己有家室的事實。

□這一節，我在本文第三節，已詳細的分析過。這種違背常情的事，不能做史料來處理，否有厚誣古人之嫌，於良知有欠！

㈢江說，我在《弘一大師傳》中，未有對林子青老先生的貢獻和寫作上的借重之處，表示感謝之處，對林來說是「不公平」的。

□在著作上流行感謝一大堆人，是近一、二十年的事。尤其是一些學位論文。我在《弘一大

師傳》自序〈高山仰止〉中，「確未提及林子青長者」。我提到的是海內外七位為我直接提供史料與修訂初稿的法師，此外遺漏的還有道安法師、黃寄慈先生等多人。當時並沒有想到要感謝這麼多人。對史料原撰稿或編述人，除林老之外，還有夏丏尊、李芳遠、豐子愷等，我都沒提。

我不知這「公平」與否，是不是「學術」的問題？

我對林老的敬重與關念，遠非江燦騰所能了解。

(四)江說：「胡秋原認為曼殊與弘一的人格，都像吉光片羽的閃耀，可是菩薩道應在現實苦難中承擔責任和受磨練……否則就會有『無常與空』之感……他對弘一與曼殊的出家表現，是稍有『微詞』的。陳慧劍在撰《弘一大師傳》時曾讀到胡文，卻認為是高級知識份子的儒家『闢佛』思想模式，是狹隘的心態，陳氏此語實有欠公允！」㉒

□我在一九八一年《弘一大師傳》寫的改版序〈自古聖賢皆寂寞〉一文，確曾說：「有極少數人認為李叔同先生的生命，不是『落於枯寂』、『失於倫理』，便是『流於感傷』、『惑於自了』。不乏當代高級知識份子（例如胡秋原先生），其『批判』，皆不出儒家『闢佛』的思想範疇，而心理樣態多受製於狹隘有形生命的空間，難見弘一大師的廣大風貌。」㉓

我說這番話絕非「憑空想像」，胡先生認為弘一大師與曼殊一樣，為「感傷主義」者，與熊

㉒ 請參看臺北「聯亞」、「東門」版，劉心皇著《弘一法師新傳》胡秋原序文。

㉓ 見一九八五年臺北東大版拙著《弘一大師傳》增訂七版代序〈自古聖賢皆寂寞〉一文。

十力認為佛家流於「枯寂」有何不同，而且胡氏把蘇曼殊與弘一大師混為一談，實在是不足以了解弘一大師風貌㉔，何況他又認為弘一大師韜光養晦的生活形態，不是行「菩薩道」？胡秋原先生何曾深入佛法？他以儒生的情感來評弘一大師，何嘗「公平」？江認為我指胡秋原先生「闢佛思想範疇」不公允，那麼怎樣才算公允？請讀者看胡文就公允了！

(五)江又說，「他一九六一年所能參考的資料是林子青《弘一大師年譜》、《弘一大師永懷錄》、《弘一大師紀念集》，這些資料不出林子青掌握的範圍……而不提林子青貢獻。」

□我想江燦騰把時間定在「一九六一年」我憑藉這幾本書寫《弘一大師傳》。一九六一年殘冬，我只寫下第一章〈降生〉，難道在三年六個月的寫作過程中，我還能永遠株守著這三種書的範疇嗎？在前文中，我已羅列主要十種書與多位口述史料提供者，不再俱引。

談到林子青，他才是弘一大師史料的第一功臣。我在寫作《弘一大師傳》時，確受到他的啟示良多。如說我不脫林老的範疇，那麼又置閩南諸師與乘如、道安、悟明、心澂法師、李芳遠、黃寄慈先生於何地？尤以大師出家後的生命過程，借助上述人士太多。其實這部「文學傳記」，有林子青的範疇，有我自己的範疇，有所有史料參與者的範疇；更重要的是有「弘一大師的範

㉔ 請參看一九八八年臺北東大版拙著《薝蔔林外集》，頁三六九—三七八〈論蘇曼殊本事詩〉一文。拙著《孽海花魂》一書所收〈李叔同與蘇曼殊〉一文亦可參考。由此二文，可見「弘一大師與蘇曼殊」，前者是佛教高僧，後者是文學僧，是如何地不同。

疇」。把「弘一大師的風貌」，能展現在這一時代，這就是「文學傳記」的意義。

㈥江文中還有更奇異的挑剔：⑴弘一大師加入同盟會……對國事關懷是很熱切的，不出林子青《年譜》片段資料，無法如徐星平在《弘一大師》一書所評者。⑵「陳慧劍不知道弘一大師是靠英語應付功課的，卻以為日本人多是漢學家，所以（在語言上）討便宜」。⑶江認為留學「英國」（事實上，黑田留學法國）的黑田清輝在油畫上，對弘一大師有鉅大的影響（而我的筆力不夠），因此，我的敘述充滿「漏洞和想像」。……「徐星平在《弘一大師》中的交代，則清楚合理多了。」⑷李家錢莊破產，這是因政府財政困難，將鹽務收歸官管……使李家錢莊倒閉。「對這些背景，陳慧劍缺乏深入了解。」

□江文只確定徐著引用史料真實無訛，認為黑田清輝對弘一大師如何重要……等等。我們根據現有海峽兩岸所見史料（而非小說型傳記）與日本學界在四十年代以前的人文社會景況來分別說明：

⑴弘一大師參加「同盟會」，最早記載在一九四三年上海出版的《弘一大師永懷錄》僧睿為代表所寫的「簡傳」上㉕，一九八七年九月朱經畬所寫《李叔同年譜》㉖再度引述並增添同盟會宗旨。到一九八八年十月徐星平《弘一大師》問世，三度引用，並擴大篇幅，增加由吳玉章（一

㉕ 見臺北龍樹版《弘一大師永懷錄》，頁九〈傳二〉一文。

㉖ 見天津古籍出版社《李叔同——弘一法師》，頁一一（一九〇五年條）。

九〇六年）引見孫中山的事。但一九四四年出版的林子青《弘一大師年譜》並沒有明確地提到此事。關於弘一大師是否加入同盟會一事，據當時「革命熱潮」在留學生界風起雲湧，是有可能；但依大師「特立獨行」的性格，又不一定。因為留學生中也有很多人沒有加入同盟會。這一事件，最初或許由於「想當然耳」，演變到最後成為傳記創作中，份量極重的敘述。雖然我在《弘一大師傳》〈上野章〉對於所謂參加「革命」的事，也暗示地帶過。但這種大事，除非有充足的證據，始能寫之入書。現在林子青《新譜》不僅修正了「弘一大師曾加入同盟會」的錯誤，同時他說：「——有的小說還說大師在留學時期曾加入過『中國同盟會』，見過孫中山，而且填寫了『盟書』，向天宣誓，以為非如此不足以表現大師革命的思想。其實這些虛構的『傳說』，是對大師歷史的歪曲。」㉗為了確證雙方誰正誰誤，我詳閱「清末革命史稿」與「一九〇五年八月到一九〇七年間」在東京成立的「中國同盟會」九六〇位會員名冊，這裡絕無「李岸、李哀、李息霜」其人。請江燦騰先生去查查看吧！徐著以「文學體」寫傳，烘托出這一幕「海市蜃樓」，怎麼可以當史料來認定，來引為評論依據呢㉘？

(2)江文根據我的《弘一大師傳》〈上野(一)〉引具「日本人多的是漢學專家，中國學生總算討了這方面的便宜，一面讀書，一面學話。……」㉙難道現在留學異國的青年，也不是如此嗎？日

㉗ 見臺北東大，一九九三年版林子青編《弘一大師新譜》，頁八〈自序〉。

㉘ 關於弘一大師是否加入同盟會一事，已見前文。

本在近二、三十年，才在現代書刊報紙上逐漸消除漢字。當民國三十年代以前，一般中國知識份子，都猜得出日本書刊上的意思，只是語言不通而已。至於漢文書籍之普遍，像他們的《望月》、《大漢和》辭典，幾乎與中國書相差無幾。我寫錯了嗎？弘一大師一九〇五年秋天到日本，便學習日語，第二年九月底入學，因為只有油畫是以英語開課，弘一大師可以用英語「應付」，那麼其他課程（像音樂等）呢？當然用日語。我又錯了嗎？難道我一定要在書中強調大師用「英語」能聽黑田的課不可嗎？

(3)江文強調黑田清輝對弘一大師學畫有「鉅大」的影響。我誠不知這影響有多大？弘一大師終其一生不是「偉大的畫家」，我沒有著力描寫黑田清輝，究竟對一位高僧的生命過程，有甚麼缺失？我不知他所謂「漏洞和想像」是甚麼？

(4)李家破產原因，因當時無法取得史料，現在我也還未在書中加以增補。這一增補「十幾個字」的破產原因，由徐星平先生查閱清末史料得知。如我據以增補，是掠人之美；不予增補，與傳文情節也沒有關鍵性的缺失。這也成為「江文」的話柄。

(5)江文批判我缺乏對「弘一大師關於《四分律》與《傳戒正範》的批評意見，涉及近代中國戒律思想的變革甚大的思想淵源之理解。這種缺乏——在一九九二年的今天，經過多次再版，猶未能做修訂，便必須『嚴加指責』了！」

㉙見臺北東大版，拙著《弘一大師傳》，頁七〇。

□江文這種錯誤的觀念，將學術的缺失加諸於「文學傳記」，實在令人不解。好像文學著作必須加上長篇大論的說教，才功德圓滿。能不能讓「學術的歸學術」「文學的歸文學」呢？我要把〈弘一大師戒律思想之溯源〉㉚，近一萬五千字長文加入《弘一大師傳》，這算那一門文學呢？江燦騰的箭射到何處去了？

此外，關於《大師傳》後面（一九九一年版）增至六篇附錄，這只是一般性、資料性，彌補正文史料上未加詳細交代的「論文」，除〈弘一大師書簡研究〉這一篇，勉近「研究」，至於〈寫經研究〉、〈著述及附屬作品研究〉並無學術意義，不是專家也可一目了然。在題目上雖有「研究」二字，只是方便，我不認為凡冠以「研究」二字的論文題，都非得「長篇大論」，非得「徹底研究」不可？所謂「粗淺」云者，從何說起？

我寫《弘一大師傳》的過程中，就已考慮到為一位歷史人物寫傳，不可能鉅細靡遺，一舉手、一投足，一些不關影響其生命發展的小事也收。因此，對一位具有多樣性成就的人物，評估其一生關鍵性所在，必須有所取，也有所捨。

像江文提到「弘一大師初到上野在油畫課上以英語聽課，家業破產源於清廷政策」，這在整個弘一大師生命發展中，都是枝葉問題，有了它在情節上固然可以細膩些，缺少它，也非絕症。尤以關於黑田清輝，要說他是「弘一大師（一代高僧）」生命中一位重要人物，那就離譜。

㉚ 全文見一九九二年九月，天津市「李叔同研究會」編，《李叔同研究》第一期，頁二一〇—二三〇。

我在傳裡確也說到「林肯的傳記，在美國便有數十種，我們希望於將來，有更出色的人，寫更出色的《弘一大師傳》。我們推而廣之，希望於將來有更多的人，寫文學的高僧傳記。」㉛問題在，照江燦騰的說法，以史料「編」「弘一大師傳」，大家互相抄襲一番，還忍心卒讀嗎？如果寫「文學傳記」，只要不背「史實經緯」，仍須文學高手，來從事這一工作，否則便流於穿插前人的餘唾，又有何價值？

關於林子青老先生，江文中也提到，他認為四十八年來《弘一大師年譜》一九四四—一九九一年在內容上「並無大修改或補充」。我想江把話說得太過頭了。他不知道的事，盡可以自由心證。他怎麼知道林子青沒有對弘一大師的史料加以繼續整理、搜集成書呢？中共在「文革十年」前後，十五年間，一切宗教的著作，是無人敢碰的。到一九八〇年以後林老到今天以十年時間，重寫出《弘一大師新譜》，同時搜集弘一大師生前的逸失書信，已分別由北京三聯書店（一九九〇年六月）出版《弘一法師書信》（集），這一本書收集了「弘一大師書信」七百多封，較我寫《弘一大師傳》時，多出二百多通；此書出版之後兩年，又陸續搜集了大師散佚書信二百通，在林子老八十高齡的歲月中，為弘一大師結集一千封給師友的信函，已印行成書，同時將「新年譜」（約三十萬字）付梓，這難道他在悠游歲月嗎？

我們在臺灣看不到的事物，難道別的地方就不會出現嗎？

㉛ 見臺北東大版，拙著《弘一大師傳》，頁一四（自序）。

七、餘論

我在《弘一大師傳》序文裡，是說過：「就作品的精神言，我是『述而不作』的；《大師傳》，是一襲千補百衲衣，使它成為法寶者，是以上諸多因緣……」[32]江燦騰是不是以為「述而不作」就是照抄呢？

孔子說：「述而不作，信而好古，竊比於我老彭。」[33]相信一般人應該了解孔子的意思——「述而不作」，是不是照抄？

文學傳記的寫作，與所謂「學術」是不同的。我在《大師傳》序中已一再加強語氣，來說明這一特色。但是此間還是有人把它當作「學術」批判。

「文學傳記」雖然要借重「史料」，但絕不同於「年譜」，不同「論文傳記」。它是透過化身的史料，再加上寫傳人的靈思想像，串演當事人的生活、思想過程，來以文學技法完成的。

江燦騰先生批評這本書，是不抓虱子抓頭皮，以自身常識、興趣看事物，以凹凸鏡看事物，以學術來框文學，以枝葉來代根幹。但我在傳文中還沒有來得及修訂的，「關於真實史料」部份，他看不出來。就如〈斷食日誌〉，就如「留學日本的正確時間」等未加修訂。其實，這部書一直

---

[32] 見同上書，頁一八。

[33] 見《論語》〈述而篇〉首句。

在陸續配合東大公司階段性地修訂、增補。關於「誡子」部份，一如後來徐星平先生賦以「葉子」之名一樣，恐怕是難改了。也許弘一大師俗家時代的日籍夫人的真名永遠被湮沒了。我們各寫各的傳記吧。讓海峽兩岸讀者各選所好。弘一大師在「常寂光」中，知道這回事就好。

關於弘一大師研究的「學術面」，我已與「文學面」劃開，自一九九一年後已陸續發表〈弘一法師棄俗思想之研究〉、〈弘一大師戒律思想溯源〉等多篇論文。「學術」二字我不敢僭越，只求盡心而已。

行文至此，我深深感覺，不管任何人，在知識、學術之前，都會出錯，都無權賣老。一個人「傲」也沒有關係，但要有「傲」的人格。像王勃十二歲寫〈滕王閣序〉，王維十六歲寫〈九月九日登高〉。一個從事學術工作的人，能不說沒有證據的話，才令人敬佩。能建立知識的良心，祛除私情，才有後光。弘一大師嘗言：「士先器識而後文藝」，「應使文藝以人傳，人不可以文藝傳」。現在，有那些人，在坐擁書城之時，會反省過、檢討過這幾句話的深意！

一九九三年二月十六日初稿

一九九六年九月一日修訂

滄海叢刊書目（一）

國學類

中國學術思想史論叢（一）～（八）	錢　穆 著
現代中國學術論衡	錢　穆 著
兩漢經學今古文平議	錢　穆 著
宋代理學三書隨箚	錢　穆 著
論語體認	姚式川 著
論語新注	陳冠學 著
西漢經學源流	王葆玹 著
文字聲韻論叢	陳新雄 著
入聲字箋論	陳慧劍 著
楚辭綜論	徐志嘯 著

哲學類

國父道德言論類輯	陳立夫 著
文化哲學講錄（一）～（六）	鄔昆如 著
哲學與思想	王曉波 著
內心悅樂之源泉	吳經熊 著
知識・理性與生命	孫寶琛 著
語言哲學	劉福增 著
哲學演講錄	吳　怡 著
日本近代哲學思想史	江日新 譯
比較哲學與文化（一）（二）	吳　森 著
從西方哲學到禪佛教 ——哲學與宗教一集	傅偉勳 著
批判的繼承與創造的發展 ——哲學與宗教二集	傅偉勳 著
「文化中國」與中國文化 ——哲學與宗教三集	傅偉勳 著
從創造的詮釋學到大乘佛學 ——哲學與宗教四集	傅偉勳 著
佛教思想的現代探索 ——哲學與宗教五集	傅偉勳 著

中國哲學與懷德海	東海大學哲學研究所主編
人生十論	錢　　穆　著
湖上閒思錄	錢　　穆　著
晚學盲言（上）（下）	錢　　穆　著
愛的哲學	蘇昌美　著
邁向未來的哲學思考	項退結　著
逍遙的莊子	吳　　怡　著
莊子新注（內篇）	陳冠學　著
莊子的生命哲學	葉海煙　著
墨家的哲學方法	鍾友聯　著
韓非子析論	謝雲飛　著
韓非子的哲學	王邦雄　著
法家哲學	姚蒸民　著
中國法家哲學	王讚源　著
二程學管見	張永儁　著
王陽明 ——中國十六世紀的唯心主義哲學家	張君勱著、江日新　譯
王船山人性史哲學之研究	林安梧　著
西洋百位哲學家	鄔昆如　著
西洋哲學十二講	鄔昆如　著
希臘哲學趣談	鄔昆如　著
中世哲學趣談	鄔昆如　著
近代哲學趣談	鄔昆如　著
現代哲學趣談	鄔昆如　著
思辯錄 ——思光近作集	勞思光　著
中國十九世紀思想史（上）、（下）	韋政通　著
存有・意識與實踐 ——熊十力體用哲學之詮釋與重建	林安梧　著
先秦諸子論叢	唐端正　著
先秦諸子論叢（續編）	唐端正　著
周易與儒道墨	張立文　著
孔學漫談	余家菊　著
中國近代新學的展開	張立文　著
哲學與思想 ——胡秋原選集第二卷	胡秋原　著

從哲學的觀點看	關子尹　著
中國死亡智慧	鄭曉江　著
後設倫理學之基本問題	黃慧英　著
道德之關懷	黃慧英　著
異時空裡的知識追逐 ——科學史與科學哲學論文集	傅大為　著

宗教類

天人之際	李杏邨　著
佛學研究	周中一　著
佛學思想新論	楊惠南　著
現代佛學原理	鄭金德　著
絕對與圓融 ——佛教思想論集	霍韜晦　著
佛學研究指南	關世謙　譯
當代學人談佛教	楊惠南編著
從傳統到現代 ——佛教倫理與現代社會	傅偉勳主編
簡明佛學概論	于凌波　著
修多羅頌歌	陳慧劍譯註
禪　話	周中一　著
佛家哲理通析	陳沛然　著
唯識三論今詮	于凌波　著

應用科學類

壽而康講座	胡佩鏘　著

社會科學類

中國古代游藝史 ——樂舞百戲與社會生活之研究	李建民　著
憲法論叢	鄭彥棻　著
憲法論集	林紀東　著
國家論	薩孟武　譯
中國歷代政治得失	錢　穆　著
先秦政治思想史	梁啟超原著、賈馥茗標點
當代中國與民主	周陽山　著

我見我思	洪文湘 著
釣魚政治學	鄭赤琰 著
政治與文化	吳俊才 著
中華國協與俠客清流	陶百川 著
世界局勢與中國文化	錢穆 著
海峽兩岸社會之比較	蔡文輝 著
印度文化十八篇	糜文開 著
美國社會與美國華僑	蔡文輝 著
日本社會的結構	福武直原著、王世雄 譯
文化與教育	錢穆 著
開放社會的教育	葉學志 著
大眾傳播的挑戰	石永貴 著
傳播研究補白	彭家發 著
「時代」的經驗	汪琪、彭家發 著
新聞與我	楚崧秋 著
書法心理學	高尚仁 著
書法與認知	高尚仁、管慶慧 著
清代科舉	劉兆璸 著
排外與中國政治	廖光生 著
中國文化路向問題的新檢討	勞思光 著
立足臺灣，關懷大陸	韋政通 著
開放的多元社會	楊國樞 著
現代與多元——跨學科的思考	周英雄主編
臺灣人口與社會發展	李文朗 著
財經文存	王作榮 著
財經時論	楊道淮 著
經營力的時代	青龍豐作著、白龍芽 譯
宗教與社會	宋光宇 著

史地類

古史地理論叢	錢穆 著
歷史與文化論叢	錢穆 著
中國史學發微	錢穆 著
中國歷史研究法	錢穆 著
中國歷史精神	錢穆 著

中華郵政史	張　翊　著
憂患與史學	杜維運　著
與西方史家論中國史學	杜維運　著
清代史學與史家	杜維運　著
中西古代史學比較	杜維運　著
歷史與人物	吳相湘　著
歷史人物與文化危機	余英時　著
共產國際與中國革命	郭恒鈺　著
共產世界的變遷 ——四個共黨政權的比較	吳玉山　著
俄共中國革命祕檔（一九二〇～一九二五）	郭恒鈺　著
抗日戰史論集	劉鳳翰　著
盧溝橋事變	李雲漢　著
歷史講演集	張玉法　著
老臺灣	陳冠學　著
臺灣史與臺灣人	王曉波　著
黃　帝	錢　穆　著
孔子傳	錢　穆　著
宋儒風範	董金裕　著
弘一大師新譜	林子青　著
精忠岳飛傳	李　安　著
鄭彥棻傳	馮成榮　著
張公難先之生平	李飛鵬　著
唐玄奘三藏傳史彙編	釋光中　編
一顆永不隕落的巨星	釋光中　著
新亞遺鐸	錢　穆　著
困勉強狷八十年	陶百川　著
困強回憶又十年	陶百川　著
我的創造・倡建與服務	陳立夫　著
我生之旅	方　治　著
逝者如斯	李孝定　著

語文類

文學與音律	謝雲飛　著
中國文字學	潘重規　著
中國聲韻學	潘重規、陳紹棠　著

魏晉南北朝韻部之演變	周祖謨 著
詩經研讀指導	裴普賢 著
莊子及其文學	黃錦鋐 著
管子述評	湯孝純 著
離騷九歌九章淺釋	繆天華 著
陶淵明評論	李辰冬 著
鍾嶸詩歌美學	羅立乾 著
杜甫作品繫年	李辰冬 著
唐宋詩詞選——詩選之部	巴壺天 編
唐宋詩詞選——詞選之部	巴壺天 編
清真詞研究	王支洪 著
苕華詞與人間詞話述評	王宗樂 著
優游詞曲天地	王熙元 著
月華清	樸月 著
梅花引	樸月 著
元曲六大家	應裕康、王忠林 著
四說論叢	羅盤 著
紅樓夢的文學價值	羅德湛 著
紅樓夢與中華文化	周汝昌 著
紅樓夢研究	王關仕 著
紅樓血淚史	潘重規 著
微觀紅樓夢	王關仕 著
中國文學論叢	錢穆 著
牛李黨爭與唐代文學	傅錫壬 著
迦陵談詩二集	葉嘉瑩 著
西洋兒童文學史	葉詠琍 著
一九八四	George Orwell原著、劉紹銘 譯
文學原理	趙滋蕃 著
文學新論	李辰冬 著
文學圖繪	周慶華 著
分析文學	陳啟佑 著
學林尋幽——見南山居論學集	黃慶萱 著
中西文學關係研究	王潤華 著

魯迅小說新論	王潤華　著
比較文學的墾拓在臺灣	古添洪、陳慧樺編著
從比較神話到文學	古添洪、陳慧樺主編
現代文學評論	亞　菁　著
現代散文新風貌	楊昌年　著
現代散文欣賞	鄭明娳　著
葫蘆・再見	鄭明娳　著
實用文纂	姜超嶽　著
增訂江皋集	吳俊升　著
孟武自選文集	薩孟武　著
藍天白雲集	梁容若　著
野草詞	韋瀚章　著
野草詞總集	韋瀚章　著
李韶歌詞集	李　韶　著
石頭的研究	戴　天　著
寫作是藝術	張秀亞　著
讀書與生活	琦　君　著
文開隨筆	糜文開　著
文開隨筆續編	糜文開　著
印度文學歷代名著選（上）（下）	糜文開編譯
城市筆記	也　斯　著
留不住的航渡	葉維廉　著
三十年詩	葉維廉　著
歐羅巴的蘆笛	葉維廉　著
移向成熟的年齡——1987～1992詩	葉維廉　著
一個中國的海	葉維廉　著
尋索：藝術與人生	葉維廉　著
從現象到表現——葉維廉早期文集	葉維廉　著
解讀現代・後現代——文化空間與生活空間的思索	葉維廉　著
山外有山	李英豪　著
知識之劍	陳鼎環　著
還鄉夢的幻滅	賴景瑚　著
大地之歌	大地詩社　編

往日旋律	幼　柏　著
鼓瑟集	幼　柏　著
耕心散文集	耕　心　著
女兵自傳	謝冰瑩　著
詩與禪	孫昌武　著
禪境與詩情	李杏邨　著
文學與史地	任遵時　著
抗戰日記	謝冰瑩　著
給青年朋友的信（上）、（下）	謝冰瑩　著
冰瑩書柬	謝冰瑩　著
我在日本	謝冰瑩　著
大漢心聲	張起鈞　著
人生小語（一）～（七）	何秀煌　著
人生小語（一）（彩色版）	何秀煌　著
記憶裡有一個小窗	何秀煌　著
回首叫雲飛起	羊令野　著
康莊有待	向　陽　著
湍流偶拾	繆天華　著
文學之旅	蕭傳文　著
文學邊緣	周玉山　著
文學徘徊	周玉山　著
無聲的臺灣	周玉山　著
種子落地	葉海煙　著
向未來交卷	葉海煙　著
不拿耳朵當眼睛	王讚源　著
古厝懷思	張文貫　著
材與不材之間	王邦雄　著
劫餘低吟	法　天　著
忘機隨筆 ——卷一・卷二・卷三・卷四	王覺源　著
詩情畫意 ——明代題畫詩的詩畫對應內涵	鄭文惠　著
文學與政治之間 ——魯迅・新月・文學史	王宏志　著
洛夫與中國現代詩	費　勇　著
老舍小說新論	王潤華　著

美術類

音樂人生	黃友棣 著
樂圃長春	黃友棣 著
樂苑春回	黃友棣 著
樂風泱泱	黃友棣 著
樂境花開	黃友棣 著
樂浦珠還	黃友棣 著
音樂伴我遊	趙琴 著
談音論樂	林聲翕 著
戲劇編寫法	方寸 著
與當代藝術家的對話	葉維廉 著
藝術的興味	吳道文 著
根源之美	莊申編著
扇子與中國文化	莊申 著
從白紙到白銀	莊申 著
畫壇師友錄	黃苗子 著
水彩技巧與創作	劉其偉 著
繪畫隨筆	陳景容 著
素描的技法	陳景容 著
建築鋼屋架結構設計	王萬雄 著
建築基本畫	陳榮美、楊麗黛 著
中國的建築藝術	張紹載 著
室內環境設計	李琬琬 著
雕塑技法	何恆雄 著
生命的倒影	侯淑姿 著
文物之美——與專業攝影技術	林傑人 著

～涵泳浩瀚書海　激起智慧波濤～